아우구스티누스의

생애와 교육

아우구스티누스의 생애와 교육

주 영 흠 저

그리심

아우구스티누스의 생애와 교육

2014년 3월 1일 초판 1쇄 인쇄
2014년 3월 5일 초판 1쇄 발행

저 자 • 주 영 흠
발행인 • 조 경 혜
발행처 • 도서출판 그리심
156-879 서울시 동작구 사당로2길 72 인정 B동(B01호)
등록번호 • 제 7-258호(1998. 4. 23)
출 판 사 • 전화 523-7589 팩스 523-7590
홈페이지 • http://grisim.biz
전자우편 • grisimcho@hanmail.net

값 : 책 뒷면에

ISBN 978-89-5799-343-9 (93230)

저자 소개 :

주영흠(朱寧欽)은 고려대학교에서
학사, 석사, 박사학위를 취득하였고
총신대학교 기독교교육과에 재직하고 있으며
South Dakota State University에서
Visiting Professor로 연구년을 보냈다.
그리고 총신대보사와 교육방송국의 주간교수, 학생처장,
대학원 교학처장, 교무처장 등으로 봉사하였다.
학부 철학과에서 아우구스티누스의 기독교사상과
역사철학의 깊이를 알게 되었지만,
15여 년 전에 아우구스티누스의 교육적 생애를 재조명하면서
감명을 받았고, 교육사상을 탐색하면서 천착하게 되었다.
그의 존재론적 인식론과 행복윤리학,
그리고 미학이 보여주는 교육적 의의는
현대인의 삶에 큰 함의를 제공한다고 단언할 수 있다.
이에 관심을 가지는 분들은
yhju@chongshin.ac.kr을 통해
논의의 수준을 높여갔으면 좋겠다.

개정판 서문

아우구스티누스는 시공간의 이면에 감추어져 있는 하나님의 창조 섭리에서 영원한 아름다움을 찾았으며, 감각보다는 이성을 통하여 그런 아름다움을 추구해 나갔다. 순간의 쾌락이나 달콤함은 아름다움의 본질이 아니라고 본 것이다. 그리고 헬레니즘시대부터 만들어진 교양교과(liberal arts)가 이런 이성의 능력을 향상시킬 수 있다고 보았으며, 영원한 아름다움을 지각하고 판단하는 주체가 된다고 하였다. 그는 교양교육이야말로 학습자를 감각경험의 차원에서 순수한 지적 탐구의 차원으로 고양시켜나간다고 본 것이다.

아우구스티누스는 신앙의 세계와 학문의 세계를 통합하기 위하여 교양교육에 관심을 가졌으며, 교양교과를 우리의 영혼을 보다 바람직한 상태로 이끌어가는 사다리와 같은 기능을 한다고 주장한다. 그것은 우리의 영혼을 자유롭게 만들어서 유형의 물질적 집착에서 벗어나게 하며, 영혼의 승화된 상태로 이끌어가는 것이라고 하였다. 역사적으로 말하자면 교양교과는 고대와 중세를 이어주는 아우구스티누스의 교육사상을 통하여 제대로 체계화되면서 성립한 것이다.

본래 교양교과는 문자와 숫자의 합리성을 바탕으로 여러 단계로 구성되어 있으며, 진리로의 여정에서 인간 정신을 아름답게 향상시키는 사다리 역할을 하는 것이다. 물론 합리성이란, 영혼을 훈련시켜서 시공간의 세계에 내재해 있는 원리를 파악할 수 있는 능력을 말한다. 그러므로 예전의 지성인들은 이런 질서나 법칙을 제대로 인식하기 위하여 교수의 올바른 질서라고 부르는 교양교육을 통하여 자신의 이성을 확장시켜 나가려고 하였다. 이런 교양교육의 전통은 현대교육에도 계승되고 있으며, 현대인의 지성을 고양시키기 위하여 본래의 기능과 역할 수행을 새롭게 모색하고 있다.

아우구스티누스가 보여주는 삶 자체는 매우 아름답다. 진리를 갈망하면서 고뇌하는 청년의 모습, 회심을 통하여 삶의 목적을 인식하고는 자신의 모든 것을 바치는 진리추구자의 모습, 많은 학문을 성취하였지만 절대자 앞에서 겸손한 자세를 보이는 노년의 모습은 인간의 삶이 아름다울 수 있다는 것을 보여준다. 그는 전 생애를 통하여 진선미를 추구하였으며, 진리에의 여정 자체를 아름다운 것으로 간주하였다. 지혜에 대한 사랑에 매혹되었던 청년기의 지적 탐색과 삶의 방향을 찾지 못해 고뇌하면서 경험했던 회심사건 조차도 그에게는 아름다운 경험이었다.

아우구스티누스 미론의 인식방향은 시공간의 세계에서 나타나는 가시적 미로부터 진정한 아름다움으로 인식되는 비가시적 미로 나아가는 것이다. 이런 미론체계는 현상계의 아름다움을 미 이데아의 모사에 불과하다고 보는 플라톤의 전통과 맥을 같이하지만, 미의 초월성만 인정하는 배타적인 태도를 취하지 않았다. 미의 본질을 탐색하기 위하여 감각적이면서도 실제적인 미의 개별성을 인정한 것이다. 그리고 그는 시공간의 한계성을 분명히 인식하였기 때문에, 영원한 미는 한시적인 미를 통하여 파악해야 한다고 주장한다. 아우구스티누스는 고대 그리스의 미론, 특히 플라톤의 것을 비판적으로 수용하면서 미의 영원한 본질과 한시적 개별성을 통합한 것이다.

플라톤의 관점은, 감각세계의 개별적인 아름다움은 생성 소멸하는 것이므로 열등하지만, 진정한 아름다움은 시공간에 의해 훼손되지 않는 영원한 것이다. 말하자면 모든 감각적인 아름다움의 원천은 모든 아름다움을 수렴하는 영원한 아름다움에 있다는 뜻이다. 이런 주장을 비판적으로 수용한 아우구스티누스는 아름다움의 인식과 소유를 통하여 영혼의 상승과 회귀를 도모하면서 궁극적으로는 아름다움 자체를 관조하고자 하였다. 따라서 그는 교양교과를 통한 영혼의 훈련이 필요하다고 보고 교양교육을 체계적으로 구성해 나간 것이다.

아우구스티누스의 바람은 인간 공동체가 공유할 수 있는 아름다움을 확보하고 인간존재를 미적으로 실현시키는 일이었다. 그것은 시공간의 세계에 숨겨져 있는 아름다움의 원형을 발견하고 관조함으로써 지복에 이를 수 있다고 보기 때문이다. 우리에게 아름다움의 영역은 구체적인 삶의 모습에서부터 세계 인식과 역사 이해 그리고 미래의 전망에 이르기까지 모든 것을 포괄하고 있다. 그러므로 미론은 객관적 인식의 패러다임을 구성하려는 인식론이나 보편적 당위성을 확보하려는 도덕철학과는 달리 개개인의 주관성에 관련되지만, 여전히 보편적 가치의 영역으로 간주될 수 있다. 특히 아우구스티누스는 아름다움의 구체성과 개별성을 인정하면서도 우리가 공유할 수 있는 아름다움의 본질이 분명하게 존재하고 있음을 역설하였다. 그에게는 예술이나 자연의 존재론적 인식이 가능한 것과 마찬가지로 인간의 미적 실현은 곧 존재의 실현과 동일한 것이다. 따라서 아우구스티누스에게 있어서 교양교육은 인간 존재의 진정한 미적 실현의 도구가 된다.

아우구스티누스가 교양교육에 관심을 가지면서 영혼의 정화와 상승을 모색한 것은 궁극적인 인간존재의 실현이라는 미적 이념의 실천 때문이다. 그에게 아름다움은 존재의 궁극적 실현이고 공유된 삶의 지향점이므로 우리에게 권유되는 행위의 당위적 규범이 된다. 그리고 그가 내세우는 아름다움의 전형은 시공간의 세계에서 감각의 방식으로 구체화되는 것이 아니라, 하나의 이념으로서 초월적인 성격을 유지하는 것이다. 따라서 이런 아름다움은 교양교육을 통하여 우리의 영혼을 끊임없이 자극하고 미적 성숙을 격려하며, 우리의 삶을 지복의 수준으로 지향하게 만드는 것이다.

결국 이면의 아름다움을 인식하는 이성의 능력을 증진시키는 일이 교양교육의 과제이다. 우리는 경험세계에서 어떤 모습으로든지 실현되는 과정에 있으므로 특정한 관점이나 형식으로 규정될 수 없다. 하지만 아우구스티누스의 주장과 마찬가지로 아름다움이 우리를 감각적 구체성과 이념적 초월성을 모두 관계하도록 매개하므로 우리는 교양교육을 통하여 미적인 존재로 실현되는 것이다. 영원한 아름다움을 본질적 가치로 생각하는 아우구스티누스의 미론은 아름다움의 인식능력을 향상시키는 교양교육과 필수적인 상관성을 가진다. 그의 이런 관점은 현실에 매몰되어 있는 우리의 교육을 넓은 하늘같은 마음으로 영원을 추구하게 만들 수 있다. 참 고마운 일이다.

2007년에 『아우구스티누스 교육사상』을 출판한 후, 아우구스티누스를 계속 공부하던 중에 '기호론의 교육원리', '존재론적 인식론에서 말하는 배움', '윤리적 존재양식의 교육적 의미', '카시키아쿰의 교육공동체', '미론과 교양교육' 등에 관심을 가지고 논의하였다. 이런 논의가 구체화되어서 논문으로 발간이 되었고, 『아우구스티누스의 생애와 교육』이라는 제목으로 개정하게 되었다.

개정판을 내면서 여전히 걱정이 앞선다. 한 시대를 풍미하였을 뿐만 아니라 현재에도 폭넓게 조명되는 거인의 교육사상을 하나로 묶어서 소개하는 일이 얼마나 무모한 짓인지 말이다. 혹시라도 선입견을 가지고 일방적으로 찬양하거나 아니면 몰이해하여서 잘못 해석한다면 어떻게 하나라는 염려이다. 그럼에도 불구하고 아우구스티누스의 교육사상을 여러 영역의 시각에서 살피는 작업이 즐겁고 유의미한 일이었다는 사실을 부인하고 싶지 않다. 그리고 여러 동학들의 애정 어린 비판이 개정판을 내는데 많은 도움이 되었다는 점도 밝히고 싶다.

혹시 저자의 생각이 짧아서 논의의 미숙한 점이나 곡해된 점이 있다면 그것은 전적으로 저자의 탓이 될 것이다. 그렇지만 목적 없이 기능하는 교육이나 현실의 가치에 만족해 버리는 교육이 탐탁치 못한 교사나 동학이 있다면, 이 책을 살펴보라고 권하고 싶다. 영원을 바라보는 아우구스티누스의 교육사상을 제대로 소개하고 싶다는 마음으로 꾸몄기 때문이다. 끝으로 그리심 출판사의 조경혜 사장님과 장종길 편집부장님의 호의와 수고에 감사드린다. 졸고를 엮어서 출판하는 일이 쉽지 않은데도 기꺼이 허락하셨기 때문이다.

2014. 1. 7.

논의를 시작하면서

교양교육에 관심을 가지고 서구사상의 원류를 추적하다보면 반드시 만나게 되는 큰 인물이 있다. 바로 아우구스티누스이다. 그는 고대와 중세사상의 맥을 이어주었으며, 문예부흥이나 종교개혁운동을 주도한 당시의 지식인들에게 근대사상의 맹아(萌芽)를 제공했던 교부철학자이다. 그리고 그는 아테네의 철학과 예루살렘의 신앙을 종합하면서 기독교사상의 토대를 체계적으로 구축해 놓은 거인이었다.

이 거인을 10여 년 전에 다시 만났다. 그의 생애를 통하여, 지적인 열망을 충족시키려고 많은 철학을 섭렵하였음에도 불구하고 원하는 것을 얻지 못해 고뇌하는 젊은 교양인의 모습을 보았다. 창조의 섭리 가운데서 자연의 이치와 인간의 도리를 깨치기 위해 지칠 줄 모르는 탐구의 의지를 보여주었던 기독교 지성인의 삶을 살피게 되었다. 그리고 참된 지혜를 갈구한 노 사상가의 사유에서 겸손의 모습을 발견하였다.

학창시절 중세철학이나 역사철학 시간에 아우구스티누스를 잠시 공부하였지만 한참동안 잊어버리고 지냈는데, 사당골 총신에서 다시 만나게 된 것이다. 그의 『고백록』을 읽으면서, '자신의 부끄러운 면모를 숨기지 않고 역사의 대중 앞에 드러내 보이면 막 되먹은 천둥벌거숭이 취급을 당하는 큰 오해가 생겨나겠구나.' 라는 생각이 들었다. 그래서 소인이 감히, 적나라한 내면의 모습을 주저함없이 보여준 아우구스티누스를 탐색하면서 재평가하게 된 것이다. 그를 옛말에 비추어 나름대로 그려보았다. "어리석음을 인정하고 진리 앞에 겸허한 마음을 가지는 자는 배가 부를 만큼 얻는 것이 많고, 무모한 욕망을 함부로 내세우기보다는 창조주의 섭리 앞에 자신을 절제하는 자는 진리탐구에의 의지가 강해진다."(虛其心 實其腹 弱其志 强其骨) 누가 감히 그보다 나은 삶을 살았다고 자만할 수 있겠는가!

아우구스티누스가 진리탐구의 여정에서 보여준 자세는 교양인이 되고자하는 요즘 우리 젊은이들에게 좋은 귀감이 될 것이다. 이를테면, 위세에 눌리지 않고 진실을 가려내었던 청년의 지혜이다. 그는 선과 악의 문제를 해결하기 위해 노심초사하면서 마니교를 드나들었지만, 마침내 미신으로 현란하게 치장한 마니교의 주장을 논박해 나갔다. 그가 사용한 무기는 바로 이성이었으며, 학교에서 배우고 익혔던 천문학이라는 교양지식을 판단의 기준으로 삼았다.

그는 마니교의 최고 지도자가 인간의 운명을 별자리의 움직임과 연결시켜 억지로 해석하는 모습을 보고 지적인 오만함을 인지하였다. 젊은 지성은, 존경받기를 원하는 지도자가 온화한 미소로 겸손을 가장하고 화려한 수사로 주장을 포장하면서 상대방을 감동시키려 한 대화 장면에서, 지도자의 허세와 허구를 간파해낸 것이다. 아우구스티누스는 평생에 걸쳐서 진실존중의 정신을 가지고 마니교의 책임을 물었다. 종교적 주장이 함부로 포장된다면 역사와 인간사회에 미치는 악영향이 크다는 인식하에서 이론(異論)과 곡설(曲說)에 맞서는 논쟁을 벌여 나간 것이다.

또 다른 예는 루벤스((Peter Paul Rubens)나 고촐리(Benozzo Gozzoli) 같은 화가들에게 영감을 불러 일으켜서 작품을 만들게 한 '성 아우구스티누스의 모래사장 이야기' 이다. 해변을 산책하던 당대의 최고지성 아우구스티누스와 모래구멍에다 바닷물을 퍼 담던 어린이와의 대화는 지식인의 자세가 어떠해야 하는가를 보여주는 좋은 이야깃거리이다. 모래구멍에다 바닷물을 모두 붓겠다는 어린이의 말을 듣고 '왜 이상한 짓을 하느냐, 그것은 불가능한 일이다.' 라고 지적한 아우구스티누스가 여지없이 면박당한 모습을 그려놓은 것이다. 어린이는 오히려 '당신의 작은 머릿속에 어떻게 하나님의 무한하고 신비한 지식을 모두 부어넣으려고 하느냐!' 라고 꾸짖는 장면이었다.

아우구스티누스는 이런 전설 같은 체험을 통하여 진리탐구의 자세를 올바르게 추스르기 위해 스스로를 반성한 것이다. 망망대해 같은 진리의 바다 앞에서 인간 지성의 초라한 면모를 관찰할 수 있었던 노사상가의 혜안은 통시적 역사성을 관통하고 있다. 그의 지적인 인격이 저자에게 큰 감동을 준 것은 물론이다.

아우구스티누스의 관점에서 보면 존재하는 모든 것은 선하다. 그가 말하는 존재의 범주는 '존재는 하지만 생명이 없는 것' 과 '존재하고 생명이 있지만 인식하지 못하는 것' , 그리고 '존재하고 생명이 있으며 인식하는 것' 모두 세 가지이다. 우리 인간은 세 번째 범주에 속한다. 그는 존재-삶-인식의 구도에서 인간이해로 나아갔으며, 선악이나 자유의지의 문제를 해결해 나갔다. 어느 실체도 그 자체로는 악이 아니다. 악은 단지 영원한 선에서 시간적인 선으로, 영적인 선에서 육체적인 선으로, 가지적인 선에서 감각적인 선으로, 최고 선에서 최하 선으로 전락하는 것을 의미한다. 말하자면, 본질에서 비 본질로 떨어지는 것을 말한다.

그러므로 그가 말하는 선악의 문제는 인간의 전도된 의지의 문제나 결핍의 문제와 연결된다. "재물이 없으면 그것의 결핍으로 인해 고통을 받는다고 하면서, 지혜가 없으면 그렇게 말하지 않는다. 왜 그런가?" 아우구스티누스의 지적이다. 사물을 보기 위해 육체의 눈이 부여되었듯이, 지혜를 추구하기 위해 영혼의 눈이 부여되었다. 그러므로 밖으로 나가지 말고 네 자신에게 돌아가라. 이성으로 진리인식이 가능한 인간의 내면에서 지혜를 추구해야 한다고 권고하였다. 그것은 마치 플라톤이 아카데미아에서 제자들에게, 진리는 육체의 눈으로 볼 수 없고 순수한 정신으로만 볼 수 있다고 가르친 것과 같은 맥락이다.

여하튼 아우구스티누스의 관점에서 보면, '존재하고 생명이 있으며 인식하는 인간' 이 지혜를 추구한다면 그것은 선이 되지만, 지혜를 외면한다면 그것은 악이 되는 것이다. 그 까닭은 지혜에의 관조를 소홀히 함으로써 지혜의 결핍, 즉 교만이나 어리석음에 빠지기 때문이다. 어두움은 빛이 결핍되어 나타난다는 지적과 같은 말이다. 아우구스티누스는 요한복음에서 소개한 대로 예수 그리스도를 지혜로 이해하였으며 철학함, 즉 지혜사랑은 예수 그리스도를 사랑하는 일과 같다고 보았다. 그러므로 우리 인간이 지혜를 외면한다면 죄를 짓는 것이다.

아우구스티누스는 이처럼 선의 결핍, 지혜의 결핍을 악으로 간주하였다. 생명을 지닌 존재들이 창조자의 섭리에 다가가는 것은 선이며 멀어지는 것은 악이다. 더구나 '존재하고 생명이 있으며 인식하는 인간' 이 삶의 본질을 파악하기 위해 노력하는 것은 선한 일이지만, 비 본질에 매몰되는 것은 악으로 전락하는 일이다. 그러므로 삶에의 의지를 전환하는 일이 무엇보다도 중요하다고 볼 수 있다.

아우구스티누스에 따르면, 우리는 선과 악을 분별하고 본질과 비 본질을 판단할 수 있는 힘을 가지고 있다. "그리고 모든 동물 가운데서 사람에게만 이 위대하고 놀라운 본능이 있다. 어떤 동물은 이 세상 빛에 대해서 우리보다 시력이 더 예민하지만, 우리의 마음을 비춰서 만물에 대한 바른 판단을 내리게 하는 그 정신적인 빛은 받을 수 없다. 우리의 판단력은 내면적으로 이 빛을 받는데 정비례한다." 덧붙여서 그는 우리 인간이 존재하며, 존재함을 인식하고, 존재하고 인식함을 사랑한다고 하였다.

그러므로 우리는 최고선을 사랑하고 지혜 그 자체를 사랑해야 한다. 최고선으로, 지혜 그 자체로 우리 인간의 사랑, 즉 선한 의지가 방향을 잡는다면, 우리는 선을 행하는 것이 된다. 여기에 아우구스티누스가 말하는 행복의 원리가 놓여 있다. 행복의 관건은 의지의 방향을 올바르게 잡는 일이다. 일시적인 것보다는 영원한 것, 가변적인 것보다는 불변하는 것, 물질적인 것보다는 정신적인 것을 사랑하는 자가 행복하다는 말이다.

구분하게 만들었고, 공동체와 이익집단을 분리시켜 놓았다. 그것을 칸트(I. Kant)는 '목적의 왕국'으로, 퇴니스(F. T?nnies)는 '공동사회와 이익사회'로, 부버(M. Buber)는 '나와 너의 관계'로 되새김질하여 자기 것으로 만들었다. 그만큼 근대사상에 미친 아우구스티누스의 영향력이 크다.

이런 거인의 교육사상을 한 권의 책으로 엮는 일이 얼마나 무모한 짓인지 잘 알고 있다. 교회의 안과 밖에서 수많은 사람들의 존경을 받고 있는 거인의 의도를 '혹시라도 몰이해하거나 잘못 해석하여서 누를 끼치게 된다면 어떻게 하나?'라는 걱정이 앞선다. 하지만 그의 사상을 탐색하면서 감명을 받은 자가 재해석하여 교육사상이라는 제목으로 정리해 보는 것도 의미 있다고 생각하여 만용을 부려보았다. 따라서 이 책에서 나타나는 모든 오류는 저자의 책임이 될 것이다.

이 책의 출판을 위해 도움을 주신 분들에게 감사의 말씀을 전하고 싶다. 한 꼭지마다 여러 동학들의 고마운 비판이 깃들어져 있다. 이 분들의 질책이나 조언이 없었다면 아우구스티누스 교육사상을 체계화하는 일은 무척 어려웠을 것이다. 참 고마운 일이다. 그리고 학지사의 김진환 사장님과 김재호, 강물결 선생님의 호의와 수고에 감사드린다. 끝으로 기도로 자식걱정을 담아두시는 노모와 마음으로 후원하면서 교정본을 읽고 정리해 준 사랑하는 아내 김애경과 경린, 경중에게 고맙다는 말을 하고 싶다. 논의를 시작하는 시점에서, 위대한 거인 아우구스티누스가 진리탐구에 임하면서 지녔을 것 같은 다음의 시각이 무척 부럽다는 생각을 감히 하지만, 우리의 삶에서 나타나는 사랑에는 두 가지 종류 우리의 윤리적 태도를 결정하는 참된 사랑(caritas)과 왜곡 (cupiditas)이다. 참된 사랑은 우리를 지혜로 인도하고 본 구하게 만들지만, 왜곡된 사랑은 교만이나 어리석음으로 인 비 본질에 매몰시켜 버린다. 그러므로 참된 사랑은 '하나 라'를 구성하지만, 왜곡된 사랑은 '지상의 나라'를 고집한

지금까지 살펴 본 것처럼, 아우구스티누스의 사상은 대 육적이다. 선으로 향하게 하고 지혜를 추구하게 만든다. 비 상태에 머물지 말고 인식의 전환을 통하여 본래의 모습을 라는 주장이다.

인간의 영혼과 하나님 이해를 지식의 목적으로 내세운 악의 문제이든, 행복의 문제이든 모든 것을 지혜와 관련시 해 나갔다. 그러므로 그의 인식론은 존재론과 상관하며 윤 밀접하다. 인식의 전환을 통해 존재의 질을 높여나간다면 수준인 행복을 얻을 수 있다는 식으로 아우구스티누스의 교 을 요약한다면 너무 단순화한 것일까? 왜곡된 사랑을 참된 로 바꾸어 나간다면, 우리의 삶은 남을 이용하는 자세에서 참된 가치를 함께 누리는 자세로 승화될 수 있을 것이다. 변질된 가치관에서 벗어나 영원한 가치에로 고양될 수 있을 다. 이를 위해 하나님께서 우리에게 사랑, 즉 의지를 전환할 는 힘을 주셨지만, 그는 그것은 은총이라고 결론짓는다.

신앙이나 의지를 사랑과 동격으로 놓고 우리의 인식능 도덕성을 사랑의 힘으로 해석한 아우구스티누스는 목적과

해 본다.

“하늘이 하나님의 영광을 선포하고 궁창이 그 손으로 하신 일을 나타내는도다. 날은 날에게 말하고 밤은 밤에게 지식을 전하니 언어가 없고 들리는 소리도 없으나 그 소리가 온 땅에 통하고 그 말씀이 세계 끝까지 이르도다.…”(시 19: 1-4)

목 차

제3부 진리인식과 교육

제5부 논의의 마무리

제1부

아우구스티누스의 교육적 생애

제1부

모니카(Monica)

제1장
성장과 교육

Ⅰ. 가정교육

1. 출신배경

아우구스티누스(Aurelius Augustinus)는 주후 354년 11월 13일 아프리카 북부고원지대인 누미디아의 타가스테(Thagaste)[1]에서 2남1녀 중 막내로 태어났다. 그는 부모의 많은 관심과 도움으로 당시 로마의 3단계 학교교육인 초등학교(elementary school), 문법학교(grammar school), 수사학교(the school of rhetoric) 교육과정을 충실하게 이수하였다. 그리고 짧은 기간이었지만 고향인 타가스테에서 문법교사로

---

1) Peter Brown, *Augustine of Hippo* (London: Faber & Faber, 1967), p. 19 참조. 오늘날의 지명은 Algeria의 Souk Ahras이다.

2) George Howie, *St. Augustine: On Education* (South Bend: Gateways Editions, 1969), p. 2.

근무하였으며[2] 카르타고, 로마, 밀라노에서 수사학교 교수로 생활하면서 학문연구를 시작하였다. 회심 후에는 기독교사상을 체계화하면서 교육사상가, 철학자, 신학자, 히포의 교회감독으로 평생을 보냈다.

먼저 아우구스티누스의 가정교육부터 살펴본다면, 그는 귀족집안은 아니었지만 비교적 유복한 가정에서 태어나 자녀교육에 관심이 많았던 부모의 적극적인 보살핌으로 순탄하게 학교생활에 적응할 수 있었다. 하지만 그는 출생이후 세속적인 아버지와 기독도인인 어머니사이에서 야기된 말없는 대립과 갈등을 한 몸에 지니고 성장하였으며, 어머니의 영향으로 일평생 기독교인으로서 이교와의 선한 투쟁을 계속해 나갔다.[3] 그의 아버지 파트리키우스(Patricius)는 기독교에 관심을 두지 않은 완고한 지방 관리였지만, 어머니 모니카(Monica)는 남다른 신앙심을 가지고 매우 적극적으로 자녀교육에 임하였던 열정적인 여성이었다. 또한 그의 부모는 대조적인 성격의 소유자이기도 하였다. 아버지는 자신은 물론이고 자녀들의 사회적 입신을 위해 많은 야심을 가졌던 전형적인 누미디아인이었으며, 어머니는 어진 모성의 전형으로 알려져 있는 기독교도로서 현모양처형의 여인이었다.

아버지의 세속적인 생활방식과 어머니의 경건한 신앙생활 사이에 긴장이 조성될 수 있었지만, 어머니 모니카는 선량하였지만 때로는 불같은 성격을 드러내는 남편과의 갈등을 지혜롭게 해결함

---

3) 김규영, 『아우구스띠누스의 생애와 사상』 (서울: 형설출판사, 1980), pp. 10-11 참조.

으로써 가정생활을 현명하게 영위해 나갔다. 아우구스티누스는 그의 『고백록』에서 어머니의 모습을 다음과 같이 그리고 있다.[4)]

> …혼인할 나이가 되자 어머니는 시집을 갔는데, 남편을 섬길 때 주를 섬기듯 하였나이다. 어머니는 남편을 당신께로 인도하기 위하여 많은 노력을 했는데, 말보다는 선한 행실로써 남편에게 당신에 대해 이야기 하였나이다. 이로 인해 당신은 어머니를 아름다워 보이게 만드셨고, 어머니는 남편에게 존경과 사랑과 찬탄을 받게 되었나이다. 한 편으로 어머니는 남편이 바람을 피울 때도 그것을 잘 참아 내어, 그 일로 인해 남편과 다투는 일은 한 번도 없었나이다. 이는 남편에게 당신의 자비하심이 임하여, 그가 당신을 믿게 됨으로 말미암아 정결해지기를 바랐음이니이다.
>
> …하오나 어머니는 아버지가 화를 낼 때, 말과 행동을 조심하여 일체 대항하지 않았나이다. 그리고는 그의 화가 가라앉아 조용해지기를 기다려 좋은 기회가 되었을 때, 어머니가 한 일을 아버지가 혹시 오해하여 그렇게 화를 내었다면, 그 일에 대하여 잘 설명해 드렸나이다.

지혜롭고 어진 어머니 모니카의 신앙교육은 아우구스티누스에게 많은 영향을 미쳤다. 모니카는 어릴 때부터 자기 양심에 정직한 사람이었으며, 주변사람들이 수군거리면서 잡담하는 말들을 함부로 받아들이지 않았다. 하지만 자신의 행동에 관해 지적을 받거나 잘못을 깨닫게 되면 곧바로 고쳐나가는 올곧은 여성이었다. 그

---

4) 김광채 역, 성 어거스틴의 『고백록』 (서울: 기독교문서선교회, 2004), p. 257. 다음부터 아우구스티누스의 문헌을 인용할 경우 『고백록』, 제9권. 9장. 19절과 같은 방식으로 한다. 그의 다른 문헌도 마찬가지 방식으로 인용한다.

녀는 아우구스티누스에게 이런 말로 충고하였다.[5)]

> 우리는 자신도 모르는 사이에 악습에 빠져들기 쉽다. 일단 자신의 결점을 발견했을 때는 그것에 대항해서 싸워야 한다. 때로는 성난 노예의 입에서도 진실이 튀어나올 수 있으므로, 그럴 때는 그것이 진리 자체이신 하나님께로부터 나온 것으로 인정하고 그의 말을 받아들여야 한다.

이처럼 어린 시절 아우구스티누스는 아버지의 기대와 어머니의 헌신적인 사랑을 바탕으로 경제적으로나 정신적으로 어려움 없이 성장하였지만, 부모의 서로 다른 인생관이 어린 자녀에게 미치는 영향은 적지 않았다. 여하튼 아우구스티누스는 가정에서도 이질적인 두 문화 속에서 생활하면서, 틸리히(Paul Tillich)가 지적하였듯이[6)], 이교도인 아버지의 영향으로 이교문화 가운데서 최고의 것을 추구해 나갔지만 어머니를 통하여 기독교의 문화를 접하게 되었고 나중에는 교부철학자로서 고문체(archaism)를 새롭게 사용하는 기독교의 전통 속으로 빠져들게 되었다.

2. 부모의 교육

아우구스티누스 『고백록』의 일차적인 특징은 철저한 자기인식

---

5) 정정숙 역, 『어머니 모니카와 아들 어거스틴』. Leon Cristiani (서울: 도서출판 베다니, 2002), p. 10.
6) Paul Tillich, *A History of Christian Thought: From Its Judaic and Hellenistic Origins to Existentialism* (New York: Harper & Row, 1968), p. 105.

그리고 그는 인간교육의 과정에서 드러나는 언어학습장면을 관심 있게 기록하면서 비록 유아기이지만 이성의 힘을 통하여 언어를 배우게 되었다고 말하였다. "당신이 내게 주신 이성의 힘을 사용하여 내 스스로 말을 배웠사온데, 옹알이를 하고, 갖가지 소리를 지르고, 갖가지 몸짓을 하는 것을 통해 나는 내 마음의 느낌을 표현하여, 사람들이 내 뜻을 따르도록 만들고자 하였나이다."[8] 인식론적 기호학자 다운 회상이지만, 기억의 힘에 의해 말을 흉내내었으며 주변사람들이 하는 말을 자주 들으면서 어떤 단어가 어떤 문장에서 어떤 위치와 어떤 의미를 취하게 되는지를 알게 되었고 이를 통하여 어휘력을 향상시켜 나가게 되었다고 말하는 것이다.

아우구스티누스의 부모는 신앙적 차이가 있었음에도 불구하고 자녀교육문제에 대해서는 비교적 의견이 일치하였다. 특히 자질이 뛰어난 자식이 여유롭게 생활하고 사회적으로 존경을 받을 수 있는 높은 지위에 올라가기를 바라는 마음은 아우구스티누스의 부모들도 마찬가지였다. "어머니가 내게 걸었던 희망은 당신 안에서 장차 올 세상에 관계된 것이 아니었고 단지 내가 학문에서 큰 진보를 이루는 것이었나이다. 나의 학문적 진보에 대한 희망은 내가 알기로는 양친 모두가 다 가졌는데?"[9] 어릴 때부터 공부에 뛰어난 자질을 보인 그는 부모의 관심과 기대를 한 몸에 받으면서 성장하였다. 이후 형성되는 아우구스티누스의 뛰어난 신앙심과 깊은

8) 『고백록』, 제1권. 8장. 13절.
9) 『고백록』, 제2권. 3장. 8절.

과 고백에 있다. 그러므로 『고백록』을 통하여 얻을 ㅡ
은 아우구스티누스가 삶의 경험을 통하여 드러난 자
서 인간이 보편적으로 지니고 있는 본질이나 성향을
분석적으로 밝혀낸 것을 살필 수 있다는 점이다. 심
유아기 모습을 살피면서 인간의 속악스러운 점을 지
를 들면, 그는 자신의 유아기 행동을 통하여 다른 아
가지로 질투심과 경쟁심이 대단하였다고 회고하였다.
고백이 보여주는 특징이지만, 아무리 순진무구한 어린
라도 순수성과 함께 사악함을 동시에 지니고 있는 인
완전성을 살필 수 있다는 점을 강조하였으며, 그 자신
아님을 말하면서 목격한 바를 다음과 같이 소개하고 있

> 그런즉 젖 먹는 아이들이 순결하다 함은 그 지체의 여림 때문
> 혼의 완전함 때문이 아닙니다. 나는 일찍이 어린아이가 질투하
> 목격하고 체험하였나이다. 그 아이는 아직 말도 못하는 젖먹
> 자기의 젖형제를 성난 얼굴로 바라보는 그의 눈에는 파란 불꽃
> 있었나이다. 이런 일을 누가 모르겠습니까? 어머니 된 자들과
> 자들은 이런 일은 곧 괜찮아진다고 말하지만, 그것이 어떤 방
> 가능한지 나는 모르겠나이다. 젖이 많이 나와 남아 흐르는데,
> 절대 필요로 하며 이제까지 오직 그 한 가지 식료로 목숨을 부
> 있는 다른 아이에게 나눠 먹이기를 용납하지 않는 것이 어찌
> 이라 할 수 있나이까? 하오나 당신이 아시는 대로 그와 같은 일
> 이든 사람이 한다면 그것을 마냥 참아 주지는 않을 것이니이다.

---

7) 『고백록』, 제1권. 7장. 11절.

인간이해는 이와 같은 가정환경과 정신적인 배경이 반영되었다고 볼 수 있다.

Ⅱ. 청소년기의 교육

1. 초등교육

아우구스티누스는 고향인 타가스테에서 초등학교를 다니면서 읽기, 쓰기, 셈하기, 라틴어 문법, 헬라어 등과 같은 교과들을 배웠다. 그는 당시의 엄격한 교육방식에 싫증을 드러내기도 하였지만 열심히 공부하였으며, 아무리 작은 일에 대해서도 진리를 발견할 때면 기쁨을 감추지 못하였다. 그렇지만 그는 어린 시절 놀기 좋아했고, 호기심이 많아서 연극구경을 많이 하고 싶어 했고, 구경한 것을 쉴 새 없이 흉내 내고 싶어 했던 자신의 모습을 고백하면서 헤아릴 수 없는 거짓말로 몽학선생(pedagogue)과 학교 교사들 그리고 부모님을 속인 것을 반성하였다.[10)]

특히 그는 그리스어 공부를 싫어하여 "언어교육은 어린이들의 마음속에 공포심을 일으켜 강제로 가르치는 것보다는 그들 마음속에서 자연스럽게 일어나는 호기심을 자극하는 방법이 훨씬 더 효과가 있다."[11)]라고 회고하였다. 그렇다고 해서 그가 체벌 자체

10) 『고백록』, 제1권. 19장. 30절.
11) 『고백록』, 제1권. 14장. 23절.

를 무조건 반대한 것은 아니었다. 그는 어린 시절을 돌이켜보면서 해로운 쾌락에서 우리 인간을 불러내기 위해서는 교사들의 채찍이나 순교자의 시련이 필요하다고 보았다.

따라서 아우구스티누스는 어린 시절 놀기를 좋아했던 자신을 주변의 여러 분들이 나무라면서 억지로 공부시킨 것에 대해서는 유익하였다고 회상하였다.[12] 강압적으로라도 시키지 않았으면 공부를 하지 않았을 것이라는 말이다. 그러나 공부하기를 강요한 주위사람들이 아우구스티누스에게 무엇을 위해 왜 공부해야하는지에 관한 뚜렷한 목적의식을 제시해 준 것은 아니었다. "저들은 내게 억지로 공부를 시키면서, 나로 하여금 헛된 재물과 부끄러운 명예에 대한 욕망을 충분히 맛보게 한다는 것 이외의 다른 목적은 추구하지 않았나이다."[13]

아우구스티누스는 하나님께서 모든 사람들의 그릇됨을 선용하셔서 자신에게 유익이 되게 하셨다고 회상하였다. 아우구스티누스의 어린 시절에서 보듯이, 학습자의 자율성을 바르게 안내하기 위해, 어린이에게는 올바른 방향을 제시하는 교사의 교도성이 반드시 필요하다.

2. 청소년기의 교훈

아우구스티누스는 타가스테에서 초등학교를 졸업한 후 고등교

12) George Howie, *op. cit.*, pp. 34-35.

육을 받기 위해 고향에서 조금 떨어진 마다우라(Madaura)로 갔으며, 그곳에서 본격적으로 수준 높은 라틴어와 라틴문학을 공부하게 되었다. 그는 마다우라에서 처음으로 내면적인 문제에 대한 의문을 가지기 시작하였으며, 그에 대한 해답을 얻기 위해 신플라톤주의 문헌들을 접하게 되었다. 하지만 그는 자신이 소망하였던 카르타고에 유학하는 문제 때문에 370년, 즉 그의 나이 16세에 마다우라의 생활을 끝내고 타가스테로 돌아갔다.

감수성이 예민하였던 청소년 아우구스티누스가 카르타고 유학을 위하여 타가스테에서 보낸 1년간의 시간은 그의 인생에 있어서 매우 값진 교훈을 경험하게 만들었다. 이 시기에 그는 종종 밤늦도록 다른 친구들과 어울리면서 치기어린 행동을 하였다. 야음을 틈타 포도원 근처에 있는 배나무에서 배를 몰래 따서 몇 개만 먹고서는 나머지는 그냥 내어 버렸던 것이다. 배가 고파서 제대로 한번 실컷 먹어보자는 것이 아니라, 기껏해야 두세 개만 맛보고서는 돼지들에게 던져버린 것이었다. 주변사람들로부터 그런 짓을 하지 말라는 충고를 들었음에도 불구하고 그와 친구들이 한 짓은 단순히 재미로 그런 행동을 함부로 한 것이었다.

아우구스티누스는 나중에 이 일을 회상하면서 다음과 같이 고백하고 있다.[14)]

보소서, 내 마음을! 하나님, 보소서, 내 마음을! 지극히 깊은 수렁 속에 빠진 내 마음을 당신은 긍휼히 여기셨나이다. 보소서! 이제 내 마음이

13) 『고백록』, 제1권. 12장. 19절.

당신께 아뢰나니, 내가 거기서 무엇을 찾고 있었더이까? 내가 거기서 찾던 것은 특별한 이유도 없이 악한 자가 되는 것이었으니, 내 악함의 원인은 바로 악함 그 자체에 있었음이니이다. 그것은 누추한 것이나, 나는 그것을 사랑했나이다. 나는 멸망을 사랑했으며 나의 궁핍을 사랑했으니, 내게 결핍된 그 무엇을 사랑한 것이 아니라 나의 궁핍 그 자체를 사랑한 것이라. 잘못된 내 영혼은 반석이 되신 당신을 버리고 멸망의 수렁으로 뛰어내렸으니, 그 어떤 대상을 그릇된 방법으로라도 얻고자 함이 아니라 그릇된 것 그 자체를 얻고자 함이었나이다.

아우구스티누스는 청소년기의 배 도둑질을 치기어린 행위로 치부해 버린 것이 아니라 하지 말라는 것을 하는 재미 곧 개망나니 같은 인간의 죄성 때문이었다고 고백하였다. 이처럼 그는 배 도둑질을 고백함으로써 그 시기에 자기 자신이 가졌던 영혼의 상태를 암시하였던 것이다.

이 일후 371년 가을 아우구스티누스는 드디어 큰 도시였던 카르타고에서 유학생활을 시작하였으며, 이곳에서 연극구경에 심취하여 세속적인 정열에 휩싸이는 생활을 하였다. 한 여성과 만나 동거생활을 하였으며, 이런 동거관계는 이후 15년 동안 지속되었다. 그리고 이듬해 372년에는 이 여인에게서 아들 아데오다투스(Adeodatus)[15]를 낳았으며, 같은 해에 마니교에 입문하였다. 이런

14) 『고백록』, 제2권. 4장. 9절.

15) 아우구스티누스가 지은 아들의 이름 아데오다투스 (Adeodatus)는 '신께서 보내신 사람' 이라는 뜻이다. 안인희 역, 『성 아우구스티누스』 Garry Wills, *Saint Augustine* (파주: 푸른숲, 2005), pp. 27-28.

번잡한 생활 가운데서도 그는 비교적 충실하게 학업에 임하였고, 수사학교 성적은 뛰어난 재능 때문에 항상 수석이었다.

하지만 아우구스티누스는 카르타고에서 어린 나이였는데도 불구하고 인간적인 갈증과 공허감을 경험하였으며, 그것에서 벗어나기 위하여 지적인 탐구에 몰두하기도 하였다. 이런 와중에 그는 키케로(Cicero)의 『호르텐시우스』(*Hortensius*)를 읽게 되었다. 아우구스티누스는 19세가 되면서 철학에 관한 문헌들을 읽기 시작하였으며[16), 『호르텐시우스』를 만나게 된 것이다. 이 책을 통하여 그는 참된 지혜를 갈망하게 되었으며, 삶의 방향을 설정하는 일에 있어서도 많은 영향을 받아 세속적인 정욕을 채우는 일보다는 학문생활에 관심을 가지기 시작하였다. 그러므로 아우구스티누스는 카르타고에서 이성(異性)에 눈을 떠서 성인생활의 쾌락을 맛보기도 하였지만, 한편으로는 영원한 지혜에 관한 희열을 체험함으로써 이중적인 삶을 경험하였던 것이다.

Ⅲ. 청년기의 철학 탐구

1. 철학과의 만남

아우구스티누스는 전 생애를 통하여 하나님과 영혼에 관한 지

16) Robert S. Brumbaugh and Nathaniel M. Lawrence, *Philosophical Themes in Modern Education* (Boston: University Press of America, 1985), p. 42.

식을 얻기 원하였으며, "참된 진리를 어떻게 하면 얻을 수 있을까?" 라는 문제를 고민하면서 교육자로서, 철학자로서 그리고 교회지도자로서의 삶을 살았다.[17] 그의 일생은 현세적인 것에서 이상적인 것으로, 순간적인 것에서 영원한 것으로, 그리고 헛된 욕망의 세계에서 참된 가치의 세계로 지적인 관심을 순차적으로 옮겨가는 행복한 삶이었다.

잘 알려진 사실이지만, 아우구스티누스는 32세 때인 386년 늦여름 밀라노의 한 정원에서 기독교인으로 회심하였다. 그의 회심은 사도 바울의 회심과 함께 기독교역사에 있어서 대단히 유명한 사건으로 알려져 있다. 그리고 그의 『고백록』은 회심이후 11년이 지난 43세(397년)에 쓰기 시작하여 47세(401년)에 집필이 완료된 문헌이다. 힙포(Hippo)의 감독이 된지 얼마 되지 않은 시절이었다. 그는 이 책에서 어린 시절의 회상에서부터 철학에 심취했던 일, 마니교에 현혹되었던 시절, 기독교인으로 회심하여 진정한 안식을 누릴 수 있었던 일까지 그의 교육적인 삶의 여정을 자세하게 밝혀주고 있다.[18]

---

17) Henry J. Perkinson, *Since Socrates: Studies in the history of Western educational thought* (New York: Longman, 1980), p. 31 참조.

18) 참고로 세계 3대 『고백록』이라고 한다면, 아우구스티누스 (354-430)와 함께 루소 (1712-1778), 톨스토이 (1828-1910)의 것을 들 수 있다. 루소는 50세에 , 톨스토이는 54세에 『고백록』을 썼지만, 아우구스티누스는 43세경에 『고백록』을 썼다. 루소와 톨스토이도 물론 과거의 일을 반성하고 새로운 삶을 지향하기 위한 것이었지만, 생을 정리하는 장년기에 『고백록』을 썼다면, 아우구스티누스는 비교적 젊은 나이인 중년기에 『고백록』을 썼다. 아우구스티누스의 경우는 『고백록』을 기준으로 이전의 삶과 이후의 것이 완전히 다르다. 그러므로 아우구스티

13권으로 구성되어 있는 아우구스티누스의 『고백록』은, 앞의 10권은 자신의 삶을 통하여 드러나는 지적이고 신앙적인 편력을 기록하고 있으며, 뒤의 3권은 성경해석으로 구성되어 있다. 그러므로 그의 『고백록』은 젊은 시절의 방탕한 삶을 반성하는 단순한 고백서가 아니라, 어린 시절부터 가지고 있었던 지적인 호기심을 통하여 일생에 걸쳐서 참된 진리를 찾아가는 위대한 교육사상가의 인격적인 면모를 눈여겨 볼 수 있는 고전이다. 따라서 그의 교육적인 삶의 여정은 『고백록』을 통하여 잘 드러난다고 볼 수 있다.

역사상 많은 참회자들이 있었지만, 그 중에서 가장 사색적인 인물이면서 하나님께 그리고 인류에게 스스럼없이 자신의 속마음을 털어놓은 사람은 바로 아우구스티누스였다. 그의 『고백록』은 죄라는 주제를 가지고 하나님의 사랑과 인간의 비참한 고통 사이에서 전개되는 심오한 교향곡을 이끌어내는 데 성공한 자의 글이라고 할 수 있다.

그러므로 아우구스티누스는 자신의 내면을 탐색해보면서 자기의 오만함이 내면이라는 깊은 동굴 속에 은밀하게 도사리고 있음을 발견하고서는 겸손함을 얻기 위하여 『고백록』을 집필하였다. 그는 스스로의 죄가 깊다는 점을 단지 표면적 현상으로만 보지 않고 행위의 밑바닥에 놓여있는 동기자체로부터 고백하고 철저하게 자기 자신을 비판하였던 것이다. 하지만 아우구스티누스는 여

누스의 삶은 단순히 변화 (change)된 것이 아니라 완전히 변화 (transformation) 된 것이었다.

기에서 그치지 않고 진리 탐구자의 관점에서 존재론적이고 인식론적 원리들을 『고백록』[19]에서 논의하고 있다.

아우구스티누스가 보기에 인간은 하나의 심연이었다. 그는 『고백록』에서 인간의 심연으로 뚫고 들어가는 구멍을 찾아내었고 그런 심연으로 들어가고자 하는 자들에게는 길잡이가 되기도 하였다. 그에 따르면, 인간의 내면세계는 마치 땅 속의 지하 동굴과 같아서 자기의 내면을 바라보는 자는 처음에는 겁을 먹은 채 캄캄한 굴속을 헤매게 된다. 하지만 바라보면 볼수록 그 속에는 신묘한 손길로 수놓아진 세계가 눈앞에 나타난다. 우리가 인간의 내면이라는 동굴을 창조하고 다시 창조하는 자비로운 빛을 따라 탐험해 들어간다면 삶의 의미와 이치를 조금씩 밝힐 수 있을 것으로 보았던 것이다.

다재다능하면서도 때로는 격정적인 19세의 아우구스티누스에게 막연하지만 '참된 행복이란 무엇인가?' 에 대한 희구는 있었다.

---

19) 그러므로 게리 윌스는 『고백록』이라는 책제목의 영어번역이 잘못되었음을 지적하고 있다. 영어에서 고백은 범죄의 고백, 중세의 고해 제도를 연상시킨다고 본 것이다. 하지만 아우구스티누스가 뜻하는 바는 그런 의미가 아니라는 주장이다. '생명이 없는 우주도 하나님을 증언 (고백)한다.' '악마조차 신에 대한 반대를 통해 신을 증언 (고백)하고 있다.' '생명이 없는 사물들도 그 창조주를 증명 (고백)하고 있다. 그들의 아름다움이 그들의 증언 (고백)이다.' '분명 인간의 삶 전체도 이런 방식의 증언 (고백)이다.' 이런 표현에서 나타난 바와 같이 『고백록』이라는 말은 오해를 살만한 번역이므로 『증언』으로 번역하는 것이 옳다고 게리 윌스는 주장한다. 그는 내용을 잘못 안내하는 낡은 개념에 빠져드는 것보다는 새로운 것의 충격을 견디는 편이 낫다고 하면서 『증언』으로 번역하고 있다. 여하튼 『고백록』의 내용을 아우구스티누스가 저지른 죄의 고백으로만 본다면, 이 문헌의 가치를 폄하하는 것이 틀림없다. 안인희 역, *op. cit.*, pp. 9-19.

이런 시기에 그의 마음을 사로잡은 책이 바로 절충주의 철학자(eclectic philo- sopher)인 키케로(Cicero)의 『호르텐시우스(*Hortensius*)』였다.[20] 이 책은 안타깝게도 소실되어 전해지지 않고 있지만 그 당시 수사학을 배우는 학생들은, 교육과정에 따라 철학을 하도록 권유하는 대화편으로 구성된, 이 책을 반드시 읽게 되어 있었다.

아우구스티누스는 다른 수사학도들처럼 처음에는 이 책을 의무적으로 접하게 되었지만, 이내 깊은 감명을 받았으며 정신적이고 학문적인 세계에 눈을 뜨게 되었다. 그는 이 책에서 행복의 의미를 깨닫기 시작하였다. 행복은 육체적인 욕구의 만족에 있지 않고 진리의 인식에 있다는 것을 말하는 것이다. 마음이 평안하지 않다는 것은 진리를 알지 못하기 때문이며, 진리를 밖에서 찾기보다는 안에서 찾아야 참된 평안을 얻을 수 있다는 사실을 깨달은 것이다. 그리고 진리인식은 절대적인 존재를 인식하는 일이라는 점도 알게 된 것이다.

그러므로 이 당시 아우구스티누스를 인도한 것은 애지(愛知)로서의 철학이었다. 청소년기의 그를 붙잡았던 애욕의 불길이 예지(叡智)의 사랑으로 불붙게 된 것이다.[21] 그는 다른 수사학도들이 그랬던 것처럼 『호르텐시우스』에서 문체를 배우려고 하였지만, 형식보다는 책의 내용에 점점 감동되기 시작하였다.

---

20) Saint Augustine, *The Happy Life, in The Fathers of The Church* (New: Cima Publishing Co., 1948), 제1장. 4절.

21) 김규영, *op. cit.*, p.15.

웅변에 관한 한 단연 사자후로 통하는 키케로는 웅변가의 목표를 "설득과 만족 그리고 감동" 세 가지로 제시하였다. 많은 사람들이 모여 있는 광장에서 설득하고 만족을 주고 감동시키는 발언을 하는 사람이 훌륭한 웅변가라는 말이다.[22] 설득은 필요에서 오는 문제이고, 만족은 쾌감의 문제이며, 감동은 승패의 문제이다. 설득시킴에 있어서는 철두철미하게 하고 만족을 제공하는 일에 있어서는 완만하게 하며, 감동시킴에 있어서는 격렬하게 하라는 주장이었다.

하지만 키케로에 따르면, 수사학은 말 잘하는 웅변가를 만들어 내는 학문이 아니다. 무엇보다도 먼저 자연과학, 종교학, 철학, 법학, 역사학, 문학 등의 교양학문에 정통해야 하며, 다음은 도덕성을 갖춘 자로서 균형 잡힌 사고를 할 수 있는 인물이어야만 훌륭한 웅변가가 될 수 있다고 하였다. 그러므로 아우구스티누스가 키케로의 『호르텐시우스』를 읽고 그의 숭고한 도덕적 목표에 감동을 받은 것은 당연한 일일 것이다.

아우구스티누스가 『호르텐시우스』를 읽은 것이 첫 번째 회심에 해당한다고 일부학자들이 주장하는 데서도 알 수 있듯이, 이 책이 아우구스티누스에게 미친 영향이 대단하다는 점을 그의 『고백록』에서 알 수 있다.[23]

---

22) 성염 역. 『성 아우구스티누스 전』. Carlo Cremona (서울: 성 바오로출판사, 1992), p. 116.

23) 『고백록』, 제3권. 4장. 7절.

하온데 그 책은 내 생각을 변화시켰으니 주여, 내 기도를 당신 자신께로 향하게 변화시켰으며, 내 소원과 희망을 전혀 새로운 것으로 바꾸어 주었나이다. 갑자기 나의 헛된 욕망은 모두 사라지고 영원한 지혜를 뜨겁게 사모하는 마음이 믿기지 않을 정도로 일어나, 나는 자리를 떨치고 당신께로 돌아가고자 하는 소원을 가지게 되었나이다. 당시 내 나이는 열아홉 살이었고, 아버지는 돌아가신지 이태가 지났으니, 나는 어머니가 대주는 학비로 말하는 능력을 연마하고 있었나이다. 하오나 내가 그 책을 읽고 또 읽은 것은, 다른 사람 눈에는 어떻게 보였을지 몰라도, 말하는 능력을 연마하기 위함이 아니었나이다. 그 책이 말하고자 하는 내용 때문이었나이다.

『호르텐시우스』의 영향으로 아우구스티누스는 웅변보다 지혜가 더 중요하다고 하면서, 유창한 언변으로 무의미한 말을 하는 사람을 경계해야 한다고 주장하였다. 더군다나 들을 가치 없는 말을 청중이 기뻐하며, 언변이 좋은 사람이 하는 말을 옳을 것이라고 생각한다면 더욱 경계해야 한다고 강조하였다.[24] 그는 『호르텐시우스』를 통하여 웅변은 다만 지혜를 담는 그릇이어야 함을 깨달은 것이다.

하지만 청년기의 아우구스티누스는 욕망을 이겨내지 못하는 무절제한 생활에 빠져있었으며 그런 생활이 하나님을 향한 진리의 빛을 가리고 있었다. 그리고 자기몸 안에서 자신의 죄악이 흘러나오는 모양이 마치 비계가 잔뜩 낀 살에서 기름기가 분비되는 것

24) 김종흡 역, 아우구스티누스의 『기독교 교육론』 (서울: 크리스챤다이제스트, 1994), 제4권. 5장. 7절.

과 같았다고 고백하였다.[25] 그렇지만 그가 발견한 철학에의 열정은 종래의 생활을 포기하게 만들었고 지혜를 갈망하게 만들었다.

이런 방향전환은 아우구스티누스에게 상당한 고뇌와 고통을 안겨주었다. 특히 그의 부모들이 가졌던 기대와 자신이 가지고 있었던 성공에의 열망을 버리고 진리의 빛을 좇아가기 위한 그의 결단은 매우 힘든 일이었기 때문이다.

그러므로 아우구스티누스에게는 호르텐시우스 사건이후에도 여전히 심적인 갈등과 함께 내면의 고뇌가 도사리고 있었다. 이전의 경우처럼 노골적이지는 않았지만 마음 한 구석에는 여전히 명예와 부 그리고 여인의 매력에 대하여 동경하고 있었던 것이다. 청년시절에 세속적인 삶의 방식을 거부하는 결정적인 일은 그의 회심사건이 발생할 때까지는 일어나지 않았다.

2. 고뇌하는 청년

아우구스티누스가 『호르텐시우스』를 읽은 후 12년 동안, 그의 내면 한 구석에는 세속적인 명예와 부귀를 거절하는 성숙한 아우구스티누스가 있었고 다른 한 구석에는 어릴 때부터 무의식적으로 형성된 세속적인 욕구로 가득 찬 아우구스티누스가 있었다.

그러므로 그가 『호르텐시우스』를 읽고 난 후 가지게 되었던 태도는 이중적이었으며, 세속적인 것에 대한 거절과 함께 가지게 된

25) 『고백록』, 제2권. 3장. 5절.

지혜사랑이 공존하고 있었다. 이런 이중적인 태도에도 불구하고 하나님께로 돌아가고자 하는 열망은 지혜사랑을 더욱더 추구하게 만들었다. 이 일을 계기로 아우구스티누스는 본격적으로 철학적 탐구를 시작하였으며 『호르텐시우스』에만 머물러 있지 않았다. 그 까닭은 다음과 같았다.[26)]

> …그 책이 권면하는 말을 오직 이 한 가지 이유 때문에 좋아하였으니, 곧 이 학파 저 학파가 아니라 지혜 자체를, 그것이 무엇이 되었든지 간에 사랑하고 탐구하고 발견하고 붙들어 힘껏 안아 보라 하였기 때문이니이다. 나는 그 말에 이끌렸고 불이 붙어 타올랐나이다. 하오나 이렇게 불타오르는 가운데도 단 한 가지 마음에 걸리는 것이 있었으니 곧, 그 책에 그리스도의 이름이 없다는 것이니이다. 이는 이 이름, 나의 구주이신 당신의 아들의 이 이름은 "주여, 당신의 인자하심을 따라"(시 25: 7) 내가 젖을 먹을 때부터 벌써, 여리고 여린 내 심령이 경건한 마음으로 마시고 마음 속 깊이 간직한 것으로, 아무리 박학하고 세련되고 진실 된 책이라 할지라도 이 이름이 없는 이상 나를 온전히 사로잡을 수 없었음이니이다.

이처럼 아우구스티누스는 키케로의 『호르텐시우스』로부터 많은 영향을 받았지만 완전한 지혜의 빛을 찾았다고 볼 수는 없었다. 그의 철학은 신플라톤주의자인 플로티누스(Plotinus)에게로 이어졌다.[27)]

---

26) 『고백록』, 제3권. 4장. 8절.
27) 이규철, 『어둠에서 빛으로 : 하나님을 향한 어거스틴의 회심』 (서울: 쿰란출판사, 2001), p. 233에서 아우구스티누스의 『복된 삶』의 문장을 재인용함.

나는 19세 때 수사학교에서 『호르텐시우스』라고 불리는 키케로의 서적을 손에 넣은 이래, 철학에 대한 사랑이 대단히 불타 당장 철학으로 옮겨가려고 꾀했을 정도였습니다. 그러나 나는 고백하지만 나는 여자와 명예라는 두 가지 유혹에 져서 철학의 꿈에 당장 뛰어드는 것을 주저했던 것입니다. 그러나 플로티누스의 두세 권의 책을 읽고… 비록 물이 새는 부서진 배라고 할지라도 그것을 타고 동경하는 안식을 찾아 항해했습니다.

아우구스티누스가 『호르텐시우스』를 통해 철학에 깊은 관심을 가지게 되었다는 사실은 부정할 수 없다. 하지만 철학에 대한 그의 기본적인 자세는 기독교 신앙에 도움이 될 수 있는 철학을 말하는 것이었으며, 이런 자세가 나중에 아우구스티누스의 고유한 기독교사상 체계를 구축하는 원동력이 되었다.

여하튼 『호르텐시우스』를 통해 얻게 된 진리에의 열정은 첫 번째 성경연구로 이어지지만 그는 곧 실망하게 되었고 아무런 결실도 얻지 못하였다. 28)

지금 내가 보니 성경은 교만한 자들에게는 닫혀 있고, 심령이 어린 자들에게는 드러나지 않고, 입구는 낮지만 들어갈수록 아득히 높아지고, 신비의 베일에 싸여 있는 것이니이다. 나는 당시 그 속으로 들어갈 힘이 없었사오며, 고개를 숙이고 말씀의 인도를 따라갈 겸손도 없었나이다. … 툴리우스 키케로가 쓴 책들의 가치에 비교해 볼 때 성경은 내게 아무 가치가 없는 것처럼 보였나이다. 이는 나의 교만함이 성경

---

28) 『고백록』, 제3권. 5장. 9절.

의 문체를 싫어하였고, 나의 통찰력으로는 성경의 내적 의미까지 통달할 수 없었음이니이다. 성경에 대한 이해는 실로 어린아이들이 자라듯 자라는 것이나, 교만으로 부풀어 오른 나는 스스로를 큰 자처럼 착각했었나이다.

어머니 모니카를 통하여 어릴 때부터 접하였지만 아우구스티누스의 마음속에 잠자고 있었던 기독교신앙이 다시 되살아났던 것이다. 이를 계기로 그는 성경을 들여다보았지만 그것이 키케로의 문장처럼 아름답지도 않았고, 수사학적인 면에서 위엄 있는 글도 아닐 뿐 더러 필체도 소박하여 신비에 싸인 것처럼 보였으니, 그에게는 어린아이에게나 맞는 이야기라고 느낀 것이었다. 이런 틈을 타서 그에게 접근해 온 것이 마니교였다. 진리에 대한 갈증을 느낀 그는 9년이나 마니교에 심취하게 되었다.

기도하는 모니카

제2장

진리탐구의 열정

Ⅰ. 현혹된 젊은 지성

1. 마니교 탐색

아우구스티누스는 자신의 과거생활과 진리인식을 위한 철학의 길이 서로 맞지 않아서 갈등상태에 있음을 느끼고 마니교에 입문하였다. 말하자면 애욕(愛慾)과 애지(愛知)의 충돌과 갈등에서 애지의 열망이 우세하였지만, 여전히 눈이 어두워서 성경에서는 참된 진리의 길을 발견하지 못하였던 것이다. 지적인 호기심이 매우 강하였던 그는 선과 악의 문제 그리고 악의 기원에 관한 문제에 관심을 가지고 고민하던 중 마니교가 자신의 고민거리를 해결해 줄 것으로 믿고 마니교에 빠져들었다.

마니교는 서기 3세기 중엽 바빌론에서 나타난 마니(Mani)를 통하여 페르시아에서 지중해 연안에 이르기까지 급속하게 퍼져나간 종교이다. 원래는 배화교로 알려진 조로아스터교에서 유래한 것이지만 빛과 어두움, 선과 악, 영혼과 물질 등의 대립하는 존재를 이원론적으로 인정하는 종교였으며, 미신적이고 신화적인 요소를 교의에 포함시켜 상당한 기간 동안 동서양에 걸쳐 큰 영향력을 행사한 종교였다.

마니는 부친이 기독교인이었기 때문에 어려서부터 종교적인 분위기에서 성장하였다. 그는 12세에 신의 계시를 받았다고 하면서 스스로를 하늘로부터 인간세계에 보내진 사자라고 자처하였고, 아담에서부터 조로아스터, 석가, 예수로 이어져 내려오는 위대한 계시자의 마지막 계승자라고 주장하였다. 그에 따르면, 조로아스터, 석가, 예수 등이 받은 계시는 제한적이었지만 오직 자신만이 보편적으로 하늘의 계시를 해석할 수 있는 유일한 열쇠를 가지고 있다고 주장하였다. 따라서 마니 자신의 가르침만이 종말이 오기 전에 모든 종교를 제압할 수 있다고 본 것이었다.[1)]

이런 마니교의 주장에 대하여 아우구스티누스가 현혹될 수 있었던 점은, 첫째 마니교도 예수의 이름을 공통적으로 사용하였으

---

1) 이규철, *op. cit.*, pp. 241-42. 참고로 마니교는 아우구스티누스가 생존했던 4-5세기경 카르타고에서는 대단한 세력을 가지고 있었다. 그러나 서방세계에서는 5세기 말부터 교회의 반대와 국가의 탄압으로 크게 위축되어 거의 사라졌지만, 이란지역을 비롯한 동방지역에서는 여전히 명맥을 유지하고 있었다. 7-8세기경에는 실크로드를 따라 위구르 지역과 중국에서 포교활동을 전개하여 위세를 떨치기도 하였다. 위구르족이 터키와의 전쟁에서 패하게 되자, 9세기 중엽부터 세력이 급격히 약화되어 14세기경 사라지게 될 때까지 아시아 유럽의 일부 그리고 아프리카 지역에서 명맥만 유지하고 있었다.

며, 둘째 완전한 진리를 터득할 수 있다는 마니교의 광적인 주장 때문이었다.

마니교의 교의는 고대 페르시아 조로아스터교의 이원론적 종교 사상과 태양을 숭배하는 미스라교의 의식을 기초로 하였다. 말하자면, 지혜를 본질로 하는 빛과 어리석음을 본질로 하는 어두움의 두 원리와 그런 빛과 그런 어두움이 갈등하고 다투는 세 순간들이 반영되는 세계관을 근거로 하였다. 그러므로 빛과 어두움, 즉 선과 악이라는 두 개의 본질이 이 세상에 공존하고 있으며, 이것들이 움직일 때마다 언제나 갈등이 일어난다고 하였다. 마니교는 이런 주장을 바탕으로 우리 인간은 밖에서 들어오는 물욕을 억제하고 안에서 나오는 정신의 빛을 받아야 한다고 강조하면서 철저한 금욕주의를 강요하였다.

아우구스티누스가 마니교에 빠져들게 된 것은 19세 정도였으며 수사학공부도 일단 접어두게 되었다. 수사학은 그에게 호구지책에 불과하였으며 수사학 교수로 생활하면서도 큰 의미를 발견하지 못하였다. 이런 와중에 젊은 지성인이었던 아우구스티누스를 현혹시킨 것이, 선과 악의 문제를 단순하지만 명쾌한 것처럼 해석해 주는 마니교였다.

특히 그의 관심을 끈 마니교의 주장은 이 세상은 선과 악의 대립구도에 의해 성립되었지만 악의 법칙에 의해 사로잡힌 선이 더 큰 선이 되어 악으로부터 벗어난다는 것이었다. 물론 마니교에서 말하는 악은 사라지지 않으며 궁극적으로는 어두움 속으로 돌아갈 뿐이라는 주장이었다.

성경에서는 쉽게 해명될 수 없는 선악의 문제를 마니교는 근본 교리로 삼고 있었으므로 진리탐구에 열정을 바치는 젊은 지성인의 관심을 끌기에 충분하였다. 이 당시의 심정을 아우구스티누스는 다음과 같이 설명하고 있다.[2)]

…당시 나는 진리에 대한 아쉬움으로 애태우며 허덕이면서도 당신을, 인간에게 영혼을 주어 짐승보다 뛰어나게 하신 당신을 영혼의 시력으로 찾으려 하지 않고 육신의 감각으로 찾으려 하였나이다. 그럼에도 당신은 내 안의 가장 깊은 곳보다 더 깊이 계셨고, 나의 가장 높은 곳보다 더 높이 계셨나이다. 당시 나는 솔로몬의 잠언에 나오는 저 불손하고 지각없는 여자를 만난 셈이니, 저는 문간에 자리를 깔고 앉아 "도적질한 물이 달고 몰래 먹는 물이 맛이 있다"(잠 9:17)고 말하였나이다.

마니교 도들은 선악의 문제를 해결하기 위해 고심하던 젊은 아우구스티누스에게 점성술을 이용하여 해답을 제공하려고 하였다.[3)]

그때에 나는 점성가라 칭하는 저 사기꾼들을 아무 주저 없이 찾아다녔으니, 이는 저들이 짐승을 희생 제물로 바치는 일을 전혀 하지 않았고 점을 치기 위해 어떤 악령에게 기도하는 일도 전혀 하지 않았기 때문이니이다.… 이렇듯 유익한 말씀의 효력을 없애 버릴 요량으로 저들은 이렇게 말했나이다. "네가 죄를 짓은 것은 하늘이 시키는

2) 『고백록』, 제3권. 6장. 11절.
3) 『고백록』, 제4권. 3장. 4절.

일이므로 불가피하니라. 너로 죄짓게 하는 것은 금성이나 토성이나 화성이니라." 말하자면 죄의 원인이 혈과 육을 지닌 인간의 교만함과 부패함에 있지 않고, 하늘과 별들의 창조자, 주관자이신 당신에게 있다는 것이니이다.

마니교도들은 채식주의자들이었다. 고기는 그것을 생산해내는 성행위에의해 더럽혀졌다고 믿었기 때문이다. 그리고 마니교 교리에는 식사를 위해 열매를 따거나 식물을 해치는 행위를 해서는 안 된다고 규정하고 있었기 때문에, 마니교의 제자들이 성직자들에게 과일이나 식물들을 직접 공급하였다. 아우구스티누스도 당시 9년 동안이나 예외 없이 마니교의 성직자들에게 음식을 날라다 주었다.

진리탐구에 열정적이었던 젊은 아우구스티누스는 이 시기 동안 마니교라는 안개 속을 헤매면서 별이나 음식과 관련된 미신에 따르는 생활을 한 것이다. 마니교도들은 핼리 혜성과 같은 별의 출현을 대단히 기뻐하였다. 그들은 해와 달 그리고 하늘의 별들이 신성한 빛의 요소를 분리시켜 그것을 빛의 왕국으로 되돌려 보낸다고 믿었기 때문이다.

아우구스티누스가 마니교 도였을 때, 276년 혹은 277년에 죽었다고 추정되는 마니의 순교 100주년이 다가오고 있었다. 마니의 순교 축제일 직전에 찾아온 핼리 혜성의 존재는 많은 마니교도들을 들뜨게 만들었으며, 젊은 아우구스티누스조차도 현혹시키기에 충분하였다.

2. 허구로부터의 탈출

아우구스티누스가 마니교에서 벗어나게 된 결정적인 계기는 그가 그렇게도 만나고 싶어 했던 당시 마니교의 최고지도자 파우스투스(Faustus) 때문이었다. 마니교도가 되었지만 그는 여전히 진리의 탐구자였다. 자신이 찾은 것이 진리라고 하더라도 전적으로 납득이 가지 않는 한 완전히 승복할 수 없었던 것이 아우구스티누스의 마음이었다. 이미 아리스토텔레스의 자연과학과 『범주론』[4]을 공부하였고 그것을 충실하게 이해하고 있었던 그는 사실상 마니교의 우주생성론과 자연관을 수긍하지 못하였다.

아우구스티누스는 마니교도들이 그랬던 것처럼 별에다 인간의 운명을 두고 점을 쳐보았다. 윤리적으로 인간의 행위를 누가 좌우하는지, 왜 다른 방식이 아니라 하필 그런 방식으로 인간을 행동하게 만드는지 알고 싶었기 때문이었다.

그러나 한편으로 아우구스티누스는 자신의 행동거지가 올곧지 못함을 알았고 따라서 자신의 행위를 주변사람의 탓이나 다른 무엇에게 책임을 전가하고 싶은 심정을 가지기도 하였다. 자신이 죄를 짓는 것도 그렇게 될 수밖에 없었기 때문이라는 마니교의 운명론에 의지하여 해석해 버리는 것이 자신을 편안하게 만들어준다는 사실을 알고 있었다. 이런 이유로 아우구스티누스는 마니교의 점성술에 현혹되었던 것이다.

---

4) 아리스토텔레스의 범주론에서 말하는 10개의 카테고리는 ① 실체 ② 양 ③ 질 ④ 관계 ⑤ 장소 ⑥ 시간 ⑦ 위치 ⑧ 상태 ⑨ 능동 ⑩ 수동으로 구분된다.

하지만 인간의 운명을 별들의 운행이 좌우한다는 마니교의 주장과 마니교가 내세우는 선악의 교의는 젊은 아우구스티누스와 같은 뛰어난 지성을 만족시킬 수 없었다. 특히 카르타고에서 마니교지도자와 기독교지도자 사이에 벌어졌던 토론회에 참석했던 그는 마니교의 주장에 대하여 더욱 더 큰 의구심을 가지게 되었다.

이런 와중에 아우구스티누스는 마니교의 뛰어난 학자요 대단한 웅변가로 알려졌던 파우스투스가 카르타고를 방문한다는 소식을 접하고 크게 기뻐하였다. 그동안 자신이 품었던 의심과 문제들을 해결할 수 있게 되었다고 믿었던 것이다.

하지만 파우스투스를 만난 이후 아우구스티누스는 큰 실망과 함께 마니교에서는 더 이상 희망이 없다는 생각을 가지게 되었다. 파우스투스의 지식은 물론이요 마니교의 교의 자체는 허구에 불과할 뿐 아니라 신화에 의존하고 있음을 알아차렸던 것이다.[5)]

> 나는 파우스투스가 자유학예(liberal arts)에 뛰어난 줄로 믿었으나, 그러한 나의 믿음과는 달리, 저가 그 방면에 지식이 없다는 사실을 확인한 다음부터는, 여태껏 내가 궁금하게 여기던 문제들을 저가 해결해 주거나 대답해 줄 수 없다는 것을 알고 실망하기 시작했나이다. …하오나 저들의 책들은 하늘과 별과 해와 달에 대한 장황하고 허황된 신화로 가득 차 있었나이다. 내가 파우스투스에게 바랐던 것은, 내가 하늘과 천체에 대하여 다른 곳에서 읽은바 있는 수리적 설명을 마니의 가르침과 비교하여, 과연 마니의 책들에 기록된 내용이 맞는

---

5) 23쪽 4)에서 아우구스티누스 저작의 기술방식을 명시하였음. 『고백록』, 제5권. 7장. 12절.

지, 아니면 두 가지의 대등한 이론적 근거를 가지고 있는지를 정확하게 설명해 주는 것이었으나, 나는 결국 저에게 그러한 설명을 해 줄 능력이 없다는 생각을 하게 되었나이다.

평소에 마니교의 많은 서적들을 탐독하였던 아우구스티누스가 파우스트에게 묻고 싶었던 것 중에 하나는 일식현상에 관한 문제였다. 일식은 거의 매년 두 차례 정도 발생하는 자연현상이지만, 고대인들에게 일식은 경이롭고 두려운 현상이었다. 일식에 대한 마니교의 관점은 어두움을 생산해내는 아들의 지혜, 곧 달과 연관된 아들의 권능을 극도로 모독하는 것으로 보았다. 이런 마니교의 관점에서 일식과 같은 신성모독적인 현상을 질문하는 것은 마니교 도에게 있어서 큰 죄악이었다.

그렇지만 마니교에 대한 아우구스티누스의 관심은 신화적인 점성술과 과학적인 천문학사이에서 비교되는 문제였다. 그는 마니교의 허구성을 다음과 같이 지적하였다.[6]

나는 저들의 말을 마니가 한 말과 비교해 보았는데, 마니는 이런 것들에 관하여 많은 글을 썼으나 그 내용은 너무나 허황된 것으로 가득 차 있었나이다. 즉 하지와 동지, 춘분과 추분, 일식과 월식 등에 관하여 그가 쓴 내용은 세속 철학자들의 책에서 내가 배운 내용과는 달리 타당성이 전혀 없었나이다. 마니는 그저 믿기만 하라고 했으나, 그가 믿으라는 내용은 내가 수학적으로 계산해 보고 내 눈으로 관찰

6) 『고백록』, 제5권. 3장. 6절.

해 본 것과는 전혀 맞지 않고 동떨어진 내용이었나이다.

결국 파우스투스와의 만남은 아우구스티누스로 하여금 마니교에 벗어나게 한 결정적인 계기가 되었다. 그는 파우스투스와 직접 만나서 흉금을 터놓고 토론하였다. 파우스투스는 그럴듯한 언변으로 자신의 무지를 치장하고는 풍부한 지식의 소유자인 것처럼 행세하였다. 그는 능란하고 세련된 말솜씨를 보여주었지만 이내 그의 지식은 바닥을 드러내었고 아우구스티누스를 실망시켰다. 이렇게 마니교에 대하여 실망과 염증을 느낀 그는 주변사람들에게 마니교의 허구성을 폭로하면서 하나님에 관한 자신의 어리석음을 고백하였다.[7]

그리하여 내가 기거하던 집의 주인이 마니교의 책들을 가득 채운 허황된 신화들을 너무 깊이 믿고 있던 까닭에, 나는 저에게 그렇게 하지 말라고 드러내 놓고 충고하였나이다. ?하오나 당신이 인간의 육체와 같은 형상을 가지셨다는, 또 당신에게 우리 인간의 몸에서 볼 수 있는 지체가 있다는 마니교의 주장은 도저히 받아들일 수 없다고 생각되었나이다. 하오나 나는 나의 하나님에 대하여 생각할 때, 큰 물체 덩어리로밖에 생각할 줄 몰랐으니, 이는 무릇 물체 아닌 것은 존재하지 않는다는 생각을 내가 했음이니이다. 이것이 바로 내가 도저히 피할 수 없었던 오류의 가장 크고도 거의 유일한 원인이었나이다.

---

7) 『고백록』, 제5권. 10장. 19절.

마니교에서 내세우는 선악의 문제도 역시 젊은 아우구스티누스의 지성을 만족시킬 수 없었다. 마니교에 심취해 있을 때 그는 신의 존재와 함께 악의 존재를 모두 물체로 간주하였다. 말하자면 유물론에 사로잡혀 있었던 것이다. 마니교에서 주장하는 대로 악은 물체덩어리를 이루고 있으면서 밀도가 높으면 땅덩어리가 되고, 밀도가 낮고 세미하면 공기덩어리가 된다고 믿었다. 마니교도들과 함께 자신도 악령이 땅 속으로 기어 들어가는 것이라고 상상하였으며, 최고악의 경우도 비록 그것이 하나님으로부터 나온 것은 아니라고 하더라도 생명을 가진 실체로 보았다.

그러므로 아우구스티누스는 그리스도의 성육신을 악의 존재처럼 물질로 생각하고서는 쉽게 결론을 내렸던 것이다. 예수 그리스도는 하나님이라는 실체 덩어리로부터 인간의 구원을 위해 떨어져 나온 분이라고 생각하였으며, 그리스도는 육체와 결합하지 않고서는 동정녀에게서 태어날 수 없다고 보았던 것이다. 따라서 그는 "그리하여 나는 그리스도의 성육신을 믿기 어려웠사오니, 이는 성육신이란 필연적으로 그리스도의 본성이 육신으로 말미암아 더럽혀지는 것을 의미한다고 생각했던 까닭이니이다."[8]라고 고백하였다.

이 당시 아우구스티누스는 여전히 "하나님은 영"(요 4:24)이라는 사실을 받아들이지 못하고 있었으며, 하나님을 빛의 덩어리라는 식의 유물론적 사고에서 벗어나지 못하고 있었다. 하지만 마니교

---

8) 『고백록』, 제5권. 10장. 20절.

의 허황된 가르침에 대해서는 다음과 같이 지적하였다.

> 저들은 주장하기를, 신약성경은 유대교의 율법을 기독교 신앙에 접목시키고자 누군가가 위조한 것이라 하였나이다. 하오나 저들은 위조되지 않은 성경의 원본을 제시하지 못하였나이다. 그리하여 물질주의적 세계관에 꽉 붙들려 있던 나를 선과 악이라는 저 물체 덩어리들이 눌러 거의 질식 상태에 빠뜨렸으므로, 나는 그 아래서 숨을 헐떡거리며, 당신의 진리의 맑고 순수한 공기를 마시고자 하였으나 그렇게 하지 못하였나이다.

이처럼 아우구스티누스는 유물론적 세계관에 사로잡혀 "그 진리의 벅찬 힘이 내 눈 속으로 밀려 들어왔어도, 나는 떨리는 내 마음을 무형적인 것에서 돌이켜 물체의 윤곽, 색깔, 크기 등으로 향하였으며, 영혼 속에는 이런 것들이 보이지 않았으므로 내 영혼도 보이지 않는 것"[9]이라고 생각하였다. 그러므로 그는 마니교식의 유물론을 가지고서 하나님과 악, 그리스도와 성육신의 문제들을 함부로 해석하였다.

하지만 아우구스티누스는 카르타고를 떠나 로마에서 생활을 하게 되면서부터 마니교의 영향에서 벗어났으며, 유물론적 세계관을 던져버렸다. 마니교의 사유방식이 그의 내면에서 허물어질 때, 진리의 빛이 비로소 그의 인식 공간에 비춰지게 된 것이다. 그 빛은 아우구스티누스의 어두워진 영혼을 일깨우고 인식의 전환을 가능

---

9) 『고백록』, 제4권. 15장. 24절.

하게 만들어 주었다. 그는 마니교의 허구성을 분명하게 인식하고 새로운 진리의 세계를 향하여 나아가게 된 것이다.

Ⅱ. 신앙의 스승과 만남

1. 암브로시우스의 영향

아우구스티누스는 383년 로마에서 수사학교 교수로 생활하였지만 불성실한 학생들과 진지하지 못한 주변 환경 때문에 이내 싫증을 내고는 밀라노의 수사학교로 옮겨갔다. 당시 로마시장이었던 심마쿠스(Simmacus)와 같은 지인들이 그의 학문성을 높이 평가하여 밀라노의 수사학교 교수로 추천해 주었던 것이다. 384년부터 시작된 밀라노 생활은 아우구스티누스의 인생에 있어서 큰 전환점이 되었다. 여기에서 그는 신플라톤주의 철학을 연구하게 되었으며, 또한 암브로시우스감독과의 만남이 이루어졌다.

아우구스티누스는 스토아학파의 주장에 회의적이었던 아카데미학파의 저작들을 탐독하였으며 이내 깊이 빠져들었다. 마니교가 제시한 지혜는 천편일률적이고 깊이가 없었기 때문에 그의 지성을 만족시킬 수 없었지만, 아카데미학파 즉, 신플라톤주의 자들의 철학은 이내 그의 관심을 끌기에 충분하였다.

아우구스티누스가 이런 신플라톤주의에 관심을 가지게 된 이유 가운데 하나는 당시 밀라노의 정치인이었던 만리우스 테오도루스(Manrius Theodorus)의 도움 덕분이었다. 그는 교양 있는 기독교인이요 신플라톤주의 철학자였으며 399년에는 밀라노의 집정관에 올랐던 인물이었다. 그리고 테오도루스는 한적한 시골에 관조할 수 있는 조용한 장소를 마련하고서는 침묵 명상을 즐기는 인물이었다. 그런 그를 아우구스티누스는 자주 만나러 다녔으며, 당시 자신의 모습을 폭풍을 만난 뱃사람으로 묘사하였다. 그는 이런 정신적 체험을 적어서 테오도루스에게 보냈으며, 그 글은 『행복한 삶』제1장 2절과 3절에 실려 있다.[10)]

이처럼 아우구스티누스는 밀라노에서 그의 진리추구에 좋은 영향을 끼친 여러 사람들을 만났는데 그 가운데 대표적인 인물이 바로 암브로시우스(Ambrosius)였다. 교양 있는 비 기독교인이, 학식과 덕망이 높으며 나아가 위엄까지 갖춘 기독교지도자에게 매력을 느끼듯이 그도 역시 암브로시우스에게 깊은 신뢰감을 가지게 되었다. 아우구스티누스가 청소년시절부터 가졌던 진리 애를 충족시키지 못한 것에 대한 번민은 밀라노 시절까지 이어지면서 깊은 고뇌에 빠져들곤 하였지만, 암브로시우스를 만나게 되면서 내면의 안식을 조금씩 맛보기 시작하였다. 아우구스티누스는 어머니 모니카가 암브로시우스의 열렬한 후원자였던 까닭에 그를 알게 되었지만, 자신에게 암브로시우스는 단순한 지인이 아니라 신앙의 스승이었다.

암브로시우스는 아우구스티누스보다 14살 위였으며, 당시 11년 동안이나 밀라노의 감독으로 봉직하고 있었다.[11)] 그는 기품 있는

---

10) *The Happy Life*, 제1장, 2절-3절.
11) Peter Brown, *op. cit.*, p.81.

귀족집안 출신이었으며 뛰어난 설교가였다. 아우구스티누스는 암브로시우스가 설교할 때 매우 주의 깊게 경청하였는데, 그가 설교가로서 누리고 있었던 명성이 과연 올바른 것인지에 대해 알고 싶었기 때문이었다. 그리고는 이내 그의 설교에 매료당하였으며, 특히 암브로시우스가 대중을 상대로 하는 설교를 열심히 경청하였다. 아우구스티누스는 당시의 심정을 다음과 같이 고백하고 있다.[12)]

> 그리하여 나는 밀라노로 가서 암브로시우스 감독을 만나게 되었나이다. 저는 이 세상에서 가장 훌륭한 사람 가운데 하나요, 당신의 신실한 종이라고 알려져 있었사오니, 그 당시 저의 감동적인 설교는 당신의 백성들에게 당신의 "밀의 아름다운 것"(시 81:16)과 "즐거움의 기름"(시 45:7)과 정신을 쇄락케 하는 포도주의 향기로움을 선사하였나이다. 나도 모르게 당신에게 이끌려 저에게로 갔으니, 나는 저로 말미암아 당신께로 인도함 받게 된 것을 나중에 알게 되었나이다.

이렇게 해서 아우구스티누스는 암브로시우스와 신앙적인 면뿐만 아니라 학문적으로도 사귀게 되었으며, 그로부터 성경을 이해하는 일에 많은 도움을 받았다. 하지만 그 당시까지도 아우구스티누스의 관심은 성경 그 자체보다는 오직 문학적인 흥미뿐이었다고 볼 수 있다. 그는 수사학 교수로서 암브로시우스의 설교 형식을 직접 확인하고 싶었기 때문이었다. 처음에 그는 암브로시우스의 키케로 식 문장형식에는 귀를 기울였지만 문장의 내용에는 별

---

12) 『고백록』, 제5권. 13장. 23절.

다른 관심을 두지 않았다. 하지만 암브로시우스의 박식하고도 미려한 표현이 수사학적 형식을 통하여 우선적으로 아우구스티누스에게 다가왔으며, 이내 설교내용도 그의 마음을 끌기에 충분할 만큼 뛰어났다.

아우구스티누스는 암브로시우스와 마니교의 지도자 파우스투스를 비교하면서, 암브로시우스가 파우스투스보다 재미가 덜하고 사람을 혹하게 하는 면은 없었지만 학식이 더 풍부하여서 경청하기에 즐거웠다고 하였다.[13] 더구나 내용적인 면에서는 비교가 되지 않을 정도로 탁월하였다고 보았다. 파우스투스가 마니교의 허황된 가르침 때문에 스스로 헤매는 자였다면, 암브로시우스는 구원의 도리를 지극히 건전하고 진지하게 가르치는 자였다.

아우구스티누스는 한편으로 암브로시우스가 신앙적으로나 인격적으로 많은 사람들로부터 존경받는 인물인데도 왜 불행한 독신생활을 할까에 대하여 생각해 보기도 하였다. 그 때까지 아우구스티누스는 독신생활을 매우 불행한 것으로 생각하고 있었기 때문이다. "그처럼 우아하고 교양 있는 남자가 어떻게 해서 한 여자의 애정 없이 살아간다는 말인가? 뛰어난 인물인 그는 애욕의 유혹에 맞서서 어떠한 투쟁을 하고 있을까? 역경을 맞으면서 그에게 주어지는 위로는 무엇일까? 성경을 되새기면서 얼마나 그윽한 기쁨을 누릴까?" 등등의 의문이 아우구스티누스에게 다가왔다.

하지만 그는 암브로시우스와의 만남을 거듭하면서, 그가 혼자

---

13) Peter Brown, *op. cit.*, p. 83.

있는 시간을 영적인 재충전을 위해 얼마나 애쓰는가를 알게 되었다. 그리고 아우구스티누스는 그의 설교를 통하여 성경을 보는 관점이 변하기 시작하였다.

아우구스티누스가 한가한 시간에 암브로시우스를 찾아가면, 그는 연구에 몰두하고 있었기 때문에 다른 사람들이 방해할 수 없었다. 아우구스티누스는 정신적 욕구를 충족시키기 위해 그를 찾아갔지만 이내 기세가 꺾여서 자신이 초라하게 느껴졌다. 참된 진리를 찾기 위해 고뇌와 번민을 거듭하는 그의 심경은, 마치 집 한 채를 지니고 있었지만 그 집이 무너지려고 하는데도 어디로 피난을 가야할지 모르는 사람과 꼭 같았다.

아우구스티누스는 목마른 사람이 샘을 찾는 심정으로 계속해서 암브로시우스와 대화를 나누어보려고 시도하였다. 암브로시우스의 방에 들어갈 때는 조용히 발뒤꿈치를 들고 들어갔지만, 면담을 기다리는 사람들이 있는 경우가 많았다. 분주한 암브로시우스를 아우구스티누스는 자기 얘기로 다시 그를 피곤하게 만들고 싶지 않았지만, 마음속의 번민을 없애버리고 싶어서 계속 찾아다녔던 것이다. 가끔 감독이 혼자 있어서 좋은 기회다 싶어 들어가면 그는 독서에 너무 열중하여 아우구스티누스가 들어오는 것도 눈치채지 못할 지경이었다. 그럴 때면 아우구스티누스는 자기가 무엇을 구걸하는 거지같다는 부끄러운 생각이 들었다는 것이다. 만나서 대화를 나눈 경우도 있었지만, 다시 발꿈치를 세우고 조용히 물러나서는 씁쓸한 기분으로 발걸음을 돌리기도 하였다.

2. 성경연구

아우구스티누스는 암브로시우스를 그토록 진지하게 만드는 것이 무엇인지에 관하여 매우 궁금한 생각이 들었다. 틀림없이 성경이라는 확신이 들었다. 성경이 그에게는 금광과 같다는 생각을 하면서, 아우구스티누스도 다시 성경을 손에 집어 들었다. 처음에는 형편없는 건물의 외부만 보고 대수롭지 않다고 여겼던 저택에 다시 들어가 이방 저 방을 살펴보니 굉장히 훌륭한 예술작품으로 가득 차 있음을 발견한 것이다. 이때의 심경을 아우구스티누스는 다음과 같이 말하고 있다.[14)]

> 한 가지 더 기뻤던 것은, 구약성경의 율법과 선지자들을 이전과는 전혀 다른 관점에서 바라보며 읽게 되었다는 것이니이다. 전에 내가 그것을 대할 때 그것은 허황된 것처럼 보였나이다. 그래서 나는 당신의 성도들을 비난하였으니, 이는 그들이 구약성경을 [문자적으로] 이해한다고 생각했기 때문이니이다. 하오나 실상은 그들이 구약성경을 [문자적으로] 이해하는 것이 아니었나이다. 그리하여 나는 암브로시우스가 교인들에게 하는 설교 중에 자주 "문자는 죽이는 것이요 영은 살리는 것이라"(고후 3:6)는 말씀을 성경해석의 가장 중요한 기준인 것처럼 권면하는 소리를 즐거운 마음으로 듣곤 했나이다.

이제 아우구스티누스의 마음속에는 결단의 시간을 앞두고 묵은 요소들과 새로운 요소들이 뒤죽박죽 엉켜서 싸우고 있었다. 구름

---

14) 『고백록』, 제6권. 4장. 6절.

속에서 수증기들이 더욱 짙게 엉겨드는 것 같았고, 폭풍의 노호가 더욱 기세를 올리는 듯하였다. 이렇게 번민하는 가운데 아우구스티누스는 길거리에서 구걸하는 거지를 통하여 참된 행복의 의미를 반성해 볼 수 있는 사건을 경험하였다.15)

> 내가 명예와 부와 결혼의 행복을 추구하고 있을 때 당신은 나를 비웃으셨나이다. 그러한 욕망으로 인해 나는 지극히 쓰라린 고통을 당하였으니, 당신은 나로 하여금 당신 아닌 것에서 즐거움 느끼는 것을 허락지 않으심으로써 내게 은혜를 더 하셨나이다. …그 날 나는 밀라노의 어떤 골목길을 지나다가 불쌍한 거지 한 사람을 보게 되었는데, 술이 잔뜩 취해서 그랬는지는 몰라도 농담을 하면서 즐거워하고 있었나이다. 그때 나는 한숨을 쉬면서, 나와 같이 있던 친구들에게 이렇게 말하였나이다. “우리가 미친 탓으로 당하는 고통이 얼마나 많은가? 내가 여태 행한 것과 같은 노력을 우리가 이렇듯 다해 왔어도, 욕망이라는 가시 채(행 26:14) 아래서 불행이라는 짐을 끌고 갈 따름이라. 우리가 바라는 것은 오직 참된 기쁨에 도달하는 것인데, 저 거지는 우리보다 먼저 거기에 도달했고, 우리는 아마 거기에 영원히 도달하지 못할 것 같구나.”
>
> 사실 그 거지는 동전 몇 닢을 구걸해서 기쁨, 곧 이 땅의 행복에 도달했는데, 나는 그 행복을 얻기 위해 구불구불 돌아가는 길을 이리저리 헤매며 고생하고 있었나이다.… 내가 학식이 더 있다고 해서 그 거지보다 더 낫다고 할 이유가 전혀 없었으니, 이는 내가 학문 자체에 기쁨을 느꼈다기보다는, 내가 학문을 통하여 사람들을 기쁘게 해

15) 『고백록』, 제6권. 6장. 9절.

> 주는 것을 추구하였음 이니이다. 말하자면 나는 그들을 가르치기보다는 기쁘게 해 주려고만 하였나이다. 그러므로 당신은 징계의 몽둥이로 내 뼈를 부수었나이다.

아우구스티누스에게는 여전히 절대자의 문제가 해결되지 않고 있었다. 마니교도들과는 이미 상종을 하지 않고 있었지만, 그들의 영향 때문인지 신이 세밀한 물질로 혼합되어 있을 것이라는 모호한 생각은 여전히 가시지 않았다. 윤리 도덕의 문제도 해결하지 못하고 있었다. 사회적인 지위와 체면을 생각한다면 아들 아데오다투스의 생모와 결혼하지 말고 제대로 된 집안의 처녀와 결혼해야 한다는 주변사람들의 충고를 떨쳐버릴 수 없었다. 더 나아가 인간이 가지는 여인과의 정욕자체를 정리하지 못하고 있었던 것이다.[16)]

> 당신이 내게 주신 기쁨이 컸고 당신 집의 아름다움을 사모했던 까닭에, 이 세상적인 것은 더 이상 나를 기쁘게 하지 않았나이다. 하오나 여자에 대한 사랑만큼은 든든한 쇠사슬처럼 나를 꽁꽁 묶어 두고 있었나이다. 물론 사도바울도 비록 모든 사람이 자기와 같이 "그냥 지내기를"(고전 7:26) 바라는 심정에서 더 나은 것을 권면하고는 있으나, 결혼 자체를 나에게 금하지는 않았나이다. 하오나 나는 연약하여 더 안일한 쪽을 선택하였나이다. 이 한가지 이유로 인해 나는 다른 일에도 자신이 없어졌고, 여러 가지 걱정 근심 때문에 [심신이] 피폐

---

16) 『고백록』, 제7권. 1장. 2절.

> 해졌나이다. [그때] 나는 결혼을 하고 싶었고 또 하지않을 수도 없는 형편이었으나, 결혼생활을 하려면 내가 원하지 않는 다른 일도 억지로 해야만 했나이다.

아우구스티누스는 스스로 고백하기를, 19세에 지혜에 대한 사랑을 느꼈으며 지혜를 발견하기만 하면 헛된 욕망이나 거짓된 망상을 버릴 수 있을 것으로 생각하였는데 나이 삼십이 되었어도 정신적인 방황은 여전하다고 하였다. 그는 안개 속을 걸어가듯이 내면의 길을 고독한 나그네처럼 혼자서 걸어갔다.

바로 그 때 한줄기 빛이 그의 내면에 비쳐졌다. 앞에서 잠시 언급하였지만, 테오도루스가 당시 의식 있는 교양인들이 찾아서 읽는다는 철학서적 몇 권을 그에게 가져다준 것이다. 그 책이 바로 플라톤의 사상을 계승하면서, 당시의 사람들에게 신플라톤주의자라고 불리어졌던 플로티누스(Plotinus)가 쓴 『엔네아데스』(*Enneades*)였다.

Ⅲ. 신플라톤주의 연구

1. 플로티누스의 영향

플로티누스는 205년에 이집트에서 태어나 그리스 철학자로 65세까지 살았던 신플라톤주의의 창시자였다. 그의 철학을 세상에 널리 알린 사람은 제자인 포르피리우스(Porphyrius)였으며, 그는 플로티누스의 전기를 쓰고 플로티누스의 저작들을 논제에 따라 6권으로 편찬하였다. 그것이 바로 『엔네아데스』이다.

포르피리우스에 따르면, 그의 스승 플로티누스는 몸을 지니고 다니는 것마저 귀찮아했을 정도로 기인생활을 하였다. 육식을 하지 않았으며, 약도 먹지 않았고 흔히 다니는 공중목욕탕에도 가지 않았다. 그 대신 안마를 즐겨 받았으며, 자주 복통을 앓았다. 포르피리우스가 한번은 자살을 시도하려 하자, 플로티누스가 미친 짓이라고 하면서 그만두라고 말렸다. 포르피리우스가 왜 안 되는지, 선생님은 몸을 끌고 다니는 것마저 귀찮아하지 않으시냐고 항의하자, 플로티누스는 그것과 영혼은 아무 상관이 없다고 하면서 일축하였다는 일화가 있다.

아우구스티누스가 『엔네아데스』에서 먼저 읽은 것은 수사학자 마리우스 빅토리누스(Marius Victorinus)가 번역한 일부분이었으며, 나머지는 훨씬 뒤에 읽었다. 아우구스티누스가 플로티누스를 알게 된 것은 19세에 키케로를 알게 된 것과 마찬가지로 하나의 기쁨이요, 큰 축복이었다. 그는 플로티누스의 철학을 이교도의 것으로 간주하지 않고 밀라노에서 이룩된 기독교 학문의 맥락에서 살폈다. 암브로시우스, 심플리키아누스(Simplicianus), 빅토리누스는 새로운 길을 찾아 나선 아우구스티누스에게 큰 행운을 안겨준 인물들이었다. 심플리키아누스는 암브로시우스의 신앙의 아버지였으며, 빅토리누스와는 로마에 거주할 때 막연한 학문적 친구사이였다. 아우구스티누스는 이들을 통하여 신플라톤주의적 사유를 가지게 된 것이다.

심플리키아누스는 암브로시우스에게 세례를 집전한 경건한 성직자였으며, 암브로시우스가 죽자 밀라노의 감독이 된 인물이었다. 지성적이고 문화적인 소양이 높아서 많은 교양인들로부터 존경을 받았지만 상당히 소박하게 살았던 인물이었다. 아우구스티누스는 심플리키아누스의 검소한 처소로 그를 찾아다녔다. 그리고 사회적인 출세문제나 불안한 동거생활 등의 세속적인 욕망을 버리지 못하면서도 참된 진리를 찾아서 헤매는 초라한 자신의 모습을 그에게 소상하게 드러내 보였다.

아우구스티누스로부터 빅토리누스가 번역한 『엔네아데스』를 읽었다는 말은 들은 심플리키아누스는 기뻐하면서 격려해 주었다. 그리고는 자기 친구 빅토리누스가 어떻게 기독교인이 되었는지를 들려주었다.

빅토리누스는 로마의 대단한 원로원 의원들이 사부로 모셨을 정도로 존경받는 수사학자요 철학자였으며, 귀족들이 그의 공을 인정하여 로마의 포룸에다 입상을 세웠을 만큼 영향력이 있는 인물이었다. 하지만 기독교로 개종하기 전 그는 오랫동안 로마의 귀족들과 함께 즐기면서 제사행사에 참석하였으며, 여러 민족들이 섬겼던 우상들을 그의 뛰어난 웅변술로 옹호하고 다녔던 인물이었다.

그러던 그가 그리스도의 샘에서 갓난아이로 태어나서 그 분의 겸손 앞에 고개를 숙였고, 십자가의 능욕 아래 머리를 조아렸다는 것이다. 로마의 귀족사회에서 존경받는 인물이요 뛰어난 철학자가 그리스도의 어린아이가 되기를 부끄러워하지 않았다는 말이다. 빅토리누스는 성경을 읽었으며 계속해서 기독교 서적들을 탐독하고 연구해 나갔다.

그가 한번은 심플리키아누스에게 자신은 벌써 기독교인이 된 느낌이 든다고 말하였더니, 심플리키아누스가 그 말을 듣고 기독교인이라고는 믿지 못한다고 하면서 교회에 출석하는 모습을 보지 못하는 한 자네를 기독교인으로 간주할 수 없다고 하였다. 그랬더니 빅토리아누스가 웃으면서 "교회당 벽이 기독교 신자를 만들어 준단 말인가?" 라고 맞받아쳤다는 일화가 있다.[17]

빅토리누스는 얼마 후 심플리키아누스의 팔을 붙잡고 교회로 가서 기독교인으로 등록하였고 기초 신앙교육을 받은 후 세례교인이 되었다. 세례를 받는 순간 장로들이 그를 예우하면서 신앙고백은 은밀히 해도 좋다고 권하였지만, 빅토리누스는 많은 회중들이 볼 수 있는 단 위에 올라가 부끄러워하지 않고 당당하게 신앙고백을 하였다. 로마의 도성이 들끓고 교회는 환호하였다고 한다. 아우구스티누스는 당시의 장면을 듣고, 다음과 같이 기술하였다.[18]

> 그리하여 그가 신앙고백을 하러 단상으로 올라갔을 때, 모든 사람들은 그가 누구인지 알아보고 서로를 향해 그의 이름을 말하며 기뻐하였나이다. 사실, 거기 있는 사람 가운데서 그를 모르는 사람이 어디

---

17) Peter Brown, *op. cit.*, p.103.
18) 『고백록』, 제8권. 2장. 5절.

있었겠나이까? 그들은 모두 함께 기뻐하며 “빅토리누스, 빅토리누스” 하는 소리를 조용히 입에 올렸나이다. 그들은 그를 보자이내 환성을 질렀으나, 그의 신앙고백을 들을 생각으로 잠잠해졌나이다. 그는 그의 진실 된 신앙을 확신에 찬 어조로 고백하였고, 모든 사람들은 그를 자기들 가슴 속 깊이 끌어안으려 했나이다. 그들은 사랑과 기쁨으로 끌어안으려 했으니, 그를 끌어안은 자들의 손이 그것을 나타내 주었나이다.

아우구스티누스는 심플리키아누스의 이야기를 주의 깊게 들었으며 자기와 비슷한 처지에 있었던 빅토리누스라는 인물에게서 자신의 모습을 보았다. 하지만 그는 여전히 자신을 이기지 못하고 정욕에 얽매여 있는 당시의 심정을 다음과 같이 그렸다.[19)]

하온데 당신의 사람 심플리키아누스가 빅토리누스에 대하여 이런 이야기를해 주었을 때, 나는 빅토리누스를 본받을 마음이 불 일 듯 하였으니, 사실 심플리키아누스가 이야기를 해 준 목적도 여기에 있었나이다. …나 역시 그렇게되기를 소원하고 있었으나 쇠사슬에 묶여 있었으니, 나를 묶은 그 쇠사슬은 다른 사람이 놓은 것이 아니라 바로 나 자신의 의지라는 쇠사슬이었나이다. 원수[마귀]는 나의 의지를 꽉 붙잡음으로 내게 족쇄를 채워, 나를 완전히 묶어 놓았나이다. 이는 사악한 의지로 인하여 정욕이 일어나고, 정욕에 종노릇함으로써 [잘못된] 습관이 생기고, 그 습관을 이기지 못함으로 인해 끊기 어려운 죄 성이 형성됨이니이다. 이러한 것들이 작은 고리처럼 서로 연결

19) 『고백록』, 제8권. 5장. 10절.

되어 있었사오니 그래서 쇠사슬이라 부르며, 나는 그 쇠사슬에 꽁꽁 묶여 견디기 힘든 종살이를 하고 있었나이다.

이후에도 심플리키아누스는 계속해서 아우구스티누스와 사귀면서 경건한 모범을 보여주었으며 신앙적인 조언을 많이 하였다. 그는 암브로시우스가 세상을 떠나자 밀라노의 감독이 되었으며, 몇 가지 신학문제에 관한 의견을 구하기 위해 히포의 주교가 된 아우구스티누스에게 편지를 보내기도 하였다. 히포의 주교였던 발레리우스가 395년 사망함으로 아우구스티누스는 히포의 주교가 되었는데, 주교로서 그가 한 최초의 일은 심플리키아누스에게 편지 쓰는 일이었다.

암브로시우스가 밀라노의 감독으로 있을 때, 아우구스티누스가 신플라톤주의에 심취해 있음을 알고는 심플리키아누스와 만나볼 것을 권유한 일도 있었다. 그리고는 다음과 같이 충고하였다.

"지상에서 하늘에 이르는 길은 없습니다. 하나님으로부터 사람한테 내려오는 길밖에 없습니다. 인간은 순수하게 은총으로 구원받는 것입니다. 하늘에서 내려온 분이 아니면 아무도 하늘로 오르지 못합니다. 이게 요한복음서 내용이지요. …그리고 우리가 보기에는 그 말하는 바가 참됩니다."[20]

아우구스티누스는 밀라노에서 테오도루스, 암브로시우스, 심플

---

20) 성염 역. *op. cit.*, p. 114.

리키아누스와 같은 교양인들을 만남으로 인하여 새로운 사상, 즉 신플라톤주의를 접하게 되었다. 진리애에 불타는 청년 아우구스티누스의 입장에서 신플라톤주의의 문헌들을 만나게 된 그의 모습은 마치 사막에서 천신만고 끝에 오아시스를 발견한 순례자의 모습과 같았다. 하나님의 자비와 긍휼하심으로 여기까지 오게 되었다는 고백이었다.[21]

> 하온데 당신이 내게 가장 먼저 보여 주시기 원했던 것은 당신은 "교만한 자를 물리치시고 겸손한 자에게 은혜를 주신다"(약 4:6)는 사실과 사람들에게 겸손의 길을 보여 주시기 위하여 긍휼을 베푸사, 당신의 로고스로 하여금 "육신이 되어"(요 1:14) 사람들 가운데 거하게 하셨다는 사실이었나이다. 그리하여 당신은 나에게 헬라어에서 라틴어로 번역된 플라톤주의자들의 몇 가지 책을 지극히 엄청난 교만으로 부풀어 오른 어떤 사람을 통하여 마련해 주셨나이다.

2. 성경이해

아우구스티누스는, 신플라톤주의의 문헌들을 통하여, 마니교의 사유체계가 주장하는 유물론적 방법론을 극복하고 절대자라는 존재를 변하지 않는 빛으로 인식하였다. 그가 언급하는 빛은 마니교가 말하는 육체의 빛(corporal brightness)이 아닌 변하지 않는 빛이

21) 『고백록』, 제7권. 9장. 13절.
22) 『고백록』, 제7권. 10장. 16절.

었다. 그러므로 그 빛은 육체의 눈으로 보이는 것이 아닌, "하나님은 진리이시다."(God is Truth)라는 사실을 영혼의 눈으로 보게 하는 빛이었다.

아우구스티누스는 플로티누스의 철학을 발판으로 삼아 영혼의 눈을 통하여 비로소 스스로 있는 자를 인식하게 되었다.[22)]

> 오, 영원한 진리이시여! 참된 사랑이시여! 사랑스러운 영원함이시여! 당신은 나의 하나님이시니 내가 "주야로"(시 1:2) 당신을 사모하나이다. 내가 당신에 관하여 처음 깨달았을 때 당신은 나를 맞이 하사, 나로 하여금 보아야 할 존재가 있다는 사실을 깨닫게 하셨으나, 나는 아직 그것을 볼 수 있는 시력이 없었나이다. 당신이 나에게 [강렬한] 빛을 세게 비추사 시력이 연약한 나를 물리치셨으니, 나는 사랑과 두려움으로 떨었나이다. …그 때 당신이 먼 데서부터 외치셨나이다. "아니라 나는 스스로 있는 자니라." 이 음성은 내 심령에 들려온 음성이었으므로 나는 의심할 이유가 전혀 없었나이다. 이는 진리는 "그 만드신 만물에 분명히 보여 알게"(롬 1:20) 되는 것으로, 차라리 내가 살아 있음을 의심할지언정 진리가 없다고 의심할 수는 없었음이니이다.

이처럼 아우구스티누스는 플로티누스 철학의 도움을 받아 하나님의 존재를 인식하기 시작하였다. 그는 하나님을 불변하는 존재로 파악하였고 하나님에 의해 만들어진 존재들은 모두 선한 것이었다고 하면서, 하나님의 창조성과 창조된 피조물의 선함을 긍정

---

23) 『고백록』, 제7권. 16장. 22절.

하게 되었다. 아우구스티누스에 따르면 죄는 하나님으로부터 떠나 있는 창조의 낮은 부분에 존재하며, 최고의 실체이신 하나님의 형상과 닮지 않은 상태에서 드러나는 의지의 왜곡이다. 그것은 실체가 아니다.[23] 그러므로 이런 사유를 체계화하면서 마니교 시절부터 고민이었던 악의 기원 문제를 그는 해결하게 된 것이다. 그에 따르면 악은 오직 의지의 자유로운 선택에서만 유래된다. 그러므로 악이 의지의 자유로운 선택에서 유래되었음을 부인하는 자들은 사악한 오류에 빠져 악의 본질을 하나님처럼 불변하고 영원한 것이라고 말한다고 지적하였다.[24] 아우구스티누스는 신플라톤주의의 영향을 다음과 같이 언급하였다.[25]

> 하온데 당시 나는 플라톤 학파의 그 책들을 읽고 무형의 진리를 탐구하라는권면을 받았던지라, 당신의 "보이지 아니하는 것들"(롬 1:20)을 그 만드신 만물을 통하여 보아 알게 되었고, [당신의] 물리침을 받고서도 내 영혼의 어두움으로 인해 바라볼 수 없었던 것에 대한 느낌을 어렴풋하나마 갖게 되었나이다. … 하오나 내가 믿기로는, 당신의 책을 상고하기 전에 그 책들을 먼저 접하게 된 것은, 당신의 뜻이었으니, 그 책들에서 받은 인상이 나의 기억 속에 각인되어 내가 당신의 책을 통해 길들여지고, 당신의 치료하시는 손길로 나의 상처가 어루만짐을 받은 후에, 교만한 자기만족과 겸손한 신앙고백의 차이, 가야 할 목적지는 알면서도 그리로 가는 길을 모르는 자들과, 복된 나라로 인도하는 길을 보여줄 뿐 아니라 거기에 가서 살 수

---

24) 박일민 역, 어거스틴의 『자유의지론』(서울: 반석문화사, 1993), p. 7.
25) 『고백록』, 제7권. 20장. 26절.

있도록 길이 되어 주시는 분과의 차이가 무엇인지 나로 하여금 알아 차리고 이해할 수 있도록 하기 위함이었나이다.

아우구스티누스는 이처럼 신플라톤주의가 성경을 이해하게 만들었고 참된 신앙을 가지게 하는 일에 큰 도움이 되었다는 점을 강조하였다. 성경을 먼저 읽고 신플라톤주의 문헌들을 나중에 읽었더라면 오히려 성경적 진리를 무시하고 외면했을지 모른다고 고백하였다. 이제 아우구스티누스는 신플라톤주의의 시각을 통하여 성경에 접근하기 시작하였다. 그는 특히 바울서신에 많은 관심을 가지고 연구하기 시작하였다.[26)]

그리하여 나는 당신의 영으로 감동함을 받은 고귀한 책, 그중에서도 특히 바울 서신을 매우 열심히 탐독했는데, 그러자 이전에 나로 하여금 바울이 자기 모순에 빠졌다고, 바울의 가르침이 율법과 선지자의 증거와 일치하지 않는다고 생각하게 했던 의문들이 사라지고, 그 말씀의 순결한 모습이 내 앞에 환히 드러났나이다. 그러하므로 나는 [그 말씀을] 배울 때 "떨며 즐거워"(시 2:11)하였나이다. 이렇게 시작하여 나는 플라톤 학파의 책들에서 읽은 진리가 성경에 모두 들어 있을 뿐 아니라, 나아가 성경은 당신의 은총을 찬양하는 가운데 기록되었다는 것을 발견하게 되었으니, 누구든지 보는 사람은 자기가 보는 대상뿐만 아니라 볼 수 있는 시력까지도 [위로부터] 받은 만큼, 마치 받지 아니한 것같이 자랑하지 말아야 하나이다.

---

26) 『고백록』, 제 7권. 21장. 27절.

지금까지 아우구스티누스의 내면에서 대립되었던 두 가지 의지의 갈등은 그가 청소년시절부터 추구해온 철학적인 관심과 세속적인 욕망 사이에서 진행된 것이었다. 하지만 그의 내면에서 발생한 두 의지의 대립은 정신적 방황을 거쳐 자기성찰로 이어졌다. 암브로시우스나 심플리키아누스와 같이 밀라노에서 만난 당대의 훌륭한 기독교 교양인들은 아우구스티누스가 세속의 욕망을 이겨내고 진리탐구에 몰두할 수 있도록 도와준 분들이었다.

제3장

학문공동체 생활

기도하는 모니카와 어린 아우구스티누스

Ⅰ. 위대한 회심

1. 회심을 도운 친구들

아우구스티누스가 밀라노의 국립수사학교에서 교수생활에 충실하였던 386년 8월 초순 어느 날이었다. 이 날은 아우구스티누스가 강의에 나가지 않고 친구인 알리피우스(Alypius)와 함께 서재에서 쉬고 있었다. 마침 기독교인이요 궁정의 고위관리인 폰티키아누스(Ponticianus)가 방문하였다. 그는 아프리카 출신의 동향인이어서 그런지 아우구스티누스와 자주 대화를 나누곤 하였다.[1] 서재의 책상 위에 바울사도의 서신서가 놓여 있는 것을 보고 폰티키아누스는 아우구스티누스가 성경에 관심을 가지는 것에 대한 놀라움과 반가

1) Peter Brown, *op. cit.*, p.107.

움을 표시하면서, 이집트의 수도자 안토니우스(Antonius)의 이야기를 아우구스티누스와 알리피우스에게 들려주었다. 안토니우스는 고대사회에서 수도생활의 모범자였으며, 사막의 금욕생활이 전설처럼 회자되던 인물이었다. 교부 아타나시우스(Atanasius)가 357년경에 『안토니우스의 생애』를 썼고 370년쯤 에바그리우스(Evagrius)가 그 책을 라틴어로 번역하였다.

이어서 폰티키아누스는 궁정의 관리였던 자신의 두 친구가 『안토니우스의 생애』를 읽고 감명을 받아서 세속의 모두 지위를 내팽개치고 회심한 사건을 들려주었다. 이때 이들이 한 말을 아우구스티누스는 그의 『고백록』에 기록해 놓았다.[2)]

> 즉 저가 [책을] 읽는 동안 저의 심령 속에는 격랑이 일어나, 가쁜 숨을 자주 몰아쉬었고, 결국 더 좋은 것을 가려내고는 그것을 선택하기로 결심하고 자기 친구에게 이렇게 말했다 하나이다. "나는 이제 우리의 그 야망을 버리고 하나님을 섬기기로 결심했네. 지금 이 시간 이 자리에서 당장 새로 시작하겠네. 자네가 나와 행동을 같이하기 싫다면 반대라도 말아주게! 저의 친구는 [이 말을 듣고] 자기도 친구를 따라 그처럼 훌륭한 상급을 위해 그처럼 훌륭한 봉사에 동참하겠노라고 대답했다 하나이다. 그리하여 두 사람은 벌써 당신의 소유가 되어 "모든 것을 버리고"(눅 5:11) 당신을 좇았다고 하오니, 저들은 합당한 비용을 치르고 망대를 세운 셈이니이다.

폰티키아누스의 이야기는 아우구스티누스에게 대단한 충격을

---

2) 『고백록』, 제8권. 6장. 15절.

주었다. 지금까지 자기 자신의 고뇌하는 모습을 바로 쳐다보지 못하고 외면하고 있었던 아우구스티누스는 이 이야기를 듣고 난후 어쩔 수 없이 자신을 직시하게 된 것이다. 이때의 심정을 다음과 같이 그리고 있다.[3)]

> 주여, 하온데 그가 이런 이야기를 하는 동안 당신은 나로 하여금 나를 돌아보게 하셨나이다. 나는 나 자신을 바라보기가 싫어, 나 자신을 내 등 뒤에 놓아두고 있었는데, 당신은 나를 거기서 끌어 내사 나의 면전에 세우시고, 나로 하여금 나 자신이 얼마나 추한지, 얼마나 어그러지고 더럽고 흠이 많고 부스럼투성이인지 보게 하셨나이다. 과연 나는 나 자신을 보는 순간 너무 놀라 도망하고 싶었으나 도망할 곳이 없었나이다.

아우구스티누스의 외모는 존경받는 교수의 모습이었고 당시의 풍습에 비추어보면 주변사람들에게 도덕적으로 크게 비난받을 만한 일을 한 적이 없는 지성인의 풍모였다. 다만 얼마 전에 집안의 반대 때문에, 14년 동안 동거했으며 아들 아데오다투스의 생모인 플로리아(Floria)와 관계를 끊어버린 일이 마음에 걸릴 뿐이었다. 어머니 모니카가 지체 높은 집안의 여인과 결혼하기 위해서는 플로리아와 관계를 청산해야 한다고 강요했기 때문이었다. 그렇지만 플로리아는 다른 남자에게는 결코 가지 않겠다는 맹세를 하고 자기 아들을 아우구스티누스 곁에 두고 아프리카로 돌아갔다. 그는

---

3) 『고백록』, 제8권. 7장. 16절.

플로리아와의 이별을 매우 고통스러워했다.

지금까지 아우구스티누스의 삶은 여인에 대한 애욕과 철학을 위한 애지와의 갈등을 통해 이어져 왔다. 밀라노 생활도 마찬가지였다. 그는 여인과 철학이라는 두 가지 매력을 이겨내지 못하고 있었다. 이 두 가지는 한꺼번에 손아귀에 넣을 수 있는 아름다움이 아니었다. 여인은 감각적 쾌락을 통하여 얻을 수 있는 아름다움이라고 한다면, 철학은 포기를 요구하는 자유를 통해서만 손에 넣을 수 있는 아름다움이었기 때문이다.

하지만 아우구스티누스는 보편 이념을 추구하는 인물이었다. 그는 심오한 내면적 체험을 통하여 자신이 시대를 초월하여 사는 존재임을 인식하였을 것이다. 다만 진리를 향한 열정은 여전히 식지 않고 있었음에도 불구하고 거기에는 수많은 세속의 욕망과 부덕함이 그것을 가리고 있었을 뿐이었다. 오랫동안 덕을 쌓아도 세속의 것들을 모조리 뿌리 뽑을 수는 없는 노릇이었고 다만 제어할 따름이었다. 이 일에는 아우구스티누스의 엄청난 의지력이 필요했으며, 세속의 욕망을 초월하는 아름다움을 향하여 줄곧 시선을 집중시켜야만 했다.

세속의 욕망 때문에 흔들렸던 그의 내면세계는 새로운 자아를 구축하기 위하여 무너져 내리고 있었다. 낡은 건물은 허물어지고 새로운 기초를 닦아 집을 지어야 할 시간이 다가온 것이다. 아우구스티누스의 회심은 순식간에 이루어진 것이 아니었다. 수많은 고뇌와 번민 그리고 고통이라는 산고 끝에 마침내 진리를 향한 열정이 승리한 것이었다. 그의 투쟁은 이미 오래전부터 시작된 것이었고 그것은 그의 사유체계를 서서히 기독교적인 것으로 변화시켜 나갔다. 그러므로 아우구스티누스의 회심사건은, 물위에 나타나는 빙산의 작은 모습만 살피는 좁은 시각보다는 물 밑에 잠겨있는 빙산의 큰 모습을 함께 살펴야 제대로 이해될 수 있는 사건이다.

폰티키아누스의 이야기를 들은 아우구스티누스는 당혹감과 함께 철학자로서 자부심을 가졌던 자신의 미약함이 미웠다. 평소에 그는 자기의 삶을 통제하고 때로는 결단을 내릴 수 있는 자들 가운데서 예지의 사랑을 드러내는 철학자를 능가할 수 있는 자는 없다고 보았다. 하지만 그는 보잘것없는 두 명의 관리가 용기와 확신을 가지고 그들의 삶의 방향을 결정한 모습을 보고 큰 충격을 받았던 것이다. 자기 자신은 여전히 이런 용기와 확신을 가지지 못하였다는 사실이 아우구스티누스를 비참하게 만든 것이었다. 그는 자신의 나태함과 우유부단함을 다음과 같이 표현하였다.[4)]

> 이때 나는 내 심령의 밀실 안에서 내 영혼을 상대로 격렬한 집안싸움을 벌이면서, 얼굴과 마음 모두가 흥분에 휩싸인 채, 알리피우스를 붙들고 이렇게 소리 질렀나이다. "우린 어찌 된 거지 자네도 들었겠지만, 도대체 이게 뭐지? 무식한 자들은 [불쑥] 일어나 하늘을 차지하는데, 학문을 했다고 하는 우리는 아무 생각 없이 살과 피 속에 뒹굴다니! 다른 사람들이 우리보다 앞서 가서, 그들을 뒤따라가기 부끄러운 것일까? 그렇지만 그들 뒤라도 따라가지 않은 것을 부끄러워해야 하지 않을까?"

---

4) 『고백록』, 제8권. 8장. 19절.

2. 회심의 은총

아우구스티누스는 밀라노에서 살고 있는 집의 정원으로 나가서 나무 밑에 있는 돌 의자를 차지하고 앉았다. 친구 알리피우스를 불러놓고는 한마디 말도 하지 않은 채 고통스러운 모습으로 그 자리에 그냥 앉아 있었다. 그는 자기 자신에 대하여 극도의 분노를 느끼며 탄식하고 있었던 것이다. 자신의 모든 뼈가 하늘을 향해 가야 한다고 외치며 찬송을 올리고 있었음에도 불구하고 하나님과 직접 언약관계를 맺지 못하고 있는 자신이 안타깝게만 느껴졌다. 거기에 도달하는 데는 오직 가고자 하는 의지만 있으면 된다고 아우구스티누스는 생각하였지만, 그의 의지는 굳은 의지가 아니고 마치 중심을 못 잡고 흔들리는 의지처럼 여겨졌을 뿐이었다.

이때 아우구스티누스의 내면에는 성과 속이 뒤엉켜서 함께 투쟁하고 있었다. 그는 매우 세속적이며 관능적인 정열에 얽매여 있는 인간임에는 틀림없었지만, 육적인 쾌락만을 추구하는 인물은 아니었다. 그는 이상과 무기력 사이에서 고뇌하면서 씨름하고 있었다. 그에게는 삶의 궁극적 이상이 뚜렷한 형태로 다가오지는 않았지만, 자신이 그것을 향해 나아가고 있다는 느낌을 떨쳐버릴 수 없었다. 그럼에도 불구하고 무기력한 의지가 그를 결단하지 못하게 막아서고 있었던 것이다. 그에 따르면, 세속의 정욕은 원죄 때문에 인간에게 덧씌워진 질병과 같은 것이었으며 인간 속에 있는 무질서였던 것이다.

아우구스티누스는 『로마서 주석』에서 정욕을 네 시기로 나누어서 구분하였다. 먼저 율법 이전의 시기는 인간이 바람에 흔들거리는 잔가지처럼 정욕에 내맡겨져 있었던 때이며, 그 다음 율법 아래 있는 시기는 인간이 정욕에 매혹되어 끌리던 때였다. 하지만 은총아래 있는 시기는 인간이 자신의 자유를 회복할 수 있게 된 때로서 감각에 사로잡히지도 않고 따라가지도 않는 시기이다. 마지막 은총의 평화 속에 있는 시기는 정욕이 제압되어 더 이상 존재하지 않는 때이다.

율법 이전에는 정욕과 다투지 않는다. 왜냐하면 정욕에 따라 죄를 지을 뿐만 아니라 정욕을 정당하게 생각하기 때문이다. 율법 아래에는 정욕과 다투지만 패할 뿐이다. 하지만 은총은 정욕에 저항하려는 자에게 도움을 주고 사랑을 제공하며 두려움을 없애줄 뿐만 아니라 죄를 용서해 준다. 이때에도 육신이 영혼을 거슬러 욕망을 품는 일이 가능하지만, 만일 의지가 동조하지 않는 한 죄를 지을 수는 없다. 죄는 나쁜 욕망에 있지 않고 동의에 있기 때문이다. 그리고 은총은 올바르게 행동하려는 욕망구를 제공해주며 동시에 그런 욕구를 실현시켜주기도 한다. 그것은 우리 인간의 힘이 아니라 우리를 죄에서 해방시켜주시는 예수 그리스도의 은혜로 그렇게 된다는 주장이었다.

밀라노의 정원에서 아우구스티누스는 자신의 옛사람과 처절하게 싸우고 있었다. 갑자기 격하게 흐느끼며 울부짖었다. 벌떡 일어나서 알리피우스로부터 멀리 떨어져서 무화과나무 아래 주저앉았다. 눈물을 비같이 흘리고서는 흐느끼면서 중얼거렸다. "오 주여, 어느 때 까지니이까? 주여, 어느 때 까지니이까? 영원히 노하시려

하시나이까? 우리의 옛 죄악을 기억하지 마옵소서!"[5] 아우구스티누스는 계속해서 애처러운 목소리로 부르짖었다.

바로 그때 무슨 소리가 들려 아우구스티누스는 정신이 들었다. 이웃집에서 어린아이들이 부르는 노래 소리가 들린 것이었다. "집어라! 읽어라! 집어라! 읽어라!"[6](Take it and read, take it and read) 아이들 입에서 흘러나오는 노래가 후렴처럼 들린 것이었다. 그에게는 이 말이 어떤 신비스러운 말처럼 들렸으며 빨리 행동하라는 재촉처럼 여겨졌다. 성경책을 펴서 첫눈에 들어오는 곳을 읽으라는 하나님의 명령처럼 생각된 것이었다. 알리피우스가 앉아 있는 곳으로 되돌아가서 놓여있었던 바울사도의 서신서를 펼쳐들었다.[7]

아우구스티누스는 "낮에와 같이 단정히 행하고 방탕하거나 술 취하지 말며 음란하거나 호색하지 말며 다투거나 시기하지 말고 오직 주 예수 그리스도로 옷 입고 정욕을 위하여 육신의 일을 도모하지 말라"(롬 13:13-14)는 성경을 읽었다. 그는 이 구절을 읽는 순간 심령 속에 밝은 빛 같은 확신이 생겨 모든 의심의 구름이 다 사라져 버렸다고 회상하였다. 드디어 아우구스티누스가 예수 그리스도에 대한 확실한 믿음을 가지고 회심한 것이었다.

그는 성경책을 덮고 평온을 되찾은 후 친구 알리피우스에게 자기에게 일어났던 일을 설명해주었고, 어머니 모니카에게 달려가서 있었던 일을 말씀드렸다. 아우구스티누스는 자신의 회심이 어머니

5) 『고백록』, 제8권. 12장. 28절.

6) 라틴어 원문은 다음과 같다. "*Tolle, lege; Tolle, lege!*"

7) Peter Brown, *op. cit.*, pp. 108-109.

의 슬픔을 변화시켜서 춤이 되게(시 30:11)하였다고 고백하면서 어머니의 소원은 어머니가 바랐던 것보다 훨씬 더 풍성하게, 내 육신에서 태어난 손자들을 통해 얻을 수 있는 것보다 훨씬 더 귀하고 아름답게 이루어졌다고 노래하였다.

Ⅱ. 카씨키아쿰의 공동체

1. 학문의 즐거움

회심 이후 아우구스티누스는 밀라노의 국립수사학교 교수직을 그만두었다. 이때의 심정을 다음과 같이 밝히고 있다.[8)]

> 그리하여 나는 요설의 시장에서 혀를 도구삼아 말재주를 파는 일을 그만두되, 시끄럽지 않게 조용히 그만두기로 당신의 면전에서 결심하였나이다. 내가 그 일을 그만두기로 결심한 것은 "주의 법을" (시 119:70), 당신의 평화를 즐거워하지 않는 소년들, 도리어 어리석음과 거짓과 법정 싸움만을 좋아하는 소년들이 광포를 발휘하는데 쓸 무기를 다시는 내 입에서 사들이지 못하게 함이었나이다.

아우구스티누스는 386년 8월부터 시작된 포도수확 휴가철에 밀라노의 교외 카씨키아쿰(Cassiciacum)에 있는 친구이면서 문법학자인 베레쿤두스(Verecundus)의 농장에서 보내기로 하였다. 그는 거기

8) 『고백록』, 제9권. 2장. 2절.

에서 차분하게 사색과 기도, 그리고 몇몇 어린 자제들의 교육과 세례 받을 준비를 하면서도 교양 있는 여유(otium liberale; cultured retirement)를 즐기려고 하였다. 공적인 생활의 온갖 근심스러운 일로부터 홀가분하게 벗어나 진리탐구에 몰두하면서 무엇인가를 성취하려는 창조적인 여가를 즐기려고 하였던 것이다.[9] 그는 훗날 이런 생활을 기독교인의 삶의 여유라고 불렀으며, 391년 성직자가 될 때까지 이런 생활을 계속해 나갔다.

그는 386년 가을부터 387년 봄까지 카씨키아쿰에서 공동체 생활을 하였으며, 참여한 사람들은 어머니 모니카, 형제 네비기우스(Navigius), 제자인 트리게티우스(Trygetius)와 리센티우스(Licentius), 친척인 라스티디아누스(Lastidianus)와 루스티쿠스(Rusticus), 아들 아데오다투스, 친구 알리피우스 등이었다.[10] 이들의 일과는 주로 자제들의 교양이나 자신들의 교양을 위해 비르길리우스(Virgilius)의 시나 문학작품들을 읽고 토론을 하거나, 행복의 참된 의미 등 관심거리를 논제로 삼아 토론하는 일이었다.

아우구스티누스는 카씨키아쿰에서 알찬 시간을 보냈으며, 특히 정신적으로는 사상의 확립을 위해 지난날의 지적 탐구를 정리하여 저술하는 생산적인 시기였다. 그의 저작 중에 『아카데미학파 논박』(*Contra Academicos*), 『행복한 삶』(*De beata vita*), 『질서론』(*De ordine*), 『독백』(*Soliloquia*) 등은 이 시기의 뜻 깊은 생활 속에서 나오게 된

---

9) Peter Brown, *op. cit.*, p. 115 ; George Howie, *op. cit.*, p.3 참조.

10) *The Happy Life*, 제1장, 6절 참조.

결실이었다. 이 저술들은 그동안 논의된 문제들을 서술한 것이며, 아우구스티누스 사상에 있어서는 과도기의 활동을 보여주는 것으로서 큰 의미를 지니고 있다.

이 문헌들은 아우구스티누스와 함께 카씨키아쿰의 공동체에 참여했던 동료학자들과의 철학적 대화를 담아놓은 것이며, 다루어진 주제는 주로 진리와 인식의 문제, 그리고 행복한 삶의 문제 등이었다. 아우구스티누스가 생각한 행복이란 진리인식과 불가분의 관계에 있으며, 행복을 얻기 위해서는 무엇보다도 먼저 진리인식의 가능성이 확보되어야 한다고 보았다. 그러므로 아우구스티누스는 무엇보다도 먼저 아카데미 학파의 회의론을 극복하는 일이 선결과제라고 하였다.

2. 행복의 열쇠

회심 이후 카씨키아쿰의 철학적인 대화에서 나온 아우구스티누스의 사색에서 보면 진리인식이야말로 진정한 행복의 열쇠가 된다. 아우구스티누스의 행복론은 행복의 지평을 확대하고 균형 잡힌 가치관을 일깨워 주었다는 보다 중요한 의의를 가지고 있다. 그러므로 그가 진정한 행복의 조건으로 제시한 영원성과 불변성이라는 기준에 대해 주목하여야 한다. 이것은 본질주의적 행복론이나 에피쿠로스 사상이나 스토아 사상에서 다룰 수 없었던 아우구스티누스 자신의 고유한 개념이다. 그는 인간의 진정한 행복이 가변적이거나 상실될 수 있는 것이어서는 안 되며, 인간의 존재론적인 결핍을 극복하고 영원한 안식과 참된 안정을 얻을 수 있는 존재를 소유하는 데서 얻을 수 있다고 주장한 것이다.[11] 따라서 아우구스티누스가 보는 행복은 다른 무엇을 위한 수단이 되기보다는 그것자체로 목적이 되는 행복이다.

이런 주장을 내세우기 위해 그는 "즐김의 대상이 되는 것은 우리를 행복하게 만들지만, 이용의 대상은 행복하게 되려는 우리의 노력을 도우며"라고 하였다.[12] 이제 행복의 의미를 보여주는 그의 주장을 살피도록 한다. 인간은 누구나 불완전하므로 자신의 부족함을 느끼고 있으며, 그런 부족함을 충족시키기 위해 스스로 무엇인가를 욕구한다. 그리고 무엇을 욕구하고 원한다는 것은 자기 자신의 결핍을 표현하는 것이며 자기 안에 없는 것을 요구한다는 의미이다. 말하자면 자기 밖에 있는 것, 자기 아닌 것을 필요로 한다는 말이다. 인간이 무엇인가를 원하고 욕구하는 경우, 그 대상은 자기 자신이 아닌 것이며, 바로 자기 자신을 넘어서는 것일 경우가 많다. 그러므로 그와 같은 대상을 확보하자면 그 대상이 무엇인지, 그 대상을 소유하는 것이 어떤 의미를 가지는 것인지를 확실히 알아야 할 것이다.

무릇 우리 인간이 원하는 행복의 경우도 마찬가지이다. 행복은 어떻게 얻어지는지, 그리고 행복이란 도대체 무엇을 의미하는지를 확실히 알아야 한다. 이를 위해 "진정한 행복이란 무엇인가?"라는 명제의 의미를 밝히는 것이 선결과제이다.

---

11) 문시영, 『아우구스티누스와 행복의 윤리학』(서울: 서광사, 1996), pp. 156-57.
12) 『기독교교육론』, 제1권. 3장. 3절.

우선 행복을 찾는 자는 행복하지 않기 때문에 그것을 찾아 나선다. 그리고 행복이란 무엇인가에 의존하여 존재하는 것으로 생각된다. 많은 사람들이 추구하는 행복의 대상은 여러 가지이지만, 그것들은 자신과 관계를 가지되 자기 자신이 아닌 어떤 것들이다. 이를테면 재물, 권력, 지위, 명예, 건강, 미모 같은 것들이다.

그렇지만, 아우구스티누스에 따르면, 원하는 것을 가지지 못한 사람은 행복할 수 없지만 원하는 것을 가졌다고 하더라도 모두 행복한 것은 아니다. 악한 것을 원할 수 있기 때문이다.13) 그러므로 누구나 바라고 원하는 행복은 영원토록 변하지 않는 진정한 행복이다. 실제로 누구나 좋은 것만 원한다고 할 수 없고, 또 한 가진 것이 모두 좋은 것이라고 할 수도 없다. 설사 좋은 것을 가졌다고 하더라도 그것이 쉽게 상실되거나 없어질 염려가 있는 것이라면, 없어질 불안 때문에 그는 결코 행복할 수 없을 것이다. 그러므로 행복의 대상은 무엇보다도 먼저 소멸되거나 없어지지 않는 것이어야 한다. 그리고 행복의 대상은 행복을 추구하는 자의 뜻과는 달리 우연히 사라지거나 뜻밖에 상실되지 않는 것이어야 하므로 우리 인간과 필연적인 관계에 있는 것이어야 한다. 행복은 불변하고 영원한 것이어야 한다.

따라서 많은 사람들이 원하고 추구하는 것들 중에 위의 조건을 충족시키는 것은 무엇인가? 이 세상 모든 사물들은 시간의 흐름 속에 존재하는 것이므로, 세월이 지남에 따라 변화하고 소멸한다.

---

13) *The Happy Life*, 제2장. 10절 참조.

엄밀한 의미에서 이런 것들은 우리와 필연적인 관계에 있다고 볼 수 없다. 오직 하나님만이 모든 것들로부터 독립된 영원한 존재로서 불변하며, 또한 만물의 창조자로서 모든 생명의 근원이므로 우리와 필연적인 관계에 있는 것이다. 그러므로 신을 소유할 수만 있다면 우리는 참으로 행복할 것이다.

그렇다면 누가 신을 소유할 수 있으며, 신을 소유한다는 것은 무엇을 의미하는가? 아우구스티누스에 따르면 애지를 가진 자, 즉 지혜로운 자가 신을 소유할 수 있다. 우선 신을 소유하자면 먼저 신을 추구하여야 한다. 그리고 신을 추구하자면 그 신이 어떤 존재인가를 생각해야 할 것이다. 신은 유형의 사물이 아니므로 밖에서 자연사물처럼 눈으로 볼 수 있는 물건이 아니다. 안에서, 즉 우리의 마음속에서 찾아보는 수밖에 없기 때문에 슬기로운 지혜가 요청되는 까닭이 바로 여기에 있다.

인간의 욕망은 한이 없다. 따라서 마음의 도, 즉 절제의 덕을 아는 것이 첫째가는 지혜이다. 과욕은 궁핍을 낳는 것이니 지혜로운 자들은 과도하지도 않고 미급하지도 않은 중용의 덕을 간직하고 보유하고 있다. 마음의 도는 지혜의 기본이다. 그렇다면 행복은 빈곤하지 않은 것으로서 지혜로운 것이 된다. 행복한 자는 자기의 정도를 간직하는 지혜로운 사람이다. 그리고 진리 없는 지혜는 불가능한 것이므로, 지혜는 스스로 진리 인식을 요청하기 마련이다. 그러므로 아우구스티누스는 진정한 행복은 신의 소유에 있고, 신의 소유는 지혜의 획득에 있고, 지혜의 획득은 진리의 인식에 있다고 하였다.[14] 아우구스티누스는 신플라톤주의를 수용하고 고전적 행복론과 영원한 행복이라는 기독교적 축복의 개념을 종합하였다. 즉, 자연적인 행복과 초자연적인 행복의 구분이 그의 행복론의 기저에 깔려있다. 여기에서 초자연적인 행복은 내용적으로 신에 대한 직관(visio Dei)이라는 초월적 성격을 지니고 있다.[15] 아우구스티누스 인식론의 궁극적 과제도 바로 신에 대한 직관에 있다. 그러므로 그의 행복론은 인식론의 과제와 직접적으로 관련된다.

Ⅲ. 신앙의 길

1. 본질 탐구

아우구스티누스는 카씨키아쿰에서 매일 기도하며 열심히 성경을 탐구하였다. 그가 보는 진리는 개념적 명제에 그치는 것이 아닌 우리의 삶을 충만하게 해주는 생명의 근원을 파악하는 일이었다. 흔히 진리는 무수히 많이 있는 것처럼 보인다. 하지만 그런 것들이 진리처럼 보이기 위해서는 진리 자체에 근거해야만 한다. 아우구스티누스가 단적으로 진리라고 말할 때는 그것이 진리의 근원에 해당하는 진리 자체를 지칭하는 것이었다. 그러므로 신플라톤주의를 통하여 그가 깨달은 바는 절대자가 이성적 인식의 길에서 진리로 파악된다는 것이었다. 이런 깨달음의 과정을 통하여 그는

---

14) 졸저, 『서양교육사상사』(서울: 양서원, 2001), p. 126.
15) 문시영, *op. cit.*, pp. 155-56.

성경에 열중하였다. 아우구스티누스가 카씨키아쿰 시기에 특히 애독한 것은 『시편』이었다. 『시편』에서 그는 자신이 하고 싶었던 기도와 간구 그리고 고뇌와 감사가 대변되어 있는 것처럼 느꼈던 것이다.

어느 날 저녁, 제자인 리켄티우스가 화장실에 들어가서 시편 79편 9절에 곡을 붙인 노래를 흥얼거리고 있을 때, 어머니 모니카가 듣고는 시편을 노래할만한 곳이 아닌데서 노래한다고 꾸짖었다. 리센티우스는 만약 산 도둑이 자기를 화장실에 가두었다면, 하나님이 자기의 노래를 듣고 구하러 오시지 않겠느냐고 대답하였다. 다음 날 아침 그는 스승인 아우구스티누스에게 가서 해답을 구하였다.

아우구스티누스는 이에 대하여 리센티누스가 잘못하지 않았다고 하면서 하나님이 우리를 돌이키고자 하는 바는 신체의 오물보다는 죄악이라고 답해 주었다. "하나님이 무슨 일에서 우리를 돌이켜 주십사고, 또 당신 얼굴을 보여주십사고 기도해야 한다고 생각하나? 감각의 진창으로부터, 우리를 사로잡는 죄의 어둠에서 돌이키게 해주십사 기도해야 할 것이 아닌가? 회심이란 흉측한 일에 등을 돌리고 굳건함에, 절제 속에 당당히 서있는 것이 아니고 무엇이겠는가! 또 하나님의 얼굴이란 우리가 동경하는 진리가 아니고 무엇이겠는가! 아름다움, 우리가 사랑하는 순간부터 우리를 아름답게 만들어주는 저 아름다움이 아니고 무엇이겠는가!"[16] 라고

---

16) 성염 역. *op. cit.*, p. 147.

아우구스티누스는 대답하였다. 신앙의 본질을 구하고자하는 제자의 물음을 스승은 올바르게 가르쳐 준 것이었다.

카씨키아쿰에서 아우구스티누스는 평온한 시간을 보냈으며, 신앙의 여정을 지켜나갈 수 있도록 자신을 꾸준히 만들어 나갔다. 젊은이들과 공동체 생활을 하면서 많은 대화를 나누었으며, 그들의 체험에도 귀를 기울였다. 그는 『독백』을 쓰는 시간을 제외하고는 자주 관심거리를 가지고 그들과 대화하였으며, 그런 대화를 책으로 만들어 나갔다. 아우구스티누스의 『독백』은 『고백록』의 예고편이라고 할 수 있을 정도로 훌륭한 책이다. 그는 『독백』을 쓴지 11년 후에 『고백록』을 집필하기기 시작하였다.

카씨키아쿰의 베레쿤두스 농장 생활을 마감할 즈음 아우구스티누스는 암브로시우스에게 편지를 썼다. 그는 과거의 잘못과 현재의 결심을 전하면서 하나님께 오로지 헌신하는 생활을 하겠다는 의사를 전달하였다. 어떻게 하면 세례 준비를 잘 할 수 있는가, 그리고 그리스도의 소명을 강화하고 실천하려면 어느 성경을 읽어야 할 것인가를 두고 조언을 구하기도 하였다.

아우구스티누스는 선지자 이사야의 글을 읽어보라는 암브로시우스의 권유를 받았으며, 이사야서가 복음에 대하여 그리고 이방인의 부르심에 대하여 명확하게 예언해 주는 책이기 때문에 추천된 것이라고 생각하였다. 하지만 아우구스티누스는 이사야서의 처음 부분이 잘 이해되지 않아 미루어놓고는 사도바울의 서신을 열심히 읽어나갔다. 밀라노의 무화과나무 밑에서 돌이킨 회심자에게는 다마스커스로 가는 길에서 돌아선 회심자가 무척이나 선망의 대상이 되었기 때문이었을 것이다.

아우구스티누스에게 카씨키아쿰은 사색의 도성 혹은 하나님의 도성의 첫 모델이었을 수 있다. 다르다누스(Dardanus)라는 전직 장관이 자기 마을을 작은 성채로 만들어서 테오폴리스(Theopolis:하나님의 도성)라는 이름을 붙인 적이 있었다. 카씨키아쿰에서 생활하면서 그 성채의 이름을 듣고 영감을 받아 훗날 히포의 주교가 되어 『신국론』이라는 책이름을 정했을 것이라고 짐작할 수도 있다. 당시의 많은 학자들은 대도시의 소란스러움을 피해 시골 장원에서 은둔생활을 하면서 명상을 즐겼고 뜻이 같은 사람들과 조그만 공동체를 이루고 싶어 했다. 이것은 당시 지식인들이나 신앙인들이 매우 선호하였던 이상이었다. 신플라톤주의자 플로티누스도 철학자들의 도성(Platonopolis)을 꿈꾼 바 있었다. 아우구스티누스도 나중에 우정과 진리관조라는 이상에 기초하여 수도원을 창설하였다.

2. 세례 받은 지성

아우구스티누스는 387년 봄 밀라노로 돌아와서 아데오다투스, 알리피우스와 함께 암브로시우스에게서 세례를 받았다. 어머니 모니카의 눈물어린 기도와 소원이 마침내 결실을 맺은 것이었다. 그는 이때의 심경을 다음과 같이 적고 있다.[17]

그리하여 우리는 세례를 받았는데, 그러고나니 과거 우리의 [그릇된]

17) 『고백록』, 제9권. 6장. 14절.

삶으로 인한 고뇌가 [모두] 사라졌나이다.

그때에 나는 인류 구원을 위한 당신의 구속경륜의 깊이를 묵상하는 기쁨을 맛보았는데, 그 놀라운 기쁨은 아무리 맛을 보아도 질리지 않았나이다. 당신의 교회에서 아름답게 울려나오는 찬송과 노랫소리를 듣고 나는 너무나 감격하여 얼마나 많은 눈물을 흘렸는지요! 그 찬송 소리가 내 귀에 스며들고 당신의 진리가 내 심령에 배어들 때, 그 속에서 경건의 염이 솟아올랐고 [눈에서는] 눈물이 쏟아졌으나, 그 눈물은 기쁨의 눈물이었나이다.

하지만 모니카는 아우구스티누스와 함께 아프리카로 귀향하던 도중에 세상을 떠났다. 387년티베르 강 하구의 항구도시 오스티아(Ostia)에서 향년 56세를 일기로 죽었지만, 아우구스티누스에 의하면, 모니카는 자기를 육신으로는 시간의 빛 속에서 낳았고 심령으로는 영원한 빛 속으로 태어나게 한 분이었다.

아우구스티누스는 오스티아에서 북아프리카로 가는 배를 기다리는 도중에 무리를 피해 조용한 곳에 가서 어머니 모니카와 대화를 나누었다. 이것이 유명한 어머니 모니카와 함께 한 아우구스티누스의 '오스티아에서의 신비체험' 이었다. 그는 "거룩한 사람들이 누리는 영원한 생명, 곧 눈으로 보지 못하고 귀로도 듣지 못하고 사람의 마음으로도 생각하지 못하는 그런 미래의 삶이란 어떤 것일까?" 하는 이야기를 어머니와 함께 대화하였다. 그리고는 생명의 원천이 하나님에게 있다고 하면서 심령의 입을 크게 벌려 하늘에 있는 샘에서 흘러나오는 생명의 물을 마시기를 사모한다고 하였다. 당신의 샘으로부터 흘러나오는 샘물을 단 몇 방울만이라도 힘껏 받아 마셔, 그토록 심오한 문제를 조금이나마 이해해 보고자 시도했다는 것이다. 대화의 결론을 이렇게 정리하였다.[18]

> 이러한 대화를 나누는 가운데 우리는 다음과 같은 결론에 이르게 되었나이다. 곧 육신적 감각에서 오는 쾌락은 그것이 제아무리 크다 할지라도, 또 육신의 눈을 통해 보는 빛이 제아무리 아름답다 할지라도, 저 영원한 생명의 [즐거움] 앞에서는 비교할 가치가 없다는, 아니 언급할 가치조차 없다는 것이었나이다. 이러한 결론에 도달한 우리는 마음이 한층 더 뜨거워져, 항상 동일하신 당신께로 향해 나아가는 중에, 모든 삼라만상을 단계적으로 뚫고 지나간 다음, 해와 달과 별들이 있어 지상으로 빛을 보내는 [저] 천상의 세계에까지 도달하였나이다.

아우구스티누스는 어머니의 장례를 치르고 나서 아프리카 행을 일시 중단하고 다시 로마로 되돌아가 약 일 년 간 머물렀다가 388년에 고향 타가스테로 향하였다. 그곳에서 그는 카씨키아쿰에서 체험한 가족적인 공동체생활, 이를테면 기도와 묵상과 독서로 지내는 조용한 수도원생활을 이행하기 위해 아버지의 유산을 정리하였다. 그때부터는 수도자 안토니우스를 본받아 청빈과 사랑, 기도와 연구를 거듭하는 조용한 생활을 시작한 것이었다. 훗날 아우구스티누스의 수도원이 여기에서 비롯되었다고 볼 수 있다.

---

18) 『고백록』, 제9권. 10장. 24절.

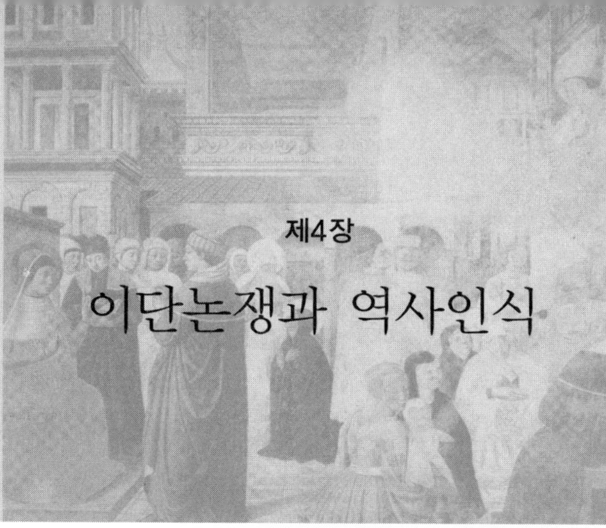

모니카, 아우구스티누스

제4장

이단논쟁과 역사인식

Ⅰ. 타가스테 공동체

1. 아데오다투스와 『교사론』

아우구스티누스가 타가스테에서 공동체생활을 하면서 저술한 『음악론』(*De Musica*), 『교사론』(*De magistro*), 『참된 종교』(*De vera religione*) 등은 그의 철학적인 저작으로서는 마지막에 속한 것이다. 특히 그의 아들 아데오다투스를 위해 썼다는 『교사론』은 교양교육을 위해 진술되었다. 그리고 그것은 지식의 기원을 논의하기위해 논리적으로 대화한 것으로서 교사의 역할과 언어기호가 가지는 기능에 관한 문제에 초점을 맞추고 있다.[1] 아데오다투스의 재능에 대한 아

1) St. Augustine, *The Teacher, in The Fathers of the Church*, Robert P. Russell trans., (Washington, D. C.: the Catholic University of America Press, 1968), pp. 3-4(introduction).

버지 아우구스티누스의 생각과 일찍 세상을 떠난 아들에 대한 그의 안타까움은 다음의 글에서 잘 나타나 있다.[2)]

> 우리가 쓴 책 가운데 『교사론』이란 것이 있나이다. 하온데, 거기서 나와 대화하는 자가 바로 아데오다투스니이다. 당신이 아시는 대로, 거기에 기록된 나의 대화 상대자의 생각은 모두 당시 16세밖에 되지 않았던 저의 생각이었나이다. 저에게서 이보다 더 놀라운 일도 많이 발견했으니, 저의 재능은 나에게 무서움마저 느끼게 할 정도였나이다. 당신이 아니면, 누가 이같이 놀라운 일을 행할 수 있었겠나이까?
>
> 당신은 저의 생명을 세상에서 일찍 거두어 가셨나이다. 그러므로 나는 저의 소년시절이나, 청년시절에 대해, 아니 그의 생애 전체에 대해 아무 근심도 할 필요 없이, 오히려 안온한 마음으로 저를 회상할 수 있나이다.

『교사론』은 아우구스티누스가 서기 389년 16세인 아데오다투스와 대화형식으로 저술한 작은 문헌이다. 이 책은 '지식은 어떻게 획득되는가?', '생각은 어떻게 교환되는가?', '학습과정에서 가르친다는 것은 어떤 의미인가?' 등이 주요 주제이다. 그러므로 이 책은 자유교양교과 가운데 하나인 문법교육을 위하여 기호의 사용법이나 의미 등을 소개하고 있으며, 이를 통하여 교양교육에서 내세우는 교수-학습 모형을 추론해 볼 수 있다.

언어구사 능력이야말로 인간의 독특한 것이며, 이런 능력은 본

---

2) 『고백록』, 제9권. 6장. 14절. 아우구스티누스는 *The Happy Life*, 제1장. 6절에서도 아데오다투스를 간단하게 소개하고 있다.

구적인 인지능력이나 통찰의 결과로 이루어지는 것이라고 볼 수 있다. 그러므로 인간의 기호사용능력이야말로 교육을 동물조련이나 자동인형의 기계적인 동작과 같이 생각해서는 안 된다는 것이 아우구스티누스의 주장이다. 따라서 그는 모든 의사소통이 지적인 존재의 해석을 전제로 이루어진다고 하면서 『교사론』에서 기호와 해석의 의미를 중요하게 취급하였다.

이 책의 서두에는 아데오다투스를 통하여 순수하게 논리연습을 하고 있으며, 다음은 우리가 사용하는 언어의 의미를 분석적으로 설명하고 있다. 말하자면 언어만으로는 지식을 제공할 수 없다는 주장이다. 지식은 언어로 구성할 수 없으며 학습자의 정신 속에서 일어나는 내면적 과정을 통하여 얻을 수 있다는 것이 그의 지론이다. 언어는 현실을 나타내는 기호에 불과하지만 질문을 유발하는 속성을 가지고 있다. 그렇다면 교사의 임무는 언어교수를 통하여 학생의 학습활동을 격려하고 촉진하는 것이 된다. 지식을 획득하는 주체가 바로 학습자이기 때문에, 외부에서 작용하는 교수행위(teaching)는 내부에서 전개되는 학습활동(learning)을 지원하는 일을 임무로 삼아야 하는 것이다.

아우구스티누스는 이를 논증하기 위해 '걸음걸이' 라는 간단한 예를 들었다. 모든 교수행위에는 학생들의 지적인 해석이 반드시 필요하다는 점을 보여주기 위한 것이었다. 교실수업에서 걸음걸이가 뜻하는 바가 무엇인지 문제가 될 때, 교사는 실제로 학생들에게 걷는 모습을 보여줄 수 있다. 그럼에도 불구하고 학생의 입장에서는 그런 행위를 보고 그것의 의미를 유사한 여러 행위와 구별하여 파악해야만 한다.[3] 말하자면 아무리 간단한 수업행위라고 하더라도 학생의 해석이 덧붙여져야만 완전한 학습이 이루어진다는 주장이다.

교사의 입장에서는 학생들에게 자신의 의견을 가르치는 것이 아니라 객관적인 지식을 가르친다고 주장할 수 있을 것이다. 하지만 아우구스티누스의 시각에서 보면, 어떤 인간도 실제적으로 지식을 가르치는 교사가 될 수 없다. 그가 말하는 교수-학습의 최종 모형은 "우리의 교사인 예수 그리스도가 우리 안에서 가르치신다."[4]이다. 그는 조명설(Illumination theory)이라는 독특한 인식론을 통하여 플라톤주의자들의 인식론이 보여준 한계를 극복하였으며, '내면의 교사' 라는 개념을 가지고 지식의 획득과정을 충실하게 논증하였다.

2. 아우구스티누스의 공동체

카르타고에서 카씨키아쿰에 이르기까지 아우구스티누스는 사상적으로 거의 일관된 관심사를 지니고 있었다. 말하자면 참된 행복이란, 진리 탐구 및 그 소유에 있고, 진리를 추구하는 길에 있어서 진실 되고 참된 철학은 기독교와 일치한다는 것이 그의 확신이었다. 그리고 이와 같은 철학에 가장 근접한 것이 신플라톤주의라고 하였다. 그러므로 아우구스티누스에 있어서 기독교이해는 신플라

---

3) *The Teacher*, 제3장. 6절 참조.
4) Robert S. Brumbaugh and Nathaniel M. Lawrence, *op. cit.*, p.45.

톤주의를 통하여 이루어졌고, 이 철학을 방법론으로 하여 기독교의 진리성을 변증하고자 하였다.

그가 기독교를 본래의 고유한 모습으로 파악하게 된 것은 철학이 실마리를 제공해 주었기 때문이었다. 하지만 보다 직접적으로는 스스로 체험한 것을 반성하는 도중에 깨닫게 된 것으로서 하나님의 은혜와 회심을 통하여 얻게 된 종교적인 의미 때문이었다.

아우구스티누스는 2년 정도 공동체생활을 한 후, 주변 사람들의 강력한 권고에 의해 37세에 사제가 되었으며, 42세에 히포(Hippo)의 감독이 되었다. 아우구스티누스가 사제가 된 391년부터 5년 동안의 시기는 그의 생애에 있어서 외적으로 한 획을 그었을 뿐 아니라 내적으로는 기독교를 올바르게 이해한 중요한 시간이었다.

391년 초 아우구스티누스는 어떤 관리에게 수도사가 되도록 권면하기 위해 히포를 방문하였다. 당시 히포의 교회에는 지도력 있는 성직자들이 크게 부족하였다. 히포의 감독 발레리우스(Valerius)가 설교 중에 성직자들이 희귀함을 한탄하자, 회중들이 그 자리에 참석한 아우구스티누스를 발견하고서는 즉석에서 그를 사제로 삼을 것을 요구하였다. 회중들의 소동으로 그는 감독 좌에 올라갔으며, 사람들에게 짓밟히지 않으려고 강단에 서게 되었다. 이처럼 아우구스티누스는 당혹스러우면서도 극적인 상황에서 사제가 되었다.[5] 비슷한 예를 들면 훨씬 전에 암브로시우스도 밀라노의 회중

---

5) 발레리우스 감독이 이런 상황을 사전에 꾸며놓았다는 설이 있다. 발레리우스는 아우구스티누스의 최근 저서에 관하여 의논해 보자는 구실로 그를 히포로 초청했으며, 신자들을 교회당에 미리 배치해 놓고서 당시 아프리카 교회의 관례에 따라

에 의해 주교로 선포되었다.

사제가 된 직후 아우구스티누스는 발레리우스에게 보낸 편지에서 "그것은 내 죄로 말미암은 폭력이요, 손에 노를 쥐는 법도 모르는 주제에 키잡이 다음 자리를 내게 맡겼으니, 내 죄 말고는 다른 이유를 생각해낼 수 없습니다."라고 하였다.[6] 그리고 그는 사제직을 준비하기 위해 성경을 연구할 수 있는 몇 개월의 시간을 달라고 요청하였다. 준비되지 않은 상태에서 성직을 맡을 수 없다는 그의 강한 책임의식 때문이었다.

타가스테에서 시작한 아우구스티누스의 공동체생활은 처음에는 불과 몇 명에 지나지 않았지만, 동참자가 점점 늘어났다. 수도원 계획이 실현되는 기회를 맞게 된 것이었다. 발레리우스 감독도 아우구스티누스의 뜻에 찬동하여 교회 소유지를 사용할 수 있도록 허락하였으며, 거기에서 수도원이 태동하게 된 것이다. 이때부터 아우구스티누스의 공동체는 사적인 성격을 떠나 헌신과 봉사를 위한 장소가 되었으며 성직자 양성을 위한 교육기관으로서의 사명도 함께 지니게 되었다.

아우구스티누스에 따르면, 수도원의 육체노동은 일종의 영성수련과 같았고 세속사회의 형제들과 연대성을 느낄 수 있었다. 예수와 사도바울도 노동을 하였으므로, 육체노동은 노예들만 하는 일이 아니고 인간을 온전하게 만드는 일이라고 보았다.[7] 그의 수도

뛰어난 학자인 그를 사제로 천거하였다는 주장이다. 박희석 역. 『어거스틴의 생애와 사상』, Warren Thomas Smith(서울: 아카페 문화사, 1994), pp. 161-65 참조.

6) 성염 역, *op. cit.*, p. 204.

원에는 일자무식꾼이나 지성인들이나 함께 생활하였지만, 참다운 지성인은 육체노동을 꺼리지 않았다. 그리고 배우지 못한 사람들은 지식인 형제들의 도움을 받아 예수 그리스도의 제자가 되었다. 하지만 이런 사람들이 손을 놀리지 않기로 작정하였다면, 이들은 단순한 패거리로 전락해 버렸을 것이다. 그러므로 그는, 절반은 무용지물의 지성인들이고 나머지 반은 게으름뱅이에 노예근성의 속물들로 이루어진 패거리가 되어버렸을 것이라고 지적하였다.

아우구스티누스는 392년 여름 히포의 거리에서 마니교의 사제인 포르투나투스(Fortunatus)와 이틀에 걸쳐 벌인 공개토론에서 상대방의 주장을 압도해 버렸다. 이 일로 포르투나투스를 따르던 많은 마니교도들이 기독교로 개종하여 교회에 출석하였다. 이시기에 그가 한 노력은 주로 마니교를 논박하는 일이었다. 『자유의지론』(*De libero arbitrio*), 『두 영혼에 관하여』(*De duabus animabus*), 『포르투나투스를 반박하는 토론』(*Disputatio contra Fortunatum Manichaeum*) 등은 마니교를 논박한 대표적인 저서들이다. 아우구스티누스는 이후로 40여 년 동안 이성을 지지하고 신앙을 옹호하는 투쟁에 진력하게 된다.

Ⅱ. 진리추구의 길

1. 히포의 감독

---

7) *Ibid.*, p. 203.

아우구스티누스는 395년 성탄절 직전에 감독보가 되었고 그 이듬해에 감독이 되었다. 감독이었던 발레리우스가 396년에 세상을 떠났기 때문이었다. 이후부터 430년까지 그의 생애는 개인 생활사가 아닌 라틴세계의 교회사에 개입하게 되었고 나아가 기독교의 역사, 그리고 점차적으로는 기독교 사상의 주류를 형성하게 되었다.

아우구스티누스는 대내적으로는 신앙을 가르치고 진리를 변증하는 한편 교회의 일치를 위해 싸우는 교부로서의 역할을 수행하였으며, 대외적으로는 이단을 논박하고 기독교의 정통성을 확립하는 역할을 담당하였다. 정리하자면, 아우구스티누스가 생각한 이단들은, 인간의 노력으로 구원받을 수 있다고 주장한 펠라기우스주의자들(the Pelagians), 선의 신과 악의 신이 동등한 입장에서 세계를 통치한다고 보는 마니교도들(the Manicheans), 하나님이 아들을 창조하셨지만 그 아들은 영원하지도 않고 하나님과 동등하지도 않은 존재라고 하는 아리안주의자들(the Arians), 순결하고 거룩한 자들만 교회의 구성원이 될 수 있다는 도나투스파(the Donatists) 등이었다.[8] 감독으로서 아우구스티누스는 많은 시간을 이들 이단과의 투쟁을 위해 사용하였다.

아우구스티누스는 개인적으로 설교단에서 행하는 웅변술을 빼놓고는 청중을 압도할만한 특색은 없었다. 그는 왜소하였고 연약한 몸매에다 목소리마저 가냘픈 편이었는데 바로 이런 점을 이용하여 청중더러 조용하게 정신 차려서 들어달라고 겸허하게 호소하

8) Henry J. Perkinson, *op. cit.*, p. 32.

곤 하였다. 그럼에도 불구하고 그의 동료 성직자들은 그의 뛰어난 지성 때문에 멀리 떨어진 자기들 교회에서 설교하게 만들었다. 동료들은 아우구스티누스의 탁월한 지성과 뛰어난 설교 때문에 그가 있는 자리에서는 감히 설교를 하려 들지 않았다고 전해진다.

40여 년 동안 로마 령 아프리카 전역에는 그의 음성이 울려퍼졌다. 그의 설교는 키케로처럼 매력 있는 웅변이 아니었고 암브로시우스와 같은 우아하고 권위 있는 웅변도 아니었으며 크리소스토무스(Chrysostomus)같이 능란한 달변도 아니었다. 하지만 아우구스티누스의 설교는 훨씬 인간적인 웅변이었다. 그는 유능한 의사가 하듯이 인간의 가련한 귀에 알맞게 성경말씀을 다듬어 나갔다. 아우구스티누스는 말보다는 글로 논쟁을 하였지만, 사랑을 항상 간직하고 있었으며, 그가 표현하는 말은 언제나 부드럽고 호소력이 있었다.

2. 이단 논쟁

이단을 논박하는 일에 있어서 그가 벌인 두 가지 큰 논쟁은 바로 도나투스파(Donatists)와 펠라기우스(Pelagius)파와의 논쟁이었다.[9] 아우구스티누스의 사상은 기독교 신앙의 근본과 관련되는 이단사상, 또는 로마제국의 몰락과 함께 공격을 시도한 이교사상과의 투쟁을 통하여 점차적으로 완성되어 갔다.

---

9) 김규영, *op. cit.*, pp. 40-44 참조. 아우구스티누스는 도나투스파와의 이단논쟁을 감독이 된 이후15년 동안 계속하였으며, 펠라기우스파와의 이단논쟁은 410년부터 420년까지 계속하였다.

당시 '순수한 사람들의 교회' 라는 구호를 내세우면서 아프리카 교회의 통일을 위태롭게 만든 도나투스파는 로마교회로 하여금 교리의 확립이 필요하다는 생각을 가지게 만들었다. 아우구스티누스는 성례 집행자 자격의 정당성이 집행된 성례의 유효성과는 상관이 없다는 이론을 발전시켜서 도나투스파의 주장을 반박하였다. 그는 하나님의 예정과 은총에 의한 구원과 교회의 역할을 명확히 하면서 도나투스파의 주장을 압도할 수 있는 기독교 교리의 기초를 다져놓았다.

그리고 영국의 수도사인 펠라기우스는 금욕적인 생활태도와 도덕적인 엄격성 때문에 주변으로부터 대단한 존경을 받았다. 그는 인간은 본래부터 선하며 자유의지에 의해 선을 행할 수 있다고 주장함으로써 하나님의 은총을 부정하였다. 말하자면 인간은 아담의 원죄 때문에 잘못된 것이 아니다. 자신의 의지에 따라서 선이나 악을 행할 수 있다. 죄라는 것은 선천적인 것이 아니며 인간이 의지를 사용할 때 생기는 것이다. 그러므로 인간은 의지를 잘 사용하면 신이 명령하는 모든 것을 할 수 있다고 본 것이다. 이에 대하여 아우구스티누스는 타락, 원죄, 예정의 교리를 통하여 하나님의 은총이 절대적으로 필요하다는 주장을 체계화시켜 나갔다. 그는 이단과의 논쟁에서 자신의 주장과 견해를 내세울 때는 언제나 성경이나 교부의 가르침과 일치하는 방향으로 이론을 전개시켜 나갔다. 그러므로 그의 은총론, 자유의지론, 원죄론, 예정론 등은 기독교 교리의 정초 역할을 한다.

아우구스티누스는 히포의 감독직을 수행하면서 한편으로는 설교와 강론을 통하여 신앙의 길을 밝혔으며, 다른 한편으로는 이론(異論)과 곡설(曲說)에 맞서는 논쟁을 통하여 저술활동에 열심을 다하였다. 하지만 그는 마니교, 도나투스파, 펠라기우스파, 방랑수사 등을 모조리 제거해 버린다면 평화롭게 살 수 있을 것이라는 착각을 한 적이 없었다. 교회의 원수는 안과 밖에 있다고 본 것이다. 밖에 있는 원수들은 피하기 쉽지만, 안에 있는 원수들은 훨씬 감당하기 어렵다는 말이었다.[10)]

그가 이단과의 논쟁에서 취한 태도는 마음의 무기, 곧 사랑과 동정심을 무기로 삼아 싸웠다. 아우구스티누스는 자기 자신이 오랫동안 무기력과 오류 속을 헤매고 다녔기 때문에 상대방을 함부로 매도하지 않았다. 하지만 이단을 대하는 기독교 광신자들의 열성에 대해서는 매우 역겨워하였다.

Ⅲ. 역사인식과 참된 안식

1. 기독교세계관

아우구스티누스가 히포의 감독직에 있을 때 역사적인 정세는

---

10) 아우구스티누스는 교회의 각 역할들, 즉 성직자와 평신도가 각기 동등한 책임과 품위를 가지고 상호 의존적인 사랑의 관계를 유지해야 한다고 주장하면서 바람직한 교회 상을 재건하려고 노력하였다. 이런 노력은 아우구스티누스가 교회 밖의 적들은 쉽게 볼 수 있지만, 교회 안의 적은 쉽게 볼 수 없을 뿐만 아니라 또한 감당하기 힘들기 때문에 사랑의 의존관계를 구축함으로써 교회의 적을 이겨낼 수 있다고 보았기 때문이다.

격동기로서 거대한 로마제국이 몰락의 길에 들어서고 있었다. 그는 인류의 역사에 관하여 많은 관심을 가지고 있었다. 역사는 개개의 사건들이 연속적으로 일어나면서 일종의 모자이크 그림같이 만들어진다고 생각하지 않았다. 역사에는 신비로운 어떤 계획이 있고 그 앞에서 인간이 대응하는 응답을 통하여 역사가 형성됨으로써 일정한 도덕적 관념들이 전개되는 것이라고 파악하였다.

아우구스티누스에 따르면, 역사는 대립하는 두 개의 힘 즉, 지상의 나라와 천상의 나라 사이에 일어나는 끊임없는 싸움이다. 이 싸움은 시간의 처음에서부터 시작하였으며 최후의 심판까지 계속되는 것이다. 그는 당대의 누구보다도 심원하게 역사의 추이를 통찰하면서 역사연구의 목적을 다음과 같이 표현하고 있다.[11)]

> 사실 이 두 도성은 이 시기에 결합되고 혼재되어 있으면서 최후의 심판으로 분리될 날을 기다리고 있다. 나는 하나님이 도와주시는 정도까지 그 두 도성의 기원과 발달, 그리고 정해진 목적에 대해서 설명할 때 필요하다고 생각되는 내용을 말할 작정이다. 내가 이런 일을 하는 목적은 다른 도성과 비교해 볼 때 훨씬 더 광채를 발하게 될 하나님의 도성의 영광을 드높이기 위함이다.

아우구스티누스가 『신국론』을 집필하게 된 직접적인 동기는 410년 고트족의 로마 시 함락에 있었다. 신성불가침의 도시로 여겨졌던 로마의 함락은 제국의 모든 국민들에게 엄청난 충격을 주

11) 『신국론』, 제1권, 35장.

었으며, 이제는 세계의 빛이 꺼졌고 인류는 멸망한다고 할 정도로 대단한 재앙으로 인식되었다. 그리고 이교신앙을 바탕으로 하는 민심은 로마함락의 책임을 기독교인들에게 돌리기 시작하였다. 이교도들은 이를 기회로 로마의 몰락은 전통적으로 제신들을 받드는 제사를 저버렸기 때문이라고 하면서 기독교를 공격하였고 하나님을 모독하였던 것이다.

이런 현상은 이교가 4세기동안 정치적이고 사회적인 세력으로서는 기독교에 대패하였지만, 사상적으로는 결코 압도당하지 않았음을 보여주는 것이었다. 때로는 기독교인들도 사상적으로 이교도들과 동일한 기반에 서려고 하는 모습을 보이기도 하였다. 이것은 전쟁의 신인 마르스가 실존하느냐, 평화의 신인 그리스도가 실존하느냐하는 단순한 대립의 문제가 아니었다. 이제는 누가 더 강하느냐의 문제였다. 로마불패라는 영원한 권세가 야만인이라고 얕잡아 보았던 고트족으로 인해 여지없이 무너져 버렸기 때문이었다.

아우구스티누스는 기독교의 정신적 지도자로서 이런 위기에 대처할 수 있는 길을 제시하라는 시대적 요청을 깨닫게 된 것이며, 『신국론』은 이런 요구에 대한 응답이었다. 그는 목전에서 일어난 재앙을 실제 사건으로 인식하였지만 그렇다고 해서 제국의 전망에 대하여 비관적인 결론을 맺지는 않았다. 오히려 이런 사건을 통하여 참된 역사적 의의를 학문적으로 고찰해 나갔던 것이었다.

아우구스티누스에게 있어서 외부 세계의 격동은 내면적인 사상의 성숙과 복잡하게 얽혀 있었다. 젊은 시절에 마니교의 이원론적 세계관에 관한 논박과 신플라톤주의에서 구했던 악의 문제에 관한 철저한 해명을 『신국론』에서 보여준 것이었다. 역사 속에서 일어나는 재앙은, 썩은 것을 잘라내고 살려야 할 것은 남겨놓으면서 역사를 지배하는 하나님의 의지에서 생긴다는 관점을 여기에서 제시하였다.

아우구스티누스는 몰락한 로마를 만신창이가 되어 잿더미에 앉아 있는 욥에 비유하였다. 그에 따르면, 불운이 크면 클수록 덕성은 더 찬란하게 빛나는 법이다. 로마가 야만인의 손에 떨어졌다고 해서 걸려 넘어지는 사람들, 베드로와 바울의 무덤이 있는 로마가 함락되었다고 해서 충격 받은 사람들에게 아우구스티누스는 그 무덤들이 로마에 있다는 것은 사실이지만, 로마에 속한 것은 아니라고 하였다. 말하자면, 지리적인 문제보다는 종교적인 연관성에 더 큰 의미가 있음을 상기시킨 것이다. 더 나아가서 성 베드로 성당은 참으로 아름답기는 하지만 베드로의 서신이 훨씬 더 좋다는 주장이었다. 아우구스티누스의 이런 지적은 기독교 신앙의 본질을 밝혀주는 것이었다.

그러므로 로마의 함락은 고트족에 의한 것이 아니라 하나님에 의해서 이루어진 것이었다. 역사를 심판하는 하나님의 개념은 구약에서도 제시되어 있지만, 아우구스티누스는 나아가 세계의 사상(事象)을 하나님의 뜻이 실현되는 과정으로 해석하였다. 역사는 단순한 사건들의 연속이나 유물론적 인과율의 발전이 아니라, 인간의 도덕적 의지에 자유로운 선택을 허용하면서도 일체가 예정된 길을 밟는다는 영적인 의의를 가진 사건의 연속이라는 것이다.

이런 역사의 의미에 눈을 뜰 경우, 인간은 하나님과의 일치냐

배반이냐, 하나님의 나라와 세속의 나라 중 어느 쪽을 선택하느냐 하는 것이 현실 속에서 우리 인간에게 요구되는 것이다. 이런 사상은 기독교를 기반으로 형성된 최초의 역사철학이며, 두 개 나라의 대립을 용인하면서 역사는 발전한다는 그의 역사관은 중세에 일관됨은 물론이며 계몽주의를 거쳐 현대 기독교 세계관의 기본을 형성하고 있다.

2. 겸손한 자의 안식

아우구스티누스는 감독직을 맡은 이후 사상가요 저술가로서 단기간에 글을 쓰기도 하였고 장기간에 걸쳐서 집필하기도 하였다. 저술기간이 어느 정도냐의 문제는 그 내용이 풍부하고 영감이 떠올랐느냐에 좌우되는 것이 아니었다. 오히려 "자신의 저작이 공동의 이해관계에 따라 시급히 필요한가?"에 의해 좌우되었다. 그러므로 어떤 저작은 다급한 사정이 생겨서 집필이 한동안 미루어지거나 중단되는 일도 흔하였다.

예를 들면 아우구스티누스는 『삼위일체론』을 399년에 착수하여 426년에 완성하였고, 『그리스도교 교양』은 397년에 시작하여 427년에 끝냈으며, 『신국론』은 412년에 손을 대어 427년에 마쳤다.[12] 그는 하나님의 포도밭에서 아무런 대가를 기대하지 않고 부지런히 일한 일꾼이었다고 할 수 있다.

---

12) 아우구스티누스의 3대 문헌은 『고백록』, 『삼위일체론』, 『신국론』 이다.

426년 어느 날, 아우구스티누스는 동료와 제자가 되는 주교들을 히포로 초대하여 『삼위일체론』마지막 페이지를 탈고한 기념으로 함께 자축하였다. 이 문헌은 유명한 대작으로 의미심장한 전설을 만들어 내었다. 아우구스티누스가 바닷가에서 어린아이를 만났다는 전설이었다.[13] 간단하게 요약해서 소개하면 다음과 같다.

어린아이 하나가 조개껍질에 바닷물을 담아서 모래밭에 파놓은 구멍 속에 부지런히 부어넣고 있었다. 아우구스티누스는 느긋한 걸음으로 명상에 잠긴 채 해변을 거닐고 있다가 그 장면을 목격하였다. 어린아이에게 다가가서 왜 이상한 짓을 하느냐고 물었다. 아이는 아주 소박하면서도 자신 있게 대답하였다. 이 작은 구멍에 바닷물을 모조리 부어넣겠다는 것이었다. 이 위대한 사상가는 재미있다는 표정을 지으면서 그것은 불가능한 일이라고 일러주었다. 그러자 그의 주제넘은 학문자세를 꾸짖는 아이의 말이 들려왔다. "그렇다면 당신의 작은 머리통 속에 하나님의 무한하신 신비를 어떻게 다 부어넣을 생각이세요?"

지금도 티레누스 해에 인접한 곳, 즉 치비타베키아와 오르베텔로 사이의 해변, 안세도니아의 아름다운 갑을 일컬어 '성 아우구스티누스의 모래사장' 이라고 부른다. 이 전설은 여러 화가들에게 영감을 불러일으켜서 작품을 만들게 하였다. 프라하의 국립미술관에 소장된 루벤스의 그림이 그것이고, 베노초 고촐리는 산 지미냐노에 있는 벽화에다 아우구스티누스에게 말싸움을 걸어온 어린아

13) 성염 역, *op. cit.*, p. 348 참조.

이를 예수로 그려놓았다.

로마제국의 멸망은 북아프리카에도 닥쳤다. 430년 봄 히포는 반달족의 포위로 함락직전에 있었다. 아우구스티누스는 자기 양을 위하여 목숨을 바치는 선한 목자처럼 혼란이 거듭되었는데도 불구하고 히포를 떠나지 않았다. 포위된 지 3개월째 접어든 8월 28일 저녁 무렵 아우구스티누스는 세상을 떠났다. 그는 "주여 당신은 자비 그 자체이시오, 나는 비참 그 자체로소이다."라는 기도와 함께 모든 이들을 위하여 하나님께 용서를 빌었다.[14] 심지어 그가 평생에 걸쳐서 이교논쟁을 벌였던 마니교도, 도나투스파, 펠라기우스파 그리고 히포를 포위하고 있는 공포의 무리들을 위해서도 기도하였다.

아우구스티누스는 76세를 일기로 그의 많은 저술뿐만 아니라, 삶 그 자체를 통하여 진리추구의 본보기를 보여준 사랑의 교사로서의 위대한 생애를 마감하였다. 그는 "어떻게 하면 진리를 인식할 수 있을까? 어떻게 하면 참된 행복을 누릴 수 있을까? 어떻게 하면 하나님과 함께 영원한 안식을 누릴 수 있을까?"라고 하는 결핍된 인간존재의 염원을 해결하기 위해 한 생애를 모두 바치면서 노력한 인류의 위대한 스승이었다. 그는 자신이 지니고 있었던 온갖 세속의 정욕을 부끄럽게 생각하지 않고 세상에 드러내어서 우리에게 보여주었으며, 자신의 삶을 통하여 그것을 어떻게 극복하고 이겨낼 수 있었는가를 우리에게 제시하였다. 그러므로 우리는

14) *Ibid.*, p. 364 참조.

진리탐구를 위한 삶의 자세가 어떠해야 하는지를 그의 위대한 생애를 통하여 살펴볼 수 있다. 아우구스티누스의 교육적 생애는 동시대인들뿐만 아니라 인류 전체에 대한 훌륭한 가르침이다.

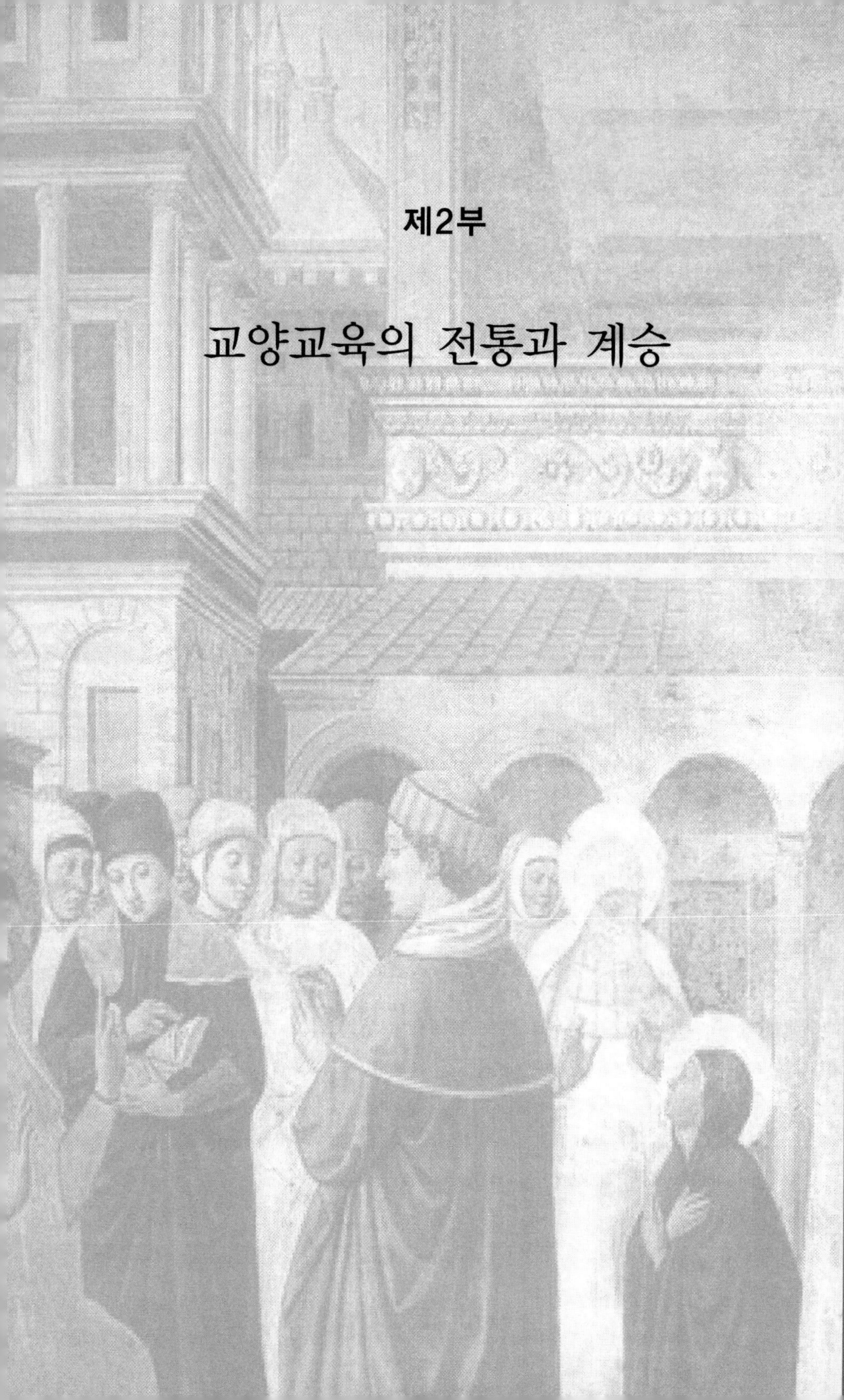

제2부

교양교육의 전통과 계승

제2부

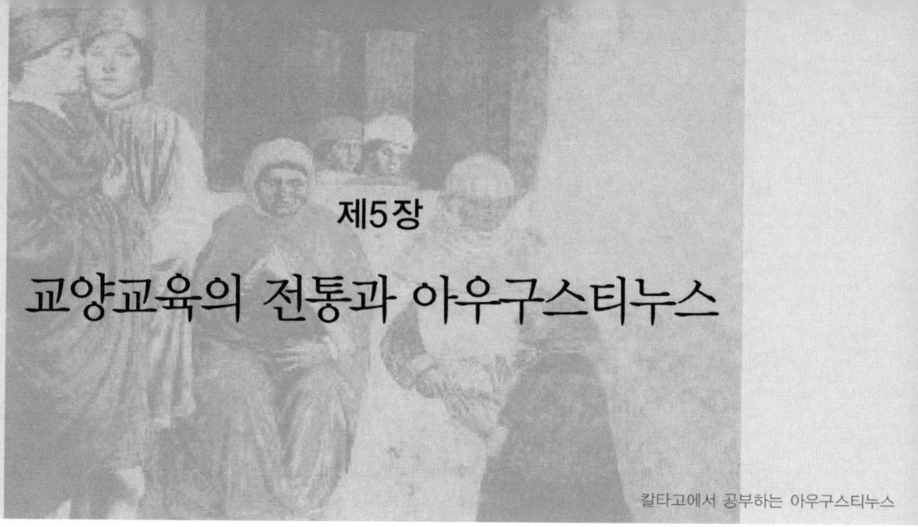

제5장

교양교육의 전통과 아우구스티누스

칼타고에서 공부하는 아우구스티누스

Ⅰ. 교양교육의 이상

1. 교양교육의 역사적 의의

현대교육에 많은 영향을 미치면서 지금도 고등교육기관을 중심으로 시행되고 있는 교양교육(liberal education)은 인류사회를 짊어지고 나가는 성숙한 인격을 양성하기 위한 교육적 자산을 계승 발전시켜 나가고 있다. 이런 교양교육의 원형은 고대 그리스 교육에서 찾아볼 수 있으며, 그것의 형성과 발전은 헬레니즘(Hellenism)과 함께 이루어졌다.[1] 이렇게 성립된 교양교육의 전통은 인류사회의

1) 현대사회의 교양교육은, 구성하는 요소들이 많이 있지만, 고대 아테네의 자유교양교육(liberal education)의 전통이 중심이 되어 계승 · 발전한 것이다. 물론 고대와 현대의 교양교육을 비교한다면, 의미영역에서부터 차이를 드러내겠지만, 여전히 교양교육의 중심은 아테네의 자유교양교육에서 찾아야 할 것이다.

변화와 맥을 같이 하면서 계승되었고 고대, 중세, 근대를 거치면서 의미영역과 외연이 많이 다듬어지고 확대되었다.[2)]

그리스의 교양교육은 교육이라는 말과 동의어가 될 정도로 고대 그리스인들의 모든 교수행위를 지배하고 있었다. 그리스인들은 교육을 통해, 삶의 장면에서 정신적인 앎의 측면과 실천적인 삶의 측면을 구체적으로 통합시키고 조화시키기 위해 많은 노력을 기울였다. 고대 그리스인들은 실제적으로 호머(Homer)의 서사시에 등장하는 두 영웅인 오디세우스(Odysseus)를 지혜로운 인간, 아킬레스(Achilles)를 행동하는 인간의 전형으로 삼아 지혜와 행위를 일치시켜나가려고 한 것이다.[3)] 그리스인들은 사유와 행위가 조화롭게 결합된 인간을 이상적인 존재로 보고 그런 인물을 교양인(well-educated person)이라고 불렀으며, 이런 인간상을 구현시키기 위하여 노력한 것이다.

인간의 지성을 체계적으로 발달시키기 위해 만든 교과는 소피

---

2) 현재 사용되는 교양교육은 다음과 같이 여러 가지 의미로 정리된다. 첫째는 지식 그 자체의 본질을 추구하는 교육을 뜻하는 것으로서 교육의 목적적인 의미를 강조한다. 둘째는 폭 넓은 일반교육(general education)을 의미하는 것으로서 한 분야에 집중하는 협소한 교육에서 벗어나 전인(whole person)을 육성하는 교육을 말한다. 셋째는 도덕적 자율성을 신장시켜서 훌륭한 시민을 양성하는 교육을 뜻한다. 넷째는 인류의 바람직한 문화나 정선된 문화를 공유하고 향유할 수 있는 능력을 키워주는 교육을 말한다. 따라서 현대의 교양교육은 다양한 의미로 사용되지만 한 가지 분명한 점은 수단적인 의미가 아니라는 것이다. 그리고 위의 네 가지 의미를 종합적으로 포섭하면서도 각각의 의미로 나누어져서 사용되기도 한다. 졸저, 『서양교육사상사』(서울: 양서원, 2001), p. 135의 각주 참조.

3) Paul Monroe, *A Text-Book in the History of Education* (New York: The Macmillan Company, 1930), p. 63.

스트(sophist)시대 이전에는 찾아볼 수 없다. 문법, 수사학, 변증법과 같은 교과들은 소피스트시대에 이르러 비로소 만들어지기 시작하였으며, 소피스트들은 문법이나 추론을 관습적으로 익혔던 일반인들과는 달리, 교과원리들을 구체적으로 연구해 나갔다.[4] 하지만 이들은 상대주의적인 가치관이나 지식관에 얽매여 있었기 때문에 공통된 사상 체계를 구성하지 못하였으며, 지식이나 도덕의 보편적 가치를 주장하는 소크라테스(Socrates), 플라톤(Plato), 아리스토텔레스(Aristotle)와 같은 철학자들에 의해 많은 비판을 받고서는 이내 몰락하였다.

플라톤의 아카데미(Academy)나 아리스토텔레스의 리세움(Lyceum)과 같은 철학 파들은 지식의 실용성을 내세우는 소피스트들의 편협한 사고를 비판하고 세계를 구성하는 보편적 원리를 추구하면서 인간의 지식행위를 격려해 나갔다. 이런 까닭에 이런 철학파들은 헬레니즘의 구심점이 되었을 뿐만 아니라 교양교육의 형성에도 크게 기여함으로써 서구교육사에 있어서 대단히 중요한 위치를 차지하고 있다.

하지만 헬레니즘의 전통이 기독교와 만나는 시기에, 당시의 교회 지도자들은 그리스 교양학문의 핵심이 폭넓은 인간이해에 놓여있었기 때문에, 교양교육의 수용여부를 놓고 많은 논란을 거듭하였다. 물론 당시 교회의 관심은 초심자들의 교리교육에 집중되

---

4) Werner Jaeger, *Paideia : the Ideals of Greek Culture*, Gilbert Highet(trans.)(Oxford: Basil Blackwell, 1965), p. 314 참조.

어 있었지만, 인간을 향한 하나님의 뜻을 이해하기 위해서는 수준 높은 지성이 필요하다고 보았다. 그러므로 교부시대에 이르러 교양교과 연구는 점차적으로 성경연구를 위해 필수불가결한 교육이 되었다.

상징적인 표현이지만, 교양교과가 그리스에서는 철학을 가능하게 만들었고, 로마에서는 웅변을 가능하게 만들었으며, 초대교회에서는 선한 삶과 함께 성경연구와 신학을 가능하게 만들었다.[5) 따라서 그리스의 교양교육이 가지는 역사적이면서도 철학적인 의미를 탐색해보고 그것이 초기의 기독교교육과 어떻게 조화되고 통합되었는지를 살펴본다면 교양교육의 역사적 의미는 잘 정리될 수 있을 것이다.

고대 서구사회에서 자유의 원리를 존중하는 사회의 교육은 통제된 가치관에 의해 지배되는 사회의 교육과는 다른 양상을 보인다. 예를 들면, 아테네의 경우는 획일적인 문화 속에서 군인의 자질만을 육성시키고자 하는 스파르타교육과는 달리, 민주적인 이상을 향하여 폭넓고 진보적인 교육의 방식을 택하였다.[6) 아테네인

---

5) Harold H. Ditmanson, Howard V. Hong, Warren A. Quanbeck(ed.), *Christian Faith and the Liberal Arts*(Minneapolis: Augsburg Publishing House, 1960), p.5.

6) 초기 아테네의 정치형태는 왕정이었지만, 귀족과 평민간의 갈등이 심화되자 집정관 솔론(Solon, 639-559 B.C,)은 평민에게도 참정권을 부여하고 토지 소유를 허용하는 등 공정한 사회체제를 유지하기 위해 개혁을 단행하였다. 마침내 아테네는 시민을 뜻하는 데모스(Demos)에 의한 통치(Kratia)가 이루어졌으며, 페리클레스(Pericles)시대에 이르러 아테네의 민주주의가 절정에 달하였다. 졸저, 서양교육사상사(서울: 양서원, 2001), pp. 19-20 참조.

들은 교양교육이라는 이름으로 시민정신의 개념을 폭넓게 해석하여 청소년들에게 군사적인 자질뿐만 아니라 지적이고 미적인 능력을 길러주기 위해 노력하였다.

그러므로 아테네교육은 지적이고 미적인 자질과 신체적이고 군사적인 자질들을 충실하게 결합시키는 전인교육을 목적으로 삼았으며, 이런 요소들 가운데서 어느 것 하나라도 배제하지 않고 완벽하게 균형을 이루는 교육을 지향하였다.[7] 따라서 아테네인들은 인간성 전체를 완성시키는 조화로운 교육을 선호함으로써 민주사회에 기여할 수 있는 시민들을 양성하려고 한 것이다.

아테네라는 도시국가는 많은 시인들이 극찬하였던 그리스 문명의 산실이요 요람지였다. 그리고 아테네는 오늘날까지도 서구문명의 저변에 도도히 흐르고 있는 헬레니즘의 발원지이다. 예루살렘이 서구 정신사의 원천이라면, 아테네는 서구 지성사의 원류가 된다. 아테네는 소크라테스와 플라톤이 제자들을 가르쳤던 곳이요, 아리스토텔레스가 우주를 논하였던 철학의 도시였다. 또한 유리피데스와 소포클레스의 희곡이 원형극장에서 공연되었던 문화의 도시였으며, 피디아스와 같은 대조각가가 혼신의 힘으로 작품 활동을 하였던 예술의 도시였다. 그리고 위대한 정치가 솔론과 페리클레스가 정치개혁을 단행함으로써 시민들이 참여하는 민주정치가 꽃피웠던 곳이며, 고대학문의 산실로서 학문의 존중되었던 탐구의 중심지였다.

---

7) Freeman Butts, *A Cultural History of Education : Reassessing Our Educational Traditions* (New York: McGraw-Hill Book Co., 1947), p.65.

이런 아테네에서 이루어진 교육은 인간의 정신적인 자유를 위해 계획되었으며, 민주사회를 보존하고 발전시킬 수 있는 비판정신을 함양하기 위해 수립되었다. 그러므로 이런 방식의 교육은 정치적인 자유와 함께 정신적인 자유를 지향하는 인간의 욕구를 충족시키기 위해 만들어진 것이므로 자유교양교육(liberal education)이라고 불렀다. 따라서 자유교양교육이라는 개념은 인간의 정치적이거나 정신적인 자유뿐만 아니라 개인의 관심분야나 직업적 욕구 또는 적성과 관련시켜서도 그 의미를 폭 넓게 해석해 볼 수 있다.

그럼에도 불구하고 고대 그리스에서 만들어진 교육의 이론과 실제는 자유교양교육과 직업교육을 분명하게 구분하고 있다. 아테네의 자유 시민과 노예에게는 서로 다른 수준의 교육이 준비되어 있었다. 자유교양교육을 직업교육보다 상위에 놓고 비실용적인 지위에 있었던 자들에게는 이성적이고 정신적인 자유교양교육을 제공하였으며, 실용적인 지위에 속한 자들에게는 직업교육만을 제시할 뿐이었다.

그러므로 고대 그리스에서 경제적인 이익을 얻기 위한 상업 활동은 노예들의 몫이었으며, 물질적인 대가를 원하는 행위는 천시되었다. 예를 들면, 아테네인들은 경제적인 대가를 원하는 전문적인 체조선수나 음악가들은 거부하였지만, 정신적인 즐거움이나 도덕적인 효과를 제공하는 체조나 음악은 장려하였다. 그리고 소피스트들이 비록 지식을 가르친다고 하더라도, 물질적인 대가를 요구하였기 때문에 낮게 평가하였다.

아리스토텔레스는 그리스의 전통에 따라 자유 시민과 노예를 구분하면서도, 인간의 선택권을 확대하고 인간을 자유롭게 만드는 학문들을 자유교양교과로 삼았다. 그리고 상업, 무역, 농업 등과 같은 직업 활동은 신체를 왜곡시킬 뿐만 아니라 지적인 수월성을 계발할 수 있는 시간을 감소시킨다고 보고 낮게 평가하였다.[8] 그러므로 아리스토텔레스는 지적인 교육을 무시하고 군사적인 의도에서 신체교육을 지나치게 강조한 스파르타의 교육방식을 강하게 비판하였다. 또한 그는 동일한 관점에서, 전문연주가를 양성하기 위한 음악교육을 평가절하 하였다. 아리스토텔레스의 영향으로 아테네인들은 신체적인 요소와 도덕적인 요소 그리고 지적인 요소와 심미적인 요소들이 균형을 이루면서 조화롭게 발달한 개인을 교육의 이상으로 삼았다. 따라서 그들은 한쪽 면이 과도하게 발달하였거나 편협하게 전문화된 인간의 능력을 바람직한 것으로 평가하지 않았다.

이런 그리스인들의 교육적 인간상을 구체화한 것이 바로 시민(the citizen)이라는 개념이다.[9] 고대 그리스시대의 훌륭한 시민은 자신이 가진 모든 능력을 조화롭게 발달시킨 사람이었으며 자기통제 능력을 가지고서 절제와 용기, 관대함과 정의와 같은 덕을 얻기 위해 노력하는 자들이었다. 그리고 시민은 현실적으로는 정치적이고 경제적인 측면에서 자유인이었다. 정치적인 측면에서는 공적인 사무실을 가지고 있었고 무기를 몸에 지니고 다니면서 투

8) Gerald L. Gutek, *A History of the Western Educational Experience* (New York: RandomHouse, 1972), p.42.

9) Freeman Butts, *op. cit.*, p.65 참조.

표권을 행사하였으며, 경제적인 측면에서는 노예가 하는 일인 천한 노동행위에는 상관하지 않는 사람이었다.

아테네에서 교육받은 사람들은 자유를 실현되어야 하는 소중한 가치로 인정하였으며 그것을 획일적으로 해석하지 않았다. 따라서 그리스의 자유교양교육에서 제일 먼저 생각할 수 있는 자유는 학문의 자유로서 무엇으로부터의 자유(freedom from)와 무엇에로의 자유(freedom to)라는 두 가지 의미이다.[10] 예를 들면, 교사는 자신이 연구하고 깨달은 진리를 진술하는 행위를 방해하는 세력으로부터 자유로워야 하지만, 동시에 그는 자기분야에서 진리를 탐구하는 일에 뛰어난 재능을 보임으로써 진리에로의 자유를 누리는 것이다. 앞 문장에서 전자는 올바른 교수행위를 방해하는 세력으로부터 자유 함을 뜻하며 후자는 지적인 성장을 지향하면서 진리를 향해 나아갈 수 있는 자유 함을 뜻한다. 이런 재능은 주로 자유교양교육에 기초하여 얻을 수 있는 것이라고 보았다.

자유교양교육에는 다른 의미의 자유도 있다. 라틴어의 어원에서도 살펴볼 수 있듯이 자유교양이라는 말은 정치적인 자유를 누리는 자유인을 위한 교육이다. 분명하게 말하자면, 모든 사람들이 정치적인 자유를 누리는 민주사회에서 모든 사람들은 자유교양교육을 제공받을 수 있어야 한다는 주장이다.

민주사회의 시민들은 모두 자유이고 교육도 역시 무상이므로, 교육에는 경제적인 장벽이 있을 수 없었다. 그러므로 자유교양교

10) 졸저. *op. cit.*, pp.14-15 참조.

육은 노예에게 적합하기보다는 자유 시민에게 적합한 교육이었다. 투표권을 가지고 있으며 무기를 소지하고 공적인 사무실을 운영할 수 있었던 시민의 교육은 이런 것들을 소유하지 못한 노예의 교육과는 크게 달랐을 것이다.

자유 시민들은 이런 조건하에서 노동의 부담 없이 여유롭게 교육에 몰두할 수 있었으며, 노예들이 소유하지 못한 여러 가지 이점들을 가지고 있었기 때문에, 이들을 위한 교육은 노예들의 교육과는 분명히 달랐다. 물론 여기서 말하는 자유는 근대이후 시민사회에서 모든 사람들에게 개방적이고 무상으로 제공되는 공립학교의 아이디어와 비교될 수 있다. 자유시민의 외연이 고대나 중세처럼 특정계층에 한정된 것이 아니라 모든 국민들에게로 확대되었던 근대사회에서 교육의 공공성을 정립하여 공교육제도를 수립하는 일에 자유교양교육의 의미영역을 확대하여 접목시키는 일은 매우 필요하였을 것이다. 따라서 그리스시대의 자유교양교육의 전통이 교육의 질적인 수월성만 추구하면서 계승된 것이 아니라 의미영역을 확대시킴으로써 교육의 평등성을 실현하는 일에도 많은 영향을 미쳤다고 볼 수 있다.

그럼에도 불구하고 자유교양교육의 초기개념은 지성의 계발에 놓여 있었다. 지행합일이라는 조화를 추구하면서도, 무지한 상태에서는 지와 행이 통합될 수 없으므로, 지성의 계발을 통한 전인(the whole personality)의 양성이 올바른 교양교육의 방식이라고 본 것이다.[11] 이런 이유로 아리스토텔레스의 『정치학』에서는 교양과목과 비 교양과목을 분명하게 구분하고 있는데, 학습자를 기계적으로 만들지 않는 지식만이 교양교육에서 활용될 수 있었다. 기계적인 과목은 자유인의 정신과 신체 그리고 지성을 유용하게 사용하는 일에 도움이 되거나 활용될 수 없다고 보았기 때문이다.

그러므로 교양교육의 관점에서는 신체활동을 기계적으로 만드는 조건이나 경제적인 대가를 얻기 위한 직업 활동이 인간정신을 저급한 수준으로 끌어내린다고 보았기 때문에 열등한 것으로 본다. 교양교육은 자유인을 유익하게 만드는 교육이며, 지성을 무지로부터 해방시키고, 영혼을 공포로부터 벗어나게 하며, 신체를 허약함으로부터 구해내는 교육이었다.[12] 하지만 그 가운데서도 지성이야말로 인간을 동물과 구별해 주는 것이기 때문에 교양교육의 목적은 지성의 계발에 놓여 있었다.

2. 교양교육의 특성

자유교양교육의 의미를 살피려면 두 가지 측면이 고려되어야 한다. 첫째는 자유교양교육이 편협하게 전문화되기보다는 폭넓게 일반화된 것이라는 점이다. 심미적인 그리스인들에게 자유교양교육의 이상은 인간개인의 신체적이고 도덕적이며 또한 지적인 자질이 조화롭게 발달되는 것을 의미하였다. 그리스인들은 이렇게 균형 잡힌 발달을 보장하기 위하여 7자유과(7 liberal arts)라고 알려

11) Freeman Butts, *op. cit.*, p. 65.

12) John S. Brubacher, *A History of the Problems of Education* (New York: MacGraw-Hill Book Co, 1966), pp. 445-46.

진 교과과정을 개발하였으며, 그것은 문법, 수사학, 논리학의 3학(trivium)과 산술, 기하학, 음악, 천문학의 4과(quadrivium)로 구성되어 있었다.

아리스토텔레스는 교육이 건강한 개인과 조화롭게 통합된 사회와 직접적으로 관련되어 있음을 인식하였으며, 국가가 어린이들을 의무적으로 학교생활에 참여시키는 공립학교를 설립하여 운영할 것을 제안하였다.[13] 유아들에게는 놀이와 신체활동 그리고 재미있는 이야기 등을 활용할 수 있는 기회가 제공되어야 하며, 7세에서 14세까지 어린이들에게는 좋은 습관과 경향성을 길러주기 위해 도덕교육과 신체교육을 강조해야 한다고 보았다. 이 단계에서는 지성을 사용하여 사물에 집중하게 만들기보다는 어린이다운 건전한 성향을 계발하는 일이 무엇보다도 중요하다고 보았다. 어린이에게는 체조와 같은 신체교육이 좋으며, 좁은 의미의 음악이 아닌 넓은 의미의 음악이 바람직한 정서적인 기질을 길러준다고 보았다. 그리고 읽기와 쓰기는 자유교양교육의 필수적인 기초능력이므로 능숙하게 사용될 수 있을 정도로 잘 계발되어야 한다고 주장하였다.

그리고 15세에서 21세 정도의 청소년들에게는 지적인 능력을 계발할 수 있는 교육과정이 필요하였다. 이 시기의 청소년들에게 산술, 기하학, 천문학과 함께 수학과 같은 교과들은 실제적으로나 이론적으로 매우 중요한 교과였다. 그리고 이들은 세계를 바라보

---

13) Freeman Butts, *op. cit.*, p. 77.

는 시각을 넓히기 위하여 문법, 문학, 시, 수사학, 윤리학, 정치학과 같은 인문교과들을 공부해야 한다고 보았다. 21세 정도의 청년이 되면 물리학, 우주론, 생물학, 심리학과 같은 보다 이론적이고 사색적인 교과들을 연구할 필요가 있으며, 논리학과 형이상학과 같은 교과들을 배우고 익혀서 철학연구에 더욱 더 정진할 필요가 있다고 주장하였다.[14] 그러므로 아리스토텔레스의 제안을 살피면서도 알 수 있듯이, 자유교양교육은 신체와 도덕성 그리고 지성이 조화롭게 잘 통합되어서 균형 있게 발달하는 것을 목적으로 삼았다.

자유교양교육의 특성을 살피기 위하여 두 번째로 고려해야 할 사항은 다른 어떤 교육보다도 지적이라는 점이다. 인간존재의 독특하면서도 특별한 가치는 추론할 수 있는 능력, 즉 지성에 있다. 우리 인간에게 있어서 발육과 관련된 본성은 식물과 나누어가지고 욕구와 관련된 본성은 동물과 공유하지만, 합리적인 본성은 어느 무엇과도 나누어가질 수 없다.

아리스토텔레스는 구체적으로 지식의 체계를 수립하기 위하여 귀납적인 방법과 삼단논법을 사용하였다. 이런 사유방식을 통하여 체계화된 지식은 지적인 능력을 계발하고 식물적이고 동물적인 본능으로부터 인간을 해방시키기 위하여 계획된 것이었다. 그러므로 자유교양교과는 헬레니즘시대에 아리스토텔레스의 영향으로 크게 발전하였다고 볼 수 있다.

아리스토텔레스에 따르면, 이성적 동물로서의 인간존재는 독특

14) Gerald L. Gutek, *op. cit.*, pp. 42-43.

하다. 인간은 본능에 사로잡혀 행동하는 동물과는 달리 욕구의 스펙트럼이 다양할 뿐 아니라 그 위계에 있어서도 본능적 행동에서부터 정신적 가치를 추구하는 이성적 행동에 이르기까지 다양하게 체계화 되어있다. 그러므로 자유시민의 다양한 활동은 이성적인 성격이 어느 정도인가에 따라서 때로는 높게 때로는 낮게 평가되었다. 체육과 음악은 인간의 심신을 조화시키고 통합시키는 초기 그리스교육의 핵심교과였고 헬레니즘의 전통을 가장 잘 이어받은 교과였다. 하지만 수사학과 지식교과가 보다 더 이성적이기 때문에 체육이나 음악보다 자유교양교과의 발달에 더 크게 기여하였다고 보는 것이다. 이런 기준에서 본다면, 수학, 문법, 논리학, 수사학이 인간의 사고를 체계화하는 일에 필수교과이기 때문에, 3학이 4과보다 훨씬 더 교양적이다.

그리고 지식교육으로서의 자유교양교육은 다른 무엇을 위한 수단이 아니라 그것 자체로서 목적이 된다. 만약 자유교양교육이 다른 것, 즉 정치, 경제, 도덕의 수단이 된다면, 그것은 노예근성으로 오염될 것이며 열등한 지위 밖에 차지하지 못할 것이다. 반대로 교육이 그것자체로 목적이고 다른 어떤 것의 수단으로 전락하지 않는다면, 이런 교육은 참으로 교양적이다. 이를테면, 자유시민은 노예처럼 행동하기 보다는 노예로부터 봉사를 받는 사람인 것처럼 자유교양교육은 부수적인 목적이 아니라 최종 목적이라는 뜻이다.

또한 지적인 관점에서 본다면, 자유교양교육은 가치의 세계를 살피면서 판단할 수 있는 능력을 제공하는 교육이다. 말하자면 자유교양교육은 최고의 연설이나 미술작품 또는 건축구조물이나 음악에 대하여 감상하거나 평가하는 기준을 만들 수 있도록 도와준다는 것이다. 물론 여기에서 자유교양교육은 학습활동을 잘 지도하는 기능을 포함하고 있다. 따라서 자유교양교과를 통하여 잘 교육받은 사람은 신학적으로, 철학적으로, 미학적으로, 역사적으로, 수학적으로, 과학적으로, 언어학적으로 사고할 수 있는 능력을 가진 자이다.[15] 따라서 자유교양교과는 학생시절에는 배우는 교과를 위하여 유용한 방법이나 기술을 제공해 주며, 졸업 후에는 사회 환경을 이해하게 만들어 주면서 동시에 사회활동을 지원하기 위하여 유용한 방법이나 기술을 제공해 준다고 본다. 그러므로 자유 시민들은 자유교양교육을 통하여 유익한 정보를 활용하였으며 동시에 편협한 마음을 이겨내면서 주변 세계의 실체를 폭넓게 파악할 수 있는 지식을 추구해 나갔다.

Ⅱ. 교양교육의 본질

1. 자유에 기초하는 교육

아테네교육은 인간의 지적인 능력, 심미적인 능력, 창의적인 능력, 도덕적인 능력, 종교적인 통찰능력 그리고 공적인 생활에 참여할 수 있는 능력 등 여러 가지 능력을 조화롭게 발달시키는 것

15) Henry Robert Weinstock, "An Analysis of Definitions for Liberal Education," *Philosophy of Education*(Philosophy of Education Society, 1966), p. 283.

을 목적으로 삼았다. 역설적이지만, 이런 교육목적은 체계적인 교수와 학습이 거의 이루어지지 않았던 후진문화 속에서는 쉽게 성취될 수 있었을 것이다. 그러나 페리클레스시대(the Periclean age, 459-431 B.C.) 이후 그리스가 이룩한 선진문화 속에서 모든 지식을 통달하기 위한 노력은 마치 호머(Homer)가 표현한 것처럼, 많은 분야에는 정통하지만 어느 분야에도 대가가 될 수 없는 자로 만들어 나갔다고 볼 수 있다.[16] 자유교양교육의 관점에서 보면, 이런 아테네의 교육방식은 당연한 것이었다.

아테네교육의 관심은 특정한 직업을 위해 전문기술자를 양성하는 일보다는 인간존재의 삶 자체에 있었기 때문이다. 다양한 분야에서 폭넓은 지식을 가지고 자기생활을 즐기는 교양인을 위한 교육과 특정한 분야에서 전문화된 지식이나 기술만 가지고 생활하는 현대인의 교육과 비교될 수 있을 것이다. 제한된 민주사회이었지만, 아테네의 이런 교육방식이 자유교양교육의 특성을 잘 나타내고 있다.

그리스의 노예제도는 역설적이지만, 자유 시민들이 노동의 부담에서 벗어나 고상한 여유를 즐기거나 정신적 자유를 누릴 수 있도록 사회체제를 만들어 주었다. 그러므로 정신적 자유와 관련된 교양교육은 기술과는 거의 상관이 없었으며, 기술의 발달에는 관심을 두지 않았다. 그것보다는 특정한 일에 편향된 마음을 가지

---

16) Medi Nakosteen, *The History and Philosophy of Education*(New York: The Ronald PressCo., 1965), p. 88.

지 않고 정신적인 가치와 관련된 어떤 일을 준비하고 있는 인간 존재를 형성하는 일에 목적을 두었다고 볼 수 있다.

따라서 그리스교육의 목적은 개인이 자신의 삶을 성공적으로 영위하도록 도와주는 일이었으며, 성공의 정도는 자기 자신과 주변 환경을 어떻게 이해하느냐에 달려있었다. 그리고 자신의 삶을 성공적으로 영위하는 데 필요한 자제심은 자기인식을 통하여 얻어진다고 보았으며 그것은 삶의 지혜와 관련된다고 보았다.

소크라테스는 아테네교육의 기본적인 성격을 참된 삶을 영위하도록 도와주는 일에 있다고 하면서 교육의 궁극적인 목적은 도덕성을 함양하는 일이라고 주장하였다. 소크라테스가 말하는 도덕성은 지덕합일(知德合一)에 기초한 것이며, 무지를 어리석음과 같이 보는 도덕을 말하는 것이었다. 이처럼 아테네 시민들의 도덕적인 삶을 위하여 인식론적인 기초를 닦은 소크라테스의 주장은 설득력을 가지고 있었다. 그 까닭은 그의 생애가 아테네 시민들이 행한 어리석은 판단과 실수를 스스로 발견하도록 도와주는 일에 헌신하였기 때문이다. 그는 아테네인들이 억견(doxa)을 깨닫고 진지(episteme)를 향해 나아가야 한다고 외치면서 아테네의 거리를 돌아다녔던 것이다.

소크라테스는 우리 인간의 행동에서 어느 시대나 모든 사람들에게 동일한 보편적인 원리를 추정해 낼 수 있음을 보여주려고 노력하였다. 그에 따르면, 정의와 절제 그리고 지혜는 인간이 선택할 수 있는 것이기도 하지만 행동의 밑바탕에 깔려있는 기본적인 사고이다.[17] 이런 소크라테스의 주장에서부터 '덕은 지식이다.' (Knowledge is virtue)라는 명제가 도출되었다.

이 명제가 의미하는 바는 '선은 얼마든지 인간이 선한 일을 행하도록 만들 수 있다.' 라는 뜻이라기보다는 '무지한 사람이 행하는 어떤 행동도 선한 것으로 간주될 수 없다.' 라는 소극적인 뜻이다. 만약 선한 행동이 이런 지식의 의미 속에 포함된다면, 덕은 가르칠 수 있으며 동시에 가르쳐야 한다. 궤변론자들(sophists)의 논의를 통해 만들어진 불확실성으로부터 벗어날 수 있는 유일한 방법은 이런 논의를 더 많이 진전시켜 나가는 일이며, 또한 개인적인 학습을 통하여 행동의 근거가 되는 선과 악을 발견해 내는 일이다.

그러므로 자유교양교육은 자기 스스로 학습을 동기화함으로써 성립될 수 있다. 단순하게 지식이나 기술정보를 전달하는 일은 교육을 교화로 전락시키게 될 것이다. 그리고 교육이 전달행위에만 관심을 가지게 된다면 정신이 가진 생명력을 빼앗아 버리는 현상이 발생하게 될 것이다. 좋은 음식은 맛이 최고조에 달했을 때 충분히 즐길 수 있는 것처럼 학습은 인식이나 이해가 지니고 있는 내적인 욕구를 만족시킬 때 충분하게 대가를 보장받을 수 있다는 뜻이다.[18)]

이런 의미에서 그리스인들은 교수행위를 두 가지로 나누어서 생각하였다. 하나는 교사가 스스로 발견한 지식을 나누어주는 '창

---

17) William Boyd and Edmund King, *The History of Western Education* (London: Adam & Charles Black, 1975), pp. 27-28.

18) Medi Nakosteen, *op. cit.*, p. 88.

조적인 교수행위' 이며, 다른 하나는 교사가 단순히 다른 사람으로부터 전해들은 지식을 나누어주는 '전달하는 교수행위' 이다. 그러므로 그리스교육의 궁극적인 목적은 인간의 정신을 자유롭게 할 수 있느냐에 따라 판단되었으며, 내면의 발달을 지향하는가의 여부를 놓고 그 목적을 고려하였다. 따라서 자유교양교육의 기본적인 특징은 자유로운 분위기 속에서 인간의 정신을 발달시키는 것이었다.

교육은 창의성을 계발하는 경우처럼, 자유로운 환경 속에서 의미 있는 시간을 가질 때 성립하는 것이다. 반대로 강압적인 교수행위는, 강제가 자유를 억압하는 것처럼, 목적을 좌절시켜 버린다. 같은 시각에서 아리스토텔레스는 자유롭게 이루어지는 지식행위가 정치행위나 군사행위보다 더 탁월하다고 보았으며, 심지어 그것은 도덕적인 행위보다도 뛰어나다고 하였다.

그러므로 아리스토텔레스의 주장을 다음과 같이 정리해 볼 수 있다. 도덕적으로 탁월한 행위는 바람직하지만 그것은 수단으로 활용되었기 때문에 바람직하거나 그것의 결과 때문에 바람직할 것이다. 하지만 지적으로 탁월한 행위는 그것자체로 완전한 행복이고 우리 모두의 궁극적 염원이 되는 하나님의 은총 덕분이라고 할 수 있는 행위이다. 그리고 관조의 삶(the life of contemplation)은 보다 자족적일 뿐만 아니라 보다 지속적이고 한가로우며 그리고 보다 더 큰 즐거움을 우리 인간에게 제공해 준다. 따라서 지성의 이론적인 부분과 관련된 활동은 실제적이거나 도덕적인 활동보다 훨씬 더 우월하다고 볼 수 있다.

2. 지식이라는 덕의 본질에 기초하는 교육

아리스토텔레스는 자신이 주장하는 형이상학의 맥락 속에서 교육을 논하였다. 그는 이데아에서 사물의 실체를 발견한 플라톤과는 달리, 이데아 그 자체보다는 개별적인 존재 속에서 규정되는 이데아에서 사물의 실체를 발견하였다. 이를테면 인간이나 동물과 같은 존재는 자기 내부에 있는 형상이나 이데아를 계발함으로써 스스로를 실현해 나간다고 보았던 것이다. 그러므로 인간의 본성은 인간이 합리적인 존재로 발달할 경우 실현되는 것이므로, 교육은 곧 자아실현의 과정을 뜻하는 것이 된다.

아리스토텔레스에 따르면, 이성은 인간의 내부에 존재하는 결정적인 형상이거나 이데아이며, 인간존재 안에서 처음부터 성장과정을 이끌어가는 역할을 담당한다. 이에 관하여 아리스토텔레스는 다음과 같이 주장하였다.[19]

> 무엇보다도 먼저 시민의 출생과 도덕 훈련은, 이성과 정신은 본성이 인간 안에서 얻으려고 노력하는 목적이므로, 일정한 계획 하에서 이루어져야 한다. 신체와 영혼이 둘로 나누어지듯 영혼도 합리적인 것과 비합리적인 것으로 나누어지며 이것들은 각각 이성과 욕망의 형태로 드러난다. 그리고 신체의 발생이 영혼보다 앞서는 것처럼 비합리적인 영혼이 합리적인 영혼보다 먼저이다. 그런 이유로 신체를 돌보는 일은 영혼을 돌보는 일보다 먼저 이루어져야 하며 그 뒤로 욕

19) *Ibid.*, pp. 37-38.

망을 훈련시키는 일이 이어져야 한다. 그럼에도 불구하고 욕망을 돌보는 일은 이성을 위해 이루어져야 하며, 신체를 돌보는 일은 영혼을 위해 이루어져야 한다.

이런 주장을 정리해보면, 개인의 발달은 다음의 세 단계를 통해 이루어진다.[20] (1) 신체발달이 이루어지는 시기, (2) 영혼의 비합리적인 부분인 욕망이나 정열이 나타나는 시기, (3) 모든 과정이 이성의 탁월성을 통해 분명해지는 최종 발달시기.

이런 발달단계에 따르는 교육은 각각 신체를 위한 교육, 성격을 위한 교육, 지성을 위한 교육이다.

아리스토텔레스의 시각에서 보면, 교육은 개인과 국가전체의 행복을 위하여, 개인이 시민으로서의 의무를 실제적으로 이행하는 일에 적합한 것이어야 한다. 시민으로서의 개인은 정열을 구속하는 일과 함께 절제와 용기, 관대함과 정의와 같은 덕목을 배워야 한다. 훌륭한 시민으로서의 삶을 영위하기 위해서는 정열이 이성에 의해 제어되어야 하기 때문이다.

그렇지만 훌륭한 시민을 양성하는 일이 교육의 목적으로 가치있는 것이고 최고의 목적일 수 있지만, 유일한 목적은 아니다. 왜냐하면 인간의 이성이 정열을 제어하는 일 때문에 제한받아서는 안 되기 때문이다. 이성은 영혼의 비합리적인 부분에 의존하지 않고서도 그것자체로 순수하게 활동할 수 있기 때문에 인간을 신에게로 향하도록 이끌어갈 수 있다. 모든 창조물 가운데서 인간만이

20) *Ibid.*, p. 38.

자기 자신의 선보다 더 높은 선을 생각할 수 있으며, 결과적으로 인간은 자신의 삶속에서 완전한 만족을 발견하는 일은 불가능하다. 인간은 사색하는 삶을 즐길 수 있으며 이런 즐김을 통하여 자신을 반성할 수 있다. 그리고 인간은 지성의 활동을 통하여 세계를 구성하는 법칙 속으로 파고들어갈 수 있다.

그러므로 자유교양교육은 지성의 교육에 초점이 놓여있다. 아리스토텔레스에 따르면, 지성은 정신의 구별되는 활동이며 본질적으로 지식을 추구하는 성질을 가지고 있다. 지식의 성취는 그것자체로 목적이 되는 정신을 충족시킨다. 따라서 지식의 추구는 정신의 선을 추구하는 일이며 좋은 삶의 핵심적인 요소가 된다. 또한 지식의 성취는 정신 그 자체의 선을 획득하는 일일뿐만 아니라 훌륭한 삶을 이룰 수 있는 주요한 수단이 되는 것이다. 정신이 인간의 본질적인 특성이라고 할 수 있지만, 순수한 정신 그 이상인 인간은 지식을 통하여 삶의 방향을 올바르게 잡아나갈 수 있다.

그러므로 정신은 이성의 올바른 사용을 통하여 사물의 기본적인 본성을 알게 되며, 궁극적으로 실재하는 것과 불변하는 것들을 인식할 수 있다. 따라서 인간은 더 이상 기만적인 모습이나 믿을 수 없는 의견 또는 신념에 따라서 살아갈 필요가 없다. 인간의 모든 경험과 삶 그리고 사고는 최종적으로 참인 것과 궁극적으로 실재적인 것을 파악하는 지식을 통하여 장래에 대한 전망을 가질 수 있다.

더 나아가 이성이 표현되는 특별한 방식은 위계적으로 구조화된 인간의 이해에 비례하여 나타난다. 단순한 사물에 관한 지식에서부터 순수존재에 관한 지식에 이르기까지 모든 지식은 포괄적이고 조화로운 체계 속에서 자기의 위치를 가지고 있으며, 여러 가지 형태로 나타나는 실체를 파악함으로써 지식은 형성되고 발달한다.[21] 그러므로 실체와 지식의 관계에 관심을 가지고 이루어지는 교육은 불확실한 의견이나 신념 또는 일시적인 가치관에 의존하기보다는 참된 것에 기초한다.

지식은 인간만이 지니고 있으면서 다른 무엇과도 구별되는 덕이기 때문에, 그리스인들이 추구했던 자유교양교육은 실용적이거나 직업적인 고려와는 상관없이 인간정신의 실현이라는 가치를 지니고 있었다. 자유교양교육은 인간의 좋은 삶을 결정하는 일에 있어서 상당히 중요한 부분을 차지하기 때문에, 개별적이든 사회적이든 간에, 어떻게 살아야하는가에 대한 이해에 초점이 놓여 있었다.

그리스인들은 이런 방식으로 자유교양교육이 의미하는 바를 인식하였다. 그것은 단순히 자유교양교육이 노예보다는 자유 시민을 위한 교육이기 때문에 그런 것이라기 보아서는 안 된다. 오히려 무지나 실수로부터 이성을 자유롭게 하고 인간을 잘못된 행동으로부터 벗어나게 하기위하여 인간 정신을 자유롭게 하는 기능을 가지고 있다고 보았기 때문이다.

교육은 개인의 발달을 도모하는 의도적인 활동이기 때문에 필

---

21) Paul H. Hirst, "Liberal Education and the Nature of Knowledge," in *Philosophy of Education*. vol. 1(London: Routledge, 1998), p. 247.

연적으로 가치를 함축하고 있다. 그러므로 교육이 담고 있는 가치를 어디에서 살펴볼 수 있고 그 내용은 무엇이며 그리고 그 가치는 어떻게 정당화 되는 것인지 등을 고찰해 볼 필요가 있다. 그런 가치는 종종 사회 속에서 소수집단의 이익을 반영하는 것일 수도 있고, 종교적이거나 정치적인 성격을 가지고 있는 것일 수 있다. 하지만 교육이 담고 있는 가치는 공리적이어야 하기 때문에, 논쟁과 비판에 열려있으며 항상 특정한 정당화를 필요로 한다. 따라서 교육에 영향을 미치는 가치는 보다 더 객관적인 근거를 지니고 있을 뿐만 아니라 보다 더 궁극적인 기초에 의존하고 있다.

고대 그리스시대 이후 교육에 영향을 미치는 가치관은 인간이 이룩한 지식의 다양한 개념 속에 축적되어 왔다. 그러므로 그리스인들은 학생의 선입견이나 사회의 요구 또는 정치인의 변덕스런 생각에 따르기보다는 지식의 본질이나 의미의 중요성에 기초하여 정의되고 정당화되는 교육을 요청한 것이었다.[22] 구체적으로 표현하자면, 그리스인들은 그들의 교육적 가치를 7자유과(7 liberal arts)라는 교양과목과 그들이 바람직하다고 생각했던 지식의 유형 속에 담아놓았던 것이다.

결국 그리스 교육의 중요성은 인간 개인의 발달에 초점이 놓여 있었다는 점에서 살펴볼 수 있다. 헬레니즘시대에 이루어진 사회의 발전은 인간 발달을 여러 측면에서 도모하고자 하는 사회체제를 허용한 자유로운 환경 때문이었다.[23] 이런 특성 때문에 그리스

22) *Ibid.*, p. 248.

인들은 자유교양(liberal)이라는 교육의 개념을 처음으로 형성시켰다. 그러므로 자유교양교육은 자유 시민을 가치롭게 하는 교육이며 또한 자유를 사용함으로써 유익을 얻게 하는 교육이었다.

인간성을 충실하게 발달시키고자 하는 그리스의 교육이 가지는 의미영역은 대단히 폭넓은 것이었다. 그리스인들은 처음으로 국가 내에서 그리고 국가를 통하여 정치적인 자유의 개념을 이끌어내었고 교육이 시민정신을 갖추게 하는 것이라는 아이디어를 만들었다. 그리고 그리스인들은 지식이 종교에 예속당하는 것과 지식의 탐구행위가 성직자들의 특권적인 행위가 되는 것을 바람직한 것으로 보지 않았다.

그러므로 그리스인들에게서 제일 먼저 지식 그 자체를 위하여 지식을 사랑하는 일을 발견할 수 있으며, 자연과 초자연 그리고 인간을 두려움 없이 탐구한 그리스인들을 통하여 지식행위의 자율성을 살펴볼 수 있다. 이들은 처음으로 인간을 이성적 존재라는 개념으로 정의하였으며, 지성을 인간의 삶의 모든 국면에 적용하는 일을 과제로 삼았다. 이들은 이성적으로 살아가려고 노력한 최초의 사람들이었다.

따라서 그리스인들은 우리 인간이 삶의 목적을 자기 자신의 이성적 본성 속에서 발견할 수 있다고 보았으며, 자기의 도덕적 본성 속에서 자신의 삶의 목적을 형성시킬 수 있다고 보았다. 우리

---

23) S. P. Lamprecht, *Our Philosophical Tradition: A Brief History of Philosophy in Western Civilization*(New York: Appleton-Century-Crofts, Inc., 1955), pp. 37-38.

인간은 이런 이성적인 본성과 도덕적인 본성을 실현함으로써 삶은 살아볼만한 값어치를 지녔다는 생각을 가지게 된다는 것이다.

이런 그리스인들의 주장에 동의한다면, 우리의 학문적 노력은 삶의 목적을 달성하기 위한 수단이 되며, 도움이 되는 것이다. 따라서 도덕적 책임과 인간본성 속에서 발견할 수 있는 도덕적 자유는 그리스인들을 통하여 모든 사람들에게 적용되었다. 그러므로 우리 스스로 자신의 삶의 이상을 구성하거나 합리적인 과정을 통하여 만들어진 도덕법칙 아래에서 자아실현을 위해 노력하는 일은 주목할 만한 가치가 있다고 하였다.

그럼에도 불구하고 그리스인들에게 있어서 아름다움의 높은 이상으로 표현되는 개성과 이성은 인간의 삶으로부터 결코 분리되지 않았다. 여기에서 말하는 개성은 심미적인 측면에서 정의되는 것으로서, 실체의 구체적인 형상으로 만들어진 일반적인 진리를 감상할 수 있는 능력을 소유하고 있는 것이다. 그러므로 도덕적인 삶의 구체적이고도 일반적인 모습으로 살아있는 예술이야말로 개성의 가장 고상한 표현이다.

결국 그리스인들이 말하는 자유교양교육은 개인적인 측면이든 사회적인 측면이든 간에 어떻게 살아야하는가에 대한 인간의 이해를 본질로 하였다. 그리스인들은 자유교양교육이라는 개념을 단순히 자유 시민을 위한 교육이기 때문에 선택한 것이 아니었다. 자유교양교육이 인간 정신을 자신이 계발하는 지성의 수준에 따라 자유롭게 기능하게 만들어 줄 뿐만 아니라, 인간의 행위를 잘못된 부도덕으로부터 건져내고 이성을 오류로부터 자유롭게 만들어 준다고 보았기 때문에 선택하였던 것이다.

이런 의미의 교양교육은 중세 초기 아우구스티누스를 비롯한 여러 교부들을 통하여 수용되고 체계화되었으며, 문예부흥기에는 에라스무스를 통하여 계승되었고, 종교개혁 기에는 종교개혁자들을 통하여 확산되었다. 이제 서구교육사에 있어서 고대와 중세를 이어주는 아우구스티누스의 교유적인 노력을 탐색한다면, 교양교육의 전통이 어떻게 계승되고 다듬어졌는가를 살펴볼 수 있다.

Ⅲ. 아우구스티누스: 교양교육의 비판적 계승

1. 진리탐구와 자기성찰

아우구스티누스는 회심 후 밀라노 교외 카씨키아쿰에서 7개월 정도 학문공동체 생활을 이끌었으며, 곧 수사학교 교수생활을 그만두었다. 당시 수사학교의 풍토나 재학생들의 진지하지 못한 자세 등이 그를 실망시키기도 하였지만, 주된 원인은 더 이상 요설을 밑천삼아 말재주를 팔아먹는 행위는 그만두고 진리탐구에 몰두하겠다는 생각 때문이었다. 그의 회심은 학창시절부터 가졌던 진리탐구에 대한 열정과 그런 열정을 충족시키지 못한데서 오는 회의적인 사고 등으로 야기된 시행착오가 거듭되면서 고통스럽게 수행해 온 자기교육의 절정을 보여준다. 그러므로 회심 이후 가졌던 아우구스티누스의 카씨키아쿰 생활은 현실도피가 아니라 진리탐구를 위한 재창조의 시기였으며, 교양인의 관심사인 철학적인 사색과 학문적인 토론이 주된 생활의 내용이었다.

아우구스티누스와 함께 카씨키아쿰의 공동체 생활에 참여했던 자들이 시도한 철학적인 대화는 마치 소크라테스의 교육방법을 적용한 것처럼 대단히 효과적이었다.[24] 성공적인 학습을 위해 반드시 필요한 조건, 말하자면 형식에 얽매이지 않으면서도 대화에 참여한 자 모두를 존중해 주는 따뜻하고 유쾌한 분위기 때문에 대화 참여자들은 선한 의지를 가지고 주제에 집중할 수 있었다. 교사가 질문하면 학생들은 성의를 가지고 모두 적극적으로 답변하는 그런 방식이었다.

하지만, 이런 소크라테스식의 방법이 아우구스티누스의 학문공동체에 그대로 적용된 것은 아니다. 아우구스티누스는 좀 더 나아가 대화를 통해 살필 수 있는 학습자의 내면적 사유과정을 연구하면서 교수 학습의 본질이 되는 원리를 이끌어내려고 노력한 것이다. 그는 학습상황에서 벌어지는 질의응답을 참여자 모두가 마음속에서 고민하고 고려한 대화 주제가 던져주는 의문을 밖으로 표명한 것에 불과하다고 하였다. 교사에 의해 던져지는 질문은 학생 스스로의 의지에 의해 그의 마음속에서 반복해서 질문되어지며, 이렇게 반복된 질문에 대한 대답이 밖으로 표명되면서 답변이 되는 것이다. 카씨키아쿰에서 아우구스티누스는 마치 소크라테스처럼 사고활동을 독려하기 위해, 양지바른 곳에 앉아서 졸고 있는

24) George Howie, *St. Augustine: On Education*(South Bend: Gateway Editions Ltd., 1969), p. 5.

소의 엉덩이를 찔러대는 등에(gad-fly)와 같은 역할을 담당하였다. 그러므로 대화참여자들은 대화가 끝난 이후에도 혼자서 사색하는 모습을 많이 보여주곤 하였다.

아우구스티누스는 이런 자기성찰(self-questioning)을 학습의 원리로 활용하였다. 학습은 자기 자신에 대한 탐구와 함께 시작되어야 하며, 신의 본질에 대한 이해에서 절정을 이룬다. 그에게는 신과 자기 영혼의 인식이라는 두 가지 연구목표가 있다고 하였다. 무엇보다도 먼저 학습자는 자기 자신의 본질을 먼저 이해해야만 하며, 만약 이것이 이루어지지 않는다면 진리탐구와 하나님을 알기 위한 내면적 연구 자료에 집중할 수 없다고 하였다. 아우구스티누스가 스스로 행한 자기성찰의 내용은 『고백록』에 잘 수록되어 있으며, 여기에서 두 가지 교육의 원리를 주장하고 있다. 학습자는 타인의 도움을 받지 않고 자기 자신의 노력으로 학습활동을 수행하여야 한다는 점이 첫 번째 원리이다. 그리고 학습의 과정에서 개입하는 하나님의 은총, 즉 신의 조명이 보여주는 필연성과 중요성이 두 번째 원리이다.

아우구스티누스의 『고백록』은 그의 『교사론』에서 체계적으로 논의한 원리를 검증한 것이다. 말하자면 학습은 학습자의 개별 활동에 의해 성취되며 정신의 내면적이고도 자발적인 활동으로 이루어지는 것이다. 여기에서 교사나 수업행위는 단지 덜 중요한 하위활동으로 분류되지만 학습자의 자발적인 활동은 상위활동으로 인정된다. 그럼에도 불구하고 아우구스티누스는 『고백록』에서 이런 방식의 자기성찰이 결코 쉽지 않음을 보여준다. 보다 높은 수준의 학습에서 학습자는 사실적인 정보를 넘어서 물리적인 세계의 만화경 속에 숨겨져 있는 실체에 관심을 가진다. 인생의 산만함 때문에 인간의 눈으로부터 감추어진 것이지만 영원한 이성을 파악하는 일은 모든 교육의 최종 목표이다. 이런 학습활동은 내적인 긴장을 유발하고 많은 시행착오를 거듭할 뿐만 아니라 영혼의 탐색을 거치지 않을 수 없다.

아우구스티누스는 각고의 노력으로 인간 내면의 깊숙한 곳을 탐색하였으며, 그 결과 인간의 영혼이 세 부분으로 구성되는 통일체임을 밝혀내었다. 말하자면 기억, 의지, 이해는 삼위일체로 구성되어 있으며, 이 세 가지 작용의 결합을 통하여 지식이 마음속에서 생성되고 존속된다는 것이다. 특히 의지의 기능은 아우구스티누스의 학습이론에 있어서 매우 중요한 위치를 차지하고 있다. 의지는 영혼으로 하여금탐구하게 하는 추진력이며, 인간의 모든 행동의 배후에 있는 운동의 원리이다. 의지는 자유로운 상태에서 높은 수준의 사물로 향하거나 아니면, 낮은 수준의 사물로 향할 수 있다. 그런데 문제는 인간이 사랑하지 말아야할 것을 사랑하기보다는 사랑해야 할 것을 사랑하는 것인데, 이것은 의지가 이성이나 기억에 의해 효과적으로 통제되어야 함을 암시하는 것이다. 아우구스티누스는 플라톤처럼 인간은 기억과 이해 그리고 의지가 함께 판단하는 통일된 삶을 실현하지 못한다면, 덕과 행복한 삶을 살수 없다고 하였다. 따라서 이런 영혼의 통일체는 자유교양교육에 의해 강화되며 지혜로운 삶에 전심전력으로 진력함으로써 입증된다. 그리고 진리를 향한 참된 가치로서의 사랑, 즉 진리애는 의지의 훈련을 통해 성취되며, 의지는 하나님이 주신 자유와 능력을 실현하고 개발함으로써 성취된다고 본 것이다.

아우구스티누스의 교양교육사상은 그가 회심 전에 연구하였던 신플라톤주의와 그의 생애 전체에 영향을 미쳤던 기독교사상이 원천이 되어 형성된 것이며, 또한 그의 인간관과 세계관이 직접적으로 영향을 미치고 있다. 그리고 아우구스티누스는 기독교플라톤주의자라고 불리 울 만큼 플라톤주의의 맥을 이어가면서 신플라톤주의를 비판적으로 계승해 나갔다고 볼 수 있다.

신플라톤주의자인 플로티누스는, 현대교육이 추구하는 인간성의 실현이라는 목적과는 달리, 이 세상을 벗어나서 우리의 고향인 저세상으로 돌아가는 것을 목적으로 삼았다. 인간의 영혼이 일자(the One)를 통하여 진정한 정체성을 실현하게 되면, 인간은 개별성을 상실하게 되지만 출생과 고통이 반복되는 이 세상에서 벗어나게 된다고 본 것이다.

그리고 플라톤은 형상과 질료의 분리를 당연시하면서 학습모형을 형상의 내성적 이해라고 하였지만, 플로티누스에 따르면 개별사물은 그것이 발생하는 일반형상과 분리되는 실체를 가질 수 없다. 공간, 시간, 질료 등을 정신, 영혼, 형상 등과 비교해보면, 전자는 후자보다 확실하지 않은 실체이지만 물리적인 세계에서는 전자가 후자와 비례적인 결합으로 구성되는 것이다. 다만 질료는 변화무쌍하지만 형상은 변화하지 않는 것이다. 아우구스티누스가 많은 관심을 가지고 있었던 선과 악의 문제에 있어서도, 플로티누스는 악을 실체로 보지 않았다. 악은 존재와 비존재의 혼합일 때름이며, 질료가 불완전하게 형상화한 결과라는 주장이다. 그러므로 플로티누스는, 당시의 철학자들과 마찬가지로, 악을 부정적인 것으로 보면서도 선의 상실이나 결핍된 것으로 간주하였다.[25] 그러므로 신은 악을 창조하지 않았다는 주장이 성립된다.

아우구스티누스가 신플라톤주의로부터 이어받은 세계관은 물리적인 세계가 가상의 세계이므로 실체는 우리 인간이 가지고 있는 본구관념을 인식함으로써 이해될 수 있다는 점이었다. 그러므로 요체는 본구관념의 설명과 인식이며, 이것을 위해 관념들을 위계적으로 적절하게 질서지우는 것이 중요하다. 현대교육의 관점에서 보면, 신플라톤주의는 인간의 행동보다는 주관적인 경험에 초점을 맞추었다. 내성적인 자료나 학습의 주관적인 측면은 객관적인 실험이나 측정에서 자주 간과되기 때문에 무시되기 십상이지만, 플라톤적인 전통에 따르면 이런 것들은 결코 소홀하게 취급되어서는 안 된다고 보는 것이다.

2. 교양교육의 비판적 계승

아우구스티누스가 살았던 후기 로마시대의 수사학교는 주로 웅변가나 법률가를 양성하였으며, 의사소통이나 설득을 위한 기술에 많은 관심을 가지고 학생들을 가르쳤다. 그러므로 당시 수사학교

25) Robert S. Brumbaugh and Nathamiel M, Lawrence, *Philosophical Themes in Modern Education* (Boston: Houghton Mifflin Co., 1973), pp. 39-40.

에서는 문법, 수사학, 논리학, 문학, 수학 등을 전문교육과정에 배치하여 논리적인 표현이나 호소력 있는 주장을 내세우는데 필요한 기술을 중점적으로 가르쳤다. 하지만, 그리스 철학의 전통을 이어받은 소크라테스의 자아개념이나 플라톤의 형상에 관한 연구는 관념적이고 비실용적이라고 하여 교육과정에서 제외시켰다.

학창시절 수사학교 교수가 희망이었던 아우구스티누스는 북아프리카 마다우라(Madaura)의 학교에 다니면서 라틴문학에 심취하였지만, 그리스어 담당교사의 가혹한 교수방법에는 헬라신화의 달콤한 맛에다 쓸개를 끼얹어 마시는 시간 같았다고 하면서, 치를 떨 만큼 싫어하였다.[26] 17세에 국제적인 도시였던 카르타고의 수사학교에 진학하였으며, 이내 수석을 차지하였다. 하지만 이곳에서 그는 세속적인 삶에 빠져들었고 연극에 심취하였으며 사회적인 지위에 많은 애착을 가졌다. 19세에 본격적으로 철학을 공부하기 시작하였지만 여전히 세속적인 출세나 야망에서 벗어나지 못하였지만, 아우구스티누스는 31세가 되어서야 비로소 모든 야욕을 벗어버리고 진정한 기독교인이 되었다.

아우구스티누스의 『고백록』은 그의 회심에 관한 이야기와 세속의 일들이 그를 만족시킬 수 없었다는 점과 그리고 하나님과의 의존 또는 신뢰관계가 어떻게 회복되고 증가되었는가를 보여준다. 젊은 시절 장래가 촉망받는 수사학자였던 아우구스티누스는 성경의 문학적인 형식이 세련되지 못하고 표현방식이 정교하지 못하

---

26) 『고백록』, 제1권. 14장. 23절.

다는 등의 이유로 성경을 좋아하지 않았다. 하지만 신플라톤 철학을 연구한 이후 그는 다시 성경을 읽으면서 새로운 통찰력을 얻었으며, 성경이 철학적인 해석을 통하여 보다 깊은 이해가 가능하다는 사실을 발견하였다. 그러므로 회심이후 그는 성경연구에 천착하였음은 물론이다.

아우구스티누스가 보는 세계는 영원한 일자에 의해 유출된 것이라기보다는 하나님에 의해 창조된 것이다. 창조된 물리적인 세계는 길이, 무게, 수와 같은 질서를 내재하고 있지만, 그것은 불활성의 질료이기 때문에 아우구스티누스의 관심을 끌지 못하였다. 오히려 그의 관심을 끈 것은 영혼의 문제였으며, 특히 사랑이 가져야 하는 올바른 방향이었다. 아우구스티누스에 따르면, 영혼은 창조자에의 의존성을 인식해야 하며, 태도, 개념, 가치척도 등으로 표현되는 올바른 질서를 배움으로써 초점을 창조자에게 맞추어야 하는 것이다.[27] 여기서 말하는 올바른 질서는 진, 선, 미와 덕의 필요조건이 되는 형상을 내면적으로 이해함으로 이루어지는 것이다.

아우구스티누스가 보는 교육의 장면에는 교수행위와 학습활동이 구성하는 극적인 긴장감이 항상 도사리고 있다. 그의 세계관에 따르면, 하나님의 은혜에서 멀어진 인류는 성육신 사건에서 최후심판에 이르는 인간의 역사 가운데서도 구원의 희망을 가질 수 있다. 그러므로 아우구스티누스가 보는 세계는 위기가 내재되어 있는 세계이다. 신플라톤주의 차갑고 정지된 형상의 위계나 영원

27) Robert S. Brumbaugh and Nathamiel M, Lawrence, *op. cit.*, p. 42.

히 윤회하는 그리스의 우주론과는 달리 아우구스티누스의 세계는 희망과 절망이 교차하는 살아있는 무대이다.[28] 이런 세계는 운명론적으로 결정된 것이 아닌, 개개인이 자신의 유익을 위해 결정하고 판단하며 자신의 태도나 선택에 책임을 지는 세계이다.

이런 세계에서 사랑에 기초한 교사의 태도는 교사의 능력을 판단하는 중요한 요소이기 때문에 학생을 변화시킬 뿐만 아니라 학생의 삶의 방향을 결정짓는 본보기를 만든다. 그럼에도 불구하고 아우구스티누스가 강조하는 것은, 학습활동이 학생의 몫이라는 점이다. 학생은 외부에서는 비춰질 수 없는 내면의 빛을 통하여 학습할 뿐이다. 교사라는 지위를 가진 자라고 할지라도 그는 단지 학생의 사기를 증진시키고, 학습의 장애를 제거하고, 경쟁의 모델을 제공하는 학습의 촉진자요, 지원자요, 협력자일 뿐이다. 그러므로 아우구스티누스가 내세우는 교육은 단순히 유용한 정보를 전달하는 행위에 그치는 것이 아니라 내심의 교사를 통하여 새로운 태도나 지적인 통찰력 그리고 우주를 품에 안을 수 있는 전망으로 이끌어가는 변화와 관계하는 일이다.

그러므로 아우구스티누스가 보는 학습에는 외부의 주입이나 가르침보다 내면의 자기인식이 더 중요하다. 이와 관련하여 인간의 특장이 되면서도 복잡한 인간자아의 한 부분이 되는 순수이성은 단순한 사고능력이라기보다는 인간의 삶 전체의 방향을 가늠하는 눈에 해당한다고 본다. 인간의 이성적인 사고는 직접적으로 영원

---

28) *Ibid.*, p. 43.

한 질서나 숭고함으로 향하면서 불분명하고 수준이 낮은 야망이나 기호 감정 또는 욕망을 변화시킨다고 보기 때문이다. 따라서 학습자가 본질이나 형상을 이해함으로써 얻게 되는 것은 자신이 가지는 심리적인 사고체계의 내면화 또는 변화이다. 예를 들면 논리학이 교양교육에서 중시되는 까닭은 그것이 논의를 외부적으로 조정하는 규칙들을 단순히 모아두는 것이라기보다는, 우리 인간의 사고를 훈련시키고 평가하고 실제적으로 결정하는 일에 도움을 주는 질서에의 정합성을 마련해 주는 학문영역이기 때문이다.

아우구스티누스에 의하면, 영혼의 올바른 질서를 수립하기 위해, 세속학교에서 개발한 자유교양교과는 최고의 교과들이다. 전통적으로 교양교육의 이념은 플라톤과 아리스토텔레스의 주장에서 잘 드러나고 있다. 플라톤은 『국가론』(*Republic*)에서 통치자의 지적 발달을 위해 교양교육을 제시하면서 이상적인 교육과정으로 산술, 평면기하, 입체기하, 이론천문학, 음악이라고 부를 수 있는 조화 또는 비율이론 등을 제시하였다. 그리고 이런 교육과정의 마지막 교과로서 사고방법을 배울 수 있는 변증법을 이수하도록 하였다. 아리스토텔레스는 교양교과 중에서도 언어영역에 관심을 가졌으며, 그의 『기관』과 『수사학』은 언어학의 기념비적 저서들이다. 전자는 언어의 논리적 사용을 강조하였고 후자는 설득을 위한 언어사용에 많은 관심을 두었다.

자유교양교과에 있어서 논리학과 수사학은 문법과 더불어 의미론과 구문론 그리고 형이상학과 매우 밀접하게 관련되는 학문영역이라고 보고 자유교양교과의 중요한 3학이 되었다. 이런 3학은 산술, 기하, 음악, 천문학의 4과와 합쳐져서 7자유과가 되었는데, 이런 자유교양교과들은 자유시민이 현명하게 판단하고 결단하는 일에 도움을 줄 수 있는 교양교육의 도구과목으로 자리를 잡게 되었다.

아우구스티누스는 7자유과에 관한 논문을 쓸 계획을 가지고 관심 있게 연구하였지만, 현존하는 그의 논문은 음악에 관한 대화인 『음악론』(*De Musica*)과 문법을 다루는 『교사론』(*De Magistro*) 두 편뿐이다.[29] 그는 이런 논문에서 공동탐구를 위해 플라톤이 사용했던 대화방식을 채택하지 않았으며, 세련되면서도 유연한 대화방식을 사용했던 키케로의 것을 택하지도 않았다. 오히려 그는 아리스토텔레스의 강의방식과 유사한 형식을 택하였다. 그것은 엄정한 내적인 질서 하에서 학문적인 권위를 가지고 학생들이 관심을 가지는 주제에 관해 질문하면서 답변을 유도하는 방식이었다.

그러므로 『교사론』은 매우 진지하다. 아우구스티누스는 이 책에서 그의 15세된 아들 아데오다투스(Adeodatus)와의 대화를 구조화함으로써 문법공부뿐만 아니라 교사와 학생과의 관계를 본질적으로 규명할 수 있는 새로운 교육방법을 제시하고 있다. 『교사론』이 오늘날 학문 영역에서 의미론이나 기호이론으로 볼 수 있는 문법공부만을 위한 것이라면, 아우구스티누스는 구태여 책제목을 『교사론』보다는 『문법론』이라고 하였을 것이다. 하지만 그는 교양교과의 교수와 학습에 필요한 대화모형을 제시하기 위해 책제

29) *Ibid.*, p. 44.

목을 『교사론』이라고 하였다. 아우구스티누스의 학습모형을 본질적으로 잘 나타내주는 표현은 "내심의 교사가 우리 안에서 가르친다."이다. 이런 주장을 정당화시키기 위해 그는 인간의 특별한 능력인 기호사용능력을 입증하고자 시도하였다. 언어사용 능력은 인간의 본구적인 인지기술이나 내면의 교사를 통한 조명, 그리고 통찰력과 같은 것 때문에 가능한 것이다.

그러므로 『교사론』이 라틴어문법을 주로 다룬다고 해서 실망할 필요는 없다고 본다. 교육의 관점에서 보면, 그는 이 책에서 일반적인 학습활동을 설명하기 위해 문법이라는 교과를 선택한 것뿐이다. 말을 배우는 어린이의 능력은 동물이나 기계와 같은 사물에서는 볼 수 없는 본구적인 인지능력이다. 그리고 어린이의 기호인식은 의미나 중요성을 해석함으로서 이루어지는 것이기 때문에 물리적인 사건이나 사물을 단순히 수용하는 인식과는 다르다고 볼 수 있다.

『교사론』에서 아우구스티누스가 구분한 기호의 기능은 세 가지이다. 구문론과 의미론 그리고 실용론이 바로 그것이다.[30] 먼저 구문론적 기능은 '그리고'와 '또는'과 같은 기호를 통해 살펴볼 수 있다. 다음은 의미론적 기능으로서 사물이나 등급을 가리키는 기호를 통해 드러난다. 마지막 실용적 기능은 듣는 사람의 정서적 반응을 일으키는 기호를 통해 나타난다. 예를 들면, 공감대를 형성하기 위해 어떤 표현을 사용한다면 그것은 실용적 기능을 말하

30) *Ibid.*, p. 47.

는 것이다. 아우구스티누스가 그의 아들 아데오다투스와 함께 탐색해 본 개념의 분석에는 접속사와 같은 문법의 문제뿐만 아니라 가치와 태도의 문제도 함께 포함되어 있다. 그러므로 아우구스티누스가 기호학습과 관련하여 내린 결론은 "언어의 배후에는 인격이 도사리고 있다."(a person behind the word)이다.[31] 인간이 사용하는 기호 속에는 죽은 사고가 아니라 살아있는 사고가 존재하고 있다는 점을 표현한 것이다. 인간은 언어를 통해 인간이 되기 때문에, 언어는 자연세계를 거울에 비치듯이 단순히 반영하는 것이 아니라고 보았던 것이다.

학습활동에 있어서 아우구스티누스가 주목한 사실은 의사소통이 지적인 존재에 의해 해석되어야 한다는 점과 이를 위해 여러 가지 기호와 해석을 보여주는 것이었다. 예를 들면, 걷기와 같은 단순한 행위의 경우도 학생이 그것의 의미를 묻는다면 교사는 여러 가지 걷기 유형을 보여주면서 어슬렁거리면서 걷는 것과 서두르면서 걷는 것의 의미가 서로 다르다는 사실을 제시해 주어야 할 것이다.[32] 그러므로 학습은 학생들이 내적인 통찰을 통해 파악한 것의 의미를 상기하는 행위이다. 이런 상기행위가 없다면, 언어적 표현이나 물리적 기호는 단순히 의미 없는 물리적인 대상이나 사건으로 전락해 버릴 것이다. 아우구스티누스는 물론 이 세상 전체를 창조된 것으로 보면서도 창조자의 섭리에 의해 일종의 기

31) *Ibid.*
32) The Teacher, 3장. 6절. 참조.

호로 구성되고 질서 지워졌다고 하였다.

아우구스티누스는 플라톤의 영향을 받아 진, 선, 미의 가치는 형상(form)으로 판단된다고 보았다. 설명과 분명한 의사소통은 문법적으로 올바르고 논리적으로 정합적인 형상에 의존한다. 시와 설득 역시 형상을 관찰함으로써 즐거움과 신념을 만든다고 보았다. 예를 들면, 삼단논법에 있어서 A는 B와 같고 B는 C와 같다면 A는 C와 같다는 결론을 얻을 수 있다. 전제와 결론으로 이루어지는 이런 논리의 형태(form)는 보편적이다. 마찬가지로 미학의 형태도 역시 보편적이다. 문학비평을 통해 치환과 생략의 묘미를 알게 되면 어떤 장르의 문학작품도 탐색할 수 있을 것이다.

제6장

아우구스티누스의 교양교육론[1]

Ⅰ. 교양교육의 성격

인간의 지적 · 도덕적 · 신체적 발달을 조화롭게 추구하는 교양교육(liberal education)은 고대 그리스에서 시작되었으며, 그것은 개인이나 사회의 즉각적인 필요성과는 상관없이 인간 본연의 이성을 연마하거나, 인간답게 살기 위해 교양을 습득하는 교육을 의미하였다.[2] 교양교육은 그러므로 역사적 관점에서 살펴보면, 사회적

---

1) 이 글은 "어거스틴의 교양교육론 연구: 자유교양교과의 형성 과정을 중심으로." 『총신대논총』. 제17집, 1999. 2. 게재 논문이며, 이 책의 전체 목차에 맞게 배열하였다.

2) 현재 사용되고 있는 교양교육의 개념을 다음과 같이 네 가지 의미로 정리해 볼 수 있다.첫째, 지식 그 자체의 본질을 추구하는 교육이다. 둘째, 폭 넓은 일반교육(general education)을 뜻하는 것으로 한 분야에 대한 협소한 교육에서 벗어나 전인(whole man)을 육성하는 교육이다. 셋째, 도덕적 자율성을 신장시키는 교육이다.넷째, 우리 인류의 바람직한 문화, 정제된 문화를 공유하고 향유하도록 노력하는 교육이다.이상언. "자유교양교육 이념의 변천과정 연구" (고려대학교 대학원

유용성에 기초한 실용교육과는 구별되는 교육활동이다.

교양교육의 성격을 자세히 분석한 아리스토텔레스는 이성적 인간관에 기초하여 그 의미를 살피고 있다. 그에 따르면, 우리 인간의 가치는 이성적으로 사고할 수 있는 지적 능력에 있다. 이성적 존재로서의 인간은 독특하며, 자유민으로서 인간의 가치는 이성적 정도에 의해 측정된다. 따라서 지식이 중심이 되는 교양교육은 교육 그 자체를 목적으로 삼아야 한다고 주장할 수 있다. 만약 교양교육이 도덕이나 정치 등 다른 행위의 수단이 된다면, 교육은 비굴한 것이 되고 열등한 것으로 전락해 버릴 것이다. 반면에 교육이 다른 것의 수단이 아닌 그 자체를 위한 것이라면, 그것은 진실로 교양적이다. 이를테면, 자유민은 서비스를 받으며 결코 노예가 아닌 것처럼 교양교육 역시 다른 행위에 부수되지 않고 그 자체로 목적이 되는 것은 지극히 당연하다.[3)]

교양교육의 의미를 'liberal' 이라는 단어의 어원을 통해서도 찾아 볼 수 있다. 'liberal' 은 라틴어 'liber' (자유) 또는 'liberi' (자유인)와 직접 관련되는 표현으로서 교양교육의 의미를 규정하고 있다. 그리스의 자유 시민은 생계유지를 위해 필요한 육체노동으로부터 벗어나 있었다. 그렇게 본다면, 자유인을 위한 교양교육은 지식을 생산 활동을 위한 것이 아닌 그 자체로서 추구한다는 뜻

석사학위논문, 1992), pp. 13-16.

3) John S. Brubacher. *A History of the Problems of Education*(New; McGraw-Hill, 1966), pp. 445-47 ; Gerald L. Gutek. *A History of the Western Educational Experience*(New York: 1972), pp. 42-43 참조.

이고 지식의 실용적 가치로부터 자유라는 의미이며 자유인들의 정신적 안식을 가지게 한다는 사고를 포함하는 것이다.[4)]

이런 의미를 지닌 고대 사회의 자유교양교육이 현대의 교양교육으로 계승 · 발전되어 왔으며, 이것은 한 가지 분야를 위한 특정한 기술이나 지식의 숙달을 꾀하는 전문, 직업교육과는 대립되는 의미로 사용되고 있다.

따라서 현대 교육에 큰 영향을 미치고 있는 교양교육이 특정한 시기, 즉 고대 그리스 · 로마 문화와 중세 기독교 문화와의 위대한 대화가 이루어졌던 시기에 어떻게 계승되었고, 구체화되었는가를 살피는 연구는 보람 있는 일이다. 현대의 거대한 물질 문명속에 함몰되지 않고 오염되지 않는, 인간의 합리적 이성의 발달과 진리 탐구를 교육의 목적으로 삼는 허친스(Robert M. Hutchins)와 허스트(P.H. Hirst) 같은 교육학자들은 교육의 가치를 교양교육에서 찾기 때문이다. 그러므로 세속화를 두려워했던 초기 기독교인들이 정신적 갈등을 느끼면서도 세속학문을 맹목적으로 거부하지 않고 교양교과(liberal arts)의 형성에 기여한 바를 추적해 보는 작업은 의미 있는 일이 될 것이다.

초기 기독교인들은 그리스 · 로마의 전통과는 다른 세계를 추구

---

4) 자유교양교육에서 자유가 의미하는 바는 세 가지로 정리될 수 있다. 첫째는 전형적으로 구속이나 속박이 없다는 뜻으로서 일종의 정치적 자유를 의미한다. 둘째는 무지로 부터의 자유이다. 셋째는 앞의 두 가지 의미의 자유처럼 어떤 조건에서 벗어난다는 소극적 자유가 아니라 오히려 어떤 조건을 향해 삶의 자세를 취한다는 적극적 자유이다. 삶의 방향을 선택하는 자유가 좋은 예가 될 수 있다. 졸저. 『서양교육사상사』(서울: 양서원, 1995), pp. 12-13.

하였다. 그리스 · 로마의 지식인들은 지상에서 얻을 수 있는 명예나 높은 지위 또는 지혜를 통해 행복을 추구하였지만, 내세성(other-worldliness)이 강했던 기독교인들에게 그것은 부차적인 것이었다. 당시 로마인들은 자기 문화에 대한 강한 자부심을 바탕으로 그리스인들과 마찬가지로 자신들을 야만인과 구별시켰다. 세계인으로서의 로마인이 된다는 것은 혈통이나 인종 또는 지리적 위치 때문이 아니라, 로마 문화(Graeco-Roman culture)의 획득을 통해 이루진다고 보았기 때문에, 교육이 유일한 길이었다. 교양교과, 인문학, 철학 등을 공부함으로서 인간성을 이룩하고 자유로운 인간이 된다고 믿었던 것이다.[5)]

로마제국의 정책은 정복한 나라의 왕족 가운데 어린이를 볼모로 삼아 로마가 설립한 학교에서 양육하였다. 당시 이태리, 스페인, 갈리아, 영국, 아프리카 등 도처에서 로마의 학교를 찾아 볼 수 있었다. 마로(Marrou)에 따르면, '로마제국은 명백히 조밀한 교육기관의 네트웍으로 뒤덮혀 있었다. 초등학교 교사들은 어디에서나 있었으며, 문법학자나 수사학자들은 중요한 지역에서 찾아 볼 수 있었다.' [6)]

당시 기독교인들은 자녀를 로마 학교에 보내어 읽기, 쓰기를 배우게 하였지만 이교도적인 그리스 · 로마의 문화와 전통에 대해서

---

5) Henry J. Perkinson. *Since Socrates: Studies in the History of Western Educational Thought*(New York: Longman Inc., 1980), p. 35.

6) H.I. Marrou. *A History of Education in Antiquity*, George Lamb(trans.)(Madison: The University of Wisconsin Press, 1956), p. 296.

는 거부하는 태도를 취하였다. 그들은 이교도 서적을 악한 것이라고 보았기 때문에 상관하지 않았으며 성경속에서 필요한 역사, 시문학, 철학, 웅변술 그리고 법률을 취하였다. 읽기, 쓰기는 배워야 할 필요가 있다고 인정하면서도 이교도 문화를 거부한 기독교인들은 교육이 필요없다고 주장하기까지 하였다. 로마 교육이 기독교인을 로마 문화의 일원으로 만들어 버린다고 믿었기 때문이다.[7)]

하지만 초기의 기독교인들은 한편으로는 로마의 문화와 교육을 거부하면서도 다른 한편으로는 로마인이 되기를 원하였다. 로마인이 되는 것은 개명되는 일이며, 그렇지 않으면 야만인으로 남는 것이었다. '어떻게 하면 기독교인과 로마인이 동시에 될 수 있는가? 고전 문화와 기독교의 종합은 가능한가? 아니면 기독교가 자신만의 독자적인 문화를 창조할 것인가?' 로마의 집권자들이 기독교를 적으로 간주하여 박해한 4세기 말까지 이 문제는 예민한 논제가 되었다. 4세기 초반 콘스탄틴 황제(the Emperor Constantine)는 박해의 무익함을 깨닫고 기독교를 허용하였으며, 4세기 말 데오도시우스 황제(the Emperor Theodosius)는 밀라노의 주교였던 암브로시우스(Ambrosius)의 영향으로 기독교를 국교로 인정하였다. 중세 초기, 교회와 국가의 연합이 시사하는 바는 그리스 · 로마의 고전 문화의 미래가 기독교인의 손에 달려있었다는 점이다.

본 연구는 따라서 로마제국 시대에 시대적, 문화적, 학문적 이

---

7) Henry J. Perkinson. *op. cit.* p. 35.

질 요소들의 혼돈 상을 교육을 통해 정리하면서 교양교과의 형성 · 발전에 크게 기여한 아우구스티누스의 교육적 아이디어를 살피고자 한다. 교부철학의 대표자이며 중세의 사상과 문화 형성에 지대한 영향을 미친 아우구스티누스의 교양교육론은 현대 교육에 시사하는 바가 크기 때문이다. 아우구스티누스의 교양교육론을 통해 1세기에서 5, 6세기에 이르기까지 7자유과(7liberal arts)로 대표되는 교양교과의 구성이 어떻게 이루어졌으며, 그것의 결과로 드러나는 지식의 성격은 무엇인가를 살피는 것이 연구의 목적이다.

Ⅱ. 아우구스티누스시대의 교양교육

1. 세속학문의 수용

로마시대에 기독교가 국교 화되면서 기독교인들에게는 교양교육이 대단히 중요한 문제로 대두되었다. 이 문제는 이교도 문화인 '그리스의 교양교과들을 교회가 어떻게 수용할 것인가?' 라는 문제와 맥을 같이 하고 있었기 때문이다.당시의 교회 입장에서 보면, 문법과 수사학과 같은 교양교과들이 지니고 있는 형식성과 가식성이 못마땅하였으며, 또한 교수과정에서 드러나는 이교도적 관점과 풍속이 교회의 가르침과 충돌하는 경우도 있었을 것이다. 하지만 이런 와중에서도 아우구스티누스는 이교도 문화의 필요성을 역설하고 자유교양교과의 수용을 지지하였다.[8]

이미 플라톤에서 언급되었고 아리스토텔레스에 의해 보다 구체화되었던 자유교양교육의 필요성은 로마사회로 계승되었지만, 자유교양교과의 구체적인 형성은 여전히 과제로 남아 있었다.그리스인들은 사물의 조화성, 통일성, 합리성, 균형성 등에 가치판단의 기준을 두면서 정신적 행복, 관조적 삶, 심미적 즐거움, 진리 탐구 행위 등 이상 세계를 실현하는 일에 많은 관심을 두었다. 신플라톤주의와 로마의 스토이시즘은 이런 경향을 대표했던 학파로서 인간의 삶에 대해 보다 정신적 접근을 시도했으며, 내적인 삶을 중시하는 내세 지향적 자세를 견지하였다. 이런 점에 국한시켜서 본다면, 내세 지향적이고 엄격한 도덕적 이상을 추구하였던 원시 기독교와 그리스 문화의 전통은 유사한 점을 지녔다고 볼 수 있다.

하지만 이 둘 사이에는 공통점만큼이나 차이점도 상존하고 있었다. 그리스의 지식인들은 지식의 세계를 최선의 경지까지 끌어올림으로서 인간은 합리적 정신을 지니게 되며 동시에 구원에 이를 수 있다고 주장한 반면, 기독교는 유일신에 대한 종교적 추구에 의해서만 이를 달성할 수 있다고 보았다. 하지만 양자는 모두

---

8) 4세기 암부로시우스(St Ambrosius)는 이교 문학의 모든 선하고 고상한 생각들은 구약성서로부터 이어 받은 것이므로 기독교인들은 이것을 사용하는 데 양심의 가책을 느낄 필요가 없다고 하였다. 그 스스로도 고전들을 많이 읽고 저술과 설교에서 그리스, 로마의 철학자들과 시인들을 자유로이 인용하고 있다. S. J. Curtis and M. E. A. Boultwood. *A Short History of Educational Ideas* (Foxton: University Tutorial Press, 1975), p. 197 참고. 아우구스티누스 역시 19세 때 키케로(Cicero)의 『호르텐시우스』(*Hortensius*)를 읽고 감동을 받아 철학에 입문하였으며 그 후 아리스토텔레스, 플라톤, 플로티누스(Plotinus) 등의 문헌을 읽고 지적 욕구를 충족시켜 나갔다.

이런 구원을 위해 삶에 대한 개인의 책임과 교육의 중요성을 강조하고 있다는 점에서는 공통된 입장이라고 볼 수 있다.

1세기 경 기독교인 가운데에는 '육체를 따라 지혜 있는 자가 많지 아니하며 능한 자가 많지 아니하며 문벌 좋은 자가 많지 않았다.'[9] 하지만 당시의 교회는 점차 확장되었으며 사회적 지위가 낮은 사람에서부터 높은 사람에 이르기까지 훌륭한 인재들을 폭넓게 수용하였고, 그들 중에는 이른바 세상 지혜에 밝은 자도 적지 않았다. 교회와 이교도 문화와의 일대 접전이 불가피했던 당시의 상황 하에서도 이들은 비록 기독교 신앙을 소중히 여기기는 했지만 그렇다고 해서 자기 자녀들이 교육받지 않은 무식한 사람이 되기를 바라지는 않았으며, 설사 그것을 감수한다고 하더라도 당시의 교육을 도외시할 수는 없었다.[10]

'이교도적 교육을 수용할 것인가, 아니면 거부할 것인가' 라는 딜렘마에 직면하여 당시의 기독교인들은 많은 고민을 하면서도 자녀를 학교에 보내는 쪽으로 선택하였다. 거부 입장을 대표하는 터툴리안(Tertullian)은 철학자를 멍청이라고 불렀으며 세속 학문을 '신을 우롱하는 짓' 이라고 까지 비난하면서 세속 학문의 유입을 두려워하였다. 같은 입장에 선 에노디우스(Ennodius)와 클라우디우스 빅토르(Claudius Victor)도 당시의 불행을 『버질』(*Virgil*)과 『오비드』(*Ovid*)를 읽기 때문이라고 주장하였다.

9) 고린도전서 1장 26절
10) 이홍우, 박재문, 유한구(공역). 『윌리암 보이드 서양교육사』(서울: 교육과학사), p. 128.

터툴리안이 2세기 말 경에 쓴 『우상숭배론』(*Idolatry*)은 당시의 교회가 '신앙과 이교도적 교육의 조화 문제'에 대해 어떻게 고민하였는가를 잘 보여준다.[11] 당시의 교사는 '지혜의 여신'(Minerva)을 찬양하는 축제에 참가한다든지, 계절에 따라 '꽃의 여신'(Flora)을 숭배하기 위해 학교를 장식하는 일에 참여해야만 했다. 뿐만 아니라 교사는 문학을 가르치기 위해, 터툴리안에 따르면, 학생들에게 옛날 신화에 나오는 온갖 추잡한 이야기를 들려주고 신들이 그런 존재임을 설명해 주어야 했다. 따라서 그는 기독교인이 교사가 되는 것은 불가하다는 입장을 분명히 하였다.

하지만 그는 기독교인 학생에 대해, 동일한 논거로, 학교 교육을 거부해야 한다고 말하지는 않았다. 오히려 그는 "학교에 다니지 않고서 어떻게 인간의 지혜를 얻을 수 있으며 사고와 행위를 올바르게 이끌어 나갈 방법을 배울 수 있겠는가? 문학은 삶의 모든 일을 처리해 나가는 데 필수불가결의 도구가 아닌가?"라고 하면서, 교회의 젊은이들이 학교에 다니는 것을 금지시킬 생각을 하지 않았다.

터툴리안의 애매한 태도에 비해, 알렉산드리아의 교리문답 학교(Catechetical School)는 이교도 문화와 기독교의 화해가 성공적으로 이루어진 경우이다.[12] 범세계주의적 경향을 띤 알렉산드리아에

---

11) *Ibid*. p. 129.

12) 원래 교리문답학교는 당시 로마제국 내 교회에서 흔히 볼 수 있는, 세례를 받으려고 준비하는 예비 신자들을 가르치는 교육기관이었다. 그러나 2세기 말경, 이 학교는 범위를 넓혀 남녀 불문하고 모든 연령층의 학생들을 대상으로 하여 종교적인 내용과 세속적인 학문을 동시에 가르치는 학교가 되었고, 이 일은 스토아

서는 기독교 신앙을 가진 많은 학자들이 기존의 문화에 호의적 태도를 취함으로써 심각한 대립이 상당히 완화되었다. 동방교회의 교부들인 알렉산드리아의 클레멘트(Clement)와 오리겐(Origen)은 수용의 입장을 취한 것이다. 클레멘트에 따르면, 모든 진리가 하나인 것처럼 모든 역사는 하나이다. 진리의 강은 하나이지만, 작은 개울들은 이쪽 저쪽에서 이 강으로 흘러 들어 온다. 전세계의 문명이 우상 숭배의 방향으로 나아간 것은 사실이지만, 우상 숭배는 어디까지나 수치스럽고 가증스러운 전락에 불과하다. 이성의 열매는 무지와 관능에 사로잡힌 사람들에게서 찾을 것이 아니라 헤라클리토스(Heraclitos), 소포클레스(Sophocles), 플라톤(Plato)에게서 그 진가를 찾아야 한다. 유태인에게 율법이 정당성의 근거인 것과 마찬가지로 이들에게 학문은 곧 하나님의 약속이었으며 정당성의 근거였다. 클레멘트는 그리스 철학을 악마의 선물이 아니라 말씀으로 주어진 하나님의 선물이라고 하면서, 인간의 지성을 언제나 비추고 있다고 하였다.13)

오리겐은 그의 스승인 클레멘트의 뒤를 이어 교리문답 학교를 다른 학교들을 능가할 정도로 크게 발전시켰다. 그것은 오리겐이 박해를 받아 알렉산드리아를 떠난 뒤, 가이사라(Caesarea)에 세운 교리문답 학교의 상급과정을 살펴보면 잘 알 수 있다. 상급반은 4

철학에서 기독교로 개종한 판티아누스(Pantaenus)와 클레멘트의 지도하에 이루어졌다. 교리문답학교는 계속해서 기원 202년 클레멘트의 제자인, 흔히 3세기 기독교 교육의 왕자' 라고 불리우는 오리겐의 지도하에 다른 학교들을 능가하는 중요한 지위를 얻게 되었다.

13) *Ibid*. p. 131.

년 과정을 이수하도록 규정되었는데, 교과과정이 플라톤의 영향을 받아 구성되었음을 분명하게 보여준다. 상급과정은 먼저 문법과 논리학에서 시작하였으며, 다음은 기하학, 물리학, 천문학의 기초를 철저히 다지도록 하였고, 그 다음 과정은 철학 특히 윤리학을 기독교적 관점에서 비교 연구한 뒤에, 마지막으로 성경을 자세히 연구하는 것으로 마무리 되었다.

알렉산드리아의 교리문답 학교를 모방한 학교들이 알렉산드리아 교사들의 지도에 의해 동방사회 여러 곳에 설립되었다. 특히 시리아에서는 교리문답 학교들이 곳곳에 생겨나서 알렉산드리아에서 시작된 학문의 전통을 오랫동안 유지시켰다. 이 지역에서 이루어진 학문 계승의 진로는 알렉산드리아에서 시작하여 안디옥(Antioch)과 에데사(Edessa)를 거쳐 니스비스(Nisbis)의 네스토리아 학교(Nestorian School)로 연결되었으며, 아리스토텔레스의 업적이 회교 학자들의 손에 넘어가서 12-3세기 유럽으로 다시 넘어올 때까지 소중히 간직되어 있었다.

오리겐에서 비롯된 교리문답 학교의 영향은 지대하다. 기독교는 이 학교를 통하여 세계 문화의 장에 중요한 위치를 차지하게 되었으며, 새로운 문화의 형성과 발전에 결정적 요소로 작용하게 되었다. 당시 로마교회는 세속 학문에 대해 여전히 불신의 태도를 보이고 있었지만, 교리문답 학교의 지적 풍토는 아우구스티누스에게도 많은 영향을 미쳐 교회와 학문 세계를 화해시키는 일에 크게 기여하였으며 고대 그리스 문화에 대한 중세 사회의 수용 문제를 용이하게 만들어 주었다.

2. 자유교양교과의 성립

아우구스티누스는 이교도 문화의 찬양자도 아니었지만, 그것의 수용을 거부해야 한다고 주장하지도 않았다. 제한된 자세를 보여주면서도 이교도 문화의 차용이 필요하다는 입장을 분명히 하였다. 교양교과의 수용 또한 기독교 신앙을 저해하는 요소로 보지 않았으며, 오히려 교양교육이 학습자를 감각 경험의 차원에서 순수한 지적 탐구의 차원으로 인도함으로서 자유롭게 만들 것이라고 하였다.[14] 교양교과는 영혼을 보다 바람직한 상태로 상승시키는 사다리와 같은 것이며, 학습자의 마음을 유형의 물질적 집착으로부터 영적 상태로 이끌어 갈 것이라고 보았던 것이다.

아우구스티누스의 이교도 문화 수용은 보다 구체적으로 성서에 기초하고 있다. 그는 가까운 예로 구약성서를 읽는 문제에서부터 해답을 구하고 있다. 기독교인에게 있어서 성서를 읽어야 함은 당위이고, 이 일을 위해 문자와 단어를 통해 의미를 담아두는 기록문자에 대한 해석능력을 길러야 한다. 성경을 읽을 수 있는 능력을 가졌을 때, 비로소 해석과 이해가 가능하기 때문이다. 문자나 기호뿐만 아니라 전통과 의식도 문화 속에 배어 있으며, 그것들은 수세기에 걸쳐 계승되어 왔다. 이런 지적 문화유산은 교양교과라고 불리는 학문의 전통 속에 구현되어 있다. 이런 시각에서 아우구스티누스는, 교양교과는 두 가지 요구를 충족시키고 있다고 보

---

14) George Howie(ed. and Trans.). *St. Augustine: On Education*(South Bend: Gateway Editions, Ltd., 1969), p. 197.

았다.하나는 사도들과 신에 의해 설정된 기호의 의미를 터득하게 하며, 다른 하나는 축적된 문화유산을 이해하게 만드는 것이다.[15)]

아우구스티누스는 이교도 문화의 수용 근거로서 구약성서의 예를 제시하였다. 히브리인들이 이집트로부터 탈출할 때 이집트인들의 물품을 취하여 그 후에 사용하였다는 기록을 상기시키고 있다.[16)]

> 이스라엘 자손이 모세의 말대로 하여 애굽 사람에게 은, 금, 패물과 의복을 구하매 여호와께서 애굽 사람으로 백성에게 은혜를 입히게 하사 그들의 구하는 대로 주게 하시므로 그들이 애굽 사람의 물품을 취하였더라.[17)]

아우구스티누스에게 있어서 이 구절은 대단히 중요한 의미를 지니는데, 이집트인들로부터 취한 것들을 여호와가 인지하였다는 점이다. 금 그릇이나 옷과 같은 물품은 사회문화적 측면에서 보면 이교도적인 철학이나 사회제도 같은 것을 상징하는 것이다. 이교도들로부터 얻은 물품일지라도 여호와의 일을 위해 쓰여 지게 하는 것이 신의 의도와 일치하는 것이며, 이것이 바로 교회 교육에서 고대 문화를 가르치는 행위를 합법화시키는 중요한 근거가 되는 것이다. 그러므로 아우구스티누스는 이교도들이 한 바른 말은

---

15) S. J. Curtis and M. E. A. Boultwood. *op. cit.* p. 87.
16) Anders Piltz. *The World of Medieval Learning*(Oxford: Basil Blackwell, 1981), pp. 5-6.
17) 출애굽기 12장 35-36절

우리가 모두 이용해야 한다고 설득력 있게 주장하고 있다.[18] 기독교 신앙을 위해 필요한 것이라면, 어떤 문명이나 문화의 산물이라 할 지라도 그것은 가치 있는 것이라고 아우구스티누스를 본 것이다. 다음의 글에도 아우구스티누스의 이런 입장이 잘 나타나 있다.

> 바로(Varro)가 한 말이 옳든지 그르든지 간에, 성경을 이해하는 데 음악 지식이 조금이라도 유용하다면, 이교도들의 미신 때문에 음악을 배척하는 것은 옳지 않다. 영적인 것을 이해하는 데 도움이 되기 때문에 비파와 그 밖의 악기들을 연구한다고 해서, 그들의 경박한 연극을 구경하라는 것은 아니다. 머큐리를 문학의 보호신이라고 해서, 문학을 무시해서는 안 된다.[19]

초기의 저작인 『복된 삶』(*De beata vita*)에서도 아우구스티누스는 교양교육의 필요성을 강하게 주장하고 있다. "자유교양교과의 샘으로부터 이를 마시지 않는 사람들의 영혼은 배고프고 굶주리게 된다.이것은 우리가 정신적 기아라 부르는 불임증의 조건이다. 그런 사람들의 마음은 영양실조를 반영하는 병들로 가득차 있다."[20] 그의 이런 입장은 말년의 저작인 『신국론』에서도 꾸준히 견지되고 있다.

『신국론』의 전제는, 인간은 두 도시에 속한 상태이다. 인간은

---

18) 『기독교 교육론』, 제2권. 40장. 60-61절.

19) 『기독교 교육론』, 제2권. 18장. 28절.

20) 이석우. "어거스틴의 교육사상," 서양고대사연구 (한국서양고대사연구진흥회, 1995), p. 112 재인용.

한시적 현실세계와 영원한 불변의 세계에 동시에 속하기 때문에 이중의 의무를 지고 있는 존재라는 말이다. 이같은 인간의 존재성을 전제할 때, 두 가지 책임은 전체적으로 공존 불가능한 일이 아니며, 인간이 생존하는 동안 이 두 세계간의 유대를 버릴 수 없다. 다만 중요한 것은 한시적 현실세계가 모든 것이 아니며 영원하고 궁극적 삶이 존재한다는 사실을 인식하는 일이다. 기독교인이 이런 점을 깊이 인식하기 위해서는 세속의 학문과 지식의 도움을 받아야 한다는 주장이다.[21)]

아우구스티누스는 그 예로 기독교 설교자의 교육을 위한 방안을 마련함에 있어서, 되도록이면 성경이나 기독교 관계 문헌에서 교육 자료를 이끌어 내려고 하였지만, 학교의 세속적 교육내용 가운데자신의 목적에 적합한 것이 있으면 모두 활용한다는 방침을 세웠다.[22)] 이를 위해 그는 성경 이해를 돕기 위한 개요서를 만들 것을 주장하였다. 그것은 성경 해석을 위해 필요한 역사적 지식이나, 성경에 나와 있지만 알려지지 않은 장소, 동물, 식물, 암석, 광물 그리고 그 밖의 사물들을 종류 별로 배열하고 설명하는 책을

---

21) Howie. *op. cit.* p. 23-24. 어거스틴은 가르치는 사람에 따라 지식이 유익하게도 또는 해롭게도 된다고 보았다. 카시키아쿰(Cassiciacum)의 토론 자세에서도 보여지듯이 그는 철학과 시 그리고 문학을 인용하거나 접하는 것을 금하지 않고 수용하는 자세를 취하였다. 이런 그의 태도는 그의 교육적 배경과도 무관하지 않다고 볼 수 있다. 어거스틴 자신의 피 속에는 셈족의 피가 흐르고, 어릴 때의 언어는 페니키아어를 쓰고 자랐으며, 문화적으로 라틴과 그리스의 영향을 교육을 통해 받았다. 지리적으로도 아프리카와 이탈리아의 서로 다른 풍토를 맛보았으며, 사상적으로도 기독교와 그리스 로마 고전의 영향을 동시에 받았다.

22) 이홍우, 박재문, 유한구(공역). *op. cit.* pp. 143-44.

가리키는 것이었다. 또한 수에 관해서도 이와 마찬가지로, 성경에 나오는 숫자만을 대상으로 하여 수의 이론을 만들고 그것을 설명하는 글을 쓰도록 제안한 것이다.[23)]

본래 그리스 · 로마의 교양교과는 7개 과목으로 한정되지 않았다. 키케로와 동 시대 인물이었던 바로(Marcus Terrentius Varro, 116-27 B.C.)는 후대에 확정된 7자유과에 의학과 건축학을 포함시켜 9개 과목을 교양교과로 제시하였으며, 퀸틸리안(Quintilian, 35-95 A.D.)은 중등 교육과 대학 교육과정에 이런 교과들을 배치시켰다.[24)] 어거스틴은 이런 전통을 이어받아 문법, 수사학, 변증법과 산술, 기하, 음악, 천문학을 교양교과로 제시하였다.물론 7자유과가 아우구스티누스에 의해 확정된 것은 아니지만, 아우구스티누스 시대에 이르러 고정되기 시작한 것은 사실이다.

아우구스티누스와 동시대인이었던 카펠라(Martianus Capella)는 바로가 덧붙인 의학과 건축학을 배제하고 『머큐리 신과 문헌학의 결혼』(*On the Marriage of Mercury and Philology*)에서 문법, 수사학, 변증법, 산술, 기하, 천문학과 음악을 교양교과로 제시하였다.[25)] 배제한 이유는 이 과목들이 썩기 쉬운 지상의 사물과 관련된 것으로 교양교육에 부적합하다는 점 때문이었다.

7자유과(seven liberal arts)를 3학(Trivium)과 4과(Quadrivium)로 구분해서 교양교과로 확정시키는 데 보다 구체적으로 기여한 학자

23) 『기독교 교육론』, 제2권. 39장. 59절.
24) Curtis and Boultwood. *op. cit.* pp. 88-89.
25) Anders Piltz. *op. cit.* p. 17.

로서는 보에티우스(Boetius)와 카시오도루스(Cassiodorus) 그리고 이시도르(Isidore)를 들 수 있다. 유명한 『철학의 위안』의 저자인 보에티우스는 '4과' 라는 말을 처음으로 사용하였으며 '3학' 이라는 말은, 그 의미는 생각하고 있었겠지만, 사용하지 않았다. 그는 4학을 "그 속에서 감각을 뛰어 넘어 고양된 정신으로 여행하는 자를 지성의 높은 곳으로 이끌어 가는 것" 이라고 하면서, 고등 학문인 철학의 탐구로 이끌어 가는 도구 과목으로 보았다.[26]

보에티우스와 친구였던 카시오도루스는 교양교과의 수를 일곱 개로 확정한 인물이다. 그는 유대인과 기독교의 전통에 따라 '7'을 성스러운 숫자로 간주하면서 그 근거를 성서에서 찾았다. 잠언 9장 1절 "지혜가 그 집을 짓고 일곱 기둥을 다듬고"에 나와 있는 지혜의 일곱 기둥과 7자유과는 분명히 일치한다고 주장한 것이다. 이어서 그는 3학에 해당하는 과목을 인문학(art)이라 하고 4과에 해당하는 과목을 도야 과목(discipline)으로 규정하였다. 세빌(Seville)의 주교였던 이시도르는 『어원학』(*Etymologiae*)에서 문법, 수사학, 논리학을 3학으로 산술, 기하, 음악, 천문학을 4과로 확정시켰다.

7자유과를 교양교과로 확정시키는 작업에 있어서 아우구스티누스의 기여는 거의 결정적이다. 그리스에서 시작된 교양교육의 전통이 아우구스티누스를 거침으로서 중세 기독교사회에서 확고한 위치를 차지할 수 있었다는 사실은, 지성사에 있어서 그의 지위를 재론하지 않더라도, 그의 영향력을 대변해 주기 때문이다. 그는

---

26) Curtis and Boultwood. *op. cit.* p. 90.

교양교과로 문법, 수사학, 논리학, 산술, 기하, 음악 그리고 천문학 등을 제시하였지만 그는 이들 일곱 과목에 집착하지 않았다. 『질서론』(*De Ordine*)에서 산술을 기하에 포함시키거나 천문학을 철학으로 대신하면서 6개 과목을 제시하기도 하였다.[27)]

아우구스티누스에게 있어서 문법이란 언어를 기호로 사용하는 과목이며, 수사학은 인간의 마음을 움직이는 수단으로, 논리학은 추리력과 기호의 의미를 터득하는데 필요한 과목이다. 이들 각자는 불변의 원리를 지니고 있다고 믿었다. 아우구스티누스는 『기독교 교육론』에서 수사학의 중요성에 관해 다음과 같이 주장하고 있다.[28)]

> 그런데 수사 기술은 진리나 거짓을 주장하는데 효과가 있으므로, 진리를 옹호하는 사람이 대표하는 진리가 아무 무장도 없이 거짓과 대립하라고 누가 감히 말할 수 있는가? 예컨대, 거짓을 사람들에게 믿게 만들려고 하는 사람들은 듣는 사람의 마음을 호의적인 것으로 만들며, 귀를 기울여 배우게 만들도록 문제를 제시하는 방법을 알고, 진리를 옹호하는 사람들은 그런 기술을 모르라는 것인가? 전자는 그 거짓을 간단명료하고 그럴듯하게 말하는데, 후자는 듣기에 지루하고 알아듣기 어렵고 믿기에 쉽지 않은 모양으로말하라는 것인가? 전자는 진리에 반대하기 위해서 궤변적인 논법을 동원하는데, 후자는 진리를 옹호할 줄도 모르고 거짓을 논박할 줄 몰라도 좋은가?

---

27) *Ibid*. p. 88.
28) 『기독교 교육론』, 제4권. 2장. 3절. ; 이홍우, 박재문, 유한구(공역). *op. cit.* p. 142 참조.

같은 차원에서 산술, 기하, 음악, 천문학은 궁극적으로 숫자의 절대적 본질을 이해하는 데 목적이 있다고 하였다. 이들 모든 과목들은 원인과 결과, 우주의 질서있는 수적 비율로 축소시키는 데 협력하고 있다는 것이다.[29)]

Ⅲ. 교양지식의 성격

1. 지식의 인식론적 이해

아우구스티누스의 주장에 따르면, 이성은 신이 인간의 영혼 속에 심어 놓은 것이다. 이성을 통해 인간은 지상에서 발달을 도모하며 특별한 목적을 수행하고 있다. 아우구스티누스는 '많은 사실들이 어떻게 우리 인간의 의식 속으로 들어오는가? 그것들은 어디에서 오는 것인가?' 라는 질문을 던지면서, 그것들은 이미 우리 마음속에 존재하고 있으며, 교사의 가르침을 통해 의식의 장소로 옮겨져 인식하게 된다고 주장하였다.[30)] 그는 참된 진리는 인간의 영혼 속에 내재되어 있다는 진리의 선재설(truth is pre-existent)을

---

29) Howie. *op. cit.* p. 197. 5, 6세기 경의 라틴 백과전서 학자들(the Latin encyclopedists)은 문법, 수사학, 논리학(또는 변증법) 등 3학을 언어영역(the verbal arts)으로, 산술, 기하, 음악, 천문학 등을 수학영역(the mathematical arts)으로 구분하였다.David L. Wagner(ed.). *The Seven Liberal Arts in the Middle Ages*(Bloomington: Indiana University Press, 1983), p. 1 참조.

30) James Brown. *A History of Western Education* (vol. 1)(New York: St. Martin's Press, 1972), p.279.

주장하였으며, 따라서 인간의 과업은 잠재된 진리를 명백하게 하는 일이라고 하였다.

원래 인간의 영혼은 존재의 영역에 속하고 비물질적인 것이기 때문에 시간세계와 물질세계와는 독립적이다. 하지만 영혼은 동시에 한시적이고 물질적인 세계에 머물러 있다. 인간이 자기 자신과 환경에 대해 알고 있는 모든 것은 감각을 통해 매개된 것이며, 인간이 직접 접근할 수 있는 모든 지식은 유형적이고 과도적인 형태(coporeal and transient form)로 이루어진 것이다.[31] 아우구스티누스에 있어서 외적 세계는 단지 외적 진리의 상징적 표현일 뿐이다. 그러므로 인간은 상징을 넘어서 진리 그 자체에 접근할 수 있어야 하며, 절대 진리와 직접 교섭하기 위해 노력해야 한다.

아우구스티누스 이후 800여년동안 인식론의 과제인 지식과, 말과 글(speech and writing)의 형태로 나타나는, 그것의 표현과의 상관성에 관한 논의는 계속되었다.[32] 아우구스티누스의 가정에 따르면, 지식은 말로 표현될 수 없기 때문에, 말(words) 그 자체만으로는 지식을 구성할 수 없다. 말은 그리스어나 라틴어로 언명되지만, 말의 배후에 있는 원리는 그리스어도 아니고 라틴어도 아니다. 원리는 언어가 아니다.[33]

---

31) *Ibid*. p. 280.

32) *Ibid*.

33) 아우구스티누스는 이 문제를 『교사론』(*De Magistro*)에서 본격적으로 다루었다. 만약 원리가 특정한 언어와 같은 의미로 받아들여질 수 있다면, 성경의 보편적 가치와 관련된 심각한 문제가 발생할 수 있다. 이 문제가 해결되지 못한다면 공동사역은 불가능해지며 영적 체험은 단순한 개인의 경험으로 치부될 수밖에 없

아우구스티누스는 이 문제를 자신의 연구문헌 여러 곳에서 다루었는데, 특히 교사의 기능을 연구한 『교사론』(*De Magistro*)에서 자세하게 기술하고 있다.[34] 이 책에서 그는 '어떤 것이 교수될 수 있는가?' 라는 주제에 몰두하였으며, '지식은 비물질적인 것이며 보편적' 이라는 플라톤의 입장을 수용하였다. '지식은 보편적인 것이기 때문에 말을 통해서 배울 수 없다' 는 것이 아우구스티누스의 결론이었다. 이런 확신을 보다 더 분명히 하기 위해 그는 논의를 이끌어 간다.

지식의 첫째 부분은 경험의 자료가 되는 외부 세계에 관한 이해로 이루어진다. 이런 자료들은, 비록 실물이 그것을 나타내는 기호보다 훨씬 더 중요하지만, 기호로 사용되는 말로 표현된다.말의 기능은 수단적인 것에 불과하며, 교수를 위한 기호일 따름이다.말의 값어치는 외부 세계의 구조와 개별적 탐구심과의 관계를 개인의 의식으로 소환시키는 능력에 달려있다. 말이 한번 관념을 소환하면 개별적 인간은, 분명치 않은 과정이지만, 그런 과정을 통해 그것을 보편적 진리와 연결시킨다. '일반적인 이성의 진리는 가르쳐지는 것이 아니라 정신 속에 존재하며 단지 좋은 질문을 통해 발견될 수 있다. 이런 지식들은 교사에 의해 학생의 마음속에 놓여지는 것이 아니다.'[35] 인간의 기호 학습을 위해 교사가 할

는 위험에 직면하게 된다.이런 이유로 당시 교회에서는 교육의 사명에 대한 관심이 고조되기 시작하였다.

34) 이 책은 회심직후 카씨키아쿰 공동체에서 아우구스티누스가 그의 아들 아데오다투스(Adeodatus)와의 대화형식을 빌어서 연구한 것으로, 타가스테(Tagaste)로 귀향하여 수도원를 설립한 직후인 389년에 출판한 것이다.

수 있는 최상의 일은 영원한 실체에 접근할 수 있도록 주관적 경험을 가능하게 하는 지적 패러다임의 구조화를 도와주는 일이다.[36)]

아우구스티누스는 지식 그 자체와 상징적 표현 사이의 간격을 충분히 인식하고 있었기 때문에 인간이 지닌 지성의 역할이 매우 중요하다는 사실을 깨달았다. 그는 그러므로 '인간은 영혼을 위해 자기 이성을 어떻게 사용할 수 있는가?' 라는 문제에 몰두하였다. 이성은 신 자신을 포함해서 모든 사물을 이해하도록 하기 위해 신에 의해 심겨진 것이다. 이성은 감각에 의존하지 않고서도 직접 진리를 바라보게 하는 영혼의 눈이다.[37)] 이런 전 이해를 바탕으로 아우구스티누스는 다음과 같은 인식론의 연구 과제를 제시하고 있다. '지식이란 무엇이며, 그것은 어디로부터 오는 것인가? 인간의 이성과 지식은 어떤 관계에 있는가? 인간은 궁극적 지식을 어떻게 성취할 수 있는가?' 이에 대한 해결방안으로 그는, '인간은 기호와 같은 상징을 뛰어넘어 진리 그 자체를 취할 수 있어야 하

---

35) 아우구스티누스에 따르면, 이런 지식의 순수성을 입증하기 위해서는, 우리 인간의 마음속에 예수가 거주하고 있다는 사실을 통해 인간의 마음을 비추어 주는 신의 조명에서부터 앞으로 나아가야 한다. *Ibid.* p. 281.

36) 아우구스티누스는 당시 학교의 과도한 언어주의(verbalism)에 반대하였다.그 시대 학교는 세속적인 이교도들에 의해 운영되었으며, 기독교인 교사라 할지라도 세속적인 정신에 물들어서 교직을 수행하고 있다고 비판하였다. 이런 교육적 상황에서 이루어진 아우구스티누스의 교육적 인식론은 언어적 매너리즘의 인위성(the artificiality of verbal mannerism)에 대항하는 의미도 지니고 있었다.

37) R. Freeman Butts. *A Cultural History of Western Education: Its Social and Intellectual Foundation*(New York: McGraw-HillBook Co., 1955), p. 99.

며, 진리가 소속되어 있는 절대자와 연합하기 위해 노력해야 한다' 고 주장하였다.

아우구스티누스는 당시 회의론자들이 제기하였던 두 가지 주장을 자세히 논박하면서 자신의 인식론을 구체화시켰다. 회의론자들이 제기하였던 논제는, 관념(idea)이란 그것을 향유하고 있는 자의 사적인 생각이라는 것과, 감각은 외적 사물을 드러내기 위해 취하는 것이 아니며 그것은 단지 주관적 결과일 뿐이라는 주장이다.[38]

이에 관하여 아우구스티누스는 다음과 같이 반박하였다. 관념은 우리 마음에 의해 발견되기 전에 이미 그리고 그와는 상관없이 존재하는 실재적인 실체이다. 관념은 우리의 직관을 통해 파악되기도 하지만, 직관의 영향을 받지 않는다. 관념은 감관을 통해 도달되는 것이 아니며 추론의 결과도 아니다. 관념에 대한 우리의 직관이나 그것으로 부터의 추론은 비록 심리적 사실이지만, 관념 자체는 심리적 사실이 아니다. 그것은 물질적 사물처럼 시 · 공간 속에 있는 것이 아니며 불변하는 것이다. 그것은 신으로부터 나오는 조명을 받으면 직관을 통해 우리의 마음과 직접 부딪히게 된다. 인간의 마음이 조명을 받으면, 우리 인간은 관념을 바라보게 되고 영원불변의 진리에 대한 지식을 얻게 되는 것이다. 영원한 진리는 이데아 즉 관념과 같이 객관적인 것이며, 마음에 의해 만들어지는 것이 아니라 마음에 계시되는 것이다. 마음은 여러 가지

---

38) Sterling P. Lamprecht. *Our Philosophical Traditions: A Brief History of Philosophy in Western Civilization*(New York: Appleton Century Crofts, Inc., 1955), p. 134.

관념을 직관할 때마다 변할 수도 있지만, 관념은 변하지 않으며 관념에 관한 진리도 변하지 않는다.[39] 그러므로 관념은 사적인 것이 아니며 진리를 추구하는 과정에서 반드시 만나야 하는 보편적인 것이다.

회의론자들의 두 번째 주장에 관해서도 아우구스티누스는, 감각은 신체의 변화가 마음속에서 일으키는 결과가 아니라, 마음이 신체의 변화들을 자유롭게 선택하여 주시하는 심리적 활동이라고 주장하였다.[40] 물론 인간의 신체도 다른 사물과 마찬가지로 변화의 관계 속에 놓여있으며 다른 사물과의 접촉을 통해 많은 인상을 수용한다. 하지만 마음은 본질적으로 신체와는 전혀 다르다.마음은 단순하고 비물질적 실체이지만, 신체는 복잡한 물질적 실체이다.마음은 신체를 사용하고 있으므로 신체의 산물이 아니다. 감각도 역시 신체의 영향으로 이루어지는 것이 아니며, 신체 속에서 일어나는 변화를 주시함으로 드러나는 것이다. 마음은 신체 속에서 이루어지는 모든 변화를 주시하는 것은 아니며 단지 자신의 목적과 관계되는 신체적 변화만을 주시한다. 우리가 보거나 듣거나 또는 어떤 감각을 가지고 있을 때, 우리는 신체의 변화에 관한 지식을 획득하고 있는 것이다.

따라서 감각은 지식의 통로이다. 감각은 일정한 목적을 가진 활동이며, 마음의 의도와 마음이 관계하는 신체의 상태를 보여준다. 그러므로 감각은 그것이 매우 단순한 형태라 할지라도 이미 지적

---

39) 아우구스티누스는 영원불변의 진리에 관한 지식을 지혜라고 불렀다.
40) *Ibid*. p. 135.

이고 의욕적인 요소를 지니고 있다. 그것은 은연중 동물적 신체와 그것과 접촉하고 있는 다른 사물에 관한 판단이다. 이런 종류의 지식은 유형의 사물을 다루는 경우에는 매우 유용하지만, 그럼에도 불구하고 변화의 세계에 속하는 것과 관계하는 것이므로 영원불변의 진리에 대한 지식보다 가치의 위계에 있어서는 낮다.

하지만 감각적 지식 속에 관념이 들어있는 한, 그것은 참된 지식이다. 관념은 감각의 세계를 초월한 실체이지만 감관을 통해 우리가 살필 수 있는 사물의 본질이기도 하기 때문이다. 아우구스티누스는 이처럼 이차적이면서 위계가 낮은 지식을 과학(science)이라고 불렀다.[41)]

2. 교양지식의 보편성

감각이란 엄밀한 의미에 있어서 인간에게나 동물에게나 공통된 것이다. 동물들도 유형의 사물을 지각할 수 있고 기억할 수 있다. 본능에 따라 자신에게 유익하면 그것을 찾아보고 해로우면 피한다. 하지만 동물들은 사물을 일부러 암기할 수 없고 임의로 사고하지 못하며 이성의 사용을 수반하는 어떤 조작도 수행하지 못한다. 그러므로 감관적 대상에 관한 앎에 있어서도 인간의 지식은 동물의 것보다 우월하다.

아우구스티누스에 따르면, 감관의 대상이 되는 유형의 사물들

---

41) *Ibid*. p. 136.

은 인간의 지성에게는 하급에 속하는 것이다. 인간의 지성은 항상 어떤 기준과 관련시켜 판단한다. 예컨대 어떤 예술 작품을 보고 아름답다고 판단한다면, 그 판단은 아름다움의 기준이 되는 것이 이미 존재하고 있음을 암시하고 있다. 아우구스티누스에 따르면, 만약 시간과 공간에 제약받지 않고 불변하며 일정한 그리고 완전하고 영원한 객관적 기준이 존재하지 않는다면, 우리는 판단할 수 없으며 판단의 정당성을 확보할 수 없다.

기하학자가 원과 직선을 생각할 경우, 실제로는 감각에 호소하여 근사한 원과 직선을 가지고 생각하지만, 완전한 기준에 기초하여 판단한다. 일상생활에서 볼 수 있는 둥근 원형의 사물들은 잠정적이고 일시적인 것이기 때문에 소멸하지만, 원의 본질은 변하지 않는다. 또 다른 예로, 일곱 개의 사과와 세 개의 사과를 합치면 틀림없이 열 개의 사과가 된다. 이 경우 사과는 감성적이고 가변적인 사물이기 때문에 소멸하지만, 일곱이나 셋이라는 수는 사물과 독립하여 존재하는 것이므로, 덧셈에서 열이라고 판단하는 자는 그것을 필연적이고 영원한 것 그리고 보편적 지식으로 발견한다. 이런 지식은 감성적 세계나 인간의 마음속에 예속되거나 의존하지 않는다.

인간의 감각적 소재나 경험은 이성적 이데아나 지성적 본질을 알게 하고 인식 가능하게 하는 하나의 계기를 마련해주는 기능을 가지고 있다. 그러므로 감각은 그 본성상 이성에게 사물의 본질 즉 이데아를 깨닫게 하는 길잡이로서 역할을 수행한 후 인식의 차원에서 탈락하게 된다.[42)]

아우구스티누스도 플라톤의 견해에 따라 감각은 영혼의 한 작용이라고 보면서, 우리 인간의 영혼이 감각기관들을 도구로 사용하고 있다고 주장하였다. 실제로 감각한다는 것은 신체의 일이 아니라 신체를 통해 영혼이 하는 일이다. 우리의 영혼 즉 마음은 신체를 살아 움직이게 하는 실체이다. 아우구스티누스는 감각에 대한 이성의 우위성을 확실하고 있다.

그러므로 아우구스티누스에게 있어서 이성적 지식은 경험적 지식보다 항상 우월하다. 경험적 지식은 어느 부분에 있어서 동물과 공유될 수 있지만, 이성적 지식은 인간 존재에게 고유한 것이다. 이성적 지식이 감각의 개입 없이 오로지 이성적 마음만으로 이루어진다면 그것은 영원한 사물에 관한 관조이므로 지혜라고 볼 수 있다. 하지만 이 둘 사이에는 일종의 중간 영역이 존재한다.거기에서는 인간의 마음이 비물질적이고 영원한 무형의 기준에 근거하여 유형의 대상들을 판단할 수 있다. 이성이 감각기관을 사용할 수 있는 능력을 지니고 있으며 감성적 대상물에 관여할 수 있지만, 영원한 무형의 기준에 따르는 판단의 수준이 바로 이성적 수준이기 때문에 이성적 지식의 수준은 역시 인간에게 특유한 것이고 동물에게서는 찾아 볼 수 없는 것이다. 따라서 아우구스티누스의 지식관은 경험적 지식, 경험 세계에 관여하는 이성적 지식, 순수한 이성적 지식으로 나누어 볼 수 있다.[43]

---

42) 김규영. 『아우구스띠누스의 생애와 사상』(서울: 형설출판사, 1980), pp. 108-109.
43) 아우구스티누스는 인간의 일상 행위를 시간적으로 변하는 사물들을 사용하고 선용하는 일이라고 하면서 영원한 사물들을 관조하는 일과 구분하였다. 전자에 관

아우구스티누스의 이런 견해는 감관적 대상물들을 영원한 실재들과 비교하여 경시한다든지, 생활에 필요한 실제적 지식을 하찮은 것으로 평가하는데 반해 이론적 관조에 대한 평가는 존중한다든지, 또는 영혼의 정화를 강조한 나머지 감각의 예속으로부터 해방을 인식론적으로 주장하는 플라톤주의에만 머무르는 것이 아니다. 아우구스티누스의 관심은 언제나 인간의 초자연적 목적에 있었다. 말하자면, 신을 소유하고 바라보는 지극한 행복에 도달하는 일이었다. 그가 때때로 플라톤적 관점에서 사용한 주지주의적 표현방식은 사랑의 우위성을 명증하기 위한 것이었다. 아우구스티누스에게는 삶의 최종 목표가, 플라톤과 같이 인격을 가지지 못한 비인칭적인 '선의 이데아'가 아닌 인격을 가진 위격적인 신에게 도달하는 것이다. 그러므로 아우구스티누스의 행복론은, 지식론과 관계되는 것으로서, 스스로의 성취를 통해 이룩되는 것이 아니라 신의 은총을 통해 이루어지는 것이다.

아우구스티누스에 따르면 진정한 행복은 진리의 인식에 있다. 그런데 '어떻게 해서 진리의 인식이 행복의 열쇠가 되는 것일까?' 아우구스티누스는 인간 존재의 불완전함에서부터 이 문제를 풀어나간다. 인간은 누구나 자신의 부족함을 느낀다. 이런 부족함 때문에 우리 인간은 쉽사리 자기만족을 얻지 못한다. 자신이 부족하다는 것은 자기만으로 충족이 안 된다는 증거이다. 그러므로 우리 인간이 무엇을 욕구하고 원한다는 것은 자신의 어떤 결핍을 표시

계하는 것은 지식이고 후자에 관계하는 것은 지혜이므로, 지식은 행위에 속하고 지혜는 관조에 속한다.

하는 것이며, 자기 안에는 없는 것을 요구한다는 뜻이다. 자기밖에 있는 것, 자기가 아닌 것을 요구한다는 말이다. 따라서 욕구의 대상이 되는 것은 자기와 다른 것, 자기가 아닌 것, 바로 자기를 넘어서는 것이다. 그런데 이 같은 대상을 우리 인간이 확보하자면, 무엇보다도 먼저 원하는 대상이 무엇인지, 그 대상을 소유한다는 것이 무엇을 의미하는 것인지를 알아야 한다.[44]

무릇 행복을 원하는 경우도 마찬가지이다. 우리 인간이 원하는 행복이 어떻게 이루어지는 것인지 또한 진정한 행복이란 어떤 것인지 등을 확실히 알아야 한다는 말이다. 이 세상 사람들이 아쉬워하며 흔히 추구하는 대상은 여러 가지이지만 그런 것은 나와 어떤 관계는 있지만, 나 아닌 그 무엇이다. 이를테면 재물, 권력, 지위 아니면 인기, 명성, 건강, 미모, 진, 선 미 등이다. 그런데 원하는 것을 갖지 못한 사람은 행복할 수 없지만, 그렇다고 원하는 것을 가진 사람이라고 해서 모두 행복하지는 않다는데 또한 문제가 있는 것이다. 누구나 바라고 원하는 행복은 영원토록 변함없는 진정한 행복이지만, 우리 인간이 갈망하는 대상은 그렇지 못하기 때문이다. 그러므로 행복을 찾는 마당에서 추구의 대상이 되는 것은 무엇보다도 먼저 스스로 소멸되거나 없어지지 않는 것, 즉 영원불변하는 것이어야 한다. 그 다음에는 행복을 추구하는 자의 뜻과는 달리 우연히 사라지거나 뜻밖에 상실되지 않는 것으로서 우리 인간과 필연적 관계에 놓여 있는 것이어야 한다.

---

44) 졸저. *op. cit.* p. 71.

이 세상 사물들은 모두 시간의 흐름 속에 있기 때문에 변화와 소멸을 면치 못한다. 이 세상 사물들은 엄밀한 의미에서 우리 인간과 필연적 관계에 있는 것이라고 볼 수 없다. 다만 신만이 모든 것으로 부터 독립된 영원불변의 존재이고 또한 만물의 창조자이며 모든 생명의 근원이므로 우리 자신과 필연적 관계를 가진다. 그러므로 아우구스티누스는 누구든지 신을 소유할 수만 있다면 그 사람은 진정으로 행복할 수 있을 것이라고 하였다.

따라서 진정한 행복은 신의 소유에 있고, 신의 소유는 지혜를 얻으므로 가능하며, 지혜는 진리를 인식함으로 얻을 수 있는 것이다. 하지만, 문제는 '진리의 인식이 어떻게 이루어지는가' 에 있다. 아우구스티누스가 관심을 가졌던 문제는 '우리가 확실한 진리에 도달할 수 있을까?' 라는 회의가 아니라, '어떻게 하면 우리가 확실한 진리에 도달할 수 있는가?' 라는 방법에 관한 것이었다. 인간 이성이 확실한 것에 도달한다는 것은 주어진 과제로서 이미 설정되어 있으며, 남은 문제는 그 과제를 해결하는 방법일 뿐이라는 주장이다. 말하자면, 유한하고 변화무상한 인간의 마음이 오히려 인간의 마음을 지배하고 다스리며 또한 초월하는 영원한 진리에 관한 확실성을 어떻게 파악할 수 있는가에 관한 의문이 문제가 된다는 말이다.

이에 관하여, 아우구스티누스는 존재와 삶 그리고 인식이라는 세 가지 개념을 통해 확실성을 설명하고 있다. 인간에게는 자기가 존재한다는 사실이 분명하다. 그리고 존재한다는 것은 자기 자신이 살아있지 않는 한 명백할 수는 없다. 또한 이런 명백한 사실은 자기가 존재한다는 사실과 자신이 살아있다는 사실 둘 다 이해한다는 전제하에서 이루어지는 일이다. 그러므로 존재한다는 것, 산다는 것, 이해한다는 것을 확신하게 된다. 실제로 우리가 존재하고 있고, 존재한다는 사실을 알고 있으면 그것은 살아있다는 증거이다. 우리 인간이 세 가지 사실 즉 존재와 삶 그리고 인식을 고려함에 있어서 기만당할 염려는 없다. 왜냐하면 이 같은 사실은 우리 인간이 외계의 사물처럼 신체적 감각기관을 통해 인식이 이루어지는 것이 아니기 때문이다.[45)]

그러므로 아우구스티누스가 주장하는 지식의 확실성은 우리 인간의 내적 경험을 통해 이루어지는 것이며, 경험적 지식보다는 이성적 지식을 염두에 두고 하는 말이다.인간의 이성적 영혼이야말로 참된 지식을 알고 행하며, 인간이 자기 안에서 영원한 진리들을 관조할 때 비로소 확실성을 획득하게 된다. 반대로 영혼이 물질세계로 향하고 신체적 도구들을 사용하게 될 경우에는 참된 지식을 획득할 수 없다. 아우구스티누스는 지식의 불변성과 보편성 그리고 필연성을 지식이 성립할 수 있는 필요충분조건으로 보기

---

45) 김규영. *op. cit.* p. 98. 아우구스티누스에 따르면, 우리 인간은 정신적 존재로서의 자기 존재에 대한 직관적 지식을 가질 수 있다. 우리 인간은 오류를 범할 때나 무엇을 안다고 할 때나, 또는 의심할 때조차도 자신의 존재성을 확신할 수 있다. '나' 에 관한 지식은 감각적 경험이나 그 밖의 어떤 것에 의존하는 것이 아니다. '나' 에 관한 지식은 직접적이요 의심할 여지가 없는 것이다. 아우구스티누스는 이런 주장을 다음과 같은 유명한 경구(epigram)로 표현하였다: '설령, 내가 오류를 범한다 할지라도 나는 존재한다.' (*Si fallor sum*. Even if I err, I am.)자기의식의 자명성이라는 관점에서 본다면, 아우구스티누스는 분명히 데카르트(Rene Descarte)의 선구이다. Sterling P. Lamprecht. *op. cit.* p. 134 참고.

때문에, 위와 같은 주장이 가능한 것이다.

이런 지식관을 바탕에 둔 아우구스티누스는 그리스 · 로마의 세속학교에서 발전된 교양교과들을 인간 영혼에 올바른 질서를 수립할 수 있는 최고의 교과목으로 생각하였다.[46] 그는 교양교육에 대한 그리스의 전통을 수용하면서 7자유과에 관한 논문들을 각각 작성하려고 계획하였지만, 『음악론』(*De Musica*)과 『교사론』 두 편의 논문만이 남아있을 뿐이다.[47]

아우구스티누스는 음악을 한편으로는 과학(science)으로 다른 한편으로는 예술(art)로 묘사하면서, 외형적 모방 이상의 것으로 보았다. 그리스 시대부터 음악은 예술 전반에 대한 명칭으로 온건한 태도, 감수성, 가치로운 취미활동을 가능하게 하는 교과였으며 영혼을 위한 과목으로 인식되었다.[48] 그러므로 자유교양교과 가운데 하나였던 음악은 성격 형성과 영혼의 순화에 대단히 훌륭한 과목으로 간주되었다. 하지만 아우구스티누스는 음악을 단순히 감각에만 의존하는 하나의 기술로 간주하지는않았다. 음악가가 시각이나 청각과 같은 감각의 배후에 놓여있는 참된 구조를 탐지해 내는 이성을 사용하지 않으면, 그의 행위는 서투른 흉내나 어슬픈 모방에 불과한 것이다. 상대적이지만, 많은 사람들은 음악활동 시 이성을 사용하지 않는다. 아우구스티누스가 보는 음악의 실체(the

46) Robert S. Brumbaugh and Nathaniel M. Lawrence. *Philosophical Themes in Modern Education* (Boston: Houghton Mifflin Co., 1973), p. 43.

47) *Ibid*. p. 44.

48) 졸저. *op. cit.* pp. 26-27.

reality of music)는 소수의 지성인들 조차 파악할 수 없는 곳에 놓여 있으며, 이론이나 행위의 바깥 어디엔가 존재하고 있다.

또한 아우구스티누스가 음악의 원리를 움직임(movement)으로 파악하면서 심리학과 물리학의 원리와 같은 것으로 보았다. 그는 리듬을 숫자로 나타낸 명제(numerical proposition)로 보고 인간의 영혼과 세계에 적용시켰다. 음악 안에서 영혼이 느끼고 신체를 통해 표현하는 리듬은 숫자로 나타낸 명제와 관계하며 질서정연한 최고의 영적 실체를 불러들인다는 것이다. 이런 리듬은 마침내 신체적인 것과 영적인 것, 한시적인 것과 영원한 것을 한데 묶어서 완전한 조화를 이루며, 하나의 모형으로 원형 화된다.[49] 따라서 아우구스티누스는 음악을 통해서 이성적 지식을 추구할 수 있으며, 영원한 진리에 관한 지식을 얻을 수 있다고 본 것이다.

『교사론』에서 어거스틴은 15세 소년인 그의 아들 아데오다투스(Adeodatus)와의 대화를 통해 문법을 논하였다. 그는 기호이론(theory of signs)이라고 부르는 의미론을 주로 살피면서, 기호 사용 능력은 인간에게 주어진 독특한 재능임을 입증하려고 하였다. 언어를 다루는 우리 인간의 능력은 내적 조명이라고 말하는 본구적인 인지기술(innate cognitive skills)의 결과이며, 이를 통해 동물의 훈련이나 꼭두각시 인형처럼 기계적으로 기능을 강화시키는 기술(mechanical operation)을 교육이라고 보는 이론의 불합리성을 지적해 낼 수 있다고 본 것이다. 아우구스티누스는 문법을 통해 인간

49) David L. Wagner(ed.). *The Seven Liberal Arts in the Middle Ages* (Bloomington: Indiana University Press, 1983), pp. 41-42.

이 내적 자아 즉 영혼을 가진 존재이며 통찰력을 지닌 존재임을 보여주고 싶어 했다.[50] 그는 본구적인 인지기술에 기초하여 언어를 학습하는 어린이의 능력에서 볼 수 있듯이 기호를 사용하는 인간의 이성이 동물의 정신과는 구별된다는 점을 강조하였다.

그리스 · 로마의 학교에서 가르친 문법은 모든 학문의 문지기로 간주되었으며 수사학과 논리학의 고급과정으로 들어가기 위해서는 반드시 거쳐야 하는 필수과목으로 선정되었고, 중세의 경우에는 문학과 성경연구를 위한 기초과목으로 강조되었다. 왜냐하면 문법은 정신과 영혼을 동시에 도야하기 때문이며, 성직자들이 분별력을 가지고 성경을 읽고 말할 수 있는 지적이고 영적인 능력을 갈고 닦아서 키워준다고 보았기 때문이다.

아우구스티누스는 세계를, 신에 의해 창조된 것으로 보면서 일종의 기호와 같은 질서의 형태로 계획된 것이라고 하였다. 그러므로 그는 학습을 학생들이 내적 통찰을 통해 기호나 말 속에서 어떤 의미를 파악할 수 있도록 도와주는 행위라고 하였다. 원래 진, 선, 미는 모두 형상(form)을 통해 가치를 드러낸다고 플라톤주의자들은 설명한다. 분명한 설명과 의사소통은 문법적으로 올바르고 논리적으로 정합적인 형상을 요구한다. 시와 교의(教義)도 역시 적절한 형상을 준수함으로서 즐거움과 확신을 창출해 낸다. 누구나 논리 규칙을 통해 논리적으로 추론할 수 있는 방법을 배우기만 하면, 어떤 질서를 발견하게 되고 의미를 이끌어낼 수 있게 된다.

---

50) Brumbaugh and Lawrence. *op. cit.* p.45.

따라서 아우구스티누스는 기호의 의미를 파악할 수 있는 문법연구를 통해 지식의 보편성을 증명해 보이고자 한 것이다.

아우구스티누스는 386년 여름 유명한 회심 사건이후 카시키아쿰(Cassiciacum)에서 토론을 시작하였으며, 자유교양교과에 관한 논문을 쓰기 시작하였다. 『음악론』은 387년에서 391년까지 14년에 걸쳐 완성되었으며, 『교사론』은 389년에 쓰여졌다. 여기에서 아우구스티누스의 의도가 드러나는데, 자유교양교과를 철학연구를 위한 준비과정으로 본 것이다. 그의 학문적 삶은 두 가지 과제 즉 '영혼' 과 '신' 을 알기 위한 노력으로 점철되어 있다. 철학이 바로 이런 삶의 목적을 충족시켜 줄 것이라고 그는 기대하였다. 그리고 자유교양교과는 그의 위대한 학문적 과제를 논의할 수 있는 하나의 기술을 제공해 줄 것이라고 믿었던 것이다.[51)]

Ⅳ. 교양교육의 함의

교양교육은 역사적으로, 그리스의 자유교양교육에서부터 현대에 이르기 까지 다양한 형태로 계승 · 발전되어 왔다. 현대에 이르러 교양교육의 의미 영역이 확대되어 전문 · 직업교육의 일부를 포섭 적으로 포함하고 있다. 이로 인하여 교양교육의 의미를 논할 경우, 오해의 소지가 있는 것도 사실이다. 근대적 의미의 사회적 요구와 개인의 필요성이 교양교육에 반영되어 본래의 이념인 사

---

51) David L. Wagner. *op. cit.* p. 255.

회와 개인의 즉각적 필요와 상관없이 '지식의 본질을 탐색하고 참된 삶을 추구하게 하는 교육' 이 변질된 결과, 오해가 발생하고 교양교육의 개념이 모호해 졌다고 볼 수 있다. 따라서 본 연구는 로마제국 시대와 중세 초기에, 교양교육의 원형을 추적하면서 교양교과의 형성 과정과 교양지식의 성격을 규명해 보았다.

아우구스티누스는 당시 기독교의 자유교양교과에 대한 배타적 태도에 반대하여 교양교육의 필요성에 대한 이론적 근거를 제시함으로 중세 교육의 성립에 많은 공헌을 하였다. 본산학교(Cathedral school)와 중세 대학에서 이루어진 학문 연구는 아우구스티누스의 공헌과 무관할 수 없다. 아우구스티누스는 고대와 중세를 잇는 교량 역할을 수행했다는 점 때문에 교육사 속에서 특이한 위치를 차지한다. 뿐만 아니라 그는 고대 그리스문화와 중세 기독교사이의 치열한 공방전이 전개되었던 당시에, 누구보다도 자기 사상의 전개 과정과 시대의 변화를 대단히 충실하게 기록으로 남겨놓은 인물이라는 점에서 그의 역사적 중요성을 더해 주고 있다. 그의 지적 변화를 연대적으로 확연하게 추적할 수 있고, 기록들이 온존하고 있다는 사실은 당시의 지적 풍토와 교육적 상황을 이해하는데 결정적 단서를 제공하는 것이다.

1세기에서 5-6세기에 이르기 까지, 교육에 있어서 자유교양교과를 수용할 것인가에 관한 논쟁은 교양교과의 성립에 있어서 대단히 중요한 문제였다. 기독교가 '그리스 · 로마로 대표되는 이교도 문화를 어떻게 수용할 것인가?' 라는 문제와 맥을 같이 하고 있었기 때문이다. 이 과정에서 아우구스티누스는 이교도 문화에 대한 이해의 필요성을 역설하고 자유교양교과의 수용을 적극 지지하였다. '세상 사람들이 가진 지식도 유익하면 멸시하지 말라'는 아우구스티누스의 주장은 교양교육에 대한 그의 입장을 잘 대변해 주는 말이다.

물론 중세사회에서 교양교육의 성립은 클레멘트와 오리겐의 교리문답학교가 공헌한 바를 잊어서는 안되며 카펠라, 보에티우스, 카시오도루스, 이시도르의 뛰어난 연구 활동도 외면할 수 없을 것이다. 하지만 무엇보다도 교양교과의 수용을 위해 아우구스티누스가 제시한 이론적 근거와 지식의 본질에 관한 연구가 중세사회를 거쳐 현대사회에 이르기 까지 계승되어 온 교양교육의 전통을 가능하게 해 주었다. 아우구스티누스에 따르면 인간의 지성은 항상 어떤 보편적 기준과 관련하여 판단한다. 만약 시 · 공간의 제약을 받지 않고 보편타당한 기준이 존재하지 않는다면, 우리 인간의 지적 판단은 정당성을 확보하지 못할 것이라고 보았기 때문이다.

아우구스티누스에 따르면, 인간의 이성적 영혼이야말로 자기 안에서 영원한 진리를 관조함으로 참된 지식을 알고 행하며 확실성을 획득하게 된다. 물론 아우구스티누스가 주장하는 지식의 확실성은 우리 인간의 내면적 경험을 통해 이루어지는 것이며, 경험적 지식보다는 이성적 지식을 염두에 둔 것이다. 이런 지식관을 가진 아우구스티누스는 그리스-로마의 교육에서 계승된 교양교과들을 인간 영혼에 올바른 질서를 부여할 수 있는 최고의 교과목으로 생각하면서 영원한 진리에 관한 지식, 즉 지혜의 획득에 반드시 필요한 도구로 보았다.

참된 지식을 보증할 수 있는 세 가지 조건으로 보편성, 불변성 그리고 필연성을 내세운 아우구스티누스의 인식론적 주장은 현대 산업사회 · 정보화사회 · 지식사회의 교육에 시사하는 바가 크다. 사회의 요구와 개인의 필요에 따라 일시적으로 성립되는 지식의 영역을 참된 것이라고 볼 수 없을 것이다. 시대의 형편과 지역의 사정에 좌우되는 지식 행위도 중요하지만, 우리 인류에게 보편적이고 불변하며 또한 필연성을 가진 지식을 추구하는 행위가 교육의 중심이 되어야 한다면, 교양교육의 기초가 되는 아우구스티누스의 '지식의 이해'는 교육의 의미를 새롭게 조명해 주고 있다.

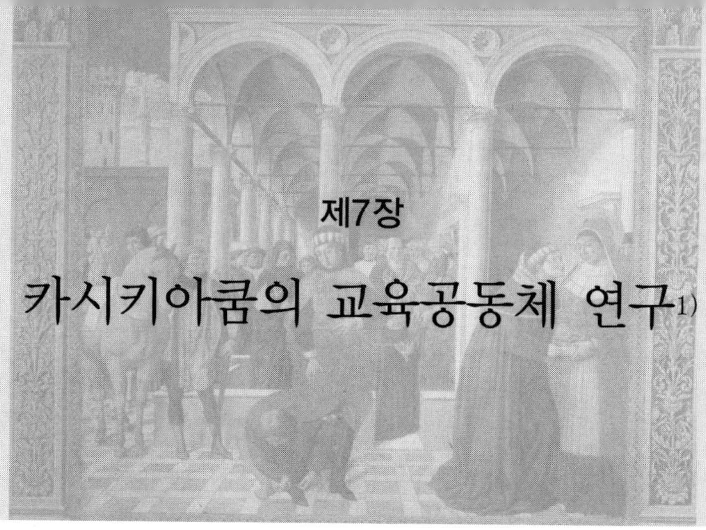

제7장

카시키아쿰의 교육공동체 연구[1]

Ⅰ. 지적 사유를 위한 교육공동체

주후 4세기는 서구문명이 배태한 그리스적인 학문의 틀이 새롭게 변화된 대전환의 시기였다.[2] 아우구스티누스는 이 시기에 교양교육(liberal education)의 전통을 유지하고 발전시키는데 기여하였을 뿐 아니라 학문적이고 종교적인 이질 요소들의 혼돈 상을 기독교사상의 관점에 통합하고 정리하였다. 그는 서구문명이 천년 동안이나 유지하였던 교육의 틀을 기독교교육이라는 새로운 개념으로 전환시켜 나갔다.

아우구스티누스는 어릴 때부터 그리스의 교양교과(liberal arts)와

1) 이 글은 『총신대논총』, 제 30집 2011.2. 게재 논문이며 이 책의 전체 목차에 맞게 배열하였다.

2) Henry J. Perkinson, *Since Socrates: Studies in the history of Westwern educational thought* (New York: Longman, 1980), p. 31.

철학 그리고 라틴문학을 공부하였으며, 카르타고와 로마에서 수사학교사로 학생들을 가르쳤지만 진지하게 배우려는 학생들을 만나지 못하여서 그만두고, 밀라노 시립 수사학교의 교수가 되었다. 밀라노는 그에게 학문적으로나 신앙적으로 극적인 변화를 가져다 준 중요한 곳이다. 그는 373년 키케로의 『호르텐시우스』(*Hortensius*)를 읽고 지적인 회심(the intellectual conversion)에 버금가는 변화를 겪고 학문의 길에 들어섰지만, 386년 밀라노에서 마침내 자신의 삶의 방향을 바꾸어버린 결정적인 신앙의 회심을 이룩하였다.

그는 밀라노의 회심 직후 교수직을 내어놓고 밀라노 교외에 있는 카시키아쿰(Cassiciacum)에서 그의 동학들과 함께 조그만 기독교 교육공동체를 만들어서 세미나를 열었다.[3] 그는 수사학 교수행위를 '요설의 시장에서 혀를 도구삼아 말재주를 파는 일'에 비유하면서 교수직을 조용히 그만두었다.[4] 그리고는 지적인 안식을 위한 세미나에서 진리와 행복의 문제, 선악의 문제, 가르침의 문제 등과 같은 근본적인 의문들을 내어놓고 대화하고 사유하였으며, 기독교적인 관점에서 답을 얻으려고 노력하였다. 이런 노력은 『행복한 삶』(*De Beata Vita*; *The Happy Life*), 『아카데미학파에 대한 반론』

3) 386년 9월 경에 시작된 카시키아쿰의 세미나에 동행한 자들은 아우구스티누스의 어머니 모니카(Monica), 형(동생?) 네비기우스(Navigius), 아들 아데오다투스(Adeodatus), 사촌동생 루스티쿠스(Rusticus)와 라스티디아누스(Lastidianus), 친구 알리피우스(Alypius), 제자 트리게티우스(Trygetius)와 리센티우스(Licentius) 등 모두 8명이었다. 세미나 장소는 친구인 베레쿤두스가 빌려준 카시키아쿰의 별장이었다.

4) 성 어거스틴, 『고백록』, 김광채 역(서울: 기독교문서선교회, 2004), p. 238.

(*Contra Academicos*; *Answer To Skeptics*), 『질서론』(*De Ordine*), 『독백록』(*Soliloquia*; *Soliloquies*), 『교사론』(*De Magistro*; *The Teacher*)으로 나타났다.5)

아우구스티누스는 카시키아쿰에서 알찬 시간을 보냈으며, 학문적으로는 기독교사상의 확립을 위하여 자신의 지적 탐구를 정리하고 대화편을 저술한 생산적인 시기였다. 회심 이후 삶의 방향을 결정한 그는 아테네와 예루살렘을 단순히 통합하기보다는, 나아가 기독교 학문을 정립하기 위해 노력한 것이다. 아우구스티누스의 이런 의도를 엿볼 수 있는 카시키아쿰의 생활은 교양을 위한 은거였다. 그의 생활은 제자들을 가르치기 위하여 버질(Vergil)의 문학이나 바로(Varro)의 문헌에 관하여 담론하거나, 대화 중에서 의문시되는 철학적인 문제들을 가지고 논의하고 토론하는 일이 대부분이었다. 그의 이런 시도는 지적인 안식을 누리려는 당시의 전통을 따른 것이다.

아우구스티누스가 카시키아쿰의 세미나를 통하여 저술한 문헌들은 그의 깊은 사색을 통해 나온 기독교적인 소산이다. 이것들은 아우구티누스의 과도기 사상, 즉 그리스적인 사유와 기독교적인 사유를 통합하고 조화시키려는 움직임을 보여주는 것으로서 적지 않은 의의를 지닌다. 그가 여기에서 다룬 주제 가운데서 행복한

---

5) 카시키아쿰에서 저술된 대화편은 앞의 4권이다. 『교사론』은 카시키아쿰의 대화편 4권이 저술된 바로 뒤에 만들어진 것으로 아들인 아데오다투스와 대화를 통하여 논의한 것이며 아우구스티누스가 타가스테로 돌아온 389년에 저술된 것이다. 아우구스티누스의 저작물 전체를 정확하게 파악하기는 힘들지만 현재 남아 있는 저작물은 113권의 책, 218개의 편지, 500여 정도의 설교문이다.

삶은 진리인식과 관련하여 어떻게 가능한가를 사유한 것이다. 그가 보는 행복은 진리인식과 불가분의 관계에 있다. 하지만 그는 그리스적인 사유와는 달리, 행복을 획득하기 위해서는 무엇보다도 먼저 진리의 존재여부와 함께 진리인식의 가능성을 확보해야 하는 것으로 보았다. 그는 진리의 존재성을 확신하였기 때문에 아카데미학파의 회의론을 극복하는 일이 무엇보다 필요하였으며, 진리의 인식 가능성만이 문제가 될 뿐이었다.

그리고 아우구스티누스가 말하는 진리는 한갓 규정된 개념적 명제를 가리키는 것이 아니며, 우리의 삶을 충만하게 만들어 주는 생명의 근원이 되는 존재를 뜻한다. 우리가 일상에서 쉽게 언급하는 진리는 무수히 존재하는 것이라고 볼 수 있다. 하지만 그런 것들이 진리이기 위해서는 진리 그 자체가 우선적으로 성립되어야 하며, 따라서 우리는 진리의 근원을 인식할 수 있게 된다. 이런 의미에서 그가 말하는 진리는 진리들의 근원에 해당하는 진리자체를 가리키는 것이다. 아우구스티누스는 평생의 과업을 진리 그 자체이신 하나님과 그런 하나님을 인식하고자 하는 자신의 영혼을 아는 것에 있다고 하였다.

이 연구는 아우구스티누스가 대략 주후 386년 9월에서 387년 3월에 이르기까지 카시키아쿰에서 보여준 교육공동체의 생활을 탐색하면서 그의 지적 사유를 논의하기 위한 것이다. 그는 카시키아쿰의 세미나를 통하여 이미 기독교적인 관점에서 자유교양교육을 활용하였다. 이 글은 그리스적인 교양교육에 대한 당시의 배타성을 극복하고 기독교적인 교양교육을 성립시킨 그의 지적 사유를 체계적으로 정리하기 위한 것이다. 따라서 카시키아쿰에서 교육공동체를 구성하여 은거한 아우구스티누스의 지적인 사유를 먼저 살펴보고, 교육공동체의 삶이 하나님 인식을 위한 탐구과정에서 자유교양교육과의 화해를 위한 삶임을 탐색하는 것이 이 주제의 과제이다.

Ⅱ. 카시키아쿰의 교육공동체

1. 교양을 위한 은거

아우구스티누스는 카시키아쿰에서 일상적인 삶이 가져다주는 근심거리에서 벗어나 지적인 탐구에 몰두함으로써 무엇인가를 성취하려는 창조적인 여유를 즐겼다. 이런 안식은 전통적인 것으로서 '교양을 위한 은거'(*otium liberale*, cultured retirement)였다.[6] 이미 3세기에는 플로티누스(Plotinus)가 플라토노폴리스(Platonopolis)라고 불리우는 철학자의 도시를 계획했었고, 아우구스티누스가 중년에 이르렀을 때 은퇴하였던 장관 출신 다르다누스(Dardanus)는 고향마을을 테오폴리스(Theopolis), 즉 하나님의 도시라고 불리는 기독교 철학자의 이상향을 만들려고 시도하였다.[7] 아우구스티누스도 공적

---

6) Peter Brown, *Augustine of Hippo A Biography* (London: Faber & Faber, 1969), p. 115.

7) *Ibid.*, p. 116.

인 삶을 포기하고 알프스가 바라보이는 산기슭에서 잠깐이지만, 사색을 즐기는 여유 있는 삶을 누린 것이다.

카시키아쿰에서 아우구스티누스의 생활은 책읽기에만 몰두한 것이 아니다. 우리가 생각하는, 학문을 탐구하는 자로서 이상적인 자세는 근시안이 되도록 필사본을 들여다보는 것이겠지만, 그의 생각은 달랐다. "자연을 돌보는 일은 참으로 위대하고 감탄스러운 정경이다. 씨앗을 뿌리고 모종을 심고 관목을 옮기고 그루터기를 잘라 접을 붙이고 각종 구근과 풀뿌리를 손으로 다루고… 경작자의 기술이 어디까지 미치는지, 새싹이 내밀하게 감추고 있는 창조력이 어떻게 터져 나오는지 체험하고 터득하며… 그리고 심는 사람도 물주는 사람도 아니요 오직 하나님이 성장하게 만든다는 사실을 깨닫는다. …바깥으로 돌봐주는 자는 사람이지만 내밀한 생명력을 주시는 이는 하나님이시다. 참으로 신기하게도 하나님은 모든 것을 창조하시고 인도하시고 보이지 않게 모든 것을 다스리신다."[8] 자연을 관찰하면서 그 속에 감추어진 하나님의 섭리를 발견하는 아우구스티누스의 모습을 살펴볼 수 있다. 그는 이런 즐거움을 위해 카시키아쿰에 은거하면서 노작과 사색을 즐긴 것이다.

아우구스티누스의 세미나는 탐구의 열기가 높았기 때문에 때로는 지적인 흥분에 휩싸이기도 하였다. 카시키아쿰에서 어느 날 소년들이 지네를 발견하자. 모임 전체가 몰려들어 지네의 여러 마디

---

8) Carlo Cremona, 『성 아구스티누스 전』, 성 염역(서울: 성 바오로출판사, 1993), pp. 140-141.

가 각각 움직이면서도 책상을 유연하게 타고 넘어가는 모습을 지켜보았다. 이들이 관찰하는 과정에서 하나의 질문이 떠올랐다. "짐승의 활력적인 영혼도 나눌 수 있는가? 마디마디로 나누어지는 것은 물질적인 사물인가? 하늘은 이렇게 작은 벌레까지도 영혼의 비물질적인 본성을 주장하는 플라톤의 이론을 반박하는 것을 금하지 않는가!"[9] 아우구스티누스는 함께 관찰한 지네의 움직이는 모습에서 숨겨진 의미를 논하기 위해 대화하면서 이 문제를 숙고하였다. 그는 교양인답게 지식인의 눈을 가지고 물리적인 현상의 뒷면에 감추어진 원리나 이치를 밝히려고 한 것이다.

아우구스티누스가 카시키아쿰에서 교양적인 삶의 여유를 누리기에는 별로 탐탁치 못한 부류의 사람들을 규합하였다고 볼 수 있다. 경건한 어머니, 교양에 관심 없는 사촌 두 사람, 16세 정도의 제자 두 명이 그랬다. 이런 세미나에서 보여준 아우구스티누스의 태도는 마치 예술가처럼, 어울릴 것 같지 않는 무리들을 가지고서도 새로운 지적인 흥미를 계속해서 만들어내는 능력을 보여주었다. 오합지졸 같은 무리에게 교양의 이상을 전달할 수 있는 좋은 방법을 고안해 냈었다는 것은 그리스의 교양교육에 익숙한 아우구스티누스가 발휘할 수 있는 좋은 능력이라고 할 수 있다.

아우구스티누스가 보는 참된 철학은 말하자면 보편적 교회를 위한 종교였다. 그런 철학은 지혜가 드러내는 보편적인 특권이 성취되어야 하는 온갖 종류의 마음을 수용할 수 있는 폭 넓은 것이

---

9) Peter Brown, *op. cit.*, p. 119.

었다. 그러므로 그의 세미나는 올바른 교양교육을 통하여 사유하는 마음을 가질 수 있는 자에게는 높은 경지의 지혜를 얻을 수 있다는 메시지를 전하는 것이다.[10] 아우구스티누스가 카시키아쿰에서 가졌던 교양교육은 그의 생애에 많은 영향을 미쳐서 그의 추종자들도 적용해 나갔다. 물론 이런 교육이 아우구스티누스만의 독창적인 것은 아니었지만, 그의 고유한 모양으로 유지되었다. 아우구스티누스가 원하는 훈련은 형이상학적인 질문에 대답하고 또한 그와 같은 하나님을 묵상하기 위해 적합한 훈련, 즉 교양교육을 받는 것이었다.

아우구스티누스는 전통적인 그리스 교양교육을 확대시켜서 기하학과 수학뿐 아니라 그것에 기초를 둔 천문학을 포함시켰다. 이런 교과들은 철학적인 사유를 위한 예비교과로 간주되었으며, 결국은 신 인식을 위한 준비단계로 간주하였다. 이런 그의 사유방식에서 후마니타스(Humanitas)와 피에타스(Pietas)의 결합을 볼 수 있다. 아우구스티누스의 학생들은 버질(Vergil)이나 바로(Varro)의 문헌들을 가지고 씨름하였으나 어머니 모니카의 신앙을 본받아야만 하였다. 철학적인 사유와 기독교적인 신앙이 결합되어야만 아우구스티누스의 과제인 하나님을 알기 위해 지적인 탐구를 계속해 나갈 수 있다는 말이다. "자유교양교과를 가지고 훈련을 잘 받은 사람들은 다음과 같다. 그들은 학습과정을 통하여 자신의 내부에 파묻혀 있던 지식을 드러내는 방식으로 교양지식에 빛을 비춘다. 진

---

10) *Ibid.*, p. 120

리의 장엄함이 교양교과 속에서 이미 빛을 발하고 있는 바로 그런 진리의 폭과 충만함을 그들이 볼 때까지 그들은 스스로 만족하거나 자신자신을 함유할 수 없다."[11] 아우구스티누스는 이런 교양교육을 통하여 자신의 내면에 산재해 있던 문제들을 잘 다룰 수 있을 것이라고 본 것이다.

말하자면 우리의 삶 속에 악이 존재하는 의미를 이해하게 될 것이고, 영혼의 불멸을 논증하게 될 것이며, 어느 날 갑자기 수의 본질을 파악하는 것과 마찬가지의 지적인 희열을 얻게 될 것이라고 생각한 것이다. 그리고 "이 철학은 가장 투명하게 가장 진실하신 숨어 계시는 하나님을 보여주겠다고 약속하며, 마치 구름을 헤치고 태양빛이 비추듯이 한 단계씩 하나님을 밝히 드러내 보여 줄 것이다."[12]라고 한데서 알 수 있듯이 아우구스티누스는 교양교육의 의미를 제대로 인식하면서 그것의 효과를 인정한 것이다. 그가 보는 교양교육은 그리스의 회의주의자들이 보여준 것처럼 희미한 그림자와 같은 방법으로 추구하는 것이 아니라 진리가 비추어주는 완전한 빛 아래에서 이루어진다는 주장이다. 이것이 그가 카시키아쿰에서 보여준 핵심적인 메시지이다.

2. 지적 사유의 즐거움

아우구스티누스는 회심 직전 밀라노의 정원에서 친구인 알리피

11) Saint Augustine, *The Soliloquies*, T. F. Gilligan(trans.), in *The Fathers of The Church*(Washington, D. C.: The Catholic University of America Press, 1948), p. 423.

우스에게 이렇게 말했다. "우린 어찌 된 거지? 자네도 들었겠지만, 도대체 이게 뭐지? 무식한 자들은 일어나 하늘을 차지하는데, 학문을 했다고 하는 우리는 아무 생각 없이 살과 피 속에 뒹굴다니! 다른 사람들이 우리보다 앞서 가서, 그들을 뒤따라가기 부끄러운 것일까? 그렇지만 그들 뒤라도 따라가지 않은 것을 부끄러워해야 하지 않을까?"[13] 진리를 추구하는 그의 간절한 몸부림을 엿볼 수 있는 장면이다.

이런 그의 자세는 카시키아쿰으로 연결되어서 왕성한 집필력을 보여주었다. 32세 때까지 겨우 한 권의 책을 썼던 그는 카시키아쿰에서 지적 사유를 즐기면서 다섯 편의 대화편을 집필하였다. "나는 우리의 마음을 물질적 사물로부터 비물질적인 세계로 이끌어 줄 결정적이며 쉬운 단계에 도달하기 원하는 심정을 가지고, 그와 같은 교육을 반대하지 않는 사람들에게 질문을 던지면서 과학 교과서를 집필하려고 시도하였다."[14] 아우구스티누스는 밀라노 시절에 교양교과부터 시작해서 그의 생애전체의 원대한 지적인 계획을 구상하였다. 이런 이상을 가지고 시도한 것이 바로 『음악론』(*De Musica*)이다.[15] 이 문헌은 음악에 관한 논문이 아니고 음률에

---

12) Saint Augustine, *Answer to Skeptics*, D. J. Kavanagh(trans.), in *The Fathers of The Church*(Washington, D. C.: The Catholic University of America Press, 1948), p. 107.

13) 성 어거스틴, 『고백록』, p. 224.

14) Peter Brown, *op. cit.*, p. 126.

15) 아우구스티누스의 『음악론』은 7 liberal arts 중 quadrivium(산술, 기하, 음악, 천문학)에 속하는 교과의 text로 집필된 것이다.

관한 문학적이며 기술적인 고찰이었다.

아우구스티누스는 373년 『호르텐시우스』를 탐독하면서부터 신플라톤학파의 문헌에서 제기된 문제들을 가지고 고심하면서 많은 시간을 보냈다. 그는 추론을 통하여 영혼의 본성을 파악하려고 노력하였으며, 그것을 형이상학적인 고민거리로 가지고 사유하였다. 이를 위하여 카시키아쿰의 세미나 이후 밀라노에 돌아와서 387년에 저술한 『영혼의 불멸에 관하여』(*De Immortalitate Animae*)가 대표적인 문헌이다. 이 문헌은 노년의 아우구스티누스를 만족시키지 못하여서 식은 밥 같은 것이 되어버렸다.

아우구스티누스에게 모범이 되었던 기독교 저술가는 신플라톤주의자인 만리우스 테오도루스(Manlius Theodorus)였다. 그는 정치가 철학적 작업에서 자신의 주의를 다른 곳으로 분산시키는 것을 피하기 위해 밀라노로 은둔한 사람이었으며, 아우구스티누스에게 신플라톤주의 문헌들을 빌려주었던 자이다. "당신이 숭배하는 플로티누스의 책 몇 권을 읽고, 이 책들을 거룩한 문서들의 기준에 놓고 검토해본 이후로 나는 흥분을 누를 수가 없었습니다. …당신은 이미 얻었을 삶에서의 행복을, 나 역시 자신의 보잘것없는 노력의 도움을 받아 얻을 수 있을 것입니다. …우리가 함께 이 삶에서의 행복이라는 주제를 깊이 생각하였고, 나는 하나님이 주신 그 어떤 선물도 그보다 더 위대한 것이 있을 수 없다고 여기므로 이것은 적합한 일입니다."[16] 이것은 아우구스티누스가 테오도루스와 대화

16) Garry Wills, 『성아우구스티누스』, 안인희 역(파주: 푸른숲, 2005), pp. 105-106.

가 실제로 이루어진 시기에 쓰인, 진심에서 우러난 헌사였다. 아우구스티누스가 기독교 연구를 시작할 무렵 테오도루스가 그에게 얼마나 중요한 사람이었던가를 보여준다. 기독교 플라톤주의자인 테오도루스는 아우구스티누스로 하여금 교양적인 은거생활을 하도록 유도했으며 또한 플로티누스에 대한 찬양을 숨기지 않았던 인물이었다.

또한 아우구스티누스는 『아카데미학파에 대한 반론』에서 아프리카의 후원자인 로마니아누스(Romanianus)를 향해 테오도루스의 경우와 비슷하게 자신의 삶을 스케치한 것을 덧붙였다. 그는 생애 전반에 걸친 지적인 계획을 수립하는 동안 어떻게 여기에 자신이 도달했는지를 반추해보면서 자기 자신의 위치를 분명하게 평가하였다. 이런 계획의 출발선상에서 아우구스티누스는 새로운 형식의 논의를 시도하였다. 바로 『독백록』이었다. "여러 가지 문제들에 대해 나 자신과 더불어 반성하고, 또 여러 날 동안이나 끈질기게 내가 추구해야 할 것, 피해야 할 것 등에 대해 스스로에게 질문하면서 나는 갑자기 자신에게 말을 걸게 되었다. 아니면 아무리 알아내고 싶어도 나의 밖에 있는 사람인지 안에 있는 사람인지 알 수가 없는 누군가가 내게 말을 걸어왔다."[17] 카시키아쿰에서 저술한 『독백록』은 밀라노 시절의 아우구스티누스에게는 학문적인 혁신을 이룬 좋은 문헌이었다. 이 문헌은 기도문으로 시작해서 자신의 이성과 자신의 영혼 사이의 긴 논증으로 지속되며 때때로 날카

17) *Ibid.*, p. 107.

롭게 문제를 해결해 나간다. 그는 『독백록』을 당시의 어떤 문헌보다도 높이 평가하였다. 이 문헌은 그가 수년 동안 고민하던 문제들을 고독하게 사유하면서 해결해 나간 것이다.

이처럼 아우구스티누스는 이성적 사유를 통하여 자신의 신앙을 더욱 확실하게 그리고 체계적으로 만들어 나갔다.

> "하나님은 감각으로서는 도무지 알 수 없는 나라의 하나님이시며 … 이 하나님에게서 돌아서는 것이 곧 바로 타락이며, 하나님에게로 방향을 잡고 다시 일어서고, 하나님 안에 머무르는 것은 변화하지 않고 그대로 있는 것이다. … 이 하나님은 인간이 순수하게 되지 않으면 결코 찾을 수 없는 분이다. … 이 하나님을 의지해서 우리는 역경을 포기하지 않고 … 이 하나님을 통하여 죽음은 승리 속으로 사라져 버린다."[18)]

그에게 하나님은 철학의 하나님이시며, 우주 조화의 창조자이시다. 그런 하나님과 인간의 관계는 기하학적인 공리처럼 절대적이며 필연적인 것이라고 보았다.

아우구스티누스는 밀라노 시절에 우정을 통한 정신의 상호작용을 지적인 차원에서 진리를 추구하는 도구로 인식하였다. 『독백록』에서 이성이 친구들이 네가 지혜를 찾아내는 것을 돕기를 원하는 셈이라고 말하자, 아우구스티누스는 전적으로 그 말에 동의한다고 하였다. 이러한 태도는 그가 카시키아쿰에 은둔해 있는 동안 밀라노의 친구들에게 보낸 편지에도 잘 나타났다. "플로티노스의

---

18) Saint Augustine, *The Soliloquies*, pp. 345-346.

순수한 증기가 무차별적으로 대기 중에 새어나가서 소 떼가 마구 짓밟아대는 통에 그 순수성을 유지할 수 없게 되는 것보다는, 차라리 이 어둡고 힘든 혼잡을 뚫고 수로를 통해 흘러나가 소수의 사람에게 원기를 회복시켜준다면 말이다."[19]

카시키아쿰의 삶은 꼭 이론적인 것만은 아니었다. 아우구스티누스는 자유교양교육의 토대로부터 신을 향해 나아가는 백과사전적 작품을 생각하면서, 이리로 데려온 세 명의 학생들에게 베르길리우스(버질)를 계속 가르쳤다. 베르길리우스의 서사시를 신플라톤주의 세계관에 적용시켰다. 그는 또한 학생들, 친구들, 친척들을 동원하여 대화를 하였고, 그것을 재빨리 만들고 편집되는 그의 대화편들을 위한 자료가 되었다. 즉 우주의 질서에 대한 것, 이승의 삶의 행복에 대한 것, 회의론에 대한 반박 등의 대화편이었다.[20]

카시키아쿰의 세미나는 일상에서도 계속되었다. 아우구스티누스가 잠이 오지 않는 밤에 로마니아누스의 아들인 리센티우스가 쥐를 향해 신발을 던지는 소리를 들으면서 지적인 사유가 시작된 것이다. 아우구스티누스는 어둠 속에 누운 채, 어째서 침실 근처 수도관의 물소리가 꼴꼴거리다가 한 동안 소리를 멈추고 그런 다음에 갑자기 왈칵 흐르는 것일까를 묻는다. 리센티우스는 아마도 나뭇잎들이 관을 막았다가 물이 어느 정도 모이면 그것을 밀쳐내며 흐르는 것이 아닐까 라고 대답한다. 아우구스티누스는 이렇게 어떤 현상의 원인을 밝혀내는 것을 축하하고, 그에게 철학에서 모든

---

19) Garry Wills, *op. cit.*, pp. 109-110.
20) *Ibid.*, p. 110.

원인들을 밝혀내는 것을 생각해보라고 권한다. 그러자 리센티우스는 이런 새로운 통찰에 흥분해서 새벽녘에 옥외 변소에 앉아서 암브로시우스의 송가를 부른다.[21] 여러 해가 지난 뒤 리센티우스는 아프리카에 가 있는 스승 아우구스티누스에게 이런 가르침에 대하여 감사 편지를 보냈다. 아름다운 교양교육의 모습이다.

> 어느 날 새벽에 잠을 깸과 동시에 제가 이탈리아 중부 저 아름다운 지방에서 선생님과 함께 지내던 나날이 다시 와 있는 것과 같은 일이 일어난다면 얼마나 좋겠습니까? 선생님과 더불어 정신의 이념을 붙좇아 불타던 시절이었습니다. 제가 저 드높은 산맥과 같은 위용을 하신 선한 분들의 무구한 가르침으로 돌아갈 수만 있다면, 얼마나 좋겠습니까?[22]

카시키아쿰에서 저술한 『행복한 삶』은 만리우스 테오도루스(Manlius Theodorus)의 집에서 개최되었던 토론을 정리한 것이며, 『질서론』은 제노비우스(Zenobius)의 시에 대한 답신으로 저술한 것이었다.

Ⅲ. 기독교교양교육의 성립

1. 자유교양교육의 화해

로마시대 기독교인들은 이교문화를 적대시하였다. 로마문화

21) *Ibid*., p. 111.
22) Carlo Cremona, *op. cit*., p. 148.

(Graeco-Roman culture)는 로마제국의 성립과 유지에 기본이 되는 것이었으므로, 로마인과 야만인을 구별하는 척도였다. 로마인이 된다는 것은 혈통이나 영토의 문제가 아니라 로마문화를 가졌느냐의 여부에 달려있었다는 주장이다. 로마의 교육이 이 문제를 해결해주는 유일한 방도였다. 로마인들은 전통적인 자유교양교육을 공부함으로써 인간성을 성취할 수 있었으며 인간다운 인간 즉 노예가 아닌 자유인이 될 수 있었다. 마로(H. I. Marrou)에 의하면, 로마의 학교는 제국의 영토 전역에 균등하게 분포되어 있었다. 초등학교 교사들은 전 지역에서 찾아볼 수 있었으며, 중등학교교사들 즉 문법교사와 수사학교사들은 중요한 거점지역에서 만날 수 있었다.[23) 로마의 정복정책은 피정복 민들의 자녀들을 인질로 삼아서 로마의 학교에서 양육하는 것이었다.

당시 기독교인들은 자녀들을 읽기와 쓰기 등을 배울 수 있도록 로마의 학교에 보내기도 하였지만, 여전히 로마의 이교문화는 거부하였다. 기독교인들은 기초학습의 필요성을 인정하면서도 로마문화의 수용은 거부한 것이다. 로마인이 된다는 것은 교육을 통하여 로마문화의 일원으로 가입한다는 것이었다. 하지만 기독교인이 된다는 것은 회심을 통하여 교회의 성원이 된다는 것이었다. 그런데 회심은 하나님의 일이라고 보았기 때문에, 기독교인들은 교육을 중시하지 않았다.

---

23) H. I. Marrou, *A History of Education in Antiquity* (New York: Sheed and Ward, 1956), p. 296.

하지만 기독교인들은 로마의 교육을 거부하면서도 로마시민이 될 수 있는 기회는 놓치지 않으려고 하였다. 당시의 풍토는 로마인이 되지 못하면 야만인으로 전락해 버린다는 사실이었다. 로마인과 기독교인이 동시에 되는 방안을 찾는 것이 당시 기독교인들의 고민이었다. 교육사적으로는 "고전문화와 기독교의 통합은 가능한가?"라는 논제이다. 4세기 말경에는 이 것이 대단히 예민한 문제였다. 4세기에 이르러 콘스탄틴(Constantin) 황제가 비로소 기독교를 인정해 주었고, 데오도시우스(Theodosius) 황제가 기독교를 제국의 종교로 공인해주었다. 이를 계기로 예루살렘과 로마는 화해하게 되었으며, 헬레니즘의 미래가 기독교인들의 손에 달려있게 된 것이다.

기독교인들이 반대한 로마문화의 두 가지 축은 문학과 철학이었다. 교부 터틀리안(Tertullian)은 고전문학에 대단히 적대적이었다. 교양교육을 충실히 이수하고 나중에 기독교인이 된 로마인들은 고전문학에 호의를 보이기도 하였지만, 결국에는 고전문학을 비기독교적이라고 하면서 거부하였다. 대표적인 인물인 제롬(Jerome)은 문학을 즐긴 것을 스스로 참회하면서 성경을 라틴어로 번역한 최초의 인물이 되었다. 이런 대립의 문제를 해결해 준 인물이 바로 아우구스티누스이다. 그는 실용적인 타협안을 내세워서, 이교문학을 이교도와의 전투에서 무기로 활용할 수 있다고 권유한 것이다.

> 그와 같은 이교도들의 학문에는 그릇되고 미신적인 공상, 그리고 불필요한 노고의 무거운 짐이 붙어있으므로, 우리가 그리스도의 지도

> 하에 그들과 결별할 때에, 마땅히 그것들을 기피해야 한다. 그러나 그들의 학문에는 진리탐구에 유용한 교양도 포함되어있고, 훌륭한 도덕적 훈계도 있다. 심지어 유일신 경배에 관한 진리도 있다. 이런 것들은 이를테면 그들의 금과 은이며, 그들이 창조한 것이 아니라 그들은 파냈을 뿐이다. 하나님의 섭리의 광산은 도처에 있기 때문이다. 그들은 그 파낸 금과 은을 부당하게 귀신숭배에 악용했다. 그러므로 그리스도인들은 그들과의 불행한 관련을 정신적으로 끊고 떠날 때에, 그들의 금은을 취해서 복음 전파 사업에 이용해야 한다. 또 그들의 의복, 즉 금생에서 필수적인 사회생활에 적합하게 만든 각종 문화도 기독교적으로 이용해야 한다.[24)]

아우구스티누스는 이것을 출애굽 때에 이집트인들의 물건을 강탈한 사건에 비유하였다. 당시의 이스라엘인들은 이집트인들의 금과 은은 빼앗았지만 그들의 믿음을 탈취한 것은 아니었다. 아우구스티누스의 방책은 기독교인들이 이교문학 가운데서 불경건하고 부도덕한 요소들을 분리시키고는 유익한 것을 취해야 한다는 것이었다. 이교문학을 즐겨서는 안 되지만, 지적인 도구로 이용할 수는 있다는 주장이었다.

수사학 공부에 있어서도 그는 그것을 대단히 유용한 도구로 간주하였다. 청년 아우구스티누스가 받은 교육의 기초는 문학과 수사학의 철저한 훈련으로 다져졌으며, 수사학 교사가 되어서 철학과 자유교양교과 공부를 통하여 자신의 지식을 넓혀 나갔다.[25)] 그

24) 성 아우구스티누스, 『기독교교육론』, 김종흡 역(서울: 크리스챤다이제스트, 1994), p. 93.

러므로 교양교과의 유효성을 인식한 아우구스티누스는 수사학 공부를 게을리하는 기독교인들에게 다음과 같이 충고하였다.

> 그런데 수사 기술은 진리나 거짓을 주장하는데 효과가 있으므로, 진리를 옹호하는 사람이 대표하는 진리가 아무 무장도 없이 거짓과 대립하라고 누가 감히 말할 수 있는가? 예컨대, 거짓을 사람들에게 믿게 만들려고 하는 사람들은 듣는 사람의 마음을 호의적인 것으로 만들며, 귀를 기울여 배우게 만들도록 문제를 제시하는 방법을 알지만, 진리를 옹호하는 사람들은 그런 기술을 몰라도 된다는 말인가? 전자는 그 거짓을 간단명료하고 그럴듯하게 말하는데, 후자는 듣기에 지루하고 알아듣기 어렵고 믿기에 쉽지 않은 모양으로 말하라는 것인가? 전자는 진리에 반대하기 위해서 궤변적인 논법을 동원하는데, 후자는 진리를 옹호할 줄도 모르고 거짓을 논박할 줄 몰라도 좋은가? …그러면 언변은 양쪽으로 유효하며, 그른 것과 바른 것을 모두 주장하는 데 큰 도움이 되는 것이므로, 무슨 까닭에 진리 편에선 착한 사람들이 그것을 이용하지 않는가? 한 쪽에서 악한 자들은 웅변술을 이용해서 악하고 무가치한 주장이 이기게 하며, 불법과 오류를 퍼뜨리고 있다.[26)]

기독교인들이 반대한 고전문화의 두 번째 축은 철학이었다. 여기서도 같은 반응을 발견할 수 있다. 일부는 철학공부를 묵인하였지만, 나머지는 반대하였다. 웅변가인 아리스티데스(Aristides)와 터

---

25) William Boyd, 『서양교육사』, 이홍우 · 박재문 · 유한구 공역(서울: 교육과학사, 1994), p. 120.

26) *Ibid.*, pp. 134-135.

툴리안은 대표적인 반대자였다. 특히 터툴리안은 다음과 같이 고전철학에 관한 자신의 견해를 분명히 밝혔다.

> 아테네가 예루살렘과 무슨 관계가 있으며, 아카데미가 교회와 무슨 상관이 있는가? … 기독교인들은 예수 그리스도 때문에 호기심을 가질 필요가 없고, 복음서 때문에 탐구할 필요가 없다. 기독교인들은 신적인 진리를 가지고 있기 때문에 이단의 수장들인 철학자들을 사색할 필요가 없다.[27)]

그는 자신의 강경한 입장을 정당화하기 위하여 수사적인 질문을 던졌다. 이것은 선악의 관점에 기초한 이분법적인 사고를 유도하는 질문이었다.

> 철학자와 기독교인 사이에는 어떤 공통점이 있는가? 그리고 헬라의 문하생과 천국의 문하생, 명성을 위해 일하는 자와 구원을 위해 일하는 자, 말을 만드는 자와 행동하는 자, 건설 자와 파괴자, 오류를 가필하는 자와 진리를 고안하는 자, 진리를 훔치는 자와 진리를 관리하는 자 사이에는 어떤 공통점이 있는가?"[28)]

하지만 화해의 견해를 가진 기독교인들도 있었다. 그들은 아테네와 예루살렘 사이에는 갈등보다는 화해의 여지가 더 많다고 본 것이다. 대표적인 인물인 철학자이며 순교자였던 저스틴(Justin Martyr, 100-165)은 다음과 같이 말하였다.

---

27) Henry J. Perkinson, *op. cit.*, p. 39.
28) *Ibid.*

우리 기독교인들이 모든 사물은 하나님에 의해 만들어지고 세상에 정돈되었다고 말할 때, 그것은 마치 플라톤의 주장을 언급하는 것처럼 보인다. 우리가 모든 것이 불타 없어진다고 말할 때, 그것은 마치 스토아학파의 주장을 언급하는 것처럼 보인다. 죽은 뒤에 악한 자의 영혼이 벌을 받고, 선한 자의 영혼은 구원을 얻으며, 축복받는 존재로 지낸다고 확신에 차서 말할 때, 그것은 마치 시인이나 철학자들이 똑 같이 말하는 것처럼 들린다."[29)]

철학을 존중하는 기독교인들이 제안한 해결책은 철학이 기독교를 지원할 수 있다는 말이다. 이런 주장을 펼친 대표적인 인물이 알렉산드리아의 교부 오리겐(Origen)이다. 그는 자신의 제자인 그레고리에게 보낸 편지에서 교양교육의 유효성을 역설하였다.

너의 능력은 로마의 법률가나 그리스의 철학자가 될 수 있다. 하지만 나는 너의 모든 능력을 너의 목적이 되는 기독교를 위해 사용하기를 원하였다. 그리고 너의 능력을 효과적으로 사용하기 위하여 그리스철학을 교회의 회칙을 만들거나 기독교를 공부하기 위해 활용할 수 있었으면 한다. 철학자의 아들이 철학의 하위 학문인 기하학, 음악, 문법, 수사학, 천문학에 관하여 말하는 것 가운데서 기하학이나 천문학 같은 것은 성경을 설명하기에 매우 유용할 것이다. 우리는 기독교와 관련지어서 기독교를 말할 수 있다.[30)]

이런 관점은 고전문학에 대한 아우구스티누스의 해결책과 동일한 것처럼 보인다. 하지만 그는 단순한 통합이나 화해의 수준을

29) *Ibid*., p. 40.
30) *Ibid*.

넘어섰다. 당시의 기독교인들이 심각한 딜레마에 빠져있을 때, 아우구스티누스는 고대문화와 기독교를 융해시키기 위하여 어떤 사상가들보다 더 노력한 것이다.[31] 그는 철학을 기독교의 보조학문으로 보지 않았다. 그는 대담하게 새로운 기독교철학을 해결책으로 제시한 것이다. 아카데미와 교회를 모순된 관계로 보지 않았다는 말이다. 이런 그의 주장을 실증적으로 보여준 것이 바로 카시키아쿰의 세미나였다.

2. 행복한 삶과 가르침

아우구스티누스는 지식의 체계를 갖춘 기독교적인 철학의 틀을 고심하면서 근원적인 문제를 탐색해 나갔다. 그는 철학자들이 오랫동안 관심을 가진 문제들 가운데서 세 가지를 추려서 제시하였다. 첫째, 우주는 무엇으로 만들어졌으며, 어떻게 실재하게 되었나? 둘째, 사물들이 행할 때 왜 그것들의 행위가 발생하는가? 셋째, 인간의 목적은 무엇인가?[32] 이 세 가지 질문에 대하여 기독교인들은 똑 같은 대답을 할 것이다. 하나님이 만드셨고, 하나님이 원인 그 자체이시며, 하나님을 알게 됨으로서 행복해지는 것이 대답이 될 것이다. 아우구스티누스의 기독교철학은 이 대답을 전제로 삼으면서, 그것이 왜 올바른 대답이 되는지를 증명하려고 이성

31) S. J. Curtis and M. E. A. Boultwood, *A Short History of Educational Ideas* (London: University Tutorial Press, 1975), p. 70.

32) *Ibid.*, p. 41.

과 논증을 사용하였다.

특히 삶의 목적과 관련된 세 번째 질문은 아우구스티누스가 카시키아쿰에서 본격적으로 사유하기 시작한 논제였다. 이런 사유의 결실이 『행복한 삶』으로 표현되었다. 소크라테스 이후 철학자들은 행복(eudaimonia)을 인간의 목적이라고 하였다. 행복이란 무엇인가에 대한 답은 서로 다를지라도 거의 대부분의 철학자들은 행복을 정신이나 지성과 관련된 것이라고 간주하였다. 아우구스티누스도 역시 행복의 추구를 인간의 자연적인 경향성으로 보면서 이 문제를 논하기 위한 보편적 단초를 마련하였다. 카시키아쿰에서 리센티우스는 "행복해지려는 자는 무엇을 원해야하며, 무엇을 욕구해야하는지를 말해 달라"고 아우구스티누스에게 요구하였다.[33] 그의 행복론 요지는 하나님을 직관하고 인식함으로서 참된 행복을 발견할 수 있다는 주장이다.[34] 그에게는 진리탐구가 행복의 첫걸음이며 진리의 소유가 행복의 달성이었다. 진리와 행복은 분리될 수 없다고 확신한 것이다.

> 그것은 진리 그 자체입니다. 당신은 그 진리를 즐길 수도 있습니다. 주님 안에서 즐거움을 누리면 주님께서는 당신의 마음에서 나오는 간구를 들어주실 것입니다. 행복하게 되는 것보다 더 바라고 있는 것이 있습니까? 어떠한 것들보다도 탁월하고 흔들리지 않고 변하지도

---

33) Saint Augustine, *The Happy Life*, Ludwig Schopp(trans.), in *The Fathers of The Church*(Washington, D. C.: The Catholic University of America Press, 1948), p. 56.

34) 졸저, 『아우구스티누스 교육사상』(서울: 학지사, 2007), p. 210.

않는 진리를 즐기는 것보다 더 행복한 것이 있겠습니까?[35)]

아우구스티누스는 우연한 사고나 운명의 장난에 의해 좌우되지 않는 영구적이고 불변하는 것을 얻기 위해 상실될 염려나 위협을 받지 않고 혹은 운명의 장난에 의해 사라져 버리지 않을 대상을 소유할 수 있어야만 행복을 얻을 수 있다고 강조한 것이다. 그는 인간의 영혼이 잡다한 세계에서 일자(一者)에게로, 외적인 세계에서 내면의 세계로, 시간에서 영원으로 초월함으로서 불행에서 벗어날 수 있음을 깨달은 것이다.[36)] 그는 기존의 행복론이 지니고 있는 한계를 지적하면서 참된 행복의 조건으로 불변성과 영원성을 제시하였으며, 행복을 추구하는 동력으로는 다음과 같이 사랑을 추천하였다. "나의 무게는 나의 사랑, 그것이 나를 어디로 이끌든지 나는 그리고 끌려가나이다."[37)] 그러므로 그의 행복론은 그리스 철학의 전통에서 출발하였지만, 행복을 마음보다는 욕구나 사랑과 같은 의지와 관련짓는다. 사랑은 인간의 행위에 있어서 역동적인 힘이 되기 때문이다.

카시키아쿰에서 논의된 아우구스티누스의 『행복한 삶』(*De Beata Vita*; *The Happy Life*)은 테오도루스(Manlius Theodorus)에게 헌정하는 머리말과 카시키아쿰의 세미나에 참여한 자들 간의 대화편으로 구성되었으며, 문헌의 내용과 형태는 키케로의 『호르텐시우스』를 참

---

35) 아우구스티누스, 어거스틴의 자유의지론, 박일민 역(서울: 반석문화사, 1993), p. 97.

36) 졸저, *op. cit.*, p.

37) 성 어거스틴, 『고백록』, pp. 430-431.

고한 것이었다.[38] 아우구스티누스가 자유교양 교육의 과정에서 계발한 지적 능력을 카시키아쿰의 세미나에서 활용한 것이다.

그리고 아우구스티누스는 카시키아쿰의 세미나 이후 아들 아데오다투스와 대화를 통하여 교육의 근본문제를 논의하였다. 카시키아쿰의 대화가 계속 이어진 것이다. 그는 전통적인 고전교육을 기독교의 회심과 대체할 수 없다고 보고 "진리를 이해하기 위하여 우리는 어떻게 배워야하는가?"라는 논제를 사유하였다. 그는 『교사론』에서 그리스 로마인들이 이해했던 교육은 존재할 수 없다는 점을 논증해 나갔다. 어떤 사람도 다른 사람을 가르칠 수 없으며, 하나님만이 유일하신 교사라고 입증한 것이다. 그는 아들과 논의를 거듭하면서 기호학습이 가지고 있는 제한된 속성을 지적하였으며, 인간이 지니고 있는 선험적인 인식의 지향성을 검증하였다.[39] 아우구스티누스의 의도는 기호학습이 하나님 인식으로 나아간다는 인식의 필연성을 보여주는 것이었다.

아우구스티누스의 관점에서 보면, 우리는 기호라는 수단에 의해 배운 것은 아무 것도 없다. 학습상황에서 하나의 기호가 주어졌을 때, 그것이 기호라는 것을 내가 알지 못한다면 그것은 나에게 아무 것도 가르칠 수 없다. 그리고 그것이 기호라는 것을 내가 알게 된다고 하더라도 나는 그 기호로부터 배울 수 없다. 아우구스티누스가 예를 든 문장을 살펴보자.[40] "그리고 그들의 saraballae는 변

38) Saint Augustine, *The Happy Life*, p. 34.
39) 졸고, "Augustinus의 교사론 연구: 기호학습과 인식의 지향성을 중심으로"(총신대논총 제25집, 2005), p. 224.

하지 않는다." 만약 내가 saraballae라는 단어를 알지 못한다면, 나는 이 기호로부터 아무 것도 배우지 못한다. 그러나 saraballae 라는 말이 머리에 쓰는 어떤 것임을 안다고 하더라도 나는 여전히 이 기호로부터 아무 것도 배우지 못한다. 그렇다면 어떻게 배울 수 있나? 아우구스티누스에 따르면 직접 경험함으로써 배운다는 주장이다. saraballae를 사용해 본 어떤 사람이 saraballae라는 말을 들었을 때 그는 이것이 기호라는 사실을 배운다. 그러므로 기호는 사물이 인지된 이후에 배워지는 것이다.

아우구스티누스는 이런 이해를 바탕으로, 언어를 다루는 교사는 실체(reality)의 지식을 전달할 수 없다는 사실을 논증해 나갔다. 교사는 단지 기호를 전할 뿐이다. 실체에 관한 지식은 실체를 직접 경험함으로써 얻어진다는 것이 아우구스티누스의 주장이다. 다른 예를 살펴본다.[41] "물은 섭씨 100도에서 끓는다."라고 교사가 말하더라도, 학생들은 물이 섭씨 100도에서 끓는다는 것을 알 수 있나? 이런 경우 학생들은 물이 섭씨 100도에서 끓는다는 것을 믿을 뿐이지 아는 것이 아니다. 학생들은 단지 물이 섭씨 100도에서 끓는다고 교사가 말한 것을 아는 것일 뿐이다.

그러므로 실체에 관한 우리의 지식은 교사로부터 나오는 것이 아니라 실체 그 자체로부터 또는 실제 세계에 관한 우리의 인식이

---

40) Saint Augustine, *The Teacher*, Robert P. Russell(trans.), in *The Fathers of The Church*(Washington, D. C.: The Catholic University of America Press, 1948), pp. 47-48.

41) Henry J. Perkinson, *op. cit.*, p. 47 참고.

나 관찰로부터 나오는 것이다. 그리고 "왜 물은 섭씨 100도에서 끓는가?"라는 질문에서 아우구스티누스 식으로 대답한다면, 그것은 하나님이 세상을 그런 방식으로 창조하셨기 때문이다. 다만 우리는 하나님이 창조하신 원리나 이치를 발견할 수 있을 뿐이다. 아우구스티누스는 지식을 감각적 지식과 지성적 지식으로 나누어서 논증하였다.

그것은 사칙연산에서 볼 수 있는 산술적 지식이나 기하학의 공리에서 나타나는 기하학적 지식, 그리고 "현명한 자는 어리석은 자보다 우수하다."와 같은 논리적 지식을 말한다. 이런 종류의 지식은 경험세계나 실체로부터 나오지 않는다. 우리의 감각이 아니라 마음이 이런 사물을 인식하는 것이다. 만약 어떤 사람이 삼각형의 내각의 합을 실제로 여러 번 재어보았더니 178도였다고 하자. 그렇다고 해서 이 삼각형의 내각의 합이 178도라고 단정하지 않는다. 그것은 삼각형이 아니라고 결론짓는다. "삼각형의 내각의 합은 180도이며, 현명한 자는 항상 어리석은 자보다 우수하다."라는 명제가 변하지 않는 것처럼 지성적 지식은 절대적이고 변하지 않는다. 아우구스티누스는 이런 지식의 속성을 활용하여 조명설(Illumination Theory)을 논증하였다.

아우구스티누스에 따르면, 유한한 존재가 절대적인 진리를 스스로 이해하는 것은 불가능하다. 반드시 신적인 존재의 도움을 필요로 한다. 그는 이런 도움을 신의 조명(Divine Illumination)이라고 불렀으며 필연적인 것으로 보았다. 사물이 우리의 지성이나 이성에 의해 논의될 때, 사물은 즉시 내면에 있는 진리의 빛에 의해 조명되어진다. 그러므로 어떤 사람도 다른 사람을 가르칠 수 없음을 논증한 것이다. 그러므로 학생들은 교사의 말을 통하여 배우는 것이 아니라 하나님이 그들의 영혼의 내부에서 밝혀주시는 사물 그 자체에 의해 배우는 것이다. 하나님만이 유일한 교사이시다. 우리는 이 땅에서 누구도 우리의 선생이라고 부르지 않는다. 우리의 유일한 선생은 하늘에 계신 분이다. 아우구스티누스는 교양지식에서 시작하여 신 인식에 이르는 진리탐구의 길을 충실하게 걸어갔다.

Ⅳ. 교육공동체의 메시지

아우구스티누스는 그리스·로마의 세속학교에서 발전시킨 교양교과들을 인간의 영혼에 올바른 질서를 수립할 수 있는 최고의 교과로 생각하였다. 그는 386년 여름 회심 사건이후 카시키아쿰의 세미나에서 대화를 진작시켰으며, 구체적으로 교양교과에 관심을 가지고 관련 논문을 작성하기 시작하였다. 그는 교양교육에 대한 그리스의 전통을 수용하면서 7자유과에 관한 연구를 지속하려고 계획하였지만, 『음악론』과 『교사론』 두 편만 남겨놓았을 뿐이다. 『음악론』은 아우구스티누스가 387년에서 391년까지 14년에 걸쳐 집필하였으며, 『교사론』은 389년에 출판되었다.

아우구스티누스가 주후 386년 가을에 시작하여 387년 봄에 폐한 카시키아쿰의 교육공동체는, 그가 평생에 걸쳐서 보여준 진리탐구의 여정을 가늠할 수 있는 좋은 지표가 된다. 그는 교양교육을 진리탐구를 위한 준비과정으로 본 것이다. 그의 삶은 두 가지 과제, 즉 하나님과 자신의 영혼을 알기 위한 노력으로 점철되어 있다. 그는 기독교철학이 이런 삶의 목적을 충족시켜 줄 것으로 기대하였으며, 자유교양교육이 그의 위대한 학문적 과제를 해결할 수 있는 기술을 제공해 줄 것이라고 믿었던 것이다.

카시키아쿰의 생활은 아우구스티누스에게 알찬 시간이었으며, 학문적으로 기독교사상의 확립을 위하여 자신의 지적인 사유를 정리하고 대화편을 저술한 생산적인 시기였다. 회심 이후 삶의 방향을 결정한 그는 기독교와 고전문화를 단순히 통합하기보다는 기독교학문을 정립하여 새로운 기독교교육의 틀을 만들어나갔다. 이런 그의 의도를 살펴볼 수 있는 카시키아쿰의 세미나는 교양을 위한 은거였다. 여기에서 그는 교회와 자유교양교육을 화해시키면서 새로운 기독교교양교육을 시도하였다. 그는 버질이나 바로의 문헌을 가지고 제자들과 씨름하면서도 대화에 참여한 어머니 모니카의 신앙적인 관점을 높이 평가하였다. 철학적인 사유와 기독교적인 신앙이 결합되어야만 하나님을 알기위한 지적인 탐구를 계속해 나갈 수 있다는 아우구스티누스의 의지가 잘 드러나는 장면이었다. 그는 숨어 계신 하나님을 한 단계씩 밝히 드러내 보여주는 것은 신앙과 더불어 철학이라고 하였다.

아우구스티누스가 보는 자유교양교육은 그리스의 아카데미학파가 취하는 회의주의적인 방법과는 달리, 진리가 비추어주는 완전한 빛 아래에서 충실하게 성취될 수 있다. 이것이 카시키아쿰의 교육공동체가 보여주는 메시지이다. 이를 위하여 그는 교양적으로 잘 훈련된 대화를 시도하였으며, 학문적으로 존중되는 인과관계의 의미를 제자들에게 가르친 것이다. 뿐만 아니라 그는 『독백록』에서 자신을 성찰하면서 이성적 사유가 하나님을 아는 일에 길잡이가 될 수 있음을 보여주었다. 우리가 교양교육을 통하여 잘 훈련된 지성을 가지고 신앙이 이끌어가는 방향을 따라나선다면 하나님 인식이 가능할 것이라는 아우구스티누스의 의도가 카시키아쿰에서 실천된 것이다. 이런 삶을 그는 참된 행복이라고 하였다.

행복의 성립조건으로 불변성과 영원성을 내세운 아우구스티누스는 논의방식을 그리스 철학의 전통을 취하였지만, 하나님을 직관하고 인식하는 일이 참된 행복을 보장한다고 주장하였다. 그에게는 진리탐구가 행복의 첫걸음이며 진리의 소유가 행복의 달성이었다. 행복은 진리와 분리될 수 없다고 확신한 것이다.

아우구스티누스의 교육공동체는 여기에서 마무리되는 듯하지만, 그의 의도는 『교사론』까지 이어진다. 교육이 어떻게 발생하며, 우리의 인식이 어떻게 이루어지는가를 『교사론』을 통하여 논의한 것이다. 우리가 행복한 삶을 영위하려면 진리탐구의 길에 들어서야 하는데, 실질적으로 진리인식이 어떻게 가능한가를 아들 아데오다투스와 논증하였다.

언어인식에서 시작되는 진리탐구 행위가 자기인식을 경유하여서 마침내 하나님 인식에 이른다는 아우구스티누스의 인식체계는 인식의 전환이 존재의 전환을 수반한다는 존재론적인 관점을 확실하게 내세웠다. 기독교 신앙의 지향성 때문에 가능한 이런 입장이 그의 인식론을 교양교육의 일환으로 볼 수 있게 한다. 아우구스티누스의 교양교육에는 언제나 신앙이 개입하기 때문에, 교양교육은 이성의 독자적인 산물이 아니라 기독교 신앙과의 협력을 통해 얻게 되는 결과물이다. 아우구스티누스는 카시키아쿰의 교육공동체에서 이런 그의 주장을 보여주었다.

제8장

아우구스티누스의 미론과 교양교육[1]

아우구스티누스의 장례식

Ⅰ. 미론과 교양교육의 상관성

아우구스티누스(Aurelius Augustinus, 354-430)는 26, 7세에 저술한 『아름다움과 조화에 관하여』(*De pulchro et apto*)에서 미론의 문제를 제기하였다. 아름다움의 본질을 체계적으로 탐색하기 위하여 자신이 가졌던 의문을 구체화한 것이다. "우리가 사랑하는 것이 아름다운 것 외에 또 있느냐? 그렇다면 아름다운 것이란 무엇이냐? 그리고 아름다움이란 무엇인가? 우리가 사랑하는 사물들이 우리의 마음을 사로잡고, 우리를 기쁘게 하는 것은 무슨 까닭인가? 만약 아름다운 모양이 없다면, 그것들은 결코 우리의 마음을 붙잡을 수 없을 것이다"(성 어거스틴, 2004:109)[2] 그는 미의 원리에 관한 근원적

1) 이 글은 『교육사상연구』, 제29권 1호, 2013.4. 게재논문이며, 이 책의 전체 목차에 맞게 배열하였다.

인 의문을 피력하면서 자신의 견해를 체계적으로 구성하기 시작하였다.

아우구스티누스는 전 생애를 통하여 진선미를 추구하였으며, 진리는 그 자체로 아름다운 것이라고 보고 자신의 미론을 구성하였다. 특히 32세에 경험한 회심사건은 진리를 추구하는 여정 자체를 아름다움의 과정으로 인식하게 만들었다. 그는 미론을 존재론의 토대 위에서 살폈으며, 인간존재의 진정한 실현에서 아름다움이 성립하는 것으로 보았다. 지혜에 대한 사랑에 매혹되었던 청년기의 지적 탐색과 삶의 방향을 찾지 못해 고뇌하면서 경험했던 회심사건이 그의 미론 형성에 결정적인 계기가 되었다.

아우구스티누스는 회심 직후 밀라노 교외에 있는 카시키아쿰(Cassiciacum)에서 일상이 가져다주는 근심거리에서 벗어나 지적 탐구에 몰두함으로써 창조적 여유를 즐겼다. 이런 여유는 '교양을 위한 은거' (*otium liberale*, cultured retirement)였으며 교육공동체를 통한 즐거움이었다(주영흠, 2011:219). 말하자면 마음의 평정을 되찾은 후 실제적으로 교양교육을 시도한 것이다. 여기에서 그는 제자들과 함께 철학적 논의를 통하여 물리현상을 이해하려고 노력하였으며 내적 질서와 조화의 의미 등을 토론하였다. 이때의 담론을 바탕으로 그가 내놓은 것이 바로 『아카데미학파에 대한 반론』(*Contra Academicos*; *Answer to Skeptics*), 『질서론』(*De Ordine*; *Concerning Order*), 『독백』(*Soliloquia*; *Soliloquies*), 『음악론』(*De Musica*; *On Music*)이다. 이 저

---

2) 『아름다움과 조화에 관하여』는 현존하지 않는다.

술들은 모두 풍부한 미학적 논의를 담고 있으며, 특히 『음악론』은 『교사론』(*De Magistro; On Teacher*)과 더불어 교양교육의 성립에 직접 기여하였다.

아우구스티누스 미론의 인식방향은 시공간의 세계에서 나타나는 가시적 미로부터 진정한 아름다움으로 인식되는 비가시적 미로 나아가는 것이다(백영제, 2000:72). 이런 미론체계는 현상계의 아름다움을 미 이데아의 모사에 불과하다고 보는 플라톤의 전통과 맥을 같이하지만(조요한, 1979:35), 미의 초월성만 인정하는 배타적인 태도를 취하지 않았다. 미의 본질을 탐색하기 위하여 감각적이면서도 실제적인 미의 개별성을 인정한 것이다. 그리고 영속적 미는 한시적 미를 통하여 파악해야 한다는 시공간의 한계성을 인식하고 있었다. 고대 그리스의 미론, 특히 플라톤의 것을 비판적으로 수용하면서 미의 영원한 본질과 한시적 개별성을 통합한 것이다.

그러므로 아우구스티누스 미론은 미의 감각적 구체성에서 미의 이념적 초월성으로 나아간다. 이런 관점은 현상계의 개별 사물들이 가지는 아름다움에서 미의 보편적 원형을 탐색하고자 하는 그의 의도를 잘 보여준다. 그가 말하는 핵심개념은 통일성, 수, 등질성, 비율, 질서 등 물리현상의 배후에 있는 내재적이고 본질적인 것이다(Beardsley, 1982:93). 따라서 사물 간의 상관성을 통하여 아름다움을 발견하고, 분산된 것들 가운데서 통일성을 확인함으로써 아름다움을 인식할 수 있다고 본다. 아우구스티누스는 현상계의 가시적 미를 통하여 이상계의 보편적이고 영속적인 미를 인식할 수 있는 교양능력에 관심을 가졌다.

플라톤에 따르면, 감각 세계의 개별적 미는 생성 소멸하는 것이므로 열등하지만, 진정한 미는 시공간에 의해 훼손되지 않는 영원한 것이다. 이 말은 모든 감각적 아름다움의 원천은 모든 미를 수렴하는 영원한 아름다움에 있다는 뜻이다. 이런 주장을 비판적으로 수용한 아우구스티누스는 미의 인식과 소유를 통하여 영혼의 상승과 회귀를 도모하면서 궁극적으로는 미 자체를 관조하고자 하였다. 그러므로 그는 교양교과(liberal arts)를 통한 영혼의 훈련이 필요하다고 보고 교양교육을 체계적으로 구성해 나갔다. 미학적 저서로 간주되는『음악론』이 대표적인 사례이다.

인간 공동체가 공유할 수 있는 아름다움을 확보하고 인간존재를 미적으로 실현시키는 일은 아우구스티누스의 바람이었다. 그것은 시공간의 세계에 숨겨져 있는 미의 원형을 발견하고 관조함으로써 지복에 이를 수 있다고 보았기 때문이다. 우리에게 미의 영역은 구체적인 삶의 모습에서부터 세계인식과 역사이해 그리고 미래의 전망에 이르기까지 모두를 포괄하고 있다. 그러므로 미론은 객관적 인식의 패러다임을 구성하려는 인식론이나 보편적 당위성을 확보하려는 도덕철학과는 다르게 개개인의 주관성에 관련되어 있지만, 여전히 보편적 가치의 영역으로 간주될 수 있다. 특히 아우구스티누스는 미의 구체성과 개별성을 인정하면서도 우리가 공유할 수 있는 미의 본질이 분명하게 존재하고 있음을 역설하였다. 그에게는 예술이나 자연의 존재론적 인식이 가능한 것과 마찬가지로 인간의 미적 실현은 곧 존재론적 실현과 동일한 것이다. 따라서 아우구스티누스에게 있어서 교양교육은 인간존재의 진정한 미적 실현의 도구가 된다.

이 연구는 아우구스티누스의 미론과 교양교육이 어떻게 상관하는지 밝히는데 목적이 있다. 시공간의 세계에 존재하는 인간은 누구나 아름다움을 추구한다는 전제에서 미론을 탐색하고자 한다. 아우구스티누스는 미의 영속성을 가정하면서, 모든 개별적 미를 수용하는 보편적 미가 확실하게 존재한다는 주장을 내세운다. 다만 미의 감각적 구체성이 이념적 초월성과 상관하지 못하므로, 참다운 미가 인식될 수 없음을 안타깝게 여겼을 뿐이다. 따라서 그의 미론에는 영원한 아름다움을 관조하고자 하는 이성의 능력이 필수적이다. 아우구스티누스에 따르면, 이성의 계발을 목적으로 삼는 교양교육이 한시적 미에 머무르는 영혼을 영원한 미로 나아가게 하는 미의 사다리역할을 하는 것이다. 따라서 그의 미론의 관점을 살피고 교양교육의 미론적 의미를 탐색하는 일이 논의의 주된 내용이다. 연구자는 아름다움의 본질을 추구하고 미적 판단을 행하는 우리의 의도가 공유될 수 있다고 보고, 교양교육을 통하여 아름다움을 바라봄으로써 미적인 자기실현을 시도한 아우구스티누스의 주장을 재조명해보는 것은 유의미한 작업이라고 본다.

Ⅱ. 아우구스티누스 미론의 관점

“미의 기본인 통일성이 모든 존재의 구성요소이고, 여러 사물은 자신이 구성하는 통일의 정도에 따라 아름다워지기 때문에, 아름다움이란 우발적으로 발생하는 것이 아니다”(*Ibid.*: 95). 아우구스티누스의 이런 관점은 미적 판단의 주관적 계기를 인정하면서도 그것의 선험적 근거를 찾고자 했던 칸트(I. Kant)의 입장과 동일하다. 아우구스티누스는 아름다움의 내재성을 우선적으로 인정하면서 가시적 미와 비가시적 미의 관련성을 추적하였다. 이런 관점에서는 미적 직관이 시공간의 감각적 구체성과 시공간을 뛰어넘는 이념적 초월성에 함께 관계하므로 항상 반성적 사고를 수반하는 미적 판단의 계기를 모두 포함한다. 반성적 성격의 미적 판단은 선험적 요소를 배제하는 주관적 미학과는 달리, 칸트에게서 볼 수 있는 것처럼 미적 직관의 보편성에 주목하면서 통합적 성격을 지닌다.

아우구스티누스 미론의 성격을 밝히기 위하여 칸트의 미학을 좀 더 살펴본다. 칸트는 아름다움을 주관적인 것으로만 보지 않고 실천이성의 목적과 관련시키면서 보편적 미 이념의 존재성을 논증하였다. 그에 따르면, 우리의 모든 인식은 경험으로부터 나온다고 할 수 없다. 왜냐하면 우리가 경험적으로 정당화될 수 없는 수학, 기하학, 그리고 인과율의 진리처럼 어떤 필연적인(선험적으로 종합적인) 진리를 가지고 있다고 믿기 때문이다(김문환, 1995:123). 그렇다고 해서 칸트가 전통적 형이상학자들의 견해를 일방적으로 수용한 것은 아니지만, 우리 경험의 필연적 조건으로서 선험적으로 알려지는 것을 정당화하려고 한 것이다.

이를테면, 특수와 보편의 관계를 논의하면서 미적 판단의 일반성을 보여주려고 하였다. 칸트에 따르면, 판단력은 특수를 보편에 종속시키는 사유능력이다. 보편이 주어진 경우 특수를 보편에 포섭하는 능력은 규정적 판단력이요, 특수만 주어져 있고 특수에 대한 보편을 찾아내야 하는 경우 이는 반성적 판단력이다. 하지만 특수에서 보편으로 거슬러 올라가야 할 반성적 판단력은 하나의 원리가 필요하다. 그런 원리는 경험세계로 한정해서 찾을 수는 없고, 경험을 넘어선 세계에서도 살펴야 한다. 또한 보편과 특수는 서로 독립되어 있기 때문에 각각의 의미를 잘 드러낼 수 없으며, 상관되어야만 정당한 의미를 지닐 수 있다. 따라서 반성적 판단력은 자연의 기계적 조직의 원리와는 다른 원리를 자연 형식을 가능하게 하는 근거로 생각하지 않을 수 없다(김광명, 2004:59-60). 칸트의 이런 논의는 미적 판단의 선험적 구조를 밝히려고 한 것이다. 말하자면 아우구스티누스의 관점을 계승하면서, 보편적 미 이념을 염두에 두고 있었던 것이다.

그러므로 아우구스티누스는 미적 개별성만 수용하지 않고 시공간의 세계나 삶에 대하여 공유할 수 있는 보편적 미의 확보에 관심을 두었다. 이를테면 그는 아름다움이 통일성, 비율, 질서에서 유래하며, 이것들의 놀라운 불변성을 공유할 수 있다고 보았다(Beardsley, 1982:95). 따라서 감각세계의 가시적 미를 통하여 조금씩 밝혀지는 창조질서와 아름다움의 원형을 탐색함으로써 우리의 영혼이 일깨워지고 동시에 영원한 미를 관조하게 된다는 미적 성숙의 과정을 제안한 것이다. 이런 아우구스티누스의 주장을 형이상학적이고 종교적이라고 하면서 논외로 간주할 수는 없다. 미의 원형이나 본질이 잘 드러나지 않는다고 해서 우리가 공유할 수 있는 아름다움이 존재하지 않는다고 단언할 수 없기 때문이다.

이런 까닭에 아우구스티누스는 헬레니즘의 회의론을 극복하면서도 미론과 관련된 교조적 주장을 내세우지 않았다. 개연성에만 기초한 감상적 신비주의에 전도되는 태도를 배격하면서 동시에 논리적으로 명명백백하고 절대적인 확실성만 인정하는 과도한 지성주의를 회피하였다(백영제, 2000:11). 공유 가능한 미적 초월성을 관조하기 위한 균형 잡힌 자세를 취한 것이다. 이런 태도는 지적 확신에 일정한 한계를 그으면서 동시에 인간의 이성능력이 불완전함을 인식한 것이다. 미 자체를 관조하려는 그의 염원은, 지적이고 도덕적인 방황을 통하여 체험한 자신의 불완전함을 분명하게 체득하였기 때문에 더욱 간절하였다.

따라서 우리의 미적 인식능력은 한계에 부딪히기 때문에 미 인식을 도와주는 신의 조명이 필요하게 된다. 아우구스티누스의 조명설(the theory of illumination)은 플로티누스(Plotinus)의 일자(一者)를 중심으로 하는 세계관의 영향을 받았으며, '밝게 비추는 빛의 현상'에 착안하여 플라톤의 상기설이 지니는 난점을 극복한 것이다. 플로티누스에 따르면, 온갖 종류의 존재들이 다양한 수준으로 구성되어 있는 하나의 존재계열(one order of being)에서 일자는 인간의 영혼에게 발광과 인상을 통하여 이데아를 제공한다(Lamprecht, 1995:99-101). 그는 이것을 정신이 영혼에게 빛을 비추는 현상으로 설명하였다.

그리고 플로티노스는 시공간의 감각적 미와 일자의 초월적 미를 구분하면서, 이 세계의 모든 감각적 미는 초월적 미의 형상 안에 참여하기 때문에 아름다움으로 나타난다고 하였다. 그는 플라톤처럼 예술을 감각 사물에 대한 공허한 모방으로 간주하지 않고, 오히려 형상을 바라보는 예술가에 의하여 자연의 결핍된 미를 작품 안에 부여받고 있는 것으로 이해한다. 플로티노스는 초월적 세계를 향한 열망에도 불구하고 개별적 미 안에서 감각세계의 가장 완전한 속성을 보았기 때문에, 플라톤과는 달리 감각적 미를 높이 평가하였다. 그럼에도 불구하고, 감각세계의 미는 내적인 형상을 통하여 아름다움을 획득하므로, 미의 이상적인 전형을 통해서만 아름다운 것이다(백영제, 2000:29). 진정한 아름다움은 감각세계의 가시적 미를 항상 넘어서는 것으로 보았다.

따라서 아름다움이란 일자를 닮는 것이며, 일자와의 연합이라는 통일성을 미의 원리로 간주한다. 물질적이든 정신적이든 모든 사물은 형상에의 참여를 통하여 드러나는 통일성으로 아름답게 된다. 이런 이유로 미의 문제는 존재론적 토대 위에 서게 되며, 아름다움은 존재에 순응하는 원리로 인정된다. 추함은 존재에 반하는 원리로 설명되는 것이다(*Ibid*:29). 이렇게 해석되는 플로티누스의 미론적 사유가 아우구스티누스에게 영향을 미친 것이다.

아우구스티누스는 원 진리의 유출을 통하여 사유원칙이 인간의 정신에게 전달된다는 플로티누스의 영향으로, 정신을 깨달음의 빛으로 보고 인식주체인 인간이성을 이성의 빛으로 명명하였다. 그리고 이것을 태양이나 달과 같은 물리적 빛과 구별하였다(Howie, 1969a:272). 영혼의 판단으로 이끄는 빛을 물리적 빛과 다르게 본 것이다. 그는 인간의 내면에 물리적 빛과는 전혀 다른 참다운 빛이 존재한다고 하면서, 이 빛을 통하여 우리의 직관이나 이해가 가능하다고 보았다. 우리보다 높은 이 빛이 우리를 창조하였으며, 진리를 인식하는 자는 이 빛을 알 수 있다고 하였다(성 어거스틴, 2004: -191). 그러므로 우리의 이성은 참다운 빛과 접촉하여 이데아의 세계를 보며 지혜를 산출한다. 이성은 물리적 빛 속에서 보이는 가시적 사물들을 감각하기도 하고, 깨달음의 빛과 물리적 빛의 도움을 받아서 지식을 산출하기도 한다.

그렇다고 해서 아우구스티누스는 플라톤의 선험주의(transdentalism)처럼, 앎이 인간의 내면에 이미 형성되어 있다고 보지 않는다. '앎은 이미 주어져 있고 학습이란 회상에 지나지 않는다.' 는 주장은 추상적 학문의 세계에서는 타당하지만, 경험세계에서는 가능하지 않기 때문이다(성 아우구스티누스, 2004:334).[3] 아우구스티누스가 플라톤의 선험주의에서 조명설로 넘어갈 수 있었던 이유는 바로 이런 경험세계의 인식 때문이었다. 인간이 자기 자신과 환경에 대하여 알고 있는 모든 것은 감각을 통해 매개된 것이며, 인간이 직접 접근할 수 있는 모든 지식은 유형적이고 과도적인 형태로 이루어진 것이다(Bowen, 1972:280). 따라서 모든 앎에는 기성의 이데아가 주어지는 것이 아니라 감각을 통하여 감각적 앎이, 영혼을 통하여 깨달음의 앎이 신의 조명으로 지금 형성되는 것이다.

이렇게 본다면 조명설을 '현재 주어지는 이데아를 이성이 직접 봄으로써 앎이 실현된다는 이론' 으로 정의할 수 있다. '이미 봄' 이 아니라 '지금 봄' 이다. 이와 관련하여 아우구스티누스는 현재

3) 아우구스티누스는 여기에서 소크라테스의 산파술(maieutics)을 예로 들었다.

를 세 겹의 등가성으로 이해하였다. 과거의 현재는 기억이고, 현재의 현재는 직관이며, 미래의 현재는 기다림이라는 주장이다(김한식, 이경래, 1999:42). 그는 우리의 이성이 직접 본다는 점과 주체적으로 앎을 이룬다는 사실에 주목하였다. '본다' 라는 동사에는 보는 주체와 보여지는 객체가 모두 포함되어 있으며, '앎' 이라는 말 속에는 인식주체의 능동성이 암시되어 있다(양명수, 1999:61).[4] 따라서 우리의 마음이 조명을 받으면, 그는 이데아를 지향하게 되고 영원불변의 아름다움을 관조하게 되는 것이다. 이처럼 조명설은 우리인식의 능동성과 수동성을 모두 인정하고 있다. 그리고 인식행위는 보는 행위와 보여짐을 모두 포섭하기 때문에 절대자와 인간의 인격적인 만남이라는 의미를 동시에 갖는다. 따라서 조명설은 플라톤의 선험주의와는 달리 신의 예지와 상호작용함으로써 미의 인식이 가능해진다고 보는 것이다.

그러므로 아우구스티누스에게 있어서 아름다움이란 진리와 불가분의 관계 안에 있으며, 진리 그 자체인 신을 떠나서는 아무 것도 해석될 수 없다. 신의 아름다움이야말로 감각 세계가 정화된 영혼에게 보여주는 모든 미의 원천이며, 아우구스티누스가 생애를 통하여 나아가고자 했던 삶의 유일한 목적이었다. 그렇지만 그는 주관주의로 기울지 않고, 오히려 시공간의 세계로부터 감각경험을 고려하는 객관적인 방식을 이끌어내었다. 그에게 영원한 미는 진

4) 아우구스티누스는 이성(ratio, reason, Vernunft)을 영혼이 인식대상을 바라보는 행위라고 규정하였다.

리와 관계하는 것이기 때문에, 아름다움에 대한 성찰은 합리적 인식의 문제이다. 그가 내세우는 아름다움의 원리인 통일성이나 질서에서 볼 수 있듯이, 참된 미에 도달하는 방식은 시공간의 세계에 감추어져 있는 내적 질서에서 찾을 수 있다. 이런 질서에서 발견되는 미를 지각하고 판단하는 일은 감각이 아니고 이성의 몫이다.그의 관심사는 감각 경험에서 이성의 흔적을 찾는 일이며, 감각기관에서 실용적이거나 본능적인 목적과 무관한 미 인식의 즐거움 그 자체를 발견하고 향유하는 일이었다.

Ⅲ. 교양교육의 필요성

아우구스티누스는 『질서론』에서, 영원한 미는 시공간의 이면에 숨겨져 있는 창조의 섭리에서 살필 수 있으며, 감각보다는 이성이 그런 아름다움을 지각하고 판단하는 주체가 된다고 하였다(백영제, 2000:47). 헬레니즘시대부터 자유교양교과(liberal arts)[5]가 이런 이성의 능력을 향상시킨다고 본 것이다(Wagner, 1983:1-9). 특히 아우구스티누스는 교양교육이 학습자를 감각경험의 차원에서 순수한 지적 탐구의 차원으로 인도한다고 하였다. 그리고 교양교과는 영혼을 보다 바람직한 상태로 이끌어가는 사다리(ladder)와 같은 것이

5) 7자유과(the Seven liberal arts)를 3학(the Trivium)과 4과(the Quadrivium)로 구분해서 교양교과로 확정하는데 기여한 인물은 아우구스티누스(A. Augustinus), 카펠라(M. Capella), 보에티우스(Boetius), 카시오도루스Cassiodorus), 이시도르(Isidore), 라틴 백과전서 학자들(the Latin encyclopedists) 등이다.

며, 학습자의 마음을 자유롭게 만들어서 유형의 물질적 집착으로부터 영혼의 고양된 상태로 이끌어 가는 것이라고 하였다(주영흠, 1998:223-224).[6] 그러므로 자유교양교과가 성립된 것이다.

본래 교양교과는 문자와 수(數)의 합리성을 바탕으로 형성되었고 여러 단계로 구성되어 있으며, 진리로의 여정에서 인간의 정신을 향상시키는 미의 사다리 역할을 하는 것이다. 여기에서 말하는 합리성은 영혼을 훈련시켜서 시공간의 세계에 내재해 있는 질서를 파악할 수 있는 능력을 가리킨다. 우리가 그런 질서나 법칙을 인식하려면, 아우구스티누스에 따르면, '교수의 올바른 질서' (the right order of instruction)라고 부르는 교육을 통하여 자신의 오성을 확장시켜나가야 한다(Howie, 1969b:245). 그렇다면 참되고 영원한 미에 도달하기 위한 방법으로 이성의 인식능력을 키워주고 영혼의 상승을 도와주는 교양교과에 주목하는 것은 당연하다고 본다.

아우구스티누스는 『영혼의 위대함』(*The Greatness of the Soul*)에서, 이런 교양교과는 초등수준에서 시작하여 신의 지혜에 이르기까지 일곱 단계로 구성되며, 교양과정의 점진적인 진행과 맥을 같이하면서 이성의 발달을 도모하는 것이다(*Ibid*: 245). 성립과정을 살펴보면, 우선적으로 문자의 사용이 문법(grammar)을 체계화한다. 수와 척도의 바탕 위에서 음절의 장단이나 발음의 변화 또는 자음과 모음의 배치 등을 고려하면서 문법의 체계를 세우는 것이다. 그리고

6) 자유교양과정에 관한 아우구스티누스의 논의는 그가 저술한 『질서론』, 『영혼의 위대함』, 『고백록』, 『기독교교육론』 등에서 살펴볼 수 있다.

이성은 문법의 힘인 종합과 분석을 통하여 각각의 기술을 산출하게 만든다. 문법이 질서를 분류하고 배열하면, 오류를 방지하고 언어의 체계를 확립하는 교과가 형성되는 데 그것이 바로 변증법 (dialectics)이다(백영제, 2000:50). 이것은 가르치고 배우는 방법에 관한 것이며, 여기에서 이성은 자신의 고유한 본성과 힘을 드러낸다. 아우구스티누스는 변증법을, 물리현상을 넘어서 진리 그 자체로 침투할 수 있는 능력을 제공하기 때문에, 고등교육의 목적을 성취하는 교과라고 하였다(Howie, 1969:263). 변증법은 교과 중의 교과라는 말이다.

변증법과 함께 성립하는 교과는 수사학(rhetoric)이다. 수사학은 자신의 견해를 강력하게 주장하기 위한 기술이며, 진리를 옹호하려는 자가 거짓과 대항하여 싸울 때 필요한 기술이다. 그러므로 아우구스티누스는 듣는 자가 호감을 가지고 주의를 기울여서 수긍하도록 만들려면, 수사학의 기술로 무장해야 한다고 주장하였다(성 아우구스티누스, 1994:134-135 ; 이홍우 외, 1994:142). 하지만 양식(style)과 내용(content)을 분리시키려는 시도에는 맞서야 한다고 경고하였다. 웅변으로 자신의 지혜를 뽐내려고 할 경우, 내용은 자연적으로 양식 뒤에 자리 잡게 된다. 혼란을 야기하는 수단이 오히려 더 가치를 지니게 된다는 뜻이다(Howie, 1969b:264). 웅변은 항상 진리와 연결되어야 한다는 주장이기도 하다. 이렇게 형성된 문법, 변증법, 수사학이 바로 3학(the Trivium)이다.

3학 다음에 오는 네 번째 교과가 바로 음악이다. 아우구스티누스에 따르면, 음악교과는 수의 관계에 관한 이론적 연구(theoretical study of numerical relationships)이다. 그리고 학생의 순수한 정신을 통하여 특정한 수에서부터 그것을 초월하는 절대 수의 이해에 이르게 하는 교과이다. 음악이 교양교과에 속하는 이유는 지적인 측면을 핵심으로 보고 음향이나 연주기술을 부차적인 것으로 보기 때문이다(*Ibid*: 267-268). 그러므로 아우구스티누스는 음악에서 기술보다는 수의 비율이 영원한 수에 기초하면서 예술작품을 만들 수 있다는 점에 주목한다. 따라서 3학을 통하여 변별력을 갖춘 이성은 상징으로서의 소리와 소리 자체를 구분해낸다. 그리고 인간의 목소리나 관악기, 타악기 등의 소리를 식별한다. 이제 음악교과가 형성되는 것이다.

하지만 문제는 음악을 포함하는 모든 미적 활동이 영원한 미의 단계로 상승하더라도, 감각경험에서 시작하기 때문에 신체적 조건을 통해야 한다는 점이다. 아우구스티누스가 우리의 영혼에게 교양학문의 훈련을 권고하는 이유도 바로 여기에 있다. 모든 교양교과는 우주적 차원에서 드러나는 인과관계나 질서 있는 활동을 수의 움직임으로 환원할 수 있다고 한다. 예를 들면, 음악공부를 통하여 얻게 되는 만족은 영원한 실재를 통찰하는 행위에서 비롯된다. 그러므로 음악을 자유교양과정에 수용하는 이유는, 리듬과 하모니로 표현되는 수에 관한 이론적 연구 때문이다(Howie, 1969a:197). 아우구스티누스의 기본 입장은 감각의 미적 계기를 용인하면서도 미의 원천과 성립근거를 분명하게 밝히는데 있었다.

이성은 이제 시각의 세계로 나아가서 다음과 같이 기하학(geometry)과 천문학(astronomy)을 성립시킨다(백영제, 2000:52).

하늘과 땅을 음미하고 유심히 관찰하면서, 이성은 아름다움이외에는 어느 것도 자신을 즐겁게 하지 않는다는 것을 깨닫는다. 그리고 이성은 거기에서 보는 어떤 선(線)이나 형태가 합리적으로 이해되는 종류의 것인지를 묻고는, 그것들이 아주 열등하며 정신이 식별한 것과는 도무지 비교되지 않는다는 사실을 알게 된다. 이런 구분을 통하여 기하학이라는 교과가 형성된다. 그리고 하늘의 움직임 또한 이성이 숙고하며, 계절의 끊임없는 교체와 별들의 위치 그리고 운행거리 등을 관찰하면서 여기서도 수의 법칙이 지배하고 있음을 이해하고는 천문학을 성립시킨다.

음악, 기하학, 천문학은 산술과 함께 4과(the Quadrivium)가 된다. 보에티우스(Boetius)에 따르면, 이런 4과는 "그 속에서 감각을 뛰어 넘어 고양된 정신으로 여행하는 자를 지성의 높은 곳으로 이끌어 가는 것"이라고 하면서 고등학문을 위한 도구과목으로 보았다(Curtis and Boultwood, 1975:90). 이제는 3학 4과, 즉 7자유과(the Seven liberal arts)[7]를 통하여 영혼의 눈이 감각세계를 초월해 있는 영원한 미를 바라보게 된다.

이런 관점에서 보면, 음악가는 음악을 하나의 학문으로 보여줄 수 있어야 한다. 아무런 지각없이 단순히 소리만 내고 모방하는 연주자나 자신의 감정만을 표현하는 성악가는 진정한 음악가가 되

7) 교양교과의 수를 7개로 확정한 인물은 카시오도루스Cassiodorus)이다. 그는 숫자 7을 성스러운 것으로 간주하면서 그 근거를 성경의 잠언 9장 1절 "지혜가 그 집을 짓고 일곱 기둥을 다듬고"에 나와 있는 지혜의 일곱 기둥과 7개의 교양교과는 일치한다고 보았다. 이어서 그는 3학에 해당하는 교과를 인문학(art)이라하고 4과에 해당하는 교과를 도야과목(discipline)으로 규정하였다.

지 못한다. 영원한 수의 법칙을 이해하면서 우주의 질서와 그 안에 내포된 아름다움을 통찰하는 능력을 갖춘 자가 올바르고 진정한 음악가라는 주장이다. 칸트 역시 아름다움에 의해 표현되는 미감적 이념이 있다고 주장하면서, 음악을 시간에 따른 감각의 유희 이상이며 반성을 위한 이념들을 제공하는 것으로 보았다(김문환, 1995: 255-256). 따라서 교양교과는 우리의 정신을 훈련시키기 위하여 체계적으로 구성되었으며, 감각을 넘어서 미의 초월적 세계를 상기하도록 고안된 것이다. 교양교육은 이런 맥락에서 의미와 역할이 규정된다.

아우구스티누스에 따르면, 교양교과의 구성이 암시하고 있지만, 감각세계의 모든 미는 가장 높은 수준의 아름다움을 통하여 질서 있게 배치된다. 가시적 미는 비가시적 미보다 열등하며, 보이는 세계의 미는 보이지 않는 세계의 미보다 열등하다. 그러므로 순수형상의 미는 모든 미의 근원이며 모든 열등한 미를 판단하는 규범이 된다. 이와 같은 방식으로 생각한다면, 지적인 통찰은 모든 감각적 지각보다 우월하고, 영원한 미를 통찰함으로써 수반되는 기쁨은 감각적 쾌락보다 훨씬 고결하고 우월하다.

아우구스티누스가 387년 세례 직전에 쓰기 시작하여 391년에 완성한 『음악론』은 감각세계의 열등한 사물 안에 있는 가변적 수와 불변의 진리에 담겨있는 영원한 수에 관하여 논의한다. 이 문헌은 전락한 영혼의 상승과 구원이라는 목적으로 집필된 것이고, 음악에 들어있는 수의 법칙을 통하여 감각세계를 탐색하면서 동시에 우리의 정신을 영원한 불변의 아름다움으로 이끌어가기 위한 것이다(백영제, 2000:68). 따라서 음악의 경우 단지 청각에 전달되는 소리가 있다고 하여 음악이 되는 것이 아니며, 이성의 작용이 개입되어야만 비로소 음악이 되는 것이다. 아우구스티누스는 단순한 모방이나 재현을, 합리적 요소에 대한 이해와 인식을 결여한다고 보기 때문에, 예술로 간주하지 않았다.

교양교과로서의 음악을 좀 더 살펴본다면, 음악을 성립시키는 근본요소는 감각세계의 특징이고 창조의 핵심요소인 시간성과 운동성이다. 아우구스티누스는 창조개념을 통하여 영원성과 감각세계의 시간성을 고려하듯이, 음악에 내재하는 수의 원리로부터 운동과 부동을 끄집어내었다(*Ibid*: 72). 그는 시간과 운동 안에서 구체화된 음악으로부터 영원한 아름다움과 관련된 보편적 수의 부동성을 찾을 수 있다고 확신하였다. 그러므로 미의 체계는 가장 낮은 단계의 수로부터 점점 높은 단계를 거쳐서 영원한 수에 이르게 되며 신적인 미로 나아가는 것이다(St. Augustine, 1947:154). 이런 구조가 함의하는 바는 영혼의 상승이 가능하다는 데 있다. 말하자면 감각으로 구체화된 수들이 우리의 감각기관에 들어올 때 우리를 기쁘게 하는 것은 신의 영원한 수로부터 유래한 질서가 그 안에 담겨있기 때문이며, 우리는 그것을 인식함으로써 영혼의 상승이 가능해지기 때문이다.

시간적 존재로서 인간은 보편적이고 영원한 것을 한시적인 것과 같이 소유할 수 없기 때문에, 최선의 것을 추구하기 위하여 사랑의 힘으로 변화무쌍한 시간세계보다는 일정하고 불변한 영원의 세계를 관조한다(주영흠, 2009:225). 아우구스티누스는 상실과 분열이라는 시간의 질서 속에서 생존하는 인간이 무언가를 지향하는 존재임을 논의하였다. "나의 무게는 나의 사랑, 그것이 나를 어디로 이끌든지 나는 그리로 끌려가나이다"(성 어거스틴, 2004:431)라고 하면서, 마치 무게가 물체를 움직이듯, 우리를 이끄는 힘을 사랑으로 보았다. 우리는 영원한 미를 사랑하기 때문에 아름다움을 추구하는 것이다. 이처럼 아우구스티누스는 아름다움과의 존재론적 지향성을 전제하면서 미론을 전개하였다.

그러므로 아우구스티누스는 영원한 미로 나아가고자 하는 인간의 정신을 교양교과의 사다리로 이끌어간다. 그는 창조된 모든 사물 속에 깃들어있는 영원한 법칙을 성찰하면서 가변적 사물과의 차이점을 인식하고자 하였다. 교양교육을 통하여 물질적인 사물로부터 비물질적인 실재로 나아가는 것은 감각적 음악활동으로부터 영원한 미로 나아가는 것과 같은 맥락이다. 그리고 감각세계의 모든 아름다움은 창조된 것이면서 영원한 질서를 조금이라도 반영한 것이기 때문에, 우리 영혼의 무지와 어두움을 일깨우고 밝혀주는 기능을 한다. 따라서 아우구스티누스의 문제의식은 양자택일에 있다. 시공간의 가시적 미를 넘어서서 영원한 미를 지향할 것인가? 아니면 감각세계의 열등한 미에 사로 잡혀서 육체의 쾌락을 일삼고 어두움 속으로 전락할 것인가? 영원한 미를 지향하려면 정신의 훈련인 교양교육을 택해야한다. 아우구스티누스는 악을 실체로 보지 않고 선의 결여라고 하였다. 그렇다면 어두움은 실체가 아니라 빛이 결여된 상태이고, 추함은 아름다움이 결여된 것이다. 결핍된 존재가 자기 존재를 실현하려면 어두움이나 추함보다는 빛이나 아름다움을 지향해야 한다. 교양교과는 우리의 삶을 진선미로 나아가게 만드는 매우 유효한 도구이다.

Ⅳ. 교양교육의 미론적 의미

아우구스티누스가 387년에서 391년에 걸쳐서 저술한 『음악론』은 그의 미론 교과서로 알려져 있다. 그는 여기에서 음악의 원리를 움직임(movement)으로 파악하면서 심리학이나 물리학의 원리와 같은 것으로 보았다. 그리고 리듬을 '수로 표현되는 명제'(numerical proposition)라고 사유하면서 인간의 영혼과 우주적 세계에 적용시켰다. 음악에서 영혼이 느끼고 신체를 통하여 표현하는 리듬은 '수로 표현되는 명제'와 관계하며 질서정연한 최고의 영적 실체를 불러들인다는 것이다. 이런 리듬은 마침내 신체적인 것과 영적인 것, 한시적인 것과 영원한 것을 묶어서 완전한 조화를 이루며, 하나의 모형으로 원형 화된다(Wagner, 1983:41-42). 그러므로 아우구스티누스는 음악을 한편으로는 학문으로 다른 한편으로는 예술로 간주하면서, 외형적 모방 이상의 것으로 보았다.

아우구스티누스의 이런 견해는 이론적 관조를 높이 평가하고 영혼의 정화를 강조함으로써 감각의 예속에서 벗어나야 한다고 주장하는 헬레니즘의 미론을 비판적으로 계승한 것이다. 그는 감각적 대상을 영원한 실재와 비교하여 경시한다든지, 생활에 필요한 실제적 지식을 하찮은 것으로 보지는 않았지만, 그의 관심은 언제나 초자연적인 목적에 놓여있었다. 말하자면 영원한 아름다움인 신을 소유하고 바라보는 지극한 행복을 성취하는 일이었다. 그에게는 삶의 최종 목적이, 플라톤처럼 인격을 가지지 못한 비 인칭적인 미의 이데아가 아닌 인격을 가진 위격적인 신에게 도달하는 것이었다. 따라서 그의 행복론은 미론과 관계한다.

아우구스티누스의 관점에서 진정한 행복은 신의 소유에 있고, 신의 소유는 지혜를 얻으므로 가능하며, 지혜는 진선미를 인식함으로 획득되는 것이다. 하지만, 문제는 '진선미의 인식이 어떻게 가능한가?' 에 놓여있다. 아우구스티누스가 가졌던 문제의식은 '확실한 진리는 과연 존재하는가?'라는 회의론이 아니라 '어떻게 하면 우리가 확실한 진리에 도달할 수 있을까?'라는 방법론에 관한 것이었다(김규영, 1980:89-90). 이를테면 인간의 이성이 영원한 아름다움에 도달한다는 것은 주어진 과제로서 이미 설정되었다는 주장이며, 남은 문제는 그 과제를 해결하는 방법뿐이라는 말이다. 유한하고 변화무쌍한 인간의 마음이 어떻게 인간의 삶을 지배하고 다스리며 또한 초월적인 영원한 미의 확실성을 파악할 수 있는가에 관한 의문이 문제라는 뜻이다. 따라서 그는 교양교육에서 이런 과제를 해결하기 위한 방법론을 찾았던 것이다.

아우구스티누스가 주장하는 진선미의 확실성은 우리의 내면적 경험을 통해 이루어지는 것이며, 감각경험보다는 이성적 직관이나 통찰을 염두에 두고 하는 말이다. 그렇다면, 인간의 이성이야말로 참된 아름다움을 알 수 있으며, 인간이 자기 안에서 영원한 미를 이성적으로 관조할 때 비로소 미의 존재성을 확실하게 인식하게 된다. 역으로 영혼이 질료적인 세계로 향하고 감각적 쾌락만을 선호할 경우에는 참된 아름다움을 획득할 수 없게 되는 것이다. 열등한 가시적 미를 벗어나려면 이성적 인식능력을 향상시켜야 한다는 뜻이다. 이런 관점에서 아우구스티누스는 그리스, 로마의 세속학교에서 다듬어진 교양교과를 인간 영혼에 올바른 질서를 수립할 수 있는 최고의 교과목으로 생각하였다(Brumbaugh and Lawrence, 1973:43). 그는 교양교육에 대한 그리스의 전통을 수용하면서 7자유과에 관한 논문들을 집필하려고 계획하였지만, 『음악론』과 『교사론』 두 편의 논문만을 남겨놓았을 뿐이다.

이처럼 아우구스티누스가 교양교육에 관심을 가지면서 영혼의 정화와 상승을 모색한 것은 궁극적인 인간존재의 실현이라는 미적 이념의 실천 때문이다. 그의 미론은 미적 실재론(aesthetic realism)에 입각하여 미의 전형을 제시하고 있으며, 아름다움의 초월적 차원을 강하게 내포하고 있다. 현대의 미학적 사유는 이러한 미의 전형성과 초월성을 회피하는 경향이 강하며 주관성에 치우쳐있다고 볼 수 있다. 하지만 아우구스티누스에게 아름다움은 존재의 궁극적 실현이고 공유된 삶의 지향점이므로, 우리에게 권유되는 행위의 당위적 규범이 되는 것이다. 그리고 그가 내세우는 미의 전형은 시공간의 세계에서 감각의 방식으로 구체화되는 것이 아니라, 하나의 이념으로서 초월적 성격을 유지하는 것이다. 따라서 이런 미는 교양교육을 통하여 우리의 영혼을 끊임없이 자극하고 미적 성숙을 격려하며, 우리의 삶을 지복의 수준으로 지향하게 만드는 것은 물론이다.

시공간의 감각적 미와 구체적 예술 활동이 영원한 미에 정향되어 있는 한, 그것의 존재론적 열등함에도 불구하고 아름다움으로서의 값어치를 지니게 된다. 미와 예술의 문제를 다루는 아우구스티누스 미론에서 창조질서의 영향은 기본적으로 감각적 미로부터 이성적 미로의 전환을 가져왔다. 질서의 아름다움을 예로 들어본다. 그는 우주의 질서정연함이 만물을 계측(measure)과 수(number), 그리고 무게(weight)로 창조한 신에 의한 것이라고 하였다. 이런 질서는 보편적이며 모든 사물에 침투되어있지만, 우리가 그것을 제대로 인지하지 못하기 때문에 무질서한 것처럼 보인다고 하였다(Perkinson, 1980:42-43). 따라서 질서의 아름다움을 인식하는 이성의 능력을 증진시키는 일이 교양교육의 과제가 된다. 우리는 경험세계 속에서 어떤 모습으로든지 실현되는 과정에 있으므로 특정한 관점이나 형식으로 규정될 수는 없다. 하지만 아우구스티누스의 주장과 마찬가지로 아름다움이 우리를 감각적 구체성과 이념적 초월성을 모두 관계하도록 매개하므로, 우리는 교양교육을 통하여 미적인 존재로 실현되는 것이다.

그리고 그의 미론은 개인의 주관적 감정이 수의 원리에 입각한 합리성을 배우고 익힘으로써 미의 원형을 탐색하도록 권유한다. 마치 칸트가 아름다움을 어떤 법칙을 떠나서 우리에게 보편적 만족을 준다고 주장하는 것과 마찬가지이다. "미적 판단이 주관적이고 개별적이기는 하지만, 그것은 어떤 한 개인에게만 통용되는 것이 아니라 모든 사람에게 승인을 얻을 수 있는 것이라야 한다. 즉, 주관적 보편성의 요구가 결부되어야 한다"(김광명, 2004:34)라고 하면서 공통된 미적 감정을 전제한 것이다. 그러므로 미적 인식능력의 증진은 필수적이다. 아우구스티누스가 말하는 영원한 미는 우리가 공유할 수 있는 아름다움의 원형이다. 우리에게 미적인 물음을 던지는 교양교육은 우리의 미적 실현에 좋은 도구가 된다.

미론의 관점에서 보면, 무엇이 즐겁기 때문에 미적인 것이 아니라 오히려 그것을 미적이라고 판단하기 때문에 즐거운 것이다. 그리고 그것은 별다른 이의 제기 없이 동의할 수 있는 판단이 된다. 미적 판단은 보편적이고 필연적이다. 이런 보편성이나 필연성은 어떤 논리적 귀결보다는, 공통감(Gemeinsinn)에 근거한 것이다. 칸트는 공통감을 하나의 느낌 또는 예술 대상의 관조 시 인식능력의 자유로운 유희의 결과와 동일시하였다(김문환, 1995:191). 그러므로 미적 판단력은 자유로운 유희를 통하여 구상력과 오성과의 상호일치를 요청하면서, 형식적이고 주관적인 합목적성을 쾌와 불쾌의 감정에 의하여 판정하는 능력이다. 그리고 미적 판단력은 주관적 감상에서 시작하는 판단이지만, 사적인 판단에 머무르지 않고 한 걸음 더 나아가 공통감을 요구하는 것이다. 이런 주장은 아우구스티누스의 경우와 마찬가지로 아름다움의 감각적 구체성과는 다른 보편적 미 의식이 상정되지 않으면 안 된다는 필연성을 보여주는 것이다.

따라서 미적 공통감은 우리의 미적 실현을 위한 필수요소가 된다. 우리는 미 인식을 위한 형식이나 과정을 구체적으로 규정할 수 없지만, 공통감을 통하여 미적 존재실현을 시도해야 한다. 그리고 아름다움은 우리에게 주관적이지만 경험세계 속에서 보편이 주어지지 않는 가운데 보편을 구하는 반성적 판단을 필요로 한다.

특히 한시적 미보다는 지속적 미가 우리의 존재실현의 전망과 상관하기 때문에, 아름다움은 항상 우리에게 열려있으며 반성적 판단을 요청한다. 따라서 아우구스티누스의 미적 실재주의는 개별적이고 구체적인 미적 판단을 위축시키는 획일적 원리가 아니라, 영속적으로 아름다움을 추구하도록 우리를 일깨워주는 미의 전형을 제공해 주는 것이다. 그리고 공유의 아름다움을 인식하고 소유하도록 만들어주는 것이다.

아름다움을 소유하는 문제는 재화를 소유하는 것과 의미가 다르다. 보편성과 지속성을 가진 아름다움의 경우, 그것을 사랑하지 않고서는 안다고 장담하지 못한다. 미를 향유하지 않고서 그것이 얼마나 아름답고 대단한 영향력을 가졌는지 아는 것은 불가능하다. 우리가 향유하지 않는 것은 사랑할 수 없고 알 수도 없다(Babcock, 1993:27). 향유하는 사랑의 방법을 통하여 아름다움을 소유할 수 있다고 보는 것이다. 재화를 소유하는 것과는 달리, 아름다움은 인식함으로써 소유하는 것이다.

그러므로 아름다움과 같은 영원한 사랑의 대상은 필연적으로 사랑을 행사하는 자에게 영향을 미친다. 영원한 것은 시간이나 환경을 통하여 상실성에 종속되지 않고 또한 사랑받는 한 부재할 수 없기 때문에 영원성이라는 색조를 사랑의 주체에게 물들인다. 그리고 영원한 것은 두려움으로 우리를 괴롭히지 않으며, 행복을 갈망하는 자에게 상실감이 아닌 충만함으로 대답해준다. 이런 영원에의 사랑을 아우구스티누스는 카리타스(caritas)라고 이름 붙였으며, 참된 사랑이라고 불렀다(*Ibid.*: 29). 영원한 미에 대한 이런 향유는 행복한 삶을 보여주며, 사랑을 행사하는 자에게 영원성을 물들인다고 보는 것이다.

그리고 이런 아름다움의 향유는 우리에게 본질적 가치이다. 이런 가치는 그 자체로서 요구되는 것이기 때문에 도구적 사용을 뛰어넘어서 본래적 모습에 몰두하게 만든다. 어떤 사물을 미학적으로 지각한다는 것은 그 사물의 중요성이나 관계를 떠나서 그 자체의 고유한 존재에서 본다는 것을 의미하기 때문에, 그 개체에 대한 미학적 사고는 그에 대한 일반화된 사고, 편견, 상투적 개념으로부터 해방시키는 힘이 있다. 이 같은 사물의 본질적 가치인식은 이런 종류의 자유롭고 감수적 의식을 주로 하는 본질적 가치형성에 직접적인 공헌을 할 수 있는 것이다(한명희, 2003:76). 따라서 한시적 가치보다 영속적 가치를 우위에 두는 아우구스티누스의 미론은 진선미의 인식능력을 향상시키는 교양교육과 필수적인 상관성을 가진다.

시공간의 경험세계에서 나타나는 사물의 미에서 아름다움의 원형을 탐색하기 위하여 영원한 미를 관조하는 행위는 그것 자체로 우리를 실현시키는 행위이다. 인간교육이 다른 것의 수단이 아니고 그 자체를 위한 것이라면, 그것은 진실로 교양적이다. 이를테면 자유민은 봉사를 받으며 결코 노예가 아닌 것처럼, 교양교육도 다른 것에 부수되는 것이 아닌 궁극적 목적이 되는 것은 지극히 당연한 것이라고 아리스토텔레스는 강조하였다(Brubacher, 1966:447). 이성적 교육으로서 교양교육은 교육 그 자체를 목적으로 삼는 것이다. 한시적 미보다 영원한 미를 본질적 가치로 생각하는 아우구스티누스의 미론은 진선미를 추구하는 교양교육과 불가분의 관계에 있다. 비록 미의 이념적 초월성이 하나의 전형으로 주어진다 하더라도, 그것은 우리의 의지와 이성을 아름다움을 지향하게 이끌어주는 것이다.

Ⅴ. 미적 존재의 실현

아우구스티누스의 미론체계는 시공간의 가시적 미로부터 초월적인 비가시적 미로 나아간다. 그렇다고 해서 미의 초월성만 내세우는 태도를 취하지 않는다. 미의 본질을 탐색하려면 경험세계의 감각적 사물에서 드러나는 미의 개별성을 먼저 탐색해야하기 때문이다. 아우구스티누스는 감각세계의 미는 변화하고 소멸하기 때문에 시공간에 의해 훼손되지 않는 영원한 미를 추구한다는 플라톤의 주장을 비판적으로 수용하면서 궁극적인 아름다움을 관조하고자 하였다. 그는 이를 위하여 우리의 삶에서 공유 가능한 보편적 미의 확보에 관심을 두었다. 그리고 창조질서와 아름다움의 원형을 탐색함으로써 우리의 영혼이 일깨워지고 동시에 영원한 미를 관조하게 된다는 미적 성숙의 과정을 제안하였다.

이런 까닭에 아우구스티누스는 헬레니즘의 미론을 비판적으로 수용하면서도 교조적 주장을 함부로 내세우지 않았다. 개연성에만 의존하는 감상적 신비주의나 절대적인 확실성만 고집하는 과도한 지성주의를 회피한 것이다. 공유 가능한 미적 초월성을 관조하기 위하여 조심스럽게 균형 잡힌 자세를 취한 것이다. 따라서 미의 문제는 존재론적 토대 위에 서게 되며 이분법적 사고를 넘어서게 된다. 아름다움은 존재에 순응하는 원리로 인정되며, 추함은 존재에 반하는 원리로 설명되는 것이다.

그러므로 아우구스티누스에게 있어서 아름다움이란 진리와 관계하며, 진리 그 자체인 신을 떠나서는 해석될 수 없다. 신의 아름다움이야말로 감각 세계가 정화된 영혼에게 보여주는 모든 미의 원천이며, 그가 전 생애에 걸쳐서 추구한 삶의 유일한 목적이었다. 이제 아름다움에 대한 성찰은 합리적 인식의 문제가 된다. 그리고 참된 미는 시공간의 세계에 숨겨져 있는 내적 질서에서 찾을 수 있다. 이런 미를 지각하고 판단하는 일은 감각이 아니고 이성의 몫이다. 그의 관심사는 감각 경험에서 이성의 흔적을 찾는 일이며, 미 인식의 즐거움 그 자체를 발견하고 향유하는 일이었다.

아우구스티누스는 『질서론』에서, 영원한 미는 시공간의 이면에 숨겨져 있는 창조의 섭리에서 살필 수 있으며, 감각보다는 이성이 그런 아름다움을 지각하고 판단하는 주체가 된다고 하였다. 그리고 자유교양교과가 이런 이성의 능력을 향상시킨다고 하면서, 우리를 감각경험의 차원에서 순수한 지적 탐구의 차원으로 인도한다고 하였다. 교양교과는 우리의 영혼을 바람직한 상태로 이끌어가는 사다리이며, 우리의 마음을 물질적 집착으로부터 영혼의 고양된 상태로 이끌어 가는 것이다.

자유교양과정은 문자와 수의 합리성을 바탕으로 형성되었고 여러 단계로 구성되었으며, 진리로의 여정에서 인간의 정신을 향상시키는 역할을 하는 것이다. 그리고 우리의 영혼을 훈련시켜서 시공간의 세계에 내재해 있는 창조의 질서를 파악할 수 있게 만든다. 그러므로 영원한 미를 관조하기 위하여 이성의 인식능력을 키워주고 영혼의 상승을 도와주는 교양교과에 주목한 것이다.

하지만 문제는 미적 활동이 영원한 미의 단계로 상승하더라도, 우리의 감각기관을 통해야 한다는 점에 있다. 아우구스티누스가 우리에게 교양학문의 훈련을 권하는 이유가 바로 여기에 있다. 교양교과는 인과관계, 질서, 통일성 등에 나타나는 아름다움을 감각현상에서 파악할 수 있는 이성을 계발한다고 보기 때문이다. 이런 관점에서 보면, 영원한 수의 법칙을 이해하면서 우주의 질서와 그 안에 내포된 아름다움을 통찰하는 능력을 갖춘 자가 올바르고 진정한 음악가이다. 따라서 음악을 포함하는 모든 교양교과는 우리의 정신을 훈련시키기 위하여 체계적으로 구성되었으며, 감각을 넘어서 미의 초월적 세계를 상기하도록 고안된 것이다. 아우구스티누스의 기본 입장은 감각의 미적 계기를 용인하면서도 미의 원천과 성립근거를 분명하게 밝히는데 있었다.

아우구스티누스는 미학 교과서인 『음악론』을 통하여 감각세계의 열등한 사물 안에 있는 가변적 수와 불변의 진리에 담겨있는 영원한 수에 관하여 논의하였다. 무엇보다도 먼저 음악은 청각에 전달되는 소리가 있다고 하여 음악이 되는 것이 아니며, 이성의 작용이 개입되어야만 음악이 되는 것이다. 아우구스티누스는 단순한 모방이나 재현을, 합리적 요소에 대한 이해와 인식을 결여한다고 보기 때문에, 예술로 간주하지 않는다. 그는 음악을 성립시키는 기본요소를 시간성과 운동성으로 보았다. 창조개념을 통하여 영원성과 감각세계의 시간성을 고려하듯이, 음악에 내재하는 수의 원리로부터 운동성을 끄집어내었다. 그러므로 음악을 통한 미의 체계는 가장 낮은 단계의 수로부터 점점 높은 단계를 거쳐서 영원한 수에 이르게 되며 신적인 미로 나아가는 것이다. 이런 구조가 함의하는 바는 영혼의 상승이다. 교양과정을 통하여 영혼의 상승을 모색하는 이유도 같은 이유이다.

교양교육을 통하여 시공간의 사물로부터 비물질적 실재로 나아가는 것은 감각적 음악활동을 통하여 영원한 미를 추구하는 것과 같은 맥락이다. 그리고 감각세계의 모든 아름다움은 창조된 것이면서 영원한 질서를 조금이라도 반영한 것이기 때문에, 우리 영혼의 무지와 어두움을 일깨우고 밝혀주는 기능을 한다. 그러므로 영원한 미를 지향하려면 정신의 훈련인 교양교육을 택해야한다. 아우구스티누스는 그리스, 로마의 세속학교에서 다듬어진 교양교과를 인간 영혼에 올바른 질서를 수립할 수 있는 최고의 교과로 생각하였다. 그는 교양교육에 대한 그리스의 전통을 수용하면서 7자유과를 통한 교양과정의 형성에 크게 기여하였다.

아우구스티누스가 교양교육에 관심을 가지면서 영혼의 정화와 상승을 모색한 것은 궁극적인 인간존재의 실현이라는 미적 이념의 실천 때문이다. 그에게 아름다움은 존재의 궁극적 실현이고 공유된 삶의 지향점이므로, 우리에게 권유되는 행위의 당위적 규범이 된다. 그리고 그가 내세우는 미의 전형은 시공간의 세계에서 감각의 방식으로 구체화되는 것이 아니라, 하나의 이념으로서 초월적 성격을 유지하는 것이다. 따라서 이런 미는 교양교육을 통하여 우리의 영혼을 끊임없이 자극하고 미적 성숙을 격려하며, 우리의 삶을 지복의 수준으로 지향하게 만드는 것은 물론이다.

결국 이면의 아름다움을 인식하는 이성의 능력을 증진시키는 일이 교양교육의 과제가 된다. 우리는 경험세계 속에서 어떤 모습으로든지 실현되는 과정에 있으므로 특정한 관점이나 형식으로 규정될 수 없다. 하지만 아우구스티누스의 주장과 마찬가지로 아름다움이 우리를 감각적 구체성과 이념적 초월성을 모두 관계하도록 매개하므로, 우리는 교양교육을 통하여 미적인 존재로 실현되는 것이다. 영원한 미를 본질적 가치로 생각하는 아우구스티누스의 미론은 아름다움의 인식능력을 향상시키는 교양교육과 필수적인 상관성을 가진다.

제3부

진리 인식과 교육

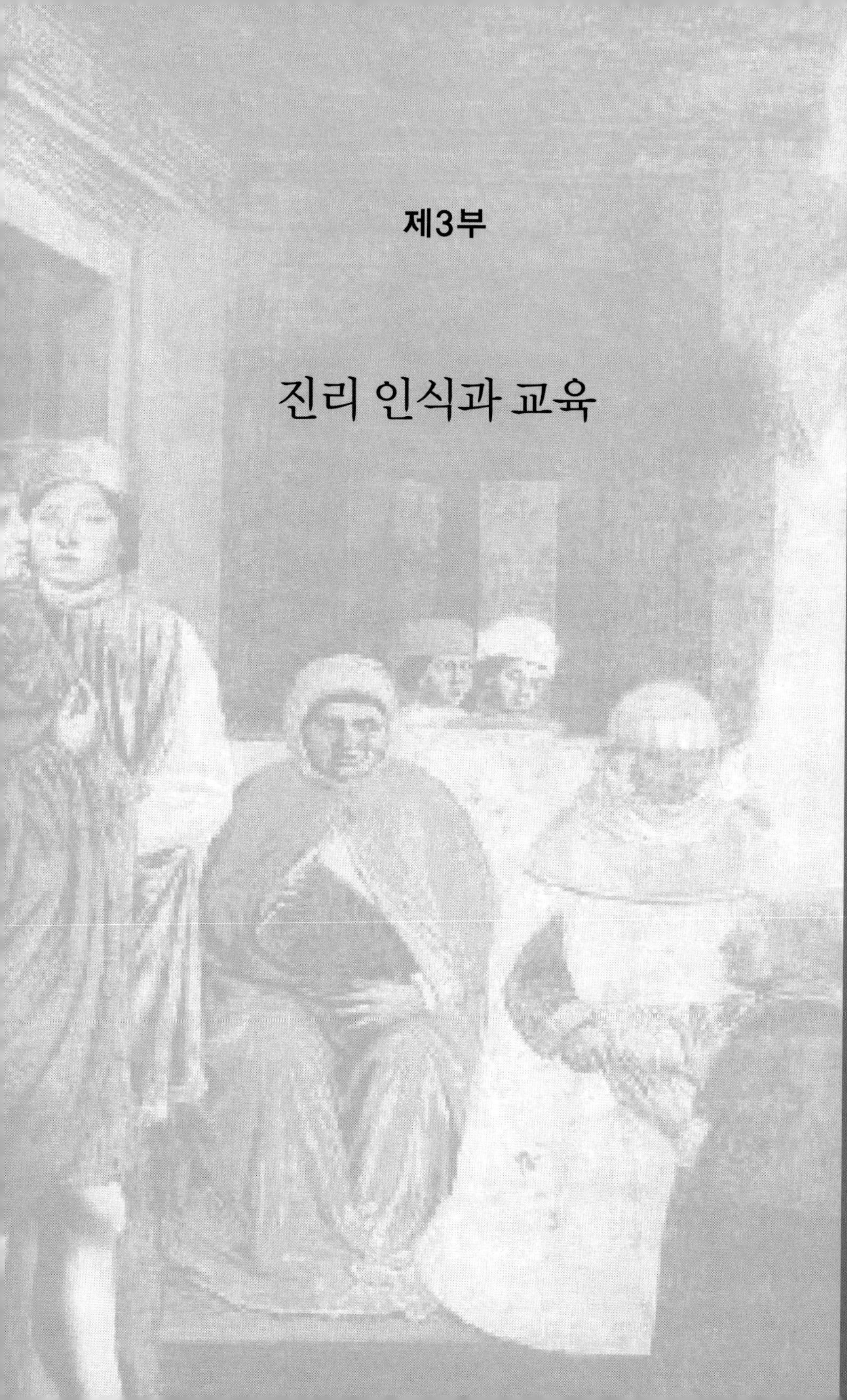

제9장

아우구스티누스의 주의주의 교육관[1]

Ⅰ. 의지와 지식행위

아우구스티누스(Aurelius Augustinus)는 마니교와 아카데미학파 그리고 신플라톤주의를 거치면서 지적인 방황을 거듭하였지만, 마침내 참이신 하나님을 발견하면서부터 진리인식을 위하여 생애를 바쳤다. 그는 사유의 출발점을 회의주의의 극복에서 찾았으며, 앎의 문제를 항상 믿음의 문제와 연결해서 생각하였다. 그에 따르면, 인간이 참된 앎의 세계에 도달하려면 지성을 안내할 수 있는 선한 의지[2], 즉 믿음이 반드시 필요하다. 지성의 위치와 방향을

---

1) 이 글은 "아우구스티누스의 주의주의교육관 연구" 『총신대논총』. 제27집, 2007. 2. 게재 논문이며, 이 책의 전체 목차에 맞게 배열하였다.

2) F. S. Carney에 따르면, 아우구스티누스는 선한 의지를 한시적인 것을 영원한 것 아래 종속시키는 의지로 보았으며, 바로 그런 선한 의지가 덕의 원천이라고 하였다. 문시영 역, 『아우구스티누스의 윤리학』(서울: 서광사, 1998), p. 35 참조. 그리

결정짓는 것은 의지이므로, 그가 말하는 이성은 언제나 믿음을 앞세우는 이성이었다. 그러므로 앎은 지성의 사유로만 이루어지는 것이 아니라 반드시 의지의 개입을 통하여 이루어지는 것이다.

따라서 아우구스티누스는, 지성에 의한 앎을 인식의 최종 목표로 삼았음에도 불구하고, 인식의 마지막 단계에 이르기까지 의지에 의한 믿음의 역할을 강조함으로써 인식의 근저에는 의지가 기능하고 있다는 주의주의적 관점을 분명히 내세웠다. 그러므로 그가 말하는 믿음의 우위는 신앙의 우월성(primacy)을 정당화하는 것이 아니라, 진리인식에 있어서 믿음이 이성보다 먼저임(priority)을 가리킬 뿐이다. 그의 의도는 진리인식에 있어서 믿음과 이성을 분리하지 않고 하나로 통합하는 것이었다.

그러므로 아우구스티누스의 관점에는 '어떻게 인식해야 하는가?' 라는 순수한 인식론적 문제의식보다는 '무엇을 인식해야 하는가?' 라는 존재론적 인식론의 관점이 강하게 작용하고 있다. 흔히 회의주의에서 문제 삼은 것은 '진리는 과연 존재하는가?'와 '진리에 대한 확실한 인식이 가능한가?' 라는 두 가지 명제이다. 아우구스티누스는 진리의 존재여부를 확증하였지만, 진리인식이 가능한지에 관해서는 확신할 수 없었다. 다만 '진리가 존재한다.'는 존재론의 입장에 근거하여 진리인식의 문제를 해결하기 위해 노력할 뿐이었다.

고 아우구스티누스는 바른 의지를 선한 사랑, 그릇된 의지를 나쁜 사랑이라고 하였다. 조호연, 김종흡 역, 성 아우구스티누스의 『신국론』(서울: 크리스챤다이제스트, 2002), 제14권. 7장.

그러므로 그는 아카데미학파의 주장을 논박하면서 다음과 같이 진리의 존재여부를 확증해 나갔다. "이 살아 있다는 점에 관해서는 우리는 진리와의 유사성 때문에 속을 위험성이 절대로 없다. 속은 사람도 살아 있다는 것은 확실하기 때문이다. …그러므로 자기가 살아 있다는 것을 안다 라고 말하는 사람 앞에 보고 속기 쉬운 물건 천 가지를 제시하더라도 그는 그 어느 것도 두렵지 않을 것이다. 속는 사람도 살아 있는 사람이기 때문이다."[3] 이처럼 아우구스티누스는 자신이 존재한다고 느끼는 것이 착오라고 할지라도 그런 착오 역시 존재를 전제로 하지 않으면 안 되기 때문에 존재에 대한 의식은 착오일 수 없다고 주장한 것이다. 만약 자신이 존재하지 않는다면 착오를 일으킬 수조차 없다고 보았기 때문이다.[4] 그러므로 이런 논증에 따르면, 착오 행위조차도 존재를 전제한 것이므로 자신이 존재한다는 사실은 착오가 될 수 없다. 아우구스티누스는 이처럼 존재론적 인식론의 입장에서 자신의 독특한 교육사상의 기반을 구축해 나간 것이다.

따라서 그의 관심은 존재론에 기초하여 자연스럽게 인식론의

---

3) 김종흡 역, 성 아우구스티누스의 『삼위일체론』(서울: 크리스챤다이제스트, 2004), 제15권. 12장. 21절. 『신국론』에서는 "그러므로 내가 참으로 틀렸을 때라도 그 틀린 나는 있는 것이므로, 내가 있다는 것을 아는 점에서 나는 확실히 틀린 것이 아니다. 따라서 내가 있다는 것을 안다고 말하는 점에서도 나는 틀리지 않았다."라고 표현하고 있다. 『신국론』, 제11권. 26장.

4) 이 논증은 17세기 철학자인 데카르트(R. Descarte)가 『방법서설』에서 내세운 '*cogito er go sum*' (I think, therefore I am.)의 논증방식과 매우 유사하다. 그러므로 아우구스티누스는 데카르트보다 1200년 정도 앞서서 의식의 자명성을 입증한 학문적 선구이다.

과제로 넘어간다. 아우구스티누스는 인간이 자기 자신을 인식할 경우, 인식 대상과 인식 주체가 모두 자기 자신이기 때문에 자기 존재의 확실성을 더 이상 증명할 필요성을 느끼지 않았던 것이다. 이런 관점에서 그는 "설령 내가 오류를 범한다 하더라도, 나는 존재한다."(*Si fallor sum*; Even if I err, I am)라는 명제를 내세웠다.[5] 이 명제는 인간의 인식이 자기 존재를 기반으로 하는 행위라는 점을 분명하게 한 것이다.

이처럼 아우구스티누스는 인식의 체계를 고대 그리스의 철학자들처럼 초월적인 주장에서 출발하지 않고 인간의 의식에 직접적으로 주어져 있는 사실, 이를테면 자기존재와 자기의식의 확실성으로부터 세워나갔다. 그는 데카르트보다 훨씬 이전에 아르키메데스의 포인트에 서서 의식존재의 확실성을 밝혀내었으며[6] 선의지, 즉 믿음의 역할을 규명해 냄으로써 주의주의 교육관의 성립에 많은 영향을 미쳤다.

지식의 획득은 모든 교육의 필수 불가결한 부분이다. 하지만 "지식행위가 교육의 출발점이 될 가치들과 어떤 관계에 있는가?"는 분명히 해 두어야 할 주제이다. 지식은 다양한 방식으로 윤리적 가치들과 관련될 수 있다. 어떤 것을 가치 있게 여기는 것은 모종의 지식을 소유한다는 것을 전제로 하기 때문이다.[7] 이 연구

---

5) Sterling P. Lamprecht, *Our Philosophical Traditions: A Brief History of Philosophy in Western Civilization* (New York: Appleton-Century-Crofts, Inc., 1955), p. 134

6) Simon Harrison, "Augustine on what we owe to our teachers," *Philosopers on Education* (New York: Routledge, 1998), p. 74 참조.

가 논제로 삼는 주의주의교육관도 역시 마찬가지이다. 지식행위가 이성의 작용으로만 이루어진다고 보는 시각은 대단히 소박한 관점이다. 지식행위도 역시 가치지향성을 지니고 있기 때문이다. 그러므로 지식행위의 무 방향성과 무목적성이 가져다주는 폐해는 인간교육을 왜곡시키고 변질시켜 버릴 것이다.

따라서 인식행위를 이끌어가는 것은 인간의 선한 의지이며, 그것이 앎의 추구뿐만 아니라 존재의 전환도 가능하게 만드는 인간성의 필수 요소임을 주장한 아우구스티누스의 주의주의교육관을 조명해 보는 일은 매우 의미 있는 연구가 될 것이다. 여기서 말하는 주의주의교육관이란, 의지라는 정신적 작용이 삶의 목적을 인식하는 교육, 즉 지식행위를 일깨우고 이끌어간다는 교육관을 의미한다. 그러므로 선한 의지의 작용을 비합리적이고 맹목적으로 발동하는 심리적 행위로 해석하면 안 된다. 의지가 이성과 분리된다고 보는 시각은 인간교육의 의의를 퇴색시킬 뿐만 아니라 교육의 본질을 왜곡시키는 오류를 범하게 될 것이다. 따라서 의지를 이성적 작용과 분리되지 않고 통합되어서 앎을 가능하게 만드는 인식의 필수요소로 이해하는 것이 좋을 것이다.

이 연구는 먼저 아우구스티누스 주의주의교육관의 인식론적 근거가 되는 자발성의 문제와 의지의 역할을 체계적으로 논의해 본다. 그리고 인간의 의지가 원래부터 지니고 있는 전환성의 문제를

---

7) 이지헌 · 김희봉 역, 『교육목적론』, John White, *Education and the Good Life* (서울: 학지사, 2004), pp. 204-205.

인식에 있어서 의지의 우선성과 관련하여 살피고 다음은 행복론에서 드러나는 의지의 전환 성을 탐색해 본다. 아우구스티누스의 주의주의교육관은 인간교육이 내세우는 전환성의 이론적 근거가 되기 때문에 인식의 의지 연관성을 살피는 연구는 의미 있는 작업이 될 것이다.

Ⅱ. 주의주의교육관의 인식론적 근거

1. 조명설에서 자발성의 문제

앎의 현상은 인식주체와 인식대상에 의해 발생한다. 앎이라는 말은 '알다' 라는 동사가 명사화된 것이며 인식하는 행위와 그 결과인 지식을 모두 포섭하는 표현이다. 아우구스티누스는 조명설(Illumination theory)을 통하여 이런 앎의 현상에서 기능하는 인식주체와 인식대상의 관계를 밝히면서 의지의 역할을 논증하였다.

조명설은 아우구스티누스 인식론의 가장 독특한 이론이다. 그의 조명설은 단순히 진리인식이라는 시각을 뛰어넘어서 신과 인간의 두 인격관계를 존재론적 인식론의 관점에서 밝혀주고 있다. 아우구스티누스의 조명설은 '빛의 밝게 비추는 작용' 에 착안하여 플로티누스(Plotinus)의 일자(一者)를 중심으로 한 신중심주의에 영향을 받은 것으로서, 플라톤의 상기설이 지니고 있는 난점을 극복한 것이다. 일자 – 정신 – 감각세계로 구성되는 존재론적 인식론의 체계에서 정신은 인간의 영혼에게 발광과 인상을 통하여 이데아를 제공한다. 플로티누스는 이것을 정신이 영혼에게 빛을 비추는 것으로 설명하였다.

이처럼 원 진리의 발광을 통하여 사유원칙이 인간 정신에게 전달된다는 플로티누스의 영향으로 아우구스티누스는 정신을 깨달음의 빛으로, 인식주체인 인간 이성을 이성의 빛으로 명명하여 태양이나 달과 같은 물리적인 빛과 구별하였다. 그러므로 그는 감각인식을 통하여 영혼의 판단으로 이끄는 빛을 물리적인 빛과 다르게 보았다. 말하자면, 눈을 매개로 하여 영혼을 활동하게 하고 감각하게 하는 빛과 눈에 의해 감각되는 빛은 서로 다르다고 본 것이다.[8] 전자는 영혼 안에 자리 잡고 있지만, 후자는 신체 안에 있다는 주장이다.

하지만 이성적 존재인 인간의 내면에는 앞의 두 가지 빛과 전혀 다른 참다운 빛이 존재하고 있으며, 우리는 이를 통하여 사고가 가능하다. 아우구스티누스는 이것을 다음과 같이 표현하였다.[9]

> 이 빛이 나보다 높은 것은 이 빛이 나를 창조했기 때문이요, 내가 이 빛보다 낮은 것은 내가 이 빛에 의하여 창조되었기 때문이니이다. 무릇 진리를 아는 자는 이 빛을 알며, 무릇 이 빛을 아는 자는 영원을 아나이다. 무릇 참된 사랑은 이 빛을 아나이다.

그리고 그는 동물의 영혼처럼 비합리적인 것은 이런 빛이 없어

---

8) George Howie, *St. Augustine: On Education*(South Bend: Gateway Editions, 1969), p. 272 참조.

9) 『고백록』, 제7권. 10장. 16절.

서 어둡다고 하였다. 그러므로 이성은 참다운 빛과 접촉하여 이데아의 세계를 보며 지혜를 산출한다. 이성은 물리적인 빛 속에서 보이는 가시적인 사물들을 감각하기도 하고, 깨달음의 빛과 물리적인 빛의 도움으로 사고하며 지식을 산출하기도 한다.

따라서 조명설에 따르면 앎은 인간의 내면에서 신의 조명에 의해 실현된다. 하지만 아우구스티누스는 플라톤의 선험주의(transcendentalism)처럼 앎이 이미 인간 내부에 형성되어 있다고 보는 것은 아니다. 영혼선재설을 바탕으로 하여 '지식은 이미 주어져 있고 학습이란 회상에 지나지 않는다.' 는 주장은 진 · 선 · 미나 기하학의 원리 등 깨달음의 세계에서는 타당하다고 볼 수 있지만, 가시적인 세계, 즉 감각 세계에 대한 인식에는 타당하지 않다는 것이다. 이런 이유로 아우구스티누스는 다음과 같이 반문하고 있다.[10)]

> 끝으로, 정신적인 사물에 관해서 그렇게 할 수 있다는 것은, 즉 어떤 지식 분야에 관한 적합한 질문을 받으면 그 분야에 대해서 전연 무지한 사람이라도 대답할 수 있는 것은 무슨 까닭인가? 감각되는 사물에 대해서는 아무도 이렇게 할 수 없는 것은 무슨 까닭인가?

아우구스티누스가 플라톤의 영혼선재설과 선험주의에서 조명설로 넘어갈 수 있었던 전환점은 경험세계의 인식 때문이었다. 그의 조명설에 따르면, 모든 앎에는 기성품의 이데아가 이미 주어져 있

10) 『삼위일체론』, 제12권. 15장. 24절.

는 것이 아니라, 감각을 통해 하나님의 조명 가운데서 감각적인 앎이 형성될 뿐이다. 그리고 깨닫는 앎은 영혼을 통하여 하나님의 조명 가운데서 형성되어진다.

이러한 특징을 고려하여 조명설을 '현재 주어지는 이데아를 이성이 봄으로써 앎이 실현된다는 이론' 이라고 정의할 수 있다. 바로 이런 점에서 아우구스티누스의 조명설은 플라톤의 영혼선재설과 구별된다. '이미 봄' 이 아니라 '지금 봄' 이라는 주장이다. 그리고 이데아는 토마스 아퀴나스(Thomas Aquinas)의 추상론에서 주장하는 것처럼 능동이성이 만들어내는 것이 아니라 다만 주어지는 것일 뿐이다. 여기에서 주어진다는 말은 영원하고 변하지 않은 이데아가 변하는 인간 안에 있을 수 없기 때문에, 이데아는 인간 안에 속한 것이 아니라는 뜻이다.

여하튼 아우구스티누스가 주목하는 것은 우리 인간의 이성이 직접 본다는 사실이다. 본다는 것은 인간의 이성이 주체적으로 앎을 이룬다는 사실을 말하는 것이다. '본다' 라는 동사 속에는 보는 주체와 보여 지는 객체가 필요하며, 앎은 언제나 인식주체의 능동적 활동의 결과임을 암시하고 있는 것이다. 따라서 사람의 마음이 조명을 받으면, 그는 이데아를 보게 되고 영원불변의 진리에 대한 지식을 얻게 되는 것이다.[11] 말하자면 앎이 인간의 내부에서 이루어지는 것이므로 인식의 자발성을 보여주는 것이다.

이런 주장을 바탕으로 조명설을 좀 더 살펴보면, 신 안에 있는

---

11) Sterling P. Lamprecht, *op. cit.*, p. 135.

이데아는 선험주의에서 말하는 것처럼 우리에게 이미 주어진 것이 아니라, 이성의 능동적인 행위를 통하여 지금 얻어내는 것이다. 이런 예지 활동이 깨달음의 빛 안에서 이루어진다고 해서 우리 인간 이성의 자리에 신이 들어서는 것은 아니다. 신은 조명을 통하여 우리의 이성으로 하여금 이데아를 볼 수 있게 해 줄 뿐이므로, 이데아를 포착하는 주체는 이성이 된다.[12] 이데아는 언제나 보여 지는 것이다.

따라서 깨달음을 이루는데 있어서 우리 인간은 신과 항상 협력 관계에 있다고 볼 수 있다. 이성의 인식을 통하여 획득되는 사물의 개념은 이미 있는 것으로서 수용되는 것이 아니라, 새롭게 창출되는 것이다. 신의 역할은 볼 수 있도록 조명하는 일이므로, 앎을 이루는 것은 인간 이성의 주체적인 활동의 결과라는 주장에서 인식의 자발성이 인정된다. 그것을 소극적으로 표현한다면, 내면의 교사인 신이 학습자가 공부하려는 의지를 보일 때까지 기다린다는 말과 같은 의미이다.[13] 그러므로 깨달음에 있어서 인간 이성은 신과 협력 관계에 있다고 볼 수 있다.

아우구스티누스는 실제로 지식을 비물질적이고 보편적인 것으로 보았기 때문에, 언어를 통하여 가르치는 행위에 대해서는 매우 회의적이었다. 따라서 그는 부정적인 의미에서 '사물은 가르쳐질

---

12) 송병구, 『하나님을 어떻게 알 수 있는가: St. Augustinus의 존재론적 인식론』(서울: 한들출판사, 2004), p.167 참조.

13) Yeong-heum Ju, "A Study of the Function and Nature of Teaching in the light of Augustine's Divine Illumination," *Chongshin Review*, vol., 3(Chongshin University, 1998), pp. 358-59.

수 있는가?' (Can anything be taught?)라는 질문을 던졌다.[14] 그는 오히려 학습자 밖에서 작용하는 교수행위보다는 학습자 안에서 이루어지는 학습활동을 훨씬 더 신뢰하였다. 그것은 마치 교사가 교실에서 학생들을 가르칠 경우, 학생들은 자유의지를 부여받은 존재들이기 때문에, 강제하기보다는 격려하고 자극함으로써 학습활동이 이루어지는 것과 같다. 그러므로 아우구스티누스의 관점에서 보면, 진리인식을 위해 학습자가 의지의 전환을 시도한다면 이성을 통하여 이데아를 바라보게 되는 것이다.

따라서 조명설은 현재 주어지는 이데아를 이성을 통하여 바라보는 인식행위를 강조한다. 본다는 행위에서 이성은 주체가 되며 이데아는 보여지는 것이다. 이런 조명설에 근거하여 아우구스티누스의 존재론적 인식론은 객체의 실재성과 인식주체의 창조성을 모두 인정하며 인식의 능동성과 수동성을 모두 인정한다. 하지만 진리인식 행위는 보는 행위와 보여 짐을 반드시 포섭해야 하기 때문에 신과 인간의 인격적인 만남이라는 의미도 동시에 갖는다. 그러므로 그의 존재론적 인식론은 선험주의와는 달리 신과의 계속적인 만남을 통하여 앎이 형성된다고 본다. 조명설의 특징이 현재적이라는 주장에서도 알 수 있듯이, 진리 인식은 두 인격의 만남으로 성립된다는 해석은 고대 그리스의 인식론에서는 찾아 볼 수 없는 그의 독특한 학설이다.

---

14) James Bowen, *A History of Western Education(I)*(New York: St. Martin's Press, 1972), p. 281.

따라서 아우구스티누스에게 있어서 진리 추구는 더 이상 중립적인 이성만의 작용이 아니라, 인격과 인격의 전면적인 만남이다. 플라톤이 진리에의 참여를 말하였다면, 아우구스티누스는 인격적인 관계에의 참여를 내세운다. 진리인식은 영혼과 이데아의 중립적인 결합이 아니라, 인간과 신의 인격적인 만남을 통하여 이루어진다. 그러므로 모든 앎은 신의 조명을 통해 이루어지며, 의지의 전환 없이 자연 이성만으로는 완전한 진리인식이 불가능하다. 아우구스티누스에 따르면, 인식에는 항상 의지의 자발성이 문제가 된다. 아우구스티누스는 이런 점에서 지식행위의 가치중립성은 가능하지 않다는 입장이다.

2. 존재론적 인식과 의지의 역할

아우구스티누스의 존재론적 인식론은 의지와 긴밀하게 연관되어 있다. 그는 인식행위를 『신국론』과 『고백록』에서 분석하면서 의지가 반드시 개입된다는 점을 밝히고 있다. ‘우리는 존재하며, 우리가 존재한다는 것을 알며, 이 존재와 존재에 대한 지식을 기뻐하기 때문이다.’[15] 여기에서 인간에게는 존재, 앎, 기쁨(의지)이라는 세 가지 요소가 있음을 표현하였다. 계속해서 그는 다음과 같이 인간에게 존재, 지식(앎), 의지가 복합적이면서도 단일성을 지니고 있는 것으로 보았다.[16]

15) 『신국론』, 제11권. 26장.
16) 『고백록』, 제13권. 11장. 12절.

> 하온데 내가 말하고자 하는 세 가지는 존재와 지식과 의지니이다. … 즉, 나는 지식과 의지를 가지고 존재하나이다. 나는 또한 존재한다는 사실과 의지를 가지고 있다는 사실을 아나이다. 하옵고 나는 존재하기 원하고 알기 원하나이다. … 이 세 가지가 서로 구별되나 분리되지는 않는 것임을 보아야 할지니이다.

그러므로 아우구스티누스가 생각하는 인식행위에는 의지가 반드시 개입한다. 예를 들면, 시각은 보려는 의지와 보여 지는 대상 그리고 그 결과인 인식으로서의 봄으로 구성된다. 감각도 역시 다른 인식행위와 마찬가지로 감각하는 주체와 감각의 대상에 의해 형성된다. 이처럼 그는 주체와 객체를 연결하는 것으로서 영혼의 의지를 필수 요소로 개입시킨다. 주체가 있고 대상이 있다고 하더라도 보려고 하는 의지가 없다면 인식은 불가능하기 때문이다.

따라서 아우구스티누스의 입장에서 보면 우리 인간은 의지이외에는 아무 것도 아닐 수 있다. 인식행위는 이성의 독자적인 성과가 아니라, 의지와의 연합적인 산물이다. 무엇을 안다는 것은 그것에 관심을 가지고 있다는 데서 비롯된다. 여기에 인식의 의지연관성이 있다. 그러므로 이성만 가지고 무엇을 안다는 것은 있을 수 없는 일이다. 플라톤주의자들은 이성을 신뢰하면서 인식의 과정을 탐색하였지만, 이성이 의지와 함께 작용한다는 사실은 간과하였다.

하지만 아우구스티누스에 따르면 모든 인식은, 즉 감각이나 생각 또는 깨달음을 막론하고, 의지가 이성과 함께 작용하여 이루어진다. 이성은 인간이면 누구에게나 주어져 있는 자연의 빛이며, 중립적인 것이므로, 이성의 방향을 좌우하는 것은 의지라고 본 것이다. 이런 까닭에 인식의 문제는 언제나 의지가 문제가 된다.

따라서 지성이 진리를 바라보기 위해서는 먼저 선행되어야 할 것이 있다. 그것은 깨끗한 삶이요 올바른 사랑이며 곧 선한 의지이다. 교만은 의지의 왜곡이므로 진리를 보지 못하게 만들지만, 깨끗해진 지성, 즉 의지가 치유된 지성은 진리를 보게 만드는 것이다. 여기에서 아우구스티누스의 주의주의 교육관이 성립되었다. 그가 내세우는 교육의 목적은 단순히 앎의 성취를 말하는 것이 아니다. 교육의 과제는 앎이 존재의 문제와 결합하여 삶의 전환을 이루는 것이라고 보는 것이다. 이런 까닭에 아우구스티누스는 신 인식이 가능하려면 다음과 같이 영혼이 먼저 청결해야 한다고 주장하였다.[17)]

> 그러므로 변함없이 살아계신 진리를 충분히 즐기는 것이 우리의 의무며, … 우리는 광명을 깨달을 힘을 얻으며 깨달은 광명 안에 안주하기 위해서 우리의 영혼을 청결하게 해야 한다. 이 청결 작업을 고향으로 돌아가는 일종의 여행이라고 생각하자. 하나님은 무소부재하시므로 하나님께 가까이 가기 위해서는 공간적인 이동이 필요한 것이 아니라, 청결한 소원과 착한 습관을 길러야 한다.

따라서 아우구스티누스에게 있어서 교육은 단순히 지적인 정보

---

17) 『기독교교육론』, 제1권. 10장. 10절.

와 관련된 일이 아니고 새로운 삶의 태도와 지적인 통찰력 그리고 우주적 목적으로 이끌어가는 근본적인 변화와 관련되는 일이다.[18] 그리고 그가 보는 인식의 문제는 앎의 현상으로 고립되는 것이 아니라 항상 존재의 전환과 관련되어서 해결되는 것이다.

그러므로 인식의 의지 연관성은 의지의 타락 때문에 실존적인 문제로 환원되고 의지의 교정이라는 문제에서 드러나게 된 것이다. 의지의 교정이란 의지의 방향을 전환하는 일, 곧 회심(conversion)의 문제가 되므로 신앙이 인식문제의 해결에 결정적인 역할을 하게 된다. 이성은 인간의 고유한 인식 능력이지만, 그것의 방향과 능력의 발휘정도는 의지에 속하게 된다. 인간의 자유와 책임의 영역은 전적으로 의지의 영역이므로, 인식의 의지 연관성은 진리인식의 인격성과 직접 관련된다고 볼 수 있다.

그리고 조명설에서도 알 수 있듯이, 신은 인식의 빛으로서 진리를 볼 수 있게 인간을 도우는 존재이지만, 인식행위에는 직접 개입하지 않는다. 진리 인식은 인간의 자유의지에 달려있으며, 책임영역에 속한다. 신은 우리로 하여금 진리를 추구하도록 권면하지만 앎을 가져다주지는 않는다. 그리고 신은 우리로 하여금 알 수 있도록 도와주지만, 앎을 집어넣어 주지는 않는다. 따라서 내면의 인식 정도는 신의 조명에 달려 있는 것이 아니라 인간의 수용능력과 의지에 달려 있다. 강의를 듣는 학생들의 경우도 마찬가지이

18) Robert S. Brumbaugh & Nathaniel M. Lawrence, *Philosophical Themes in Modern Education* (Boston: University Press of America, 1973), p. 43.

다. 교사는 일반적으로 학습을 용이하게 조성하지만 지식을 나누어줄 수는 없다.[19] 이해의 정도는 그들의 내면에 있는 인식의 힘에 달려 있을 것이다. 그러므로 인간이 의지의 전환을 통하여 진리를 인식하느냐, 아니면 자연 상태로 방치함으로써 진리를 인식하지 못하느냐는 선택은 전적으로 인간에게 달려있다.

또한 이성적 존재인 인간은 자유와 관련하여, 생활주변의 자극이나 욕망을 수용할 수도 있고 거부할 수도 있다. 여기에서 주목할 것은 이성의 자유로운 판단을 좌우하는 것이 인간의 의지라는 점이다. 그러므로 의지가 인간 존재의 주요한 요소로 인정되고 전체 자아의 결정적인 요인이 되는 것이다. 이 점에 관하여 아우구스티누스는 다음과 같이 말하고 있다.[20]

> 사람의 의지가 어떤 성격이냐 하는 것이 중요하다. …욕망이나 기쁨은 우리가 원하는 것에 동감한 의지의 발동이 아니고 무엇인가? 공포와 슬픔은 우리가 원하지 않는 것에 반대하는 의지의 발동이 아니고 무엇인가? 우리가 원하는 것을 추구함으로써 우리의 동감을 표시할 때에 그것을 욕망이라고 부르며, 우리가 원하는 것들을 즐김으로써 우리가 동감을 표시할 때에 그것을 기쁨이라고 한다. 마찬가지로 우리가 원하지 않는 일에 반대할 때에 의지의 행동은 공포로 나타나며, 우리의 의지에 반대되는 일이 생길 때에 우리의 의지는 슬픔으로 반응을 나타낸다. 일반적으로 의지가 추구하거나 회피하는 것들의

---

19) Philip L. Quinn, "Augustinian Learning," *Philosopers on Education* (New York: Routledge, 1998), p. 93.

20) 『신국론』, 제14권. 6장.

성격이 다름에 따라, 의지는 거기에 끌리거나 또는 싫어하며, 따라서 감정도 방향이 변한다.

그러므로 인식이나 존재의 문제에서 믿음, 신앙, 사랑 등으로 표현되는 의지를 제외한다면 문제해결은 불가능해질 것이다. 바로 이런 이유로, 아우구스티누스는 진리인식의 객체가 인격이라는 점에서 진리인식을 전존재의 참여로 생각하였다. 플라톤이 말하는 이데아는 무색투명한 비인격적인 진리이지만, 아우구스티누스가 말하는 진리는 인격적인 진리이다. 따라서 인격적인 대상을 알려고 하면서도 그 대상과 동 떨어져서 바라본다면 앎을 성취하기는 무척 힘들어진다. 대상과 함께하는 관계 속에서 참된 인식이 가능하기 때문이다.

아우구스티누스는 진리인식이 진리자체에 근본적으로 참여하는 것이라는 그리스사상에 고무되어 사유의 문제를 인격인 진리에 인간의 전 존재가 참여함으로써 가능하게 된다고 보았다. 그러므로 조명은 빛이 되는 진리에의 참여를 뜻하는 것이다. 진리인식은 인격적 관계에 참여하는 것으로 이루어지기 때문에, 인간의 인격이 존재, 앎, 의지로 구성되어 있다면 진리에의 참여는 곧 앎뿐만 아니라 동시에 존재와 의지에의 참여를 말하는 것이다. 그러므로 지식교육에 있어서 진공상태에서 이루어지는 교수행위는 불가능하므로, 인격의 문제와 분리된 지식행위는 참된 교육이 아니라고 할 수 있다.

Ⅲ. 주의주의교육관의 의지 전환성

1. 의지의 우선성에 관한 논증

영원한 진리를 관조하는 것은 이성이다. 하지만 진리를 바라보려면 이성이 먼저 순수해져서 선한 의지, 즉 사랑과 결합해야 한다. 바로 이런 사랑이 이성으로 하여금 진리를 바라볼 수 있도록 안내해 주기 때문에, 진리애가 진리를 추구하게 만든다. 그러므로 인식의 완성은 진리에로 방향을 바꾸어 나가는 의지의 전환에 의해 발생하는 것이다.

아우구스티누스에 따르면, 신앙은 자기 자신에 대한 사랑(*amor sui*)에서 진리에 대한 사랑(*amor Dei*)으로 바뀌는 의지의 전환을 말한다. 그러므로 앎에 있어서 의지의 우선성은 신앙의 우선성을 의미하는 것이다. 그는 믿음이 앎의 시작이라고 보고 알기 위해서는 믿어야 한다고 주장하였다.[21] 믿음에의 의지가 먼저 오고 앎은 나중에 온다는 뜻이다. 물론 믿음에의 의지가 있기 전에 먼저 이성이 있을 수 있다. 그리고 믿어야 할 것이 무엇인지 알아야 믿을 수 있다고 주장할 수 있다. 그렇지만 믿어야 할 것이 무엇인지 이성이 알고자 하는 것은 진리에 대한 앎이 아니고 인간 의식이 가지는 궁금증에 불과한 것이다. 아우구스티누스가 보기에 진리에 대한 자연이성의 앎은 참된 인식이 아닌 일시적인 앎에 불과하다.

---

21) Sterling P. Lamprecht, *op. cit.*, p. 136.

엄밀한 의미에서, 그러므로 아직은 앎이 아니다. 진정한 앎이 이루어지려면 먼저 믿음이 선행되어야 한다. 믿음에의 의지 즉 신앙의 도움을 받아야 이성은 본래의 임무를 수행할 수 있다는 말이다.

따라서 아우구스티누스에게 있어서 믿음은 언제나 앎의 시작이다. 알기위해 믿는 것이지만, 믿기 위해 아는 것이 아니다. '알지 못하면서 어떻게 믿을 수 있는가?' 라고 반문할 수 있다. 하지만 알기 때문에 믿는 것이 아니라 알기 위해서 믿는 것이다. 이처럼 아우구스티누스에게 있어서 믿음은 참된 앎을 위해 반드시 거쳐야 하는 조건이 되었다. 그에게 있어서 믿음은 사랑하는 것이고 행하는 것이다. 그것은 의지의 움직임이며 전인격적인 전환을 의미하는 것이다. 그러므로 아우구스티누스에 의하면, 신앙이란 단순히 권위에 복종하는 것이 아니라 지식에서 지혜로 나아가는 것이며, 자기 사랑에서 하나님 사랑으로, 일시적인 사랑에서 영원한 사랑으로 나아가는 삶의 전환을 의미하는 것이다.

그러므로 '알려면 믿으라.' 라는 아우구스티누스의 명제는 '믿음의 결국은 앎이 된다.' 는 시각에서 이해되어야 한다. 여기서는 믿음 그 자체가 목적이 아니다. 목적은 믿는 것이 아니라 보는 것이요 아는 것이다. 존재는 의지를 거치지 않으면 안 되지만, 의지는 결국 존재를 향하는 것이다. 의지는 존재에 봉사는 것이므로 믿는 것보다 아는 것이 더 높은 수준이다. 따라서 아우구스티누스가 말하는 믿음은 지식에서 무지로 가거나 체험에서 무 체험으로 가자는 것이 아니라, 무지막지한 교만한 앎에서 정선되고 겸손한 앎으로 가자는 것이며 희미한 앎에서 분명한 앎으로 인식의 방향을 바꾸자는 말이다. 그러므로 그는 신앙 때문에 진정한 앎이 이루어진다고 보았으며, 신앙의 진리는 매우 이성적인 것이라고 생각하였다. 믿음은 이성을 배척하는 것이 아니라 돕는 것이므로, 믿음 때문에 이성은 자기의 임무를 수월하게 수행할 수 있는 것이다.

이처럼 아우구스티누스는 존재론적 관심과 인식론적 관심을 저버린 적이 없었다. 그에게 있어서 인식의 완성은 존재의 문제와 언제나 연관되어 있었다. 신앙은 의지의 작용이고 이해는 이성의 작용이므로 추구는 신앙이 하지만 발전은 이성이 한다. 그러므로 인식의 완성은 신앙의 도움을 입은 이성의 산물이다. 따라서 아우구스티누스의 진리 인식에 있어서 의지의 우위, 신앙의 우위는 그것이 먼저 와야 한다는 우선성의 차원에서 이해되어야 하는 것이지, 궁극성의 차원에서 이해되어서는 안 되는 것이다. 말하자면 이런 관점은 목적론적으로는 이성의 우위이며, 경험적으로는 의지가 우위를 차지하는 것이다.

따라서 아우구스티누스는 이성과 의지라는 서로 대립하는 요소를 변증법적으로 종합함으로써 사유의 통일성을 주장한 교육사상가였다. 그의 내면에는 사변적이고 이론적인 관심과 의지적이고 정서적인 사랑의 요소가 항상 함께 자리 잡고 있었다. 그는 인간의 존재와 앎 그리고 의지를 삼위일체로 생각함으로써 의지라는 실체를 부각시켰다. 그는 의지 없는 앎이나 의지 없는 존재는 성립 불가능한 것으로 간주하였다.

그러므로 아우구스티누스에게 있어서 의지의 우위는 신 인식뿐만 아니라 이성과 경험에 근거한 모든 인식에 적용된다. 그리고 전인격적 전환으로서의 신앙은 자연 이성을 교정하여 진리인식을 가능하게 하므로 세계와 나 자신에 관한 새로운 앎의 가능성을 열어준다. 신에 대한 사랑이 있을 때, 참다운 나에 대한 사랑과 세계에 대한 사랑이 가능해지는 것처럼, 신 인식은 자기 자신에 대한 참 인식과 세계 인식을 가능하게 만들어 주는 것이다. 그러므로 인식은 사랑이 선행된 앎이라고 할 수 있다.

2. 의지 전환성의 교육적 의미

아우구스티누스는 마니교, 아카데미학파, 신플라톤주의, 그리고 그리스의 회의주의를 거치면서 고전사상이 인간을 구원으로 이끌어가지 못함을 깨달았다. 앎이 실천에 우위를 차지하고, 이성이 의지에 우선하는 사상체계에서는 언제나 사유와 결단, 지성과 도덕, 앎과 삶이 통합되지 못하고 분열될 수밖에 없음을 인식한 것이다. 이런 시대적 상황을 배경으로 그는 의지에서 인격을 통합시킬 수 있는 원리를 발견하게 되었으며, 의지를 앞세워 인간존재의 분열문제를 해결하려고 하였다.

그러므로 아우구스티누스의 주의주의교육에서 알지만 행동하지 못한다는 주장은 성립할 수 없다. 행동하지 못하는 까닭은 여전히 알지 못하기 때문이라는 뜻이다. 따라서 그에게는 인간의 지성을 앎으로 이끌어갈 수 있는 인식의 동력이 필요하였다. 이를 위하여 아우구스티누스가 내세운 것이 바로 믿음, 즉 선한 의지이다. 하지만 그가 타율적인 믿음의 요소를 인식의 과정에 도입하였다고 해서 이성 자체를 무시하거나 도외시한 것은 아니다. 다만 이성을 이성답게 기능할 수 있도록 이끌어가는 것이 믿음이요 사랑이라는 말이다. 그러므로 알려면 먼저 사랑해야 하고, 행해야 하며, 믿어야 한다. 그렇게 한다면 비로소 새로운 앎의 세계에 눈을 뜨게 되는 것이다. 그는 앎과 실천이 일치되는 차원을 지혜라고 불렀다.

소크라테스 이후 그리스 철학자들은 삶의 목적을 규명하고 정립하기 위하여 많은 관심을 기울였다. 이런 철학적인 관심 끝에 내놓은 것이 바로 행복한 삶이었다. 그렇지만 고대 철학자들이 보는 삶의 목적으로서의 행복이란 무엇인가! 행복을 보는 관점에 따라 정도의 차이는 있지만, 그들이 보는 행복은 주로 정신적인 것 또는 지적인 것과 관련된 것이었다. 플라톤도 역시 참주의 삶보다 철학자의 삶이 더 행복하다고 보았으며, 인간성의 구성요소인 욕망이나 기개(의지)보다 이성이 행복에 더 가깝다고 하였다.[22] 여하튼 이들의 행복관은 인간이라는 존재가 지닌 수월성, 즉 지성을 사용하여 자신의 삶을 지도하게 하고 통제하게 만듦으로써 행복해 질 수 있다고 보았던 것이다.

아우구스티누스도 역시 그리스 철학자들과 마찬가지로 삶의 목적을 행복에 두었다. 그리고 그가 분석한 행복은 인간의 완전한 만족으로 구성된다고 하였다. 이런 주장은 '어떤 사람도 자신이 원하는 모든 것을 가지지 못한다면 행복하지 않다.' 라는 명제로

22) 임태평, 『플라톤철학과 교육』(서울: 교육과학사, 1997), p. 319.

표현될 수 있다.[23] 하지만 악과 관련된 만족감은 실재적이지 못하고 항구적이지 못하기 때문에 이 명제에 포함될 수 없다. 아우구스티누스는 그리스 철학의 전통위에서 행복의 의미를 살피기 시작하였지만, 그가 보는 행복은 단순히 정신적인 것보다는 믿음의 행위가 되는 사랑과 연관시켜서 고찰한 것이었다.

아우구스티누스에 따르면 사랑은 인간 행동의 역동적인 힘이다. "나의 사랑은 나의 무게이며, 내가 어디를 가더라도 나의 사랑이 나를 옮겨 다니게 한다."[24] 이것이 그의 기본적인 입장이다. 그러므로 그에 따르면, 사랑은 인간의 삶을 가능하게 하는 동력일 뿐만 아니라 참된 행복을 추구하게 하는 선한 의지이다. 또한 의지는 앎에 선행하면서도 참된 앎으로 방향을 전환시키거나 이끌어 가는 기능을 가진 인간성의 주요한 요소가 되는 것이다.

이런 주장에도 불구하고 아우구스티누스는, 유한한 존재인 인간이 무한한 존재인 신과 연합할 수 없기 때문에, 다만 신의 도움

---

23) Henry J. Perkinson, *Since Socrates: Studies in the history of Western educational thought*(New York: Longman, 1980), p. 44.

24) 『고백록』, 제13권. 9장. 10절. 그런데 아우구스티누스가 보는 인간의 최고 행복은 진리 그 자체인 신을 인식함으로써 얻게 되는 신과의 사랑의 연합(the loving union)이다. 이런 행복을 얻기 위해서는 선하고 올바른 삶, 즉 하나님을 사랑하고 이웃을 사랑하는 삶을 영위하는 것이 마땅하다고 본다. 따라서 그는 다음과 같은 성경구절을 지상명령으로 생각하였다. "네 마음을 다하고 목숨을 다하고 뜻을 다하여 주 너의 하나님을 사랑하라 하셨으니, 이것이 크고 첫째 되는 계명이요, 둘째는 그와 같으니, 네 이웃을 네 몸과 같이 사랑하라 하셨으니 이 두 계명이 온 율법과 선지자의 강령이니라."(마태복음 22: 37-40.) 그럼에도 불구하고 그의 주장은, 신의 은총이 없이는 신과 이웃에 대한 사랑은 타락한 인간에게 불가능한 것이다. 인간은 신의 은총을 통하여 여타의 다른 욕망을 이겨내고 신과 이웃을 사랑할 수 있게 된다는 말이다.

인 은총을 통하여 사랑의 연합이 비로소 가능해진다고 하였다. 그리고 인간이 의지를 잘못 사용하여 죄의 노예가 되었지만, 은총이라는 신의 선물을 받고나면, 진정한 자유인이 될 수 있다고 보는 것이다. 참된 자유인은 선한 것만 선택하며, 이런 행동은 하나님의 은총 때문에 가능해진다. 그러므로 그는 다음과 같이 주장하였다. "악을 행할 수 있다는 것은 자유롭게 선택할 수 있다는 방증이며, 악을 행하지 않을 수 있다는 것 또한 자유로운 선택을 입증해 주는 것이지만, 은총 가운데서 악을 더 이상 행하지 않는다고 확증하는 것은 최고 수준의 자유를 의미한다."[25] 따라서 아우구스티누스가 보는 행복은 악과는 무관하며, 그것은 신 인식을 통하여 신과 사랑으로 연합함으로써 이루어지는 것이다. 하지만 이런 행복은 반드시 인간의 의지에 의해 추구되는 것이며, 또한 선한 의지는 지성을 올바르게 이끌어 가면서 신의 은총을 요청하는 기능을 가지는 것이다.

결국 아우구스티누스 행복론의 핵심은 진리를 인식함에 있다. 어떻게 해서 진리 인식이 행복의 열쇠가 되는가! 그는 인간 존재의 불완전성에서부터 이 문제를 풀어 나갔다.[26] 우리 인간은 누구나 자신의 부족함을 항상 느끼기 때문에 쉽사리 자기만족을 얻지 못한다. 자신이 부족하다는 것은 자기 자신만으로 충족이 안 된다는 증거이다. 그러므로 우리 인간이 무엇을 욕구하고 원한다는 것

25) Sterling P. Lamprecht, *op. cit.*, p. 45.
26) 졸저, 『서양교육사상사』(서울: 양서원, 2001), p. 124.

은 자신의 결핍을 표시하는 것이며, 자기 안에는 없는 무엇을 요구한다는 뜻이다. 따라서 욕구의 대상이 되는 것은 자기와 다른 것, 자기가 아닌 것, 바로 자기를 넘어서는 것이다.

그런데 이와 같은 대상을 우리 인간이 확보하자면, 무엇보다도 먼저 원하는 대상이 무엇인지, 그 대상을 소유한다는 것이 무엇을 의미하는 것인지를 알아야 한다. 무릇 행복을 원하는 경우도 마찬가지이다. 우리 인간이 원하는 행복이 어떻게 이루어지는 것인지 또한 진정한 행복이란 어떤 것인지 등을 확실히 알아야 한다는 것이다. 그리고 원하는 것을 갖지 못한 사람은 행복할 수 없다고 하지만, 그렇다고 원하는 것을 가진 사람이라고 해서 모두 행복하다고 볼 수 없다는데 문제가 있다. 누구나 바라고 원하는 행복은 영원히 변함없는 진정한 행복이지만, 우리 인간이 갈망하는 대상은 일시적인 것이나 가변적인 것을 원하는 경우가 많기 때문이다.

그러므로 행복은 무엇보다도 스스로 소멸하거나 없어지지 않는 것, 즉 영원불변하는 것이어야 한다. 그 다음에는 행복을 추구하는 자의 뜻과는 달리 우연히 사라지거나 뜻밖에 상실되지 않는 것으로서 우리 인간과 필연적 관계를 형성하고 있는 것이어야 한다. 그런데 이 세상 사물들은 모두 시간의 흐름 속에 있기 때문에 변화와 소멸을 면할 수 없다. 따라서 이 세상 사물들은 엄밀한 의미에서 우리 인간과 필연적인 관계에 있는 것이라고 할 수 없다. 다만 신만이 모든 것으로부터 독립한 영원불변의 존재이며 또한 만물의 창조자이고 모든 생명의 근원이므로 우리 인간과는 필연적인 관계를 가진다. 그러므로 아우구스티누스에 따르면, 누구든지 신을 인식할 수 있다면, 그는 진정으로 행복할 수 있다.

이제 주의주의교육의 관점에서 아우구스티누스의 행복론을 정리해 보면, 진정한 행복은 신의 소유에 있고, 신의 소유는 지혜의 보유에 있으며, 지혜의 보유는 진리의 인식에 있다.[27] 그렇다면 진정한 행복은 진리 인식에서 시작되는 것이다. 따라서 아우구스티누스가 문제 삼는 '어떻게 하면 확실한 진리에 도달할 수 있는가?' 라는 방법에 관한 문제에 행복론의 초점이 놓여 있다고 할 수 있다.[28] 이제 우리 인간이 확실한 진리에 도달한다는 것은 이미 주어진 과제이기 때문에 남은 문제는 그 과제를 해결하는 방법에 관심을 가져야 할 것이다. 그러므로 신 인식을 추구하는 인간에게 실천지향적인 동력이 수반되어야 한다는 존재론적 인식론의 요청은 필수적인 것이다.

교육을 무엇인가 가치 있는 것을 추구하는 활동이라고 한다면, 형편없는 교육이라든가 나쁜 교육이라는 말도 성립할 수 있다. 형편없는 교육은 가치 있는 일이 도중에 망쳐졌다는 뜻이요, 나쁜 교육은 사람들이 교육을 한다고 하면서 열심히 하고 있는 일이 아무 가치도 없다는 뜻이다.[29] 그렇다면 진리인식을 통하여 존재론적 전환을 꾀하는 행위는 대단히 가치 있는 교육이 된다. 참된 행복을 얻기 원하면서도 진리추구를 도중에 포기한다든지, 아니면

---

27) 김규영, 『아우구스띠누스의 생애와 사상』(서울: 형설출판사, 1980), p. 91.

28) *Ibid.*, p. 92.

29) 이홍우 역, 『윤리학과 교육』, R. S. Peters, *Ethics and Education* (서울: 교육과학사, 1981), p. 16.

행복을 추구한다고 하면서 헛된 방향으로 행복을 추구하는 인간의 모습은 가치지향적인 교육의 본질을 무시하거나 왜곡시키는 것이 될 것이다. 진리인식을 위한 교육이 가능한 것은 역시 인식의 방향을 정하고 추구하게 하는 의지의 역할 때문이며, 그것의 전환성이 교육의 동력이 되기 때문이다.

주의주의교육관의 핵심이 의지의 전환에 있음을 살펴보았다. 목적의식 없이 살아가는 인간의 모습을 가치 있다고 할 수 없는 것처럼, 목적을 무시하거나 막연하게 이루어지는 교육행위를 참교육이라고 할 수는 없을 것이다. 그러므로 인식행위에 있어서 의지의 지도를 통하여 무가치한 것에서 가치 있는 것으로 인식의 전환이 이루어지는 현상은 대단히 교육적이라고 할 수 있다. 아우구스티누스는 자신의 삶의 전환, 즉 회심을 통하여 삶의 질이 변화되고 인식이 변화된 것을 실증적으로 보여주었다.

Ⅳ. 인식의 의지 연관성

아우구스티누스가 보는 인식행위에는 언제나 의지의 문제가 개입되어 있다. 모든 인식은 이성의 독자적인 결과가 아니라 의지와의 협력에 의한 산물이라는 것이 그의 주장이다. 아우구스티누스가 의지에 관한 문제의식을 가지고 인식행위를 바라보게 된 것은 존재론적 관점 때문이다. 그는 이해에 선행하는 믿음이 앎을 완전하게 한다는 점을 강조하면서 믿음은 이해를 위한 시작에 불과하다고 하였다. 이런 시각은 우리 인간이 진리를 이해하기 위해서는 먼저 믿어야 하며, 만약 믿지 못한다면 이해는 불가능하다는 논증이다.

이 연구는 아우구스티누스 주의주의교육관의 근거가 되는 인식의 의지 연관성을 규명하기 위한 것이다. 그러므로 인식의 과정에서 의지의 기능을 존재론적 관점에서 고찰하는 것이 연구의 과제이다. 이를 위하여 먼저 아우구스티누스 인식론의 독특한 이론인 조명설에서 의지의 역할을 논의하였다.

아우구스티누스의 진리는 인간의 내면에 숨겨져 있는 것이며, 단순히 기억에 의해 되돌려질 수 있는 것이 아니다. 다만 플라톤의 이데아는 이미 주어진 것이지만, 아우구스티누스의 이데아는 조명을 통하여 지금 얻어내는 것이다. 그러므로 이런 진리를 현재화하기 위해서는 무엇보다 먼저 어두움을 밝혀주는 조명이 필수적으로 요구된다. 진리는 밝은 조명을 통하여 자신을 현시하기 때문이다. 이런 까닭에 신의 조명은 우리 인간을 진리로 인도하는 내면의 교사가 되며, 이를 통하여 우리는 그의 가르침을 받을 수 있다. 우리가 만약 이런 가르침에 주목하기만 하면 진리는 항상 우리의 인식 대상으로 드러나게 된다. 여기에서 우리의 몫은 의지를 가지고 진리에 주목하는 일일 뿐이다.

그러므로 진리는 단순히 우리가 찾아야 하는 피동적인 대상이 아니고 선험적인 것(*a priori*)으로서 우리의 인식과 의지 활동 전체를 끌어당기는 힘이다. 진리에의 관조는 인간의 노력으로 되는 것이 아니고 인간의 내면에서 이성을 통하여 비추어지는 조명 때문에 가능한 것이다. 그럼에도 불구하고 이성의 인식활동이 부정되지는 않는다. 신의 조명이라는 은총이 항상 존재하기 때문이다. 따라서 신의 조명을 우리가 수용하기 위하여 의지의 전환을 시도하느냐의 여부는 전적으로 우리 인간에게 달려 있다. 그리고 신의 조명을 얼마나 효과적으로 사용하느냐의 여부도 인간의 의지와 밀접하게 관련된다.

아우구스티누스에 따르면, 신의 역할은 인식 가능하도록 조명할 뿐이며 인식은 인간의 존재론적인 상태에 따른 주체적인 활동의 결과이다. 그러므로 그의 존재론적 인식론은 인식주체와 객체의 역할을 설정하면서 인식의 수동성과 자발성을 모두 인정하고 있다. 여기에서 말하는 수동성은 조명에 의해서만 인식이 이루어짐을 뜻하며, 자발성은 조명의 은총을 수용하기 위하여 잡다한 인식을 끊어버리고 의지의 방향을 진리에로 전환하는 경향성에서 드러나는 것이다. 따라서 이성의 위치와 방향을 결정짓는 의지의 기능은 항상 목적을 의식하는 교육행위를 연상하게 만든다. 따라서 그의 존재론적 인식론은 주의주의교육관의 이론적 기초가 되는 것이다.

그리고 아우구스티누스에 의하면, 삶의 목적이 되는 행복 역시 의지의 전환을 필수적으로 수반하는 지식행위의 산물이다. 진정한 행복은 진리인식에 있다고 보기 때문에, 진리를 추구하는 인간에게 실천지향적인 동력이 수반되어야 한다는 주장은 당위적이면서도 필연적인 요청이다. 그러므로 선한 의지는 인간교육을 이끌어 가는 중요한 요소가 된다. 아우구스티누스의 논증에 따르면 인식행위를 이끌어가는 것은 인간의 선한 의지이며, 이것은 앎의 추구뿐만 아니라 존재의 전환도 가능하게 만드는 인간성의 필수 요소이다.

결국 아우구스티누스의 주의주의교육관은 의지라는 정신적 작용이 삶의 목적을 인식하는 교육, 즉 지식행위를 일깨우고 이끌어가는 교육을 의미한다. 그러므로 인식행위 가운데서 이루어지는 선한 의지의 작용을 무시하거나 비합리적이고 맹목적인 것으로 간주해서는 안 된다. 이성과 의지를 분리시키는 교육은 사유와 결단을 나누어버리는 행위가 될 것이며, 지성과 도덕의 분열을 당연시하는 왜곡된 교육이 될 것이다. 인간성의 필수요소가 되는 의지는 본질적으로 진리인식을 위해 이성을 움직이면서 진리추구에 몰두하게 만드는 성격을 지니고 있다. 바로 여기에 인식의 의지연관성이 있다.

제10장

주의주의교육관에서 보는 배움의 의미[1]

Ⅰ. 배움의 의지 지향성

예루살렘의 기독교와 아테네의 철학은 교부시대 로마에서 만났다. 당시 기독교도들은 로마교육을 이교도의 것이라 하여 배척하였지만, 한편으로는 로마가 자신들의 신앙을 승인해주기를 원했으므로 갈등이 많았다. "기독교와 고전문화의 결합은 가능한가? 아니면, 기독교가 독자적인 문화를 만들어야 하는가?"라는 고민[2]은 4세기 말까지 계속되었으며, 많은 찬반논쟁을 불러일으켰다. 터툴리안(Tertullian)은 "아테네가 예루살렘과 무슨 상관이 있으며, 아카데미가 교회와 무슨 관련이 있느냐?"[3]라고하면서 고전학문을 거

1) 이 글은 『신학지남』, 제76권, 2009.3. 게재 논문이며, 이 책의 전체 목차에 맞게 배열하였다.

2) Henry J. Perkinson, *Since Socrates: Studies in the history of Western educational thought*(New York: Longman Inc., 1980), pp. 35-36.

부하였다. 하지만 클레멘트(Clement of Alexandria)는 "모든 역사는 하나이며, 이것은 모든 진리가 하나인 것과 동일하다. 진리의 강은 하나이지만, 여러 개의 작은 개울들은 이쪽저쪽에서 이 강으로 흘러들어 온다. 플라톤과 키케로도 그들 나름대로 진리에의 통찰을 가지고 있다."[4]라고 주장하였다.

아우구스티누스(Aurelius Augustinus)도 "특히 플라톤학파가 한 말이 바르고 우리의 신앙과 일치한다면, 그것을 무서워하지 않을 뿐 아니라 채택해서 이용해야 하다. 그것은 그들보다 우리가 당연히 가져야 할 것으로 인정하는 것이다."[5]라고 하면서 고전학문의 수용을 지지하였다. 그는 교양교육(liberal education)의 수혜자였고, 신플라톤주의에 정통한 교부철학자였다. 수사학교(rhetoric school) 재학시절이었던 19세에 그는 키케로의 『호르텐시우스』(*Hortensius*)를 읽고 철학에 입문하였으며,[6] 신플라톤주의에 매료되었다. 렘프레흐트는 이 일을 두고 그가 지적인 회심(intellectual conversion)을 이루었다고 보고 첫 번째 회심이라고 하였다.[7] 아테네의 철학이 그

---

3) *Ibid*., p. 39.

4) 이홍우, 박재문, 유한구 공역, 『윌리암 보이드 서양교육사』(서울: 교육과학사, 1994), p. 130 ; George Howie(ed. and trans.), *St. Augustine: On Education*(South Bend: Gateway Editions, Ltd., 1969), p. 21.

5) 김종흡 역, 『기독교 교육론』, St. Augustinus의 *De Dotrina Christana*(서울: 크리스챤다이제스트, 1994), 제40장, 60절.

6) 김광채 역, 성 · 어거스틴의 『고백록』, 제3권. 4장. 7절.; Paul Tillich, *A History of Christian Thought: From Its Judaic and Hellenistic Origins to Existentialism*(New York: A Touchstone Book, 1968), p. 105 참조.

7) Sterling P. Lamprecht, *Our Philosophical Traditions: A Brief History of in Western Civilization*(New York: Appleton-Century-Crofts, Inc., 1955), p. 133

를 진리탐구의 길로 안내하였다는 말이다.

같은 맥락에서 당시의 기독교도들이 고민하였던 "이교적인 교육을 수용할 것인가, 아니면 거부할 것인가?" 라는 딜레마는 "그리스 교양교육을 교회가 어떻게 수용할 것인가?" 라는 문제로 완화되었다. 당시 교부들의 입장은 문법, 수사학, 변증논리와 같은 교양교과들이 지니는 형식성이나 배움의 과정에서 드러나는 이교적인 관점이 못마땅하였음에도 불구하고 교양교육의 가치를 새롭게 해석해 나갔다. 그러므로 그들은 교양교과의 수용뿐만 아니라 7자유과(7liberal arts)를 체계적으로 다듬는 일에 있어서도 적극적인 자세를 표명하였다.[8] 아우구스티누스는 초기의 저작인 『복된 삶』(*De beata vita*)에서 "자유교양교과의 샘으로부터 이를 마시지 않는 사람들의 영혼은 배고프고 굶주리게 된다. 이것은 우리가 정신적 기아라 부르는 불임증의 조건이다. 그런 사람들의 마음은 영양실조를 반영하는 병들로 가득 차있다."[9]라고 하면서 교양교육의 필요성을

; Henry J. Perkinson, *op. cit.*, p. 32 참조. Lamprecht가 보는 두 번째 회심은 도덕적이고 실제적인 것으로서 32세에 밀라노에서 이루어진 회심사건을 가리킨다.

8) *Ibid.*, p. 39-40 ; William H. K. Narum, "The Role of The Liberal Arts in Christian Higher Education," *Christian Faith and the Liberal Arts*(Minneapolis: Ausburg Publishing House, 1960), p. 5 ; S. J. Curtis and M. E. A. Boultwood, *A Short History of Educational Ideas*(Foxton: University Tutorial Press, 1975), pp. 88-90 ; Anders Piltz, *The World of Medieval Learning*(Oxford: Basil Blackwell, 1981), p. 17 ; George Howie, *op. cit.*, p. 2. 고향인 타가스테에서 문법교사, 카르타고와 로마, 밀라노 등지에서 수사학 교수생활을 하였던 아우구스티누스는바로(Varro), 카펠라(Capella), 보에티우스(Boetius), 카시오도루스(Cassiodorus), 이시도르(Isidore) 등과 더불어 교양교과의 체계화와 7자유과를 확정하는 일에 크게 기여하였다. 특히 7liberal arts는 F.M.A. Casiodorus가 "지혜는 자신의 집을 7개의 기둥으로 받치고 있다."(잠언 9: 1)는 성경을 근거로 확정한 것이다.

역설하였다. 예루살렘의 기독교와 아테네의 철학은 아우구스티누스와 같은 교부들을 통하여 화해하면서 새로운 중세사상으로 체계적인 변화를 모색해 나갔다.

이 연구는 배움의 문제로 대립과 갈등이 점철되었던 교부시대에, 신앙과 철학을 화해시킨 주의주의교육관에서 드러나는 배움의 의미를 탐색해 보고자 한다. 이를 위해 고대 그리스교육과 중세 기독교교육 사이에 다리를 놓으면서 교양교육을 비판적으로 계승한 아우구스티누스[10]의 존재론적 인식론에 기초하여 논의를 전개하려고 한다. 우리의 배움은 의지라는 동력이 가지는 지향성 때문에 가능하다는 점과 그런 배움은 고립되거나 분절된 것이 아닌 인간존재의 것이므로 존재의 전환을 가능하게 한다는 점을 논증하고자 한다. 이런 논의를 통하여 우리는 배움의 존재이며 배움의 목적을 수행하는 존재임을 밝히는 것이다.

Ⅱ. 배움의 존재

1. 주의주의 관점

아우구스티누스는 마니교, 아카데미학파, 신플라톤주의, 그리고

---

9) 이석우, “어거스틴의 교육사상,” 『서양고대사연구』(한국서양고대사연구진흥회, 1995), p. 112 재인용.

10) James Bowen, *A History of Western Education* (New York: St. Martin's Press, Inc., 1972), p. 274 참조.

회의주의를 거치면서 앎이 실천에 우위를 차지하고, 이성이 의지에 우선하는 사상체계에서는 언제나 사유와 결단, 지성과 인격이 통합되지 못하고 분열될 수밖에 없음을 인지하였다. 사상의 대립과 갈등이 난무하였던 대전환의 시대에, 그는 의지에서 인격을 통합시킬 수 있는 주의주의(voluntarism)관점을 내세워 인간존재의 분열문제를 해결하려고 시도하였다. 이런 사고는 교부들의 공통된 문제의식이었으며 아우구스티누스가 본격적으로 논증한 것이다.

이성적 존재인 인간은 자유의지와 관련하여, 생활주변의 자극이나 욕망을 수용하거나 거부할 수 있다. 그러므로 이성의 자유로운 판단을 좌우하는 것이 인간의 의지라는 점을 주목할 필요가 있다. 의지가 인간 존재의 주요한 요소이고 전체 자아의 결정적인 요인이기 때문이다. 이 점에 관하여 아우구스티누스는 다음과 같이 말하고 있다.[11)]

> 사람의 의지가 어떤 성격이냐 하는 것이 중요하다. …우리가 원하는 것을 추구함으로써 우리의 동감을 표시할 때에 그것을 욕망이라고 부르며, 우리가 원하는 것들을 즐김으로써 우리가 동감을 표시할 때에 그것을 기쁨이라고 한다. 마찬가지로 우리가 원하지 않는 일에 반대할 때에 의지의 행동은 공포로 나타나며, 우리의 의지에 반대되는 일이 생길 때에 우리의 의지는 슬픔으로 반응을 나타낸다. 일반적으로 의지가 추구하거나 회피하는 것들의 성격이 다름에 따라, 의지는 거기에 끌리거나 또는 싫어하며, 따라서 감정도 방향이 변한다.

---

11) 조호연 · 김종흡 역, Augustinus 『신국론』(서울: 크리스챤다이제스트, 2002), 제 14권. 6장.

아우구스티누스는 이런 의지의 역할을 중시하면서 인식의 문제에 믿음(belief)이라는 선한 의지의 작용을 상관시켜서 풀어나갔다. 그는 믿음이 앎의 시작이라고 보고 알기 위해서는 먼저 믿어야 한다고 주장하였다.[12] 이 말은 믿음에의 의지가 먼저 오고 앎은 나중에 온다는 뜻이다. 물론 믿음이 있기 전에 이성의 작용이 있을 수 있다. 그리고 믿어야 할 것이 무엇인지 알아야 믿을 수 있다고 주장할 수 있다. 하지만 믿어야 할 것이 무엇인지를 알고자 하는 것은 앎 그 자체가 아니고 인간의 궁금증에 불과한 것이다. '알지 못하면서 어떻게 믿을 수 있는가?' 라고 반문하는데서 궁금증의 실체를 확인할 수 있다. 어떤 사람이 알고자 하는 바를 먼저 살핀 후 믿을만하다고 생각하고 비로소 믿는다고 하자. 그것은 엄밀한 의미에서 아직 앎이 아니라 일시적인 바라봄에 불과하다. 진정한 앎이 이루어지려면 믿음이 선행해야 하며, 이성의 방향을 계속해서 이끌어야 한다. 믿음에의 의지가 꾸준히 도와주어야만 이성은 본래의 임무를 수행할 수 있다.

따라서 아우구스티누스에게 있어서 앎은 믿음에서 시작된다. 알기 위해 믿는 것이지, 믿기 위해 아는 것은 아니기 때문이다. 믿음은 참된 앎을 위해 반드시 거쳐야 하는 필수조건이 되는 것이다. 그리고 믿음은 의지의 움직임에서 시작되지만 전인격적인 전환을 목적으로 한다. 그러므로 그가 말하는 믿음은 지식에서 무지로, 경험에서 무경험으로 가자는 것이 아니고 교만한 앎에서 세련되고

---

12) Sterling P. Lamprecht, *op. cit.*, p. 136.

겸손한 앎으로, 흐릿한 앎에서 명료한 앎으로 인식의 방향을 바꾸는 것을 뜻한다.[13] 이것을 가리켜서 참된 인식을 위한 의지의 지향성이라고 말한다.

그러므로 '알려면 믿으라.' (Crede ut intelligas)라는 아우구스티누스의 명제[14]는 '믿음의 결국은 앎이 된다.' 는 시각에서 이해되어야 한다. 여기서는 믿음 자체가 목적이 아니고 아는 것이 목적이다. 그리고 존재가 의지를 거치지 않으면 존재의 지향성을 드러낼 수 없기 때문에 의지는 존재를 향하는 것이다. 의지는 존재에 봉사하는 것이므로 믿는 것보다 아는 것이 더 높은 수준이다. 따라서 아우구스티누스가 보는 배움은 이성의 독자적인 열매가 아니라, 의지와 연합하는 산물이다. 무엇을 안다는 것은 의지를 그것에로 방향을 돌린다는 것, 즉 그것에 관심을 가진다는 것과 밀접하게 연관되어 있다.[15] 이런 연관성은 필연적이다. 그러므로 우리의 앎이 이성으로만 이루어진다고 보는 주장은 매우 소박한 시각이다.

이처럼 아우구스티누스가 보는 배움은 고전철학의 주지주의를 넘어서서 주의주의에 근거하고 있다. 믿음이라는 의지(volition)는 분절된 것이 아닌, 이성과의 필연적인 상관성을 가지는 것이다. 그렇다면, 믿음은 의지의 작용이고 이해는 이성의 작용이므로 추구는 믿음이 하지만 발전은 이성이 한다고 볼 수 있다. 그리고 배움

13) 양명수, 『어거스틴의 인식론: 이성과 계시 또는 앎과 믿음』 (서울: 한들출판사, 1999), p. 133.
14) *Ibid.*, p. 127.
15) *Ibid.*, p. 115.

은 믿음의 도움을 받는 이성의 산물이라는 주장도 성립된다. 따라서 주의주의 관점에서 믿음의 우위는 우월성(primacy) 보다는, 그것이 먼저 와야 한다는 우선성(priority)의 차원에서 이해되어야 한다. 경험적으로는 의지가 우위이지만, 목적론적으로는 이성이 우위이다. 그러므로 배움에 있어서 믿음, 신앙, 사랑 등으로 표현되는 선한 의지를 제외한다면 배움의 방향을 자리매김하는 문제는 불가능할 것이다. 고전철학에서 말하는 이데아는 무색투명한 비인격적 진리이지만, 아우구스티누스가 말하는 진리는 인격적 진리이다.

그런데 배움에 있어서 인격적인 대상을 알려고 한다면 인식주체는 그 대상과 함께하는 관계의 맥락 속으로 들어가야 한다. 동떨어져서 바라보기만 한다면 배움의 성취는 불가능하다. 그러므로 아우구스티누스는 영혼의 전향이나 존재에의 참여라는 플라톤적인 전통을 비판적으로 수용하면서 배움의 문제를 살핀 것이다. 이런 까닭에, 그는 배움의 주체와 객체가 인격이라는 점에서 배움을 궁극적으로는 의지가 포함되는 전존재의 전환으로 생각하였다. 플라톤주의자들은 이성이 의지와 함께 작용한다는 사실을 간과하였지만, 그는 이성이 중립적이기 때문에 의지가 이성의 방향을 좌우한다는 사실을 밝혀낸 것이다.

아우구스티누스는 이성과 의지라는 서로 대립하는 요소를 변증법적으로 종합함으로써 사유의 통일성을 이룩한 교육사상가였다. 그의 내면에는 사변적인 관심과 의지적인 사랑의 요소가 함께 자리하고 있었다. 그는 인간의 배움이 이성위주라는 고전철학의 전통을 넘어서 주의주의 관점을 논증함으로써 의지라는 실체의 의미를 부각시켰다. 의지 없는 배움은 성립 불가능한 것이다.

2. 존재와 배움

아우구스티누스는 '어떻게 인식해야 하는가?' 라는 순수한 인식론의 관심보다 '무엇을 인식해야 하는가?' 라는 존재론적 인식론의 관점을 가지고 있었다. 그는 후기 플라톤학파(the late Academy)에서 내세우는 개연론(蓋然論, probabilism)의 영향으로 회의주의(skepticism)에 빠졌지만, 곧바로 이를 극복하고 확실성의 문제를 추구하였다.[16] 아우구스티누스가 집중한 문제는 '우리가 확실한 것에 도달할 수 있을까?' 라는 회의가 아니고, '어떻게 하면 우리가 확실한 것에 도달할 수 있는가?' 라는 방법의 문제였다.[17] 이를테면, 확실한 진리가 존재한다는 것은 이미 주어진 사실이므로, 문제는 진리를 인식하는 방법을 찾는 것이라는 말이다.

아우구스티누스는 우선 존재의 확실성을 다음과 같이 주장함으로써 회의주의를 논박하였다.[18]

> 이런 진실에 관해서 나는 아카데미파의 이론을 조금도 두려워하지 않는다. "네가 틀렸다면 어떻게 할 테냐?"고 그들은 묻지만, 내가 틀렸다고 하더라도, 나는 있기 때문이다. 있지 않은 사람은 물론 틀릴

---

16) Paul Tillich, *op. cit.*, p. 107.
17) 김규영, 『아우구스띠누스의 생애와 사상』(서울: 형설출판사, 1980), p. 92.
18) 『신국론』, 제11권. 26장.

> 수도 없다. 만일 내가 틀렸다면 틀렸다는 것이 곧 내가 있다는 표시이다. 내가 틀렸다면 나는 있는 것이니, 내가 있다고 믿는 것이 어떻게 틀린 것이 되겠는가? 내가 틀렸다면, 내가 있다는 것이 확실하기 때문이다. …따라서 내가 있다는 것을 안다고 말하는 점에서도 나는 틀리지 않았다.

이런 논증에 따르면, 착오행위조차도 존재를 전제한 것이므로 사유행위의 주체가 존재한다는 사실은 착오일 수 없다. 아우구스티누스는 인간이 자기 자신을 인식할 경우, 인식주체와 인식대상이 모두 자신이므로 존재의 확실성을 더 이상 증명할 필요가 없다고 하였다. 이런 존재론적 인식론의 입장에서 그는 "설령 내가 오류를 범한다 하더라도, 나는 존재한다."(*Si fallor sum* ; Even if I err, I am)라는 명제를 내세웠다.[19] 이제 존재의 확실성 문제는 그를 더 이상 괴롭히지 못하였다.

아우구스티누스는 후기 플라톤학파의 회의주의를 극복하고 정신적 실체로서 인간의 본질을 규명해 나갔다. 여기에서 그는 존재와 지식(앎) 그리고 의지가 인간의 구성요소임을 밝혀주었다. 그는 다음과 같이 존재와 지식(앎) 그리고 의지가 인간에게는 복합적이면서도 단일성을 지니고 있는 필수요소로 보았다.[20]

> 하온데 내가 말하고자 하는 세 가지는 존재와 지식과 의지니이다. 이는 내가 존재하며 지식과 의지를 가지고 있음이니이다. 즉 나는 지식

---

19) Sterling P. Lamprecht, *op. cit.*, p. 134.
20) 『고백록』, 제13권. 11장. 12절.

과 의지를 가지고 존재하나이다. 나는 또한 내가 존재한다는 사실과 의지를 가지고 있다는 사실을 아나이다. 하옵고 나는 존재하기 원하고 알기 원하나이다.… 그리하여 이 세 가지가 서로 구별되나 분리되지는 않는 것임을 보아야 할지니이다.

그러므로 아우구스티누스가 보는 인간은 알기 원하는 배움의 존재이다. 우리 인간은 존재하기를 원하고 배우기를 원하는 존재이므로, 우리의 배움은 단순한 인식이 아니라 존재의 배움이다. 따라서 선한 의지가 존재의 배움을 위해 앞장 서야 한다. 그것은 깨끗한 삶이요 올바른 사랑이며 곧 선한 의지의 실현이다. 의지가 왜곡되는 교만은 진리애를 가로막지만, 의지가 치유되는 지성은 진리를 보게 만든다. 여기에서 아우구스티누스의 주의주의 교육관이 성립되었다. 그가 내세우는 배움의 목적은 단순한 앎의 성취가 아니다. 앎이 존재의 문제와 결합하여 삶의 전환을 이루는 것이다. 이런 까닭에 아우구스티누스는 존재의 질을 문제 삼았다.[21)]

그러므로 변함없이 살아계신 진리를 충분히 즐기는 것이 우리의 의무며, …우리는 광명을 깨달을 힘을 얻으며 깨달은 광명 안에 안주하기 위해서 우리의 영혼을 청결하게 해야 한다. 이 청결 작업을 고향으로 돌아가는 일종의 여행이라고 생각하자. 하나님은 무소 부재하시므로 하나님께 가까이 가기 위해서는 공간적인 이동이 필요한 것이 아니라, 청결한 소원과 착한 습관을 길러야 한다.

---

21) 『기독교교육론』, 제1권. 10장. 10절.

따라서 아우구스티누스에게 있어서 배움은 단순히 지적인 정보를 습득하는 일이 아니다. 새로운 삶의 태도와 지적인 통찰력 그리고 우주적인 목적으로 이끌어가는 근본적인 존재의 변화와 관련되는 일이다.[22] 그가 보는 배움의 문제는 앎의 현상만으로 고립되는 것이 아니라 항상 존재의 전환과 상관되어 있다.

그러므로 배움의 문제는 의지의 타락 때문에 존재의 질 문제로 부각되지만, 의지의 전환으로 진리를 향하게 된다. 의지의 전환이란 배움의 방향을 바꾸는 회심(conversion)의 기능을 말하므로, 믿음이 배움의 문제에 결정적인 역할을 하게 된다. 이성은 고유한 인식 능력이지만, 그것의 방향과 능력의 발휘정도는 의지에 달려 있다. 인간의 자유와 책임은 전적으로 의지의 영역에 속하므로, 배움은 인간존재의 인격성과 직접 관련된다. 그러므로 존재와 배움의 문제는 분리될 수 없다.

Ⅲ. 배움의 의미

1. 배움과 행복

소크라테스 이후 고전철학자들은 삶의 목적을 규명하기 위하여 많은 노력을 기울였으며, 그 결과로 나온 것이 바로 행복한 삶이

22) Robert S. Brumbaugh & Nathaniel M. Lawrence, *Philosophical Themes in Modern Education*(Boston: University Press of America, 1973), p. 43.

었다. 이들이 보는 행복은 주로 지적인 것이었다. 플라톤도 역시 참주(僭主)의 삶보다 철학자의 삶이 더 행복하다고 보았으며, 인간성의 구성요소인 욕망이나 기개(의지)보다 이성이 행복에 더 가깝다고 하였다.[23] 이런 행복관은 인간의 수월성, 즉 지성이 인간의 삶을 지도하게 함으로써 행복해 질 수 있다고 보는 것이다.

아우구스티누스 역시 삶의 목적을 행복에 두었으며, 그것은 인간의 완전한 만족으로 구성된다고 하였다. 이런 주장은 '어떤 사람도 원하는 것을 모두 가지지 못한다면 행복하지 않다.' 라는 명제로 표현될 수 있다.[24] 하지만 악과 관련된 만족감은 항구적이지 못하기 때문에 이 명제에 포함될 수 없다. 아우구스티누스의 행복론은 진리인식과 상관되어 있다.

그렇다면, 어떻게 해서 진리인식이 행복의 열쇠가 되는가? 그는 인간 존재의 불완전성에서부터 이 문제를 풀어 나갔다.[25] 인간은 누구라도 자신의 부족함 때문에 쉽게 만족감을 얻지 못한다. 여기서 부족하다는 느낌은 자기 자신만으로는 충족되지 못한다는 반증이다. 그러므로 우리가 무엇을 욕구하고 원한다는 사실은 자신의 결핍을 표시하는 것이며, 자기 안에 없는 무엇을 요구한다는 뜻이다. 따라서 욕구의 대상은 자기가 아닌 것며 자기 자신을 넘어서는 것이다.

무릇 행복을 원하는 경우도 마찬가지이다. 우리가 원하는 행복

---

23) 임태평, 『플라톤철학과 교육』(서울: 교육과학사, 1997), p. 319.
24) Henry J. Perkinson, *op. cit.*, p. 44.
25) 졸저, 『서양교육사상사』(서울: 양서원, 2001), p. 124.

은 어떻게 이루어지는지 또한 진정한 행복은 어떤 것인지 등을 확실히 알아야 한다. 그리고 원하는 것을 갖지 못하는 사람은 행복할 수 없다고 하지만, 그렇다고 원하는 것을 가진 사람이라고 해서 모두 행복하다고는 볼 수 없다. 누구나 바라고 원하는 행복은 영원히 변하지 않는 진정한 행복이지만, 우리 인간이 갈망하는 행복은 많은 경우 일시적이고 가변적인 것이기 때문에 진정한 것이 될 수 없다.

따라서 행복의 성립조건은 무엇보다도 먼저 스스로 소멸하거나 없어지지 않는 것, 즉 영원불변하는 것이어야 한다. 그 다음에는 행복추구자의 뜻과는 달리 우연히 사라지거나 뜻밖에 상실되지 않는 것으로서 우리 인간과 필연적 관계에 있는 것이어야 한다. 그러나 시간세계 속에 있는 사물들은 변화와 소멸을 면할 수 없기 때문에 엄밀한 의미에서 우리와 필연적인 관계에 있다고 할 수 없다. 다만 모든 것으로부터 독립한 영원불변의 존재이며 또한 만물의 창조자만이 우리와 필연적인 관계를 가진다. 그러므로 아우구스티누스는 누구든지 영원한 신을 인식할 수만 있다면, 그는 진정으로 행복할 수 있다고 하였다.

교육을 무엇인가 가치 있는 것을 추구하는 활동이라고 한다면, 형편없는 교육이라든가 나쁜 교육이라는 말도 성립할 수 있다. 형편없는 교육은 가치 있는 일이 도중에 망쳐졌다는 뜻이요, 나쁜 교육은 사람들이 교육을 한다고 하면서 열심히 하고 있는 일이 아무 가치도 없다는 뜻이다.[26] 그러므로 참된 행복을 얻기 원하면서도 헛된 방향으로 추구하거나 아니면 가치있는 진리추구를 도중에 포기하는 모습은 가치지향적인 배움의 본질을 무시하거나 왜곡하는 것이다. 배움의 방향을 결정하고 추구하게 만드는 의지의 역할은 대단히 중요하며 행복한 삶을 가능하게 하는 필수적인 요인이 된다.

아우구스티누스는 진리추구과정, 즉 배움의 과정 자체를 행복이라고 보았다. 그리고 '어떻게 하면 확실한 진리에 도달할 수 있는가?'라는 방법의 문제를 고민하는 것도 행복의 한 단면이라고 할 수 있다. 이제 주의주의교육의 관점에서 행복론을 정리하면, 진정한 행복은 진리인식에 있다. 우리는 선한 의지라는 배움의 동력을 기반으로 진리에로 나아감으로써 행복을 누릴 수 있다. 이것을 행복은 신의 소유에 있고, 신의 소유는 지혜의 보유에 있으며, 지혜의 보유는 진리의 인식에 있다고 보는 것이다.[27] 따라서 진정한 행복은 진리인식이라는 배움에서 시작한다. 그리고 진리인식을 추구하는 인간에게 선한 의지라는 실천지향적인 동력이 수반되어야 한다는 존재론적 인식론의 요청은 필수적이다.

2. 배움의 원리

진리추구는 이성의 고립된 행위가 아니라 의지의 전환을 통한 인격과 인격의 전면적인 만남이라고 본다. 플라톤이 상기(remem-

---

26) 이홍우 역, 『윤리학과 교육』, R. S. Peters, *Ethics and Education*(서울: 교육과학사, 1981), p. 16.
27) 김규영, *op. cit.*, p. 91.

bering)라는 비인격적인 배움의 원리를 말하였다면, 아우구스티누스는 신의 조명(divine illumination)이라는 인격적인 배움의 원리를 내세운다.[28] 진리인식은 영혼과 이데아의 중립적인 결합이 아니라, 신과의 인격적인 상호작용을 통하여 이루어진다는 주장이다. 모든 앎은 신의 조명을 통하여 성립하며, 의지의 전환 없이 자연 이성만으로는 완전한 진리인식이 불가능하다. 이런 점에서 보면 배움의 가치중립성은 가능하지 않다.

아우구스티누스는 진리인식이 진리에의 참여라는 그리스 사상에 고무되어, 조명설을 구상하게 되었다. 그가 말하는 조명은 빛이 되는 진리에의 참여를 뜻한다. 진리인식이 인격적인 관계에의 참여이고 인격이 존재, 앎, 의지로 구성되어 있으므로, 진리에의 참여는 앎뿐만 아니라 존재와 의지에의 참여를 의미한다. 따라서 진공상태에서는 배움이 불가능하며, 인격과 분리된 배움은 참된 것이 아니다.

이제 아우구스티누스 인식론의 독특한 학설인 조명설(Illumination theory)을 통하여 배움의 원리를 추적해본다. 앎의 현상은 인식주체와 인식대상에 의해 발생한다. 앎은 '알다' 라는 동사가 명사화된 것이며 인식하는 행위와 그 결과인 지식을 모두 포섭하는 표현이다. 아우구스티누스는 조명설에서 이런 앎의 현상에서 기능하는 인식주체와 인식대상의 관계를 밝히면서 배움의 원리를 논증하였다.

그의 조명설은 플로티누스(Plotinus)의 일자(一者)를 중심으로 한

---

28) George Howie, *op. cit.*, p. 16.

세계관에 영향을 받았으며, '밝게 비추는 빛의 현상' 에 착안하여 플라톤의 상기설이 지니고 있는 난점을 극복한 것이다. 플로티누스에 따르면, 온갖 종류의 존재들이 다양한 수준으로 구성되어 있는 하나의 존재계열(one order of being)에서 일자는 인간의 영혼에게 발광과 인상을 통하여 이데아를 제공한다.[29] 그는 이것을 정신이 영혼에게 빛을 비추는 것으로 설명하였다. 아우구스티누스는, 원 진리의 발광을 통하여 사유원칙이 인간의 정신에게 전달된다는 플로티누스의 영향으로 정신을 깨달음의 빛으로, 인식주체인 인간 이성을 이성의 빛으로 명명하여 태양이나 달과 같은 물리적인 빛과 구별하였다.[30] 그는 영혼의 판단으로 이끄는 빛을 물리적인 빛과 다르게 보았다.

아우구스티누스는 이와 더불어 인간의 내면에는 이것들과는 전혀 다른 참다운 빛이 존재하고 있으며, 우리는 이 빛을 통하여 사고가 가능하다고 본다. 그는 이 빛이 우리보다 높으며 우리를 창조하였다고 하면서 진리를 인식한 자는 이 빛을 안다고 하였다.[31] 그러므로 우리의 이성은 참다운 빛과 접촉하여 이데아의 세계를 보며 지혜를 산출한다. 이성은 물리적인 빛 속에서 보이는 가시적인 사물들을 감각하기도 하고, 깨달음의 빛과 물리적인 빛의 도움으로 사고하며 지식을 산출하기도 한다.

그렇다고 해서 그는, 플라톤의 선험주의(transcendentalism)처럼,

---

29) Sterling P. Lamprecht, *op. cit.*, pp. 99-101.
30) George Howie, *op. cit.*, p. 272 참조.

앎이 인간의 내면에 이미 형성되어 있다고 보지 않는다. 영혼선재설을 바탕으로 하여 '지식은 이미 주어져 있고 학습이란 회상에 지나지 않는다.' 는 주장은 진 · 선 · 미나 기하학의 원리 등 깨달음의 세계에서는 타당하지만, 가시적인 세계에서는 타당하지 않다는 주장이다.[32] 아우구스티누스가 플라톤의 선험주의에서 조명설로 넘어갈 수 있었던 전환점은 바로 이런 경험세계의 인식 때문이었다. 모든 앎에는 기성품의 이데아가 이미 주어져 있는 것이 아니라 감각을 통해 감각적인 앎이, 영혼을 통해 깨닫는 앎이 신의 조명으로 지금 형성되는 것이다.

이렇게 본다면, 조명설을 '현재 주어지는 이데아를 이성이 직접 봄으로써 앎이 실현된다는 이론' 으로 정의할 수 있다. '이미 봄' 이 아니라 '지금 봄' 이다. 아우구스티누스는 현재(지금)를 세 겹의 등가성으로 이해하였다. 과거의 현재는 기억이고, 현재의 현재는 직관이며, 미래의 현재는 기다림이라는 주장이다.[33] 여하튼 그는 우리의 이성이 직접 본다는 점과 주체적으로 앎을 이룬다는 사실에 주목하였다. '본다' 라는 동사 속에는 보는 주체와 보여지는 객체가 포함되어 있으며, '앎' 이라는 말 속에는 인식주체의 능동성이 암시되어 있다.[34] 따라서 우리의 마음이 조명을 받으면, 그는

31) 『고백록』, 제7권. 10장. 16절.
32) 『삼위일체론』, 제12권. 15장. 24절.
33) 김한식 · 이경래 역, Paul Ricoeur 『시간과 이야기』(서울: 문학과 지성사, 1999), p. 42.
34) 아우구스티누스는 이성(ratio, reason, Vernunft)을 '영혼이 인식대상을 바라보는 행위' 라고 하였다. 양명수, *op. cit.*, p. 61.

이데아를 보게 되고 영원불변의 진리에 대한 지식을 얻게 되는 것이다.

조명설을 좀 더 살펴보면, 우리의 앎이 깨달음의 빛 안에서 이루어진다고 해서 이성의 자리에 신의 예지가 들어서는 것은 아니다. 신은 조명을 통하여 이데아를 볼 수 있게 해주지만, 이데아를 포착하는 주체는 이성이 된다.[35] 이데아는 언제나 보여지는 것이다. 따라서 우리는 배움의 과정에서 신과 협력 관계에 있다. 신의 역할은 볼 수 있도록 조명하는 일이므로, 앎을 이루는 것은 이성의 주체적인 활동의 결과이다. 그러므로 내심의 교사(the internal teacher)인 신의 예지는 학습자가 배우려는 의지를 보일 때까지 기다린다.[36] 깨달음에 있어서 인간의 이성은 신과 협력 관계에 있으며, 배움의 자발성이 인정되는 것이다.

내심의 교사는 진리를 조명해 주지만, 우리의 학습활동에는 직접 개입하지 않는다. 배움은 학습자의 의지에 달려있으며, 우리의 책임 영역에 속한다. 내심의 교사가 앎을 가져다주지는 않는다는 주장이다. 따라서 배움의 정도는 신의 조명에 달려 있는 것이 아니라 인간의 의지와 학습능력에 달려 있다. 수업에 참여하는 학생들의 경우도 마찬가지이다. 교사는 일반적으로 학습을 용이하게

---

35) 송병구, 『하나님을 어떻게 알 수 있는가: St. Augustinus의 존재론적 인식론』(서울: 한들출판사, 2004), p. 167 참조.

36) Yeong-heum Ju, "A Study of the Function and Nature of Teaching in the light of Augustine's Divine Illumination," *Chongshin Review*, vol., 3(Chongshin University, 1998), pp. 358-59.

조성하지만 지식을 나누어줄 수는 없다.[37] 이해의 정도는 그들의 내면에 있는 인식의 힘에 달려 있다. 그러므로 인간이 의지의 전환을 통하여 진리를 인식하느냐, 아니면 자연 상태로 방치함으로써 진리를 인식하지 못하느냐는 선택은 전적으로 인간에게 달려있다. 이것이 배움의 원리이며 조명설의 주장이다.

조명설은 진리인식행위, 즉 배움의 능동성과 수동성을 모두 인정한다. 그리고 배움은 보는 행위와 보여 짐을 반드시 포섭하기 때문에 신과 인간의 인격적인 만남이라는 의미도 동시에 갖는다. 그러므로 아우구스티누스의 존재론적 인식론은 플라톤의 선험주의와는 달리 신의 예지와 상호작용을 통하여 앎이 형성된다고 본다. 조명설의 특징이 현재적이라는 주장에서도 보듯이, 배움은 두 인격의 만남으로 성립된다는 해석은 고대 그리스의 인식론에서는 찾아 볼 수 없는 독특한 학설이다.

Ⅳ. 배움과 학습자의 의지

영원한 진리를 관조하는 것은 이성이다. 하지만 진리를 바라보려면 이성이 먼저 순수해져서 선한 의지와 결합해야 한다. 의지의 기능은 이성으로 하여금 진리를 바라보도록 항상 안내해 주는 일이다. 진리애가 진리를 추구하게 만든다는 말이다. 그러므로 배움

---

37) Philip L. Quinn, "Augustinian Learning," *Philosopers on Education* (New York: Routledge, 1998), p. 93.

의 완성은 진리에로 방향을 바꾸어 나가는 의지의 전환에 의해 시작된다. 이처럼 주의주의교육관의 핵심은 의지의 전환에 있다. 목적의식 없이 살아가는 인간의 모습을 가치 있다고 할 수 없는 것처럼, 목적을 무시하거나 맹목적으로 행하는 배움을 참되다고 할 수는 없다. 배움에 있어서, 무가치한 것에서 가치 있는 것으로 인식의 전환이 이루어지는 현상은 대단히 교육적이다.

하지만 아우구스티누스가 선한 의지를 배움의 과정에 도입하였다고 해서 이성 자체를 무시한 것은 아니다. 다만 이성을 이성답게 기능하도록 이끌어가는 것이 믿음이요 사랑이며 의지라는 말이다. 알려면 먼저 믿어야 하고, 사랑해야 하며, 행해야 한다. 그렇게 한다면 비로소 새로운 앎의 세계에 눈을 뜨게 되는 것이다. 이런 주장이 가능한 것은, 아우구스티누스가 우리의 지성을 앎으로 이끌어가는 배움의 동력을 믿음, 즉 선한 의지로 보았기 때문이다. 그는 배움의 존재답게 자신의 회심을 통하여 스스로 배움의 방향을 바꾸고 삶의 질이 변화된 것을 실증적으로 보여주었다.

아우구스티누스는 배움의 과정을 조심스럽게 분석하면서도 교수행위의 전제성(despotism)은 비판하였다. 그는 사고하지 않고 기계적으로 암기하는 학습을 무의미하다고 지적하면서, 교사가 단어, 즉 기표(記票, signifier)에만 국한해서 가르친다면 대단히 비효과적이라고 하였다. 실제로, 기계적인 암기는 이해력을 증진시키는 교육을 조롱거리로 만들어 버린다. 지식은 언어기호로 표현될 수 없으며 또한 전달될 수도 없기 때문에, 기표는 기의(記意, signified)를 소환하는 일에 기여할 뿐이다. 화자의 말은 자신의 생각을 습관적으로 표현한 것에 불과하므로, 말할 때마다 그의 생각보다는 말이 상대방에게 전달될 뿐이다. 그러므로 교사가 말만 강조한다면, 자신의 모범적인 사유과정을 따르도록 학생들을 더 이상 격려할 수 없다. 배움은 학생이 스스로 내면의 물음이라는 자기학습을 통하여 성취되는 것이다.

그러므로 아우구스티누스는 학습자 밖에서 작용하는 교수행위보다는 학습자 안에서 이루어지는 학습활동을 훨씬 더 신뢰하였다. 그것은 마치 교사가 가르치는 경우, 학생들은 자유의지를 부여받은 존재들이기 때문에, 강제하기보다는 격려하고 자극함으로써 학습활동의 성과를 더 많이 얻는 것과 같다.

따라서 아우구스티누스는 배움의 원천이 교사라는 주장을 실질적으로 거부한다. 배움은 학습자의 내면에서 자유의지에 의해 이루어지는 활동으로 보는 것이 훨씬 더 타당하다. 배움은 학습자가 스스로 배움의 과제를 가지고 적극적으로 임한다면, 교사의 지원에 구애받지 않고 발생하고 유지될 것이다. 관건은 학습자의 선한 의지에 달려있다. 우리가 흔히 말하는 진리애를 가리킨다.

아우구스티누스는 이런 진리애를 가진 삶을 최고의 삶이라고 하였고, 그것은 곧 행복 그 자체라고 하였다. 결국 주의주의교육관에서 보면, 배움의 핵심 원리는 학습자의 의지에 있다. 진리인식을 위해 학습자가 의지의 전환을 시도한다면 이성의 눈을 통하여 이데아를 바라보게 되는 것이다. 신의 조명을 통하여 진리를 관조한다는 말이다.

제11장 윤리적 존재양식의 교육적 의의[1)]

Ⅰ. 행복윤리와 인간교육

행복의 의미를 양적인 소유보다는 질적인 인격의 관점에서 규명하려면, 단편적인 소유욕구의 충족을 우선시하는 삶의 방식을 행복이라고 오도하는 현대사회의 풍토에 맞서는 인간교육의 논의가 필요하다. 행복윤리에 관한 아우구스티누스(Aurelius Augustinus)의 주장은 이를 위한 논의로서 적합하며, 가치관의 전도 혹은 도덕성의 위기라는 현대의 윤리적 상황에 대응하는 바람직한 길잡이가 될 수 있다.

고대 그리스의 행복윤리를 비판적으로 계승하고 중세 윤리사상

---

1) 이 논문은 2008년도 정부(교육과학기술부)의 재원으로 한국대학교육협의회 대학교수 국내교류 연구비 지원에 의한 것이며 『교육철학』, 제45집 2009.6. 게재논문으로 이 책의 전체 목차에 맞게 배열하였다.

의 토대를 구축한 아우구스티누스는[2] 이론(異論)과 곡설(曲說)이 난무했던 위기의 시대에, 관조의 삶(the life of contemplation)이나 부동심(*apatheia*)또는 평정심(*ataraxia*)의 획득보다는 의지의 지향성에 기초하여 행복(*eudaimonia*)에 관한 도덕적 전망(moral perspective)을 제공하였다.[3] 그는 고대사회가 막을 내리는 대전환의 시기에 한시적이고 관능적인 것들이 주도하는 가치관을 비판하면서, 우리에게 항구적인 안식과 평화를 제공할 수 있는 새로운 행복윤리를 구체화하였다.

일상에서 우리의 삶에 도움이 되는 수단적인 가치들을 무시할 수는 없다. 하지만 그것들이 우리의 삶을 풍요하게 만들거나 바람직한 방향으로 이끌어간다고 안심할 수도 없다. 그러므로 현대인들에게 인간이나 사물이 가지는 수단적이고 한시적인 가치를 제대로 평가하면서 동시에 목적적이고 영원한 가치에 대한 관심을 망각하지 않는 균형잡힌 시각을 가지도록 권유할 필요가 있다. 이

2) 고전윤리학에서는 행복을 무조건적이고 궁극적인 선이라고 간주하고 삶의 최고목적으로 삼았다. 아리스토텔레스학파, 스토아학파, 에피쿠로스학파 등은 관조의 삶, 부동심, 그리고 평정심의 획득을 행복의 성취로 보고, 이를 윤리학의 과제로 삼았다. 아우구스티누스 윤리학의 기본성격도 행복론에서 찾을 수 있지만, 행복을 인간행위의 무조건적인 목적으로 삼기보다는 영원한 신을 직관함(visio Dei)으로써 참된 행복을 얻을 수 있다고 하였다. 그의 연구주제는 존재론적 인식론의 경우처럼 "무엇을 어떻게 추구해야 행복할 수 있는가?"라는 명제로 정리되며, 추구대상을 근거로 방법을 밝히고 있다(주영흠, 2007: 210 ; Piltz, 1981: 183).

3) 도덕적인 전망은 개별적인 판단의 근거들이 도덕적인 판단의 원리로 발전하여 많은 사람들의 행위결정에 보편적이고 일관성 있게 적용되는 것으로서 일종의 정신적인 준거의 틀을 말한다. 같은 시각에서 연구자는 공시적인 관점에서, 아우구스티누스가 보는 행복윤리의 준거들이 현대의 인간교육에 필요한 도덕적인 전망을 제공할 수 있다고 본다(Hall and Davis: 1975: 76-77).

런 일은 교육의 몫이다. 이처럼 삶의 질에 관심을 가지는 현대인들에게 인간교육이 기능하는 바는 필수적이다. 그것은 본질적으로 소유의 문제보다 인격의 문제에 초점을 맞추고 있으므로, 현대인들이 추구하는 행복의 의미를 인간교육의 관점에서 수정하고 보완해 나갈 수 있기 때문이다.

아우구스티누스의 행복윤리는 그의 독특한 인간이해, 즉 시간세계 속에서 살아가는 존재를 바탕으로 행복의 지평을 확대하고 균형 잡힌 가치관을 일깨워 주었다는 점에서 의의가 있다. 그리고 참된 행복의 조건으로 제시한 사랑의 덕(*caritas*)을 통하여 공시적인 함의를 도출해 낼 수 있다는 점은 연구의 값어치를 드높여준다. 그는 우리 인간이 참된 행복을 얻지 못하는 까닭은 시간과 공간에 의해 제약당하는 가변적인 것이나 근원적인 의미에서 상실에의 취약성(vulnerability to loss)을 지닌 사물들을 추구하기 때문이라고 하였다(Babcock, 1993:6). 행복은 우리의 존재론적 약점을 극복하고 영원에의 인식을 바탕으로 해야만 얻을 수 있다는 점을 강조하였다. 우리는 이런 주장을 통하여 일시적이고 가변적인 가치관을 절대시하려는 위험에서 벗어날 수 있으며, 가치의 영원한 기준이 존재한다는 점을 일깨워 줄 수 있다. 뿐만 아니라 행복의 의미에 영원성을 개입시킴으로써 한시적이고 주변적인 가치를 위계에 따라 적절하게 평가할 수 있으며, 동시에 시간적인 한계를 극복하면서 가치의 영속성을 기대할 수 있다.

하지만 문제는 "우리가 영원한 가치를 지향할 수 있는가?"라는 의문에 있다. 아우구스티누스는 이를 위해, 우리의 의지가 이성과 불가분의 관계에 있으며, '의지가 이성에 선행한다.'[4]고 논증하였다(Kretzmann, 1990:10-13). 인간성의 필수 요소인 의지가 근원적인 것을 인식하고자 하는 이성의 동력이 된다는 주장이다. 그리고 의지는 인간행동의 역동적인 본원으로서 이성을 이끌어가는 기능을 가지기 때문에, 우리의 인식은 의지와 이성의 산물이라는 뜻이다. 중립적 성격을 가진 이성은 누구에게나 주어져 있는 자연의 빛이므로 스스로 무엇을 지향할 수 없다. 의지가 인식의 방향을 좌우하며, 이성으로 하여금 영원을 지향하게 하는 힘을 제공한다는 말이다. 그러므로 교육행위 가운데서 선한 의지의 작용을 비합리적이고 맹목적인 것이라고 간주하기보다는, 교육행위를 이끌어가는 힘으로 보고 존중해야 한다는 말이다. 이런 관점에서 보면, 의지를 이성과 분리시키는 행위는 교육의 내재적 목적성을 무시하는 오류를 범할 뿐만 아니라, 우리의 행복을 지성이나 도덕성과 무관하게 만들어 버리는 왜곡된 행복 관을 산출하게 될 것이다.

따라서 아우구스티누스가 내세우는 행복윤리를 인간교육의 관점에서 논의해 보고자 한다. 그것은 선한 의지라는 사랑의 덕이 이성으로 하여금 진실과 허위, 핵심과 주변을 판단하게 하면서 삶의 목적인 행복을 지향하게 하는 교육행위가 되기 때문이다. 행복윤리에서, 교육행위를 수단성이나 주변성으로 못 박아두려는 왜곡된 풍토에 맞서는 인간교육의 전형을 발견할 수 있다.

---

4) 믿음(faith)으로 표현되는 의지가 이해(understanding)로 표현되는 이성에 선재한다는 말이다. '믿음은 추구하고 이해는 발견한다.' 는 명제에서 보듯이, 그는 믿음이 없으면 이해할 수 없다고 하면서, 알기 위해서는 믿어야 한다고 하였다.

이 연구는 아우구스티누스의 시간적 존재로서의 인간이해에 기초하여 윤리적 존재양식이 보여주는 교육적 의의를 살피는데 목적이 있다. 아우구스티누스의 행복윤리는 인간이면 누구나 행복을 추구한다는 전제에서 출발한다(Augustinus, 2002:478). 그는 내성적 방법(introspective method)을 통하여, 행복에 관한 부정할 수 없는 심리적 경향성으로부터 문제의식을 이끌어 내었으며, 그것을 인간윤리의 근본문제로 상정하였다(Kavanagh, 1967:25-26). 따라서 그의 행복윤리는 사랑의 덕으로 표현되는 인간의 존재양식이 행복의 성취와 어떻게 상관하는지를 논의하고 있다. 연구자는 윤리적 존재양식을 사랑의 덕과 관련하여 분석한 아우구스티누스의 주장을 재조명하고 행복의 문제를 재해석하면서 교육적 의의를 규명해 보고자 한다.

Ⅱ. 시간적 존재와 행복

1. 시간적 존재와 실천적 지향성

일반적으로 앎은 이성이 감관을 통해 전달되는 인식자료들을 분석하고 판단함으로써 성립하지만, 감관이 지각하는 감각인상은 감관의 대상이 되는 사물들의 존재원리이자 한계인 시간성 때문에 일정할 수 없다. 따라서 인식주체인 인간의 의식은 필연적으로 가변적이다. 아우구스티누스는 이런 의식의 시간적 한계성을 직시하면서, 우리가 제대로 사물을 인식하려면 그 사물의 인상이 우리 마음에서 분산되지 않고 한데 모아져야 한다고 주장하였다(Augustinus, 2004:289). 여기에서 한데 모은다는 표현은 흩어져서 망각의 상태에 있는 것을 사유의 한 지점으로 불러내는 상기와 같은 행위를 가리키는 것이며, 집중하는 사고를 말하는 것이다. 따라서 인식의 완성을 위해 분산을 극복하는 일, 즉 시간의 한계를 넘어 보편성을 확보하는 일은 무엇보다 중요한 과제가 된다.

아우구스티누스는 인식의 과정에서 목격할 수 있는 분산의 모습처럼, 인간의 실존상황에서도 시간 안에서 흩어지고 분열되는 인간의 모습을 집중적으로 검토하였다. 그에 의하면, 인간은 알 수 없는 질서인 시간 속에서 나누어지고 산란되었으며 여러 갈래로 찢겨져 있다(양명수, 1997:44-45). 따라서 시간세계에서 분열되어 있는 인간의 내면을 한데 모으는 통일의 성취는 인식론의 과제일 뿐만 아니라 삶의 목적을 점검하고 지향하는 인간교육의 과제이기도하다. 이를 위해 우리는 우선적으로 목적의식을 어지럽히는 모든 잡념, 즉 외적인 사물이나 감각적이고 한시적인 것들을 털어버리고, 마음을 한데 모아서, 오로지 보편적이고 지속적인 것에 집중하는 노력이 필요하다. 특히 목적을 인식하고자 하는 사유의 과정에서는 더욱더 그러하다.

그러므로 아우구스티누스는 자신의 내면을 분석하면서 인간실존이 시간 속에서 산산이 분열되어 있음을 증언하였으며, 이제는 분열이 아닌 집중된 마음으로 영원을 향해 나아가야 한다고 주장하였다(Augustinus, 2004:375). 인간은 실존적으로 시간 속에 흩어져 있기 때문에, 시간의 특징인 분산과 갈라짐을 극복하고 하나에로의 통일을 성취하기 위해 지속하고 불변하는 영원을 관조할 수밖에 없다는 말이다. "시간이란 무엇인가?" 라는 질문에서 시작된 아우구스티누스의 시간 론은 시간을 영혼의 팽창이라고 규정하는 데서 그 1차적인 목표를 달성한다. 그에 의하면 시간이란 과거, 현재, 미래라는 세 방향으로 영혼이 분산되어 팽창하는 것이다. 우리의 의식이 과거를 기억하고 현재를 직관하며 미래를 기대하는 점이 그 근거이다(문시영, 1996:60; Augustinus, 2004:354). 시간성은, 영원성과 비교하면, 항상 변화하는 것이므로 우리에게 상실의 위협을 가할 뿐이며 영속적인 행복을 기약하지 못한다. 따라서 결핍의 존재인 인간은 더 이상 욕구할 필요가 없을 정도로 영원하고 안정된 것에서 참된 행복을 찾아야 한다. 아우구스티누스는 우연으로 가득 찬 인간의 불충분성 또는 존재론적 결핍을 영원을 통해 극복하려고 하였다.

이를 위해 그가 발견한 것은 바로 의지의 실천적 지향성(practical orientation)이다(Garcia, 1990:167). 그는 의지를 이성을 움직이는 동력으로 보았다. 이것은 지성이나 기억 속에서 제시되며, 재결합의 욕구인 사랑의 성질을 가지고 있다. 여기에서 아우구스티누스의 주의주의적인 면모가 여실히 드러난다(주영흠, 2007:315). 지속성을 가진 의지는 지식행위나 실천행위에서 그것들의 방향을 결정하는 힘으로 나타난다. 그리고는 한시적인 시간세계에 만족하지 않고 지속적인 영원의 세계로 나아간다. 우리는 종종 시간적인 사물들을 바라보면서 그것에 집착하지만, 때로는 그것들을 넘어서서 보편적인 것을 인식하고 사랑하기도 한다. 바로 여기에서 의지는 시간적인 사물들이 우리의 진정한 존재감을 확인시켜줄 수 없다는 사실을 알고는 영원에 참여하고자하는 강한 속성을 드러낸다. 우리가 시간적인 사물을 지향하면서 성취와 통일보다는 상실과 분열을 확인할 수 있기 때문이다.

아우구스티누스에 따르면, 무언가를 사랑하는 자는 사랑하는 것을 향해 나아갈 뿐만 아니라, 사랑을 통하여 사랑하는 것과 결합하며 마침내 그것을 자기 영혼의 한 부분으로 만들어버린다(Cary, 2005:6). 그러므로 선한 의지의 또 다른 표현인 사랑의 덕은 자체의 지향성과 재결합성 때문에 순간을 뛰어넘어 영원에 참여하게 된다. 이런 사랑의 참여는 존재의 근거가 되는 참된 사랑을 행사하는 것이며 동시에 영원한 삶에 참여하는 것이다.

아우구스티누스는 영원을 바라보는 이런 지향성을 절대자에로의 사랑(*amor Dei*)이라고 하였으며 사랑의 덕(*caritas*)으로 표현하였다. 그는 상실과 분열이라는 시간의 질서 속에서 생존하는 인간이 무언가를 지향하는 사랑의 덕을 지닌 존재임을 논증하고 있다. 그는"나의 무게는 나의 사랑, 그것이 나를 어디로 이끌든지 나는 그리로 끌려가나이다"라고 하면서, 마치 무게가 물체를 움직이듯, 우리를 움직이는 의지의 힘을 사랑으로 보았다(Augustinus, 2004: 431). 그것은 사랑이 대상을 갈망할 때, 그 대상과의 존재론적인 상관성을 지니게 되는 점을 표현한 것이기도 하다. 인간은 시간 속에서 살아가는 결핍된 존재이므로, 현 상태에 만족하거나 스스로를 완성시킬 수 없다. 시간적 존재로서 인간은 보편적이고 영원한 것을 한시적인 것과 같이 소유할 수 없기 때문에, 최선의 것을 추구하기 위해 사랑의 힘으로 변화무쌍한 시간세계보다는 일정하고 불변하는 영원의 세계를 관조하는 것이다.

2. 행복과 존재론적 취약성

우리가 행복해지기 위해서는 무엇인가 원하는 것을 먼저 얻어야 하지만, 원하는 것을 얻었다고 해서 행복해지는 것은 아니다.[5] 많은 경우, 가상의 행복(apparent happiness)을 참된 행복(genuine happiness)으로 착각하기 때문에, 섣불리 행복을 규정할 수 없다. 뱁콕(William S. Babcock)은 "인간은 어떤 존재이며, 무엇이 인간에게 행복을 제공하는가?"라는 두 명제가 서로 교차하는 지점에서 소유와 성취의 문제를 따진다면 참된 행복의 의미를 규정할 수 있다고 보았다(Babcock, 1993:3). 행복의 의미를 제대로 파악하려면 불가피하게 인간이라는 존재의 특성부터 살펴야 한다는 주장이다.

실제적으로 행복을 위해 우리가 얻을 수 있는 것들은 모두 부분적이거나 한시적인 것들에 불과하다. 우리는 도덕적으로 충실하게 완성되는 것들 혹은 예술적으로 아름답게 성취되는 것들을 재물을 소유하듯이 가질 수는 없으며, 단지 그런 것들을 이념으로 보고 추구할 따름이다. 이런 어려움 때문에 우리는 한시적이고 우

5) 아우구스티누스는 다음과 같은 대화를 통해 참된 행복의 의미를 논증하기 시작하였다(Augustine, 1984: 174). "어떤 사람이 원하는 것을 모두 가졌다고 해서 행복한가? 만약 그가 선한 것을 원하고 또한 소유한다면, 행복하다고 말할 수 있다. 하지만, 그가 악한 것을 원하고 또한 소유한다면, 행복하다고 볼 수 없는 것이 아닌가!"

연한 것들의 성취를 행복이라고 가상함으로써 불가피하게 상실의 위험에 처하게 된다. 우리를 현혹시키는 가상의 행복은 불안정한 것들, 우연적이거나 임의로 구성되는 것들, 항상 상실의 위협 속에 있는 것들을 추구하게 만든다. 이런 것들은 안전이 보장되고 지속되는 참된 행복을 제공할 수 없다. 따라서 우리는 가상의 행복과는 다른 무엇을 찾아야 하며, 그것은 행운이나 우연한 사고에 의해 일시적으로 소유하는 것이 아닌 항구적이고 지속가능한 것이어야 한다.

하지만 행운이 지속되는 경우도 있으므로, 반론이 있을 수 있다(Augustinus, 1984:175). 경제적인 부나 정치권력, 혹은 문화적인 사치가 상당기간 유지될 수 있기 때문에, 이런 것들을 누리는 자는 행복하다고 주장하는 것이다. 하지만 이런 경우에도, 그것들이 상실되지 않는다고 장담할 수 없다. 상실의 두려움(the fear of loss)없이 사물을 사랑하는 일은 불가능하기 때문이다(Babcock, 1993:6). 두려움은 행복을 잠식하기 때문에 근본적으로 상실 가능한 사물을 소유하는 자는 결코 행복할 수 없다.

그러므로 원하는 것을 소유함으로써 행복을 성취할 수 있다는 말은 누구나 동의할 수 있는 예비명제이지만, 한시적인 사물들을 가졌다고 해서 가능한 것은 아니다. 그 이유는 원래부터 취약성(vulnerability)을 지닌 인간이 그것들을 마음대로 통제할 수 없기 때문이며, 또한 그것들도 역시 상실감에 대한 취약성을 필연적으로 지니기 때문이다. 이런 취약성을 우리는 떨쳐버릴 수 없으며 맞서서 대항할 수도 없다. 존재론적으로 취약한 인간은 시간적인 측면에서 취약성에 대한 감각을 외면한 채 번성을 누릴 수 있다고 착각할 뿐이다.

아우구스티누스가 문제 삼은 취약성은 우리가 가지는 근원적인 두려움에서 쉽게 발견된다. 상실되는 사물을 사랑하는 자는 두려움을 회피할 수 없으며, 이런 두려움은 행복과 병행할 수 없다. 사랑하는 것을 잃어버릴 수 있다고 한다면, 이런 상실감을 두려워하지 않을 사람이 어디 있겠는가(Augustinus, 1984:176)! 그는 이런 사랑과 두려움의 관계에 주목하면서[6], 상실에의 두려움을 사랑의 증거로 보았다(Babcock, 1993:8). 말하자면, 우리가 가지는 두려움은 근원적으로 무엇을 추구하고자 하는 사랑의 감정에서 파생된 것이라는 주장이다. 그러므로 사랑이 없다면, 상실에의 두려움도 없다고 할 수 있다. 두려움이 사랑의 한 가지 표현방식이라면, 그것은 안전이 보장되지 않고 지속성이 결여된 사물을 사랑하기 때문에 나타나는 것이다. 따라서 사랑은 사랑의 대상을 통하여 평가되어야 한다. 사랑의 대상이 한시적인 성격을 지닌 것인지 아니면 영속성을 지닌 것인지의 여부가 두려움을 발생하게 하는 요인이 되며, 또한 사랑의 질을 평가하는데 결정적인 기준이 되기 때문이다.

이를테면, 선(good)이나 아름다움(beauty)과 같은 영원한 사랑의 대상은, 시간적인 사물도 마찬가지이지만, 필연적으로 사랑을 행사하는 자에게 영향을 미친다. 영원한 것은 시간이나 환경을 통하

---

6) 그리고 아우구스티누스는 우리에게 가장 기본적인 두려움은 상실의 두려움(fear of loss)과 고통의 두려움(fear of pain), 그리고 죽음의 두려움(fear of death) 등 세 가지가 있다고 하였다.

여 상실성에 종속되지 않고 또한 사랑받는 한 부재할 수 없기 때문에 영원성이라는 색조를 사랑의 주체에게 물들인다. 그리고 영원한 것은 두려움으로 우리를 괴롭히지 않으며, 행복을 갈망하는 자들에게 상실감이 아닌 충만함으로 대답해준다. 이런 영원에의 사랑을 아우구스티누스는 카리타스(*caritas*)라고 이름 붙였으며, 참된 사랑이라고 불렀다(Babcock, 1993:29). 영원한 것에 대한 이런 사랑의 향유는 행복한 삶을 보여주며 사랑을 행사하는 자에게 영원성을 물들인다고 보는 것이다.

본질적으로 사랑은 어떤 대상을 지향하는 움직임이므로, 사랑이 내포하는 바는 '무엇을 향한 사랑'이다. 아우구스티누스는 우리가 행사하는 사랑이 어떤 종류의 사랑인지 알고 싶으면, 그것이 어디로 가는지를 보면 알 수 있다고 하였다(Augustinus, 2004:430-31). 그러므로 사랑의 질을 평가하려면, 그것의 대상을 함께 평가해야 마땅하다. 그리고 사랑의 주체가 사랑의 대상에 집중하는지의 여부도 반드시 고려해야 한다. 그는 사랑의 대상이 "그것 자체로 사랑받지 못한다면 실질적으로 사랑받지 못하는 것이다."라고 하였다(Babcock, 1993:9). 사랑의 의미 속에 내포된 집중성과 배타성을 강조함으로써, 목적으로서의 사랑과 수단으로서의 사랑을 구별한 것이다. 이를테면, "당신이 아름다운 여인과 불타는 사랑을 한다고 하면서 다른 사람을 사랑하는 것을 그녀가 알게 된다면, 당신을 당장 거절하지 않겠는가?"라고 반문할 수 있다(Fortin, 1993:51). 참된 사랑은 사랑의 대상을 그 자체로 사랑하는 것이지 수단으로 사랑하는 것이 아니다.

이제는 사랑과 소유의 관계를 밝히기 위해, 존재론적으로 취약한 인간이 사랑을 통하여 소유할 수 있는 것에 관해 살펴본다. 앎의 경우를 우선적으로 검토해보는 것이 좋다. 우리가 금붙이 같은 재화를 소유하는 것과 선이나 아름다움을 소유하는 것은 의미가 다르다. 보편성과 지속성을 가진 선이나 아름다움의 경우, 그것들을 사랑하지 않고서는 안다고 장담하지 못한다. 선을 향유하지 않고서 선이 얼마나 숭고하고 대단한 위력을 가졌는지 아는 것은 불가능하다. 우리가 즐기지 않는 것은 사랑할 수 없고 알 수도 없다(Babcock, 1993:27). 향유(enjoying)라는 사랑의 방법을 통하여 선이나 아름다움과 같은 덕을 소유할 수 있다고 보는 것이다. 그러므로 여기에서 소유한다는 말은 그것을 사랑함으로써 알게 된다는 뜻이다. 금을 소유하는 것과는 달리, 덕은 앎으로써 소유하게 되는 것이다.

따라서 우리는 영원한 것을 앎으로써 그것을 소유할 수 있다. 우리는 영원한 것을 지향하고 향유함으로써 불신이 아닌 신뢰를 얻을 수 있으며, 또한 그것을 앎으로써 소유할 수 있게 된다. 앎은 사랑이 가지는 지향성이나 향유를 통하지 않고서는 완전해질 수 없다. 특히 앎의 대상이 향유의 대상이 되지 않고서는 앎이 성립되지 않기 때문이다. 그러므로 앎은 영원을 소유하는 사랑의 유형이 된다. 큰 맥락에서 보면, 우리가 지식을 추구하는 이유도 바로 지식을 향유하기 위한 것이며, 그것은 행복의 성취라는 교육의 목적에 부합하는 것이다. 아우구스티누스는 지적인 삶이 곧 행복한 삶임을 알지 못하는 자는 불행하다고 하였다(Howie, 1969:41). 인간의 행복은 앎을 통하여 이루어지기 때문에, 우리가 지적인 삶을 영위한다면 행복의 실마리를 발견할 수 있다. 따라서 지식행위를 추진하고 그것의 방향을 결정하는 사랑의 질이 무엇보다 중요하다고 보는 것이다. 재화를 소유하는 것과 덕을 소유하는 것의 차이에서 보듯이 사랑 없이는 영원한 것을 알 수 없고 소유할 수 없다. '진리애'라는 표현이 성립하는 이유도 바로 여기에 있다.

Ⅲ. 윤리적 존재양식의 교육적 의의

1. 사랑의 덕과 윤리적 존재양식

아우구스티누스의 관심은 인간이 본성적으로 행복을 추구한다는 근본명제에서 출발하여 과연 참된 행복을 추구할 수 있는가에 대한 의지의 문제로 나아간다. 그는 내성적 심리분석의 방법으로 인간의 내면을 관찰하고 분석하면서 의지의 자유로움을 논증해 나갔다(Kavanagh, 1967:25-26). 그리고 그의 행복윤리는 인간에게 자유의지가 부여되었다는 사실에서, 도덕적 책임의 귀속 여부를 살폈다. 물론 도덕적 책임과 관련하여 의지의 움직임이 자연운동과는 달리 자발적이고 의도적이라는 점을 눈여겨본 것이다. 실제로 우리는 이런 자유로움으로 영원불변의 대상을 지향하거나 아니면 한시적이면서도 가변적인 사물을 지향할 수 있다.

이처럼 자유의지에 기초한 덕이 행복의 필수요건이라고 본 아우구스티누스는 우리의 윤리적 존재양식을 밝히기 위해, 카리타스

(*caritas*)라고 하는 사랑의 덕과 그것에 대응하는 왜곡된 사랑인 쿠피디타스(*cupiditas*)를 내세웠다. 그에 따르면, 모든 덕은 상호의존적이기 때문에 서로 분리될 수 없으며, 사랑의 덕 안에서 하나가 된다. 그리고 모든 덕은 사랑이라고 하는 최고의 덕에 종속되며, 개별적인 것들은 사랑의 덕으로 환원된다.[7] 하지만 그가 제시한 카리타스는 그리스적인 에로스(*eros*)와는 다른 사랑의 개념이다.[8] 그는 카리타스와 쿠피디타스를 영원과 시간, 불변과 변화라는 준거를 가지고 구분하였다.

---

7) 아우구스티누스는 사랑의 덕을 최고 최선의 것으로 규정하면서, 고전적인 4주덕인 절제(temperantia), 강인함(fortitudo), 정의(iustitia), 신중함(prudentia)을 사랑의 특징으로 보았다. 절제는 영원한 것을 사랑하는 일에 방해가 되는 물욕이나 기타 욕구를 자제한다. 그러므로 절제는 자아를 사용의 대상으로 자신의 지위를 격하시키는 사물에 종속시키는 노예화를 거부하며 운명적이거나 변화하는 사물들을 사랑하지 않는다. 유사하게 강인함은 영원한 것을 사랑하기 위해 신체적인 고통이나 죽음과 같은 일시적인 사물들을 사랑하는 상실에의 두려움을 극복한다. 따라서 사랑의 덕은 시간적인 사물들을 욕구하지 않으므로 절제를 보여주고, 시간적인 사물들을 버림으로써 강인함을 나타낸다. 정의와 신중함도 역시 마찬가지이다. 정의는 영원한 것을 사랑하기 위해 자아에 종속되는 사물들을 지배하고 통제하면서도, 개별 자아들을 균형 있게 지원하고 도와준다. 신중함은 영원한 것을 사랑하기 위해 기만에 대항하며 자기기만 행위로의 현혹으로부터 자기 자신을 경계하면서 지켜나간다. 따라서 이런 덕들은 왜곡된 사랑의 해독제로 작용하며, 그리고 지배해야 하는 사물들에게 오히려 지배당하는 자아의 가치 하락을 본래대로 원상회복시켜 나간다. 하지만 이것들은 영원한 것을 소유한다는 행복의 성취 혹은 자아의 완전한 가치실현을 표현하지는 않는다(문시영, 1996: 99-100; Babcock, 1993: 23-25).

8) 에로스는 그리스 신화에 등장하는 신의 이름이지만 플라톤에 의해 철학적으로 정착된 개념이다. 에로스는 인생의 길잡이로서 긍정적인 의미에서 모든 성취의 원동력으로 묘사되는 사랑이다. 에로스는 취득 본능의 욕망이며, 갈망과 동경의 욕구를 의미한다고 볼 수 있다. 이에 반해 카리타스는 자유의지의 핵심을 이루는 요소로서 한시적이고 가변적인 것보다는 영원하고 불변하는 것을 지향하고 향유하려는 사랑을 뜻한다.

하지만 아우구스티누스는 쿠피디타스를 단순한 욕망으로 간주하지 않았다. 쿠피디타스는 물론 왜곡된 것이지만, 시간의 한계 내에서 사물들을 소유함으로써 행복을 성취하려고 하는 사랑이다. 이런 사랑에 물든 자는 상실에의 취약성에 남게 되고 피할 수 없는 두려움에 물들게 된다. 뿐만 아니라 이런 사랑에 물든 자들은 서로 대립하게 되고, 상대방을 위협하는 존재로 인식하게 된다(Babcock, 1993:32). 쿠피디타스는 분산과 분열이 일상화되는 곳에서 사랑을 추구하는 것이므로 결국은 지속성과 불변성이 보장되지 않는 가치를 정당화하거나 무목적성을 합리화하는 왜곡된 결과를 낳을 뿐이다.

이에 반해 카리타스는, 사랑의 대상이 상실되지 않는 것이므로 두려움에 물들지 않으며, 대상을 앎으로써 대상을 성취해 나간다(Babcock, 1993:33). 그러므로 생각하고 추론하고 인식하는 존재인 인간은 사물에 종속되지 않고 자신의 가치를 충실하게 실현해 나갈 수 있다. 이런 사랑의 대상은 언제 어디서든 누구나 추구할 수 있는 항구적이고 보편적인 것이기 때문에, 우리를 대립시키지 않고 오히려 공유하게 만든다. 예를 들면, 지혜 사랑에는 부족이나 결핍이 없고, 독차지하기 위한 질투나 다툼이 없다. 누구나 지혜를 사랑할 수 있으며, 차별 없이 접근할 수 있을 뿐만 아니라 얼마든지 향유할 수 있다(Cary, 2005:6-7). 카리타스가 포섭함으로써 성취되는 사랑이라면, 쿠피디타스는 배제함으로써 분열되는 사랑이라고 할 수 있다.

따라서 카리타스는 대상을 계산하기보다 향유하기 때문에 순수하게 지속되는 행복을 성취할 수 있다. 그리고 그것은 행복을 빼앗아가지 않는 영원한 것을 추구하기 때문에 우리를 두려움에 떨게 하지 않는다. 하지만 쿠피디타스에 물든 자는 자신을 사물에 종속시킴으로써 자아의 가치를 떨어뜨릴 뿐이다. 그렇다고 해서 쿠피디타스의 대상이 잘못된 것은 아니다. 그것은 마치 탐욕, 폭식, 알코올 중독과 같은 현상에서 볼 수 있는 바와 같이, 사랑을 행사하는 주체가 추구하는 대상을 잘못 사용하기 때문이다. 우리가 지속적이고 일관된 것들은 외면하고 불확실하고 불안정한 것들을 추구할 때 발생하는 잘못된 사용 때문이다. 말하자면 무엇을 추구하느냐에 따라 나타나는 우리의 존재양식에 문제가 있다는 뜻이다. 그러므로 카리타스와 쿠피디타스는 사랑을 행사하는 자보다 사랑의 대상에 의해 구별되며, 그것은 우리의 존재양식을 결정한다. 분명한 것은, '우리가 어떤 사랑을 하는 존재이냐에 따라 어떤 인간이 되느냐가 정해진다.' 는 말이다.

그렇다면, 사랑의 덕의 실현이라는 행복의 성취를 어떻게 해석해야 하는가? 행복에 관한 아우구스티누스의 논의는 크게 두 단계로 나누어진다. 그는 인간의 행복추구를 먼저 자연적인 경향이라고 보았으며, 다음은 인간의 실존적인 삶의 완성을 위한 조건으로 인식하고 논의를 전개하였다(주영흠, 2007:213). 그는, 되풀이하지만, 인간이 행복을 원한다는 보편적인 사실과 함께 사랑의 대상을 소유하고 싶어한다는 경향성에 주목하였다. 그렇지만, 사랑하는 것을 소유하지 못한 자나, 사랑하는 것을 소유하였지만 그것이 해로운 것이라면 이들은 행복하지 않다. 그리고 소유한 것이 최선의 것인데도 불구하고 그것을 사랑하지 않는 자는 행복하지 않을 것이며, 소유할 수 없는 것을 갈망하는 자는 몹시 힘들 것이다. 또한 원하지 않는 것을 소유한 자는 기만하는 자이며, 소유해야만 하는 것을 원하지 않는 자는 병든 자이다. 이런 여섯 가지 경우들은 모두 행복하지 못한 사례들이다(Howie, 1969:43). 하지만 최선을 다해 자신이 사랑하는 것을 소유하는 자도 있다. 우리가 최선을 다할 때 사랑하게 되고 소유하게 되므로, 행복은 이런 경우에 성취되는 것이다. 무엇을 올바르게 향유한다는 것은 현재 소유하고 있는 것을 최선을 다해 사랑한다는 말이 아닌가! 따라서 행복추구는 우리의 실존적인 삶의 완성을 위한 조건이 된다.

그런데 카리타스야말로 대상을 향유하는 동안에는 그 대상을 강탈해 갈 수 없는 영원하고 불변한 것에 대한 사랑이다. 그리고 그것은 부재하지 않는 것에 대한 사랑이며, 앎을 통하여 확실하게 소유할 수 있는 사랑이다. 앞에서 언급하였지만, 우리는 '사랑의 대상을 소유하는 양식'에 따라 두 가지 사랑을 구별할 수 있다. 금이나 은과 같은 재화는, 아는 것이 곧 소유라는 등식이 성립하지 않는다. 그러므로 카리타스를 행사하는 자는 금이나 은과 같은 재화를 소유하는 방식보다는 아는 것이 곧 소유라는 등식이 참이 되는 그런 사물, 즉 보편적이고 영원한 것을 사랑하는 자이다.

결국 서로 다른 사랑의 질을 가지는 쿠피디타스와 카리타스는 우리의 소유양식을 결정하므로 사회적인 함의에 있어서도 다른 의미를 가진다. 왜냐하면 사랑의 대상이 사랑을 행사하는 자에게 필연적으로 무엇인가 영향을 미치기 때문이다. 이를테면, 사랑의 대상으로서 영원한 것은 사랑하는 주체에게 영원성을 물들이지만, 한시적인 것은 일시성을 물들인다는 주장이다. 팬클럽회원이 연예인의 외모나 행동을 닮기 위해 애쓰는 모습은 일시성에 물드는 좋은 예[9]가 될 수 있다(Cary, 2005:6-7). 이런 일시성은 지속될 수 없는 상실에의 취약성이나 무 목적성으로 밝혀지는 인간실존의 공허한 상태에서 나타나는 것이다. 그러므로 쿠피디타스를 행사하는 자는 참된 행복을 제공할 수 없는 대상을 사랑함으로써 자기 자신을 퇴행시켜 버린다. 하지만 영원한 것은 인간의 의지에 반해 상실되는 것이 아니므로, 카리타스는 상실에의 두려움을 가지지 않으며 또한 같은 것을 원하는 타인을 제거해야 하는 절망적인 의식을 불러일으키지도 않는다. 따라서 카리타스는 다른 입장에 있는 사람들과의 관계를 형성하면서 사랑을 공유해 나간다고 볼 수 있다. 이런 사랑은 타인을 배제하기보다는 함께 행복을 추구하고 즐기게 하는 기능을 가지고 있다. 그러므로 쿠피디타스와 카리타스는 우리의 소유양식과 인간관계의 질에 영향을 미치는 윤리적 존재양식을 결정한다고 주장할 수 있다.

2. 윤리적 존재양식과 교육적 지향

아우구스티누스가 보는 세계는 질서가 제대로 잡힌 것이며, 존

9) Cary는 행복의 성격을 우리 인간이 사랑하는 것의 성격에 달려있다고 본다. 예를 들면, 술꾼의 행복은 빨리 식어버리는 육체의 즐거움에 있고, 팬클럽회원의 행복은 배우의 persona처럼 허위에 있지만, 신국의 행복은 영원한 신을 사랑하는 영원한 삶에 있다고 하면서 행복을 구분한다.

재의 등급에 따라 저급한 것과 고급한 것이 위계적으로 구분되어 있다(Augustinus, 2002:582). 이런 질서는 최선과 최악, 영원과 순간, 통합과 분열, 성취와 상실 등의 사이에서 자리 잡는다. 그는 이런 질서를 사랑의 방식으로 논의하였다. "수전노가 정의보다 돈을 더 중요시할 때에는, 그 돈에 잘못이 있는 것이 아니라 그 사람에게 잘못이 있는 것이다. 이러한 이치는 모든 피조물에게 일반이다. 피조물 자체는 선하지만, 그것을 사랑하는 방법이 선할 수도 있고 악할 수도 있다. 순서가 바른 사랑은 선하며, 순서가 뒤집힌 사랑은 악하다."(Augustinus, 2002:735) 질서 없는 사랑이 나쁘다는 주장이다. 따라서 그는 향유(frui; to enjoy)와 사용(uti; to use)이라는 개념을 가지고 사랑의 질서를 논하면서 우리의 윤리적 존재양식을 구분하였다.

원래 라틴어에서 향유라는 말은 결실과 같은 뜻이며 얻는다는 말이지만, 사용은 활용한다는 뜻이다. 향유한다는 것은 다른 목적과 상관없이 그 자체만으로 우리를 기쁘게 하는 것이지만, 사용은 다른 목적을 위해서 우리가 구하는 것이다. 그러므로 일시적인 것은 사용하되, 향유할 것은 아니다. 그래야만 우리는 영원한 것을 향유할 자격을 얻는다(Augustinus, 2002:566). 아우구스티누스가 구분해놓은 향유와 사용의 관계는 목적과 수단의 관계와 동일하다(선한용, 2002:108). 향유해야 할 대상을 무시하고 사용해야할 대상을 오히려 향유하는 행위는 사랑의 질서를 왜곡하는 것이므로, 우리의 가치체계는 퇴행하게 된다.

향유해야 할 대상을 향유하고 사용해야 할 대상을 사용하는 것을 가리켜서 질서 있는 사랑(rightly-ordered love), 혹은 카리타스라고 말한다. 하지만 사랑의 질서를 망각하고 사용의 대상인 시간적인 사물에 집착함으로써 행복해지려는 의지는 쿠피디타스이다. 이런 맥락에서 아우구스티누스는 목적 그 자체인 신은 향유의 대상이지만, 모든 사물들은 수단으로서 사용의 대상이라고 하였다(Fortin, 1993:47; Cary, 2008:69). 따라서 참된 사랑은 마땅히 사랑해야 할 것에 대한 사랑이며, 자아의 가치를 실현하고 인간을 다른 존재와 구분 짓도록 도와주며 나아가 행복에 이르게 한다. 하지만 왜곡된 사랑은 자아보다 열등한 것에 관심을 가짐으로써 자아를 강등시키고, 선악을 식별하지 못하게 함으로써 행복으로부터 멀어지게 하는 것이다(문시영, 1998:105). 아우구스티누스는 사랑의 대상이나 방법에 따라 규정되는 사랑의 질서를 새롭게 정립한 것이다.

그러므로 아우구스티누스의 주장에 따르면, 자연적인 경향성인 사랑(*amor*)보다는 무엇을 어떻게 사랑하느냐가 더 중요하다. 윤리적 존재인 우리가 교육의 마당에서 마땅히 향유할만한 것을 사랑하는지, 즉 교육적 지향이 제대로 이루어지는지를 살피는 일은 매우 중요하다. 교육적 지향이 의도되지 않는 교육행위는 의미를 상실하게 되고 수단적인 사용, 즉 왜곡된 사랑으로 전락하게 된다. 사랑이 질서 있게 목적을 향유하지 않고 사용에 집착한다면, 그것은 마치 목적의식을 상실한 교육행위와 동일한 것이 되는 것이다. 아우구스티누스는 사랑해서는 안 될 것을 사랑하는 일이 없고, 사랑해야 할 것은 반드시 사랑하며, 덜 사랑해야 할 것과 더 사랑해야 할 것 그리고 동등하게 사랑해야 할 것 등을 구분하는 자를 유덕한 자라고 하였다(Augustinus, 1994:45). 이처럼 우리는 질서 있는 사랑을 통하여 존재의 질을 고양시킬 수 있다. 사용할 것을 향유하는 자는 저급한 것을 탐닉하는 자이고, 자신의 삶을 퇴행시키는 어리석은 자이다.

따라서 사랑의 덕은 무엇을 지향하느냐에 따라 구분되며, 여러 가지 모습으로 위계를 가진다. 특정한 사랑은 바로 전 단계의 사랑을 제거하거나 억제하기보다는 재해석함으로써 성립한다. 아우구스티누스는 이것을 승화과정(a process of sublimation)이라고 하였으며, 사랑의 덕이 낮은 수준에서 높은 수준으로 나아가는 것은 전자가 후자를 계속해서 지지해주기 때문이라고 하였다(Fortin, 1993: 51). 이를테면 낮은 수준의 사랑인 탐욕(cupidity)은 제거 불가능한 것이므로 보다 높은 수준의 사랑으로 승화되어야만, 이웃사랑(charity)이 될 수 있다. 그러므로 우리의 존재가 점차적으로 승화하려면 우리는 영원한 것을 지향하고 그것을 향유할 수 있어야 한다. 낮은 수준으로 전락하는 것도 마찬가지이다. 이런 관점에서 그는 선악의 의미를 형이상학적인 관점보다는 윤리학적인 문제의식에서 재해석하면서, 책임의 소재는 외적인 요인보다는 내적인 요인, 즉 우리의 자유의지에 있다고 하였다.

아우구스티누스는 악을 유물론자처럼 물질적인 것으로 간주하지 않았으며, 신과 같은 우월한 존재에 의해 강요된 것이라고 보지도 않았다. 악은 우리의 의지가 불변하는 공동의 선보다는 개인적이고 열등한 선을 지향하기 때문에 나타나는 것이라고 하였다(Augustinus, 1993:114). 악은 의지의 하향적 전환에 의한 것이며, 자유의지의 남용으로 나타나는 것이다. “무엇이 자유의지로 하여금 악을 행하게 하는가?”에 대한 답은 “악한 행동의 원인은 인간의 의지 자체이며, 다른 원인은 없다.”는 것이다. 예를 들면, 탐욕은 황금에 대한 죄가 아니라, 황금과 비교할 수 없을 정도로 높은 수준인 정의를 무시하고 황금을 편애하는 인간의 죄이다. 사치는 아름다운 육체의 허물이 아니라 육체적인 쾌락을 사랑하면서 정신적인 아름다움처럼 높은 수준인 절제를 가볍게 여기는 마음의 죄이다(문시영, 1998:141-42). 따라서 악은 실체가 아니며 상대적인 선의 결여이고 자유의지의 결여적 운동의 결과로 드러나는 것이다(Brumbaugh & Lawrence, 1985:39-40). 이런 자유의지의 남용, 즉 왜곡된 사랑이 우리의 행복을 가로막는 걸림돌이 된다.

그러므로 행복윤리에서는 인간의 행위를 결정하는 내재적 의지가 문제이다. 아우구스티누스는 이런 내재적 의지의 전환을 자주 사랑이라는 말로 표현하면서,[10] 의지의 집합체인 인간사회의 존재양식을, 『신국론』에서 진단하였다. 그에 따르면, 인간사회를 수단적인 것을 향유하고 목적적인 것을 사용하는 가치가 전도된 나라와 목적적인 것을 향유하고 수단적인 것을 사용하는 가치가 질서 있는 나라로 나누어진다. 이 둘 사이에는 항상 긴장관계가 성

10) 아우구스티누스는 의지가 신의 창조에 근거하는 이상, 의지를 사랑이라고 불렀다. 영원한 진리를 보는 것은 이성의 역할이지만, 이성이 보려면 사랑, 즉 진리애로 결합되어야 한다. 인식의 완성과 존재의 충만은 모두 의지의 전환, 곧 사랑을 통하여 동시에 이루어지는 것이라고 하였다. Paul Tillich, *A History of Christian Thought: From Its Judaic and Hellenistic Origins to Existentialism* (New York: Harper & Row Pub., 1968), p. 237 참조.

립하며, 한 인간의 내면에도 이 두 나라는 동시에 존재한다. 교육의 마당에도 이런 적용은 유효하다. 그렇다면, 관건은 쿠피디타스를 카리타스로 전환하는 일이다. 우리는 향유할 것을 수단시하고, 사용할 것을 목적으로 삼는 가치 전도현상을 반드시 점검해야 한다. 교육의 장면에서는 더더욱 그러하다.

결국 행복을 위한 인간교육에서는, 고전윤리학에서 강조하는 이성적인 덕만으로는 부족하며 자유의지에 초점을 맞출 필요가 있다. 중립적인 앎이 성립할 수 없음을 인정한다면, 교육의 과정에서는 우선적으로 이성을 선도하는 의지의 자유로움에 주목해야 한다. 우리의 본능과 욕망이 이성의 명령에 순응하는 곳에서 행복이 발견될 수 있지만, 아우구스티누스에 따르면, 이성이 진리를 갈구(의지)하지 않는 이상 참된 행복은 성취 불가능하다(Kibre, 1965: 102). 의지야말로 이성으로 하여금 참된 행복의 의미를 추구하고 인식하게 하는 힘이므로, 선한 의지의 지향성, 즉 사랑의 힘을 중시하는 인간교육이 절실하다. 그렇다면, 사랑의 덕이 가치 있는 행위를 가능하게 하는 힘이므로, 행복의 문제는 소유의 과다보다는 사랑의 덕이 추구하는 대상과 방법에서 해결점을 찾아야 한다.

그러므로 윤리적 존재인 우리가 지향해야 할 바는 왜곡된 사랑에서 참된 사랑으로 의지의 방향을 전환하는 일이 된다. 이를 두고 아우구스티누스는, 바른 의지는 선한 사랑이고 잘못된 의지는 악한 사랑이라고 하였다(Augustinus, 2002:665). 따라서 행복과 상관하는 인간교육의 과제는 우리의 의지가 지향해야 할 바를 지향하게 하는 삶의 방향전환이다. 사랑의 질서에 따라 향유할만한 것을 향유하고 사용할만한 것을 사용하는 교육적 지향이 제대로 이루어져야 한다. 단순한 경험지식이나 정보를 얻으려는 교육욕구보다는 참된 행복을 인식하고 추구하는 능력을 얻으려는 교육욕구가 훨씬 더 중요하다. 순간적이고 가변적인 대상을 추구하는 쿠피디타스보다 지속적이고 보편적인 대상을 추구하는 카리타스를 길러주는 교육이 되어야 한다. 누구나 행복을 원하지만, 지향해야 할 바를 올바르게 인식하고 실행하게 하는 교육적 지향이 없이는 어느 누구도 행복해 질 수 없을 것이다.

Ⅴ. 선한 의지와 인간교육

인간은 선악이나 미추를 구별하고 핵심과 주변을 판단할 수 있는 정신능력을 가지고 있다. 이런 능력은 우리에게 주어진 대단한 힘이다. 다른 동물들은 훨씬 예리하거나 힘센 감각기관들을 지니고 있지만, 현상을 분석하고 가치를 판단하는 정신능력은 매우 부실하다. 우리는 내면의 사유과정을 통하여 높고 낮음이나 밝고 어두움과 같은 물리현상뿐만 아니라 옳고 그름이나 좋고 나쁨이라는 정신적 가치의 위계를 구분하고 판단한다. 이런 일을 통하여 유익한 것을 선호하며 또한 그런 것들을 추구한다. 우리는 유 불리를 따지면서 행복을 가늠하고, 행복을 얻을 수 있는지 여부를 살피는 것이다.

아우구스티누스의 행복론은, 한시적인 것들이 결국은 우리에게 상실감을 안겨주고 참된 행복을 보장하지 못한다는 점을 강조하였다. 우리가 한시적인 것들을 지향하고 소유할수록 거기에는 상실의 두려움이 상존하기 때문에, 우리의 삶이 풍요로워질 것이라는 기대는 가상의 행복에 불과하다. 그러므로 상실을 두려워할 필요가 없는 지속적이고 불변하는 것들을 추구하고 소유하라고 권유한다. 일시적인 것보다는 영원한 것, 가변적인 것보다는 불변하는 것, 상실 가능한 것보다는 성취 가능한 것을 사랑하는 자가 행복하다고 보기 때문이다. 아우구스티누스는 이를 위해 사랑의 덕을 위계적으로 분석하면서 우리의 존재를 고양시키는 카리타스와 퇴행시키는 쿠피디타스를 발견하였다. 의지의 전환을 사랑의 덕으로 표현한 그는 질서 있는 사랑을 행하는 자가 행복하다고 하면서, 사랑의 방식 가운데서 향유할 것을 향유하고 사용할 것을 사용한다면 우리의 삶은 진정성을 회복하게 되고 참된 행복을 소유할 수 있다고 하였다.

물론 아우구스티누스는 목적적인 가치와 수단적인 가치의 상호 조화와 균형을 염두에 두면서도 사랑의 질서를 강조함으로써 소유양식보다는 존재양식을 상위에 두었다. 그는 단순하지만 분명하게 행복이라는 덕의 소유를 사랑의 방식으로 논증하였다. 따라서 우리에게 주어진 의지의 실천적 지향성을 카리타스로 전환하는 일이 매우 중요하다. 카리타스는 지적인 이해와 성취를 위해 영원하고 불변하는 것을 지향하기 때문이다. 금이나 은과 같은 재화를 소유하는 것과 선이나 아름다움과 같은 덕을 소유하는 것은 전혀 다른 의미를 가진다. 이를테면 선이나 아름다움은 향유라는 사랑의 방법을 통하지 않고서는 그것의 의미나 위력을 알 수 없으며 또한 소유할 수 없다. 영원하고 불변하는 것을 소유한다는 의미는 그것을 인식하고 이해한다는 말이다. 그러므로 소유는 앎을 뜻하며 향유를 통해 성취되는 것을 말한다.

그러므로 구태여 소유방식을 문제 삼는다면, 영원하고 불변하는 것은 제한적이지 않기 때문에 누구와도 향유하고 공유할 수 있다. 그리고 그런 것을 소유한다는 말은 아우구스티누스에 따르면, 단순한 소유에 그치지 않고 존재양식에 영향을 미쳐서 사랑을 행하는 자, 즉 영원하고 불변하는 것을 추구하는 자에게 영원성과 불변성을 물들인다는 뜻이다. 분산되고 분열되는 시간성에 의존하는 존재가 영원성에 물들면서 상실을 극복하고 통합하는 존재가 됨으로써 존재의 가치는 고양되는 것이다. 사랑의 대상은 항상 사랑을 행하는 자에게 영향을 미치면서 소유양식뿐만 아니라 존재양식을 변화시켜나간다.

그렇다면 의지적 존재인 우리가 '무엇을 지향하고 어떻게 추구하느냐?' 를 점검하는 일은 교육의 내재적 의미를 검토하는 일과 마찬가지이다. 교육의 장면에서 교사나 학생이 가치의 위계를 점검하고 향유할 것과 사용할 것을 구분하면서 교육적 지향을 살피는 일은 행복을 누릴 수 있는 지름길이 될 것이다. 시간적 질서 속에서 우리의 삶이 산란되고 나누어질수록 삶의 목적을 성찰하는 행위는 인간교육의 과제가 된다. 그러므로 윤리적 존재로서 가치의 중립지대에 설 수 없는 우리가 '무엇을 지향하고 어떻게 추구하느냐?' 는 숙제를 해결하기 위해서는 아우구스티누스의 행복론을 검토해보면 좋다. 본능적 존재에서 윤리적 존재로 나아가려면 왜곡된 사랑인 쿠피디타스를 극복하고 참된 사랑인 카리타스를 행하라는 말이다. 아우구스티누스의 이런 권고를 수용하려면 목적과 수단을 구분하듯이, 향유할 것을 향유하고 사용할 것을 사용하는 사랑의 질서에 주목해야 한다. 무엇이든 사랑하기만하면 된다는 무지가 우리를 퇴행시켜버린다.

인간교육의 관점에서, 행복은 진선미와 같은 보편적 가치를 추구하고자 하는 의지의 전환에서 비롯된다는 아우구스티누스의 논지는 오늘날 우리에게 매우 유의미한 주장이다. 그러므로 향유와 사용을 지혜롭게 구별할 수 있는 자질은 학교교육을 통하여 길러주는 것이 좋다. 특히 인간교육을 사회적 지위획득을 위한 수단으로 전락시키는 교육의 방식과 교육의 과정을 무시하면서 오로지 목표에만 몰두하게 만드는 입시위주의 교육방식이 만연한 시대에는 아우구스티누스의 행복교육을 음미해 볼 만하다. 사랑의 방향과 질서를 구별할 수 있는 자질의 함양은 덕목을 일방적으로 주입시키는 교육의 방식보다 훨씬 더 바람직하기 때문에. 그가 내세우는 인간교육의 원리는 공시성을 가지고 있다.

따라서 교육이 우리의 삶의 질을 결정한다고 보는 교육복지시대에는, 상실감을 안겨주는 일시적인 가치보다는 지속적이고 불변하는 가치를 택하는 우리의 자유의지가 인간교육의 동력이 된다고 논증한 아우구스티누스의 제안을 교육의 마당에서 충실하게 활용해야 한다. 이런 논의는, 수단적인 생활방식이 만연하고 주입식교육이 기승을 부리는 시점에서 인간교육의 방법을 개선하는 일에 많은 도움이 될 것이다. 선한 의지가 지향하는 목적 있는 삶이 행복을 가능하게 만든다는 전망은 정당성을 확보할 수 있기 때문이다. 아우구스티누스의 윤리적 존재양식이 교육복지가 주요 논제로 대두되는 우리 사회를 진단하면서, 현대인들에게 삶의 자세를 올바르게 하는, 참된 행복의 가치관을 권유해 볼 수 있을 것이다.

결국 아우구스티누스의 윤리적 존재양식에서 드러나는 교육적 의의는 교육복지시대를 요청하는 현대인들에게 매우 유용한 지표가 될 수 있다. 그리고 큰 시각에서, 현대인들이 건전한 목적의식을 가지고 의미 있는 삶을 영위하는 일에 기여해야 하는 인간교육의 방법에도 함의하는 바가 클 것이다. 말하자면, 행복의 성취를 인간의 자유의지에서 찾는다는 주장, 즉 진 · 선 · 미와 같은 보편적이고 영원하며 불변하는 가치를 추구하는 선한 의지가 행복의 관건이라는 주장은 교육복지시대에 반드시 고려해야 하는 인간교육의 원리가 될 것이다.

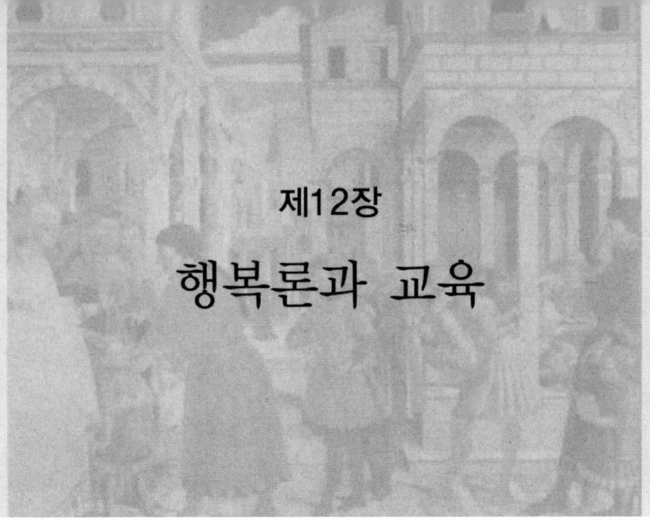

제12장

행복론과 교육

Ⅰ. 삶의 이상으로서 행복

1. 행복의 교육적 의미

누구나 행복하기를 원하지만 '무엇이 행복인가?'라는 질문에 대해서는 여러 가지 답이 있을 수 있다. 어떤 사람은 쾌락을 행복이라고 하고, 어떤 사람은 경제적인 부라든가 사회적인 명예를 행복이라고 한다. 그리고 동일한 사람의 경우에도 때로는 행복의 내용을 달리 할 수 있다. 병약할 때는 건강을, 가난할 때에는 부를, 그리고 자신의 무지를 깨달았을 때에는 지식의 획득을 행복이라고 생각한다. 하지만 이런 것들은 모두 행복의 조건은 될 수 있지만 그것 자체가 곧 행복은 아니다. 아리스토텔레스에 의하면, 행복(eudaimonia)은 언제나 그 자체로서 바람직한 것이며, 무조건적이고 궁극적인 선이라고 생각될 수 있는 것이다.[1] 그러므로 그리스의 고전 윤리학에서는 행복을 최고선의 또 다른 별명으로 생각하였으며, 이런 행복의 성취를 윤리학의 과제로 삼았다.

아우구스티누스 윤리학의 기본 성격은 그리스의 고전 윤리학과 마찬가지로 행복 론에서 찾아볼 수 있다. 그러나 아리스토텔레스와 같은 철학자나 에피쿠로스학파와 스토아학파 등에서 내세우는 그리스 윤리학은 행복을 인간 행위의 목적으로 삼았지만, 아우구스티누스는 『고백록』에서 표현하였듯이 신을 직관하고 인식함으로써 참된 행복을 발견할 수 있다는 주장을 내세우고 있다. 바로 이런 이유 때문에 그는 그리스의 덕 윤리와는 다른 길을 걸었다.

> 이제 내가 사람들에게 "진리를 기뻐하겠느냐? 아니면 거짓을 더 기뻐하겠느냐?" 라고 묻는다면, 모두 다 주저 없이 "진리를 더 기뻐하겠노라" 라고 말할 것이니, 이는 "행복을 원하노라" 는 대답을 주저 없이 하는 것과 마찬가지니이다. 그런즉 행복한 삶은 진리를 기뻐하는 것이니이다. 그것은 실로 진리 되신 당신을 기뻐하는 것이니, 하나님이여, 당신은 나의 빛이시며 "내 얼굴을 도우시는 내 하나님" (시 42:11)이시니이다. 이 복된 삶은 모든 사람이 원하는 것이라. 오직 이러한 삶이야말로 모든 사람이 바라는 진정 복된 삶이니, 곧 진리로 인하여 기뻐하는 삶이니이다.[2]

그렇다고 해서 아우구스티누스가 덕 윤리 자체를 부정하는 입

---

1) 김영철, 『윤리학』(서울: 학연사, 1984), p. 38.
2) 『고백록』, 제10권. 23장. 33절.

장은 아니다. 그에 따르면, 덕이란 하나님에 대한 완전한 사랑 이외의 다른 것이 아니다. 그리스 철학자들이 말하는 고전적인 4주덕조차도 하나님에 대한 사랑을 변형시킨 것에 불과하다는 것이다.[3] 이를테면, 절제는 신을 위해 스스로를 건전하게 지키면서 타락하지 않도록 하는 사랑이며, 용기는 신을 위해서라면 모든 것을 기꺼이 감수하는 사랑을 말한다. 그리고 정의는 신만을 섬기고 그렇게 함으로써 다른 모든 사람을 잘 다스리는 사랑이며, 신중함이란 신을 향하여 나아가는 길에 도움이 되는 것과 방해가 되는 것을 잘 식별하는 사랑이다.

그러므로 아우구스티누스가 말하는 사랑은 모든 덕을 포섭하는 사랑이며, 더 나아가서 인간의 자기사랑도 포함하는 사랑이다. 그는 자기 자신을 진정으로 사랑하지 않으면서 어떻게 하나님을 사랑할 수 있는지 의심하였으며, 또한 그런 일은 불가능하다고 믿었다. 최고의 참된 선을 추구하는 자는 그 과정에서 자기 자신을 진정으로 사랑하지 않는다면 그런 선을 추구하지 못한다고 보았기 때문이다. 이렇게 본다면, 아우구스티누스의 행복은 사랑의 문제와 깊이 관련된다.

아우구스티누스에 따르면, 변화무쌍하고 불완전한 존재인 인간이 영원불변의 행복을 찾아나서는 일은 당연한 것이다. 하지만 가변적인 인간의 행복은 자기 자신보다 더 나은, 즉 완전하고 변하

---

3) 문시영 역, 『아우구스티누스의 윤리학』, W. S. Babcock(ed.), *The Ethics of St. Augustine* (서울: 서광사, 1998), p. 33.

지 않는 그 무엇을 소유하는 경우에만 가능하다. 그리고 고대 그리스의 현자들이 말하는 덕이라 할지라도 그것은 목적이 될 수 없으며, 오히려 그런 덕을 부여한 신을 찾기 위해 갈망하고 노력하는 일이 곧 행복과 직결된다. 아우구스티누스는 행복에 관한 이런 주장을 철학에서 확증시켰을 뿐만 아니라 기독교적 진리를 추구하는 과정에서도 직접 체험한 것이었다. 그러므로 아우구스티누스 윤리학의 실체는 행복론에 초점이 놓여있다. 이제 행복의 의미를 좀 더 생각해 보기로 한다.

아우구스티누스는 인간을 결핍된 존재로 이해하였다. 인간의 육체가 성장하기 위해서는 음식을 필요로 하듯이 인간의 영혼 역시 성숙을 위해서는 자양분을 필요로 한다고 보았다. 말하자면 행복은 불안정하게 요동하는 실존적 인간이 영원하고 불변하는 존재에게서 참된 안식을 얻으려고 갈망하는 과정에서 얻게 되는 것이다. 그는 자신의 『고백록』에서 보여주고 있지만, 세속적 가치관에서 말하는 가상적 행복을 뛰어넘어 신을 향한 참된 행복을 추구하였다. 아우구스티누스는 한때 행복을 육체적 쾌락과 동일시하여 육체적 욕망에 불타오르기도 하였지만, 회심을 거쳐 신만이 행복 그 자체라고 결론지음으로써 그의 생애는 행복을 향한 열망으로 점철되어 있었다. 그에게는 진리탐구가 행복의 첫걸음이며 진리의 소유가 행복의 달성이었다. 그러므로 진리와 행복은 분리될 수 없는 것이었다.

그것은 진리 그 자체입니다. 당신은 그 진리를 즐길 수도 있습니다.

주님 안에서 즐거움을 누리면 주님께서는 당신의 마음에서 나오는 간구를 들어주실 것입니다. 행복하게 되는 것보다 더 바라고 있는 것이 있습니까? 어떠한 것들보다도 탁월하고 흔들리지 않고 변하지도 않는 진리를 즐기는 것보다 더 행복한 것이 있겠습니까?[4)]

이러한 맥락에서 아우구스티누스가 말하는 행복의 조건을 살펴볼 필요가 있다. 무엇보다도 먼저 행복은 소유할 수 있는 것이어야 한다. 1차적으로 행복은 결핍과 불충분의 상태를 극복할 대상, 즉 원하는 바를 소유하고 있는 상태라고 할 수 있기 때문이다. 하지만 아우구스티누스의 문제제기는 또 다른 차원의 차별성을 지니고 있다.

그는 소유 여부보다는 '무엇을 소유하려고 하느냐?' 의 문제, 즉 소유의 내용을 문제 삼는다. 예를 들면, 어린아이가 위험한 줄도 모르고 단지 신기하다는 이유만으로 장작불을 손에 쥐고 휘두르고 있다면 과연 그 어린아이는 행복하다고 말할 수 있을까? 이런 상황을 지켜보는 어른의 입장에서는, 장작불을 손에 쥐고서 만족한 표정을 짓고 있는 어린아이와는 달리, 자칫 불행한 사태가 발생할지도 모른다는 걱정에 휩싸일 수 있을 것이다. 이런 예를 통해서도 알 수 있듯이 행복은 우리 인간이 소유할 수 있는 무엇이어야 하지만, 우선적으로 고려할 것은 무엇을 소유하느냐의 문제와 상관하는 것이다.

---

4) 박일민 역, 어거스틴의 『자유의지론』(서울: 반석문화사, 1993), p. 97.

이제부터 구체적으로 살펴보고자 하는 아우구스티누스의 윤리학적 사유는 행복추구에 대한 철학적 모색에서 시작한다. 그리고 이어서 행복추구의 저해 요소로서의 악의 문제와 그 해결책에 관한 모색이 하나의 주제로 일관되어 있다. 행복에 관한 그의 논의는 크게 두 단계를 거쳐서 전개된다. 첫째는 인간의 행복 추구를 자연적 경향성으로 이해하려는 단계이고 둘째는 행복 추구를 인간의 실존적인 삶의 완성을 위한 조건으로 인식하고 논의를 전개하는 단계이다. 그러면 그가 어떻게 그리스 고전 윤리학의 주장들을 비판적으로 수용하고 극복하였는가를 살펴본다.

2. 고전 행복론의 극복

아우구스티누스가 행복 이론들을 체계화하는 과정에서 가장 먼저 비판의 대상으로 삼은 것은 에피쿠로스주의와 스토아사상의 가치관이었다.

에피쿠로스는 고통의 근원을 인간이 가지고 있는 욕망이나 공포에 있다고 보고, 평정심(ataraxia)의 획득을 통하여 행복을 누릴 수 있다고 보았다. 그리고 이런 평정심을 얻기 위해서는 적극적으로 무엇을 하기보다 소극적인 자세를 가지고 은둔하거나 금욕적인 생활을 하도록 권장하였다. 에피쿠로스에 따르면, 쾌락을 구하고 고통을 피하는 것은 인간이나 동물에게 동일한 현상으로 나타난다. 하지만 쾌락에는 욕망을 채움으로써 생기는 적극적인 쾌락 외에 소극적으로 마음의 안정에 결합되어 있는 정지된 쾌락도 있다. 에피쿠로스는 전자보다는 후자를 평정심이라는 말로 표현하였으며 그것을 더 중시하였다.

그에 의하면, 평정심은 안정된 상태의 쾌락이요 최고의 쾌락이며, 현인이 누리는 쾌락이다. 이런 쾌락은 오히려 욕망을 충족시킴으로 생기는 쾌락을 거부하는데서 느끼게 되는 행복이다. 그러므로 인간이 추구해야 할 쾌락은 고통을 수반하는 역동적 쾌락보다는 고통이 수반되지 않고 마음의 평온을 얻는데 도움이 되는 수동적 쾌락이다. 그렇다고 해서 에피쿠로스가 말하는 쾌락이 왜곡된 의미의 관능적 쾌락을 의미하는 것은 아니다. 오히려 그는 쾌락을 위한 고행을 강조하였으며, 은둔하기를 권하였고 과음이나 과식을 피하도록 권유하였다. 그는 외부로부터 괴로움을 당하지 않고 마음의 동요를 제거하여 얻는 즐거움을 '아타락시아'라고 칭하였으며 이것을 삶의 궁극 목표로 상정하였다.

그러나 아우구스티투스는 이런 에피쿠로스주의의 전제를 반박하면서 쾌락주의를 근본적으로 문제 삼았다. 첫째로 아우구스티누스는 에피쿠로스의 물질주의를 반대하였다. 즉 에피쿠로스주의에서 전제하고 있는 물질주의적 세계관 및 신관 그리고 영혼의 개념을 포괄적으로 비판한 것이었다. 에피쿠로스가 인간의 영혼이 죽음 이후에 분해되어 버린다고 하는 원자론적 관점을 전제하고 있었던 것과는 대조적으로 아우구스티누스의 영혼관은 영혼의 불멸과 신의 형상으로서의 특성을 강조하였다. 말하자면 그는 플라톤적인 사유를 따라 반 물질주의적 관점을 견지한 것이었다. 이에 관하여 아우구스티누스는 『신국론』에서 다음과 같이 말하고

있다.[5)]

> 예를 들어 에피쿠로스주의자들은 생물체가 생명 없는 물체에서 유래될 수 있다고 주장했다. …이런 근원은 인간의 이해이자 이성적인 영혼이다. 그리고 사물에 대한 상이 생각하는 사람의 정신 속에서 보이고 판단될 때 물질적인 대상이 아님이 사실이라면, 그런 근원도 물질적인 대상이 아니다. …그리고 영혼이 육체가 아니라면 그것을 창조한 하나님이 어떻게 물체가 될 수 있는가? 그렇다면 우리가 말했듯이 그 모든 철학자들로 하여금 플라톤주의자들에게 자리를 양보하게 하라.

그리고 아우구스티누스는 '모든 쾌락은 본래적으로 선하다' 라고 말하는 에피쿠로스주의자들의 주장을 논박하면서, 쾌락 아닌 신의 소유 혹은 신에 대한 직관(visio Dei)을 본래적인 선으로 상정하였다.[6)] 아우구스티누스는 에피쿠로스주의를 관능적 쾌락의 개념으로 오해하거나 비하시킨 것이 아니었다. 그는 쾌락을 다만 행복을 얻는 과정에서 체험하게 되는 부차적인 것으로 간주하였을

---

5) 『신국론』, 제 8권. 5장.

6) 하지만 쾌락주의자들에게 '모든 쾌락은 본래적으로 선하다.' 에 관해서는 변명의 여지가 남아있다. 쾌락주의자들은 비 쾌락주의자들이 본래적 선과 수단적 선을 혼동하였다고 반박할 것이다. 즉 결과와 관계없이 쾌락 그 자체만이 본래적으로 선한 것이며 잔인함이나 추악함에서 오는 쾌락이 나쁘다는 것은 도덕적으로 나쁜 것일 수도 있고 혹은 그것이 인격상의 결함이나 반사회적이라고 하는 의미에서 나쁘다는 것일 뿐이다. 그들은 아마도 쾌락 그 자체를 나쁘다고 하는 것과 혼동해서는 안 된다고 반론할 것이다. 쾌락주의자들은 쾌락만이 유일하게 좋은 것(the good)이 아니라 좋은 것들 중의 하나(a good)일 뿐이라고 반박한다.

뿐이었다.

에피쿠로스주의에 대한 아우구스티누스의 두 번째 논박에는 쾌락의 현세 지향성 혹은 불충분성에 관한 것이었다. 에피쿠로스는 내세를 상정하지 않고 현세의 쾌락을 중시하였다. 그는 쾌락이 행복한 삶의 시작이요 끝이라고 하였으며 마음의 동요에서 해방되는 상태를 행복으로 상정하였다. 하지만 아우구스티누스는 에피쿠로스가 내세우는 것처럼 현세가 삶의 전부라는 주장에 동의할 수 없었다. 인간이 참된 행복을 찾으려면 현세에서 끝나는 것을 추구할 것이 아니라 영원한 것을 추구해야 한다고 보았던 것이다.

더 나아가 아우구스티누스는 자신이 내세우는 행복론을 제대로 확립하기 위해 에피쿠로스의 쾌락주의를 넘어서 스토아적인 행복론을 점검하고 비판하였다. 스토아 사상에 관한 비판에 있어서 아우구스티누스의 관심은 크게 두 가지로 요약된다. 하나는 스토아적인 행복 개념의 배경에 대한 비판이고 다른 하나는 스토아적인 행복 개념 자체에 관한 것이었다.

첫 번째 비판은 스토아적인 세계관에 관한 것이었다. 아우구스티누스는 숙명론의 형태로 제시되는 스토아적인 결정론을 논박하였다. 스토아주의자들에 따르면, 현실의 어려움과 고통을 이겨내는 일은 인간의 영역을 넘어서는 것이 많기 때문에 운명을 거역하기보다는 순응해야 한다. 인간의 힘으로 해결할 수 없는 일을 억지로 대응하는 데서 불행이 나타나는 것이다. 인간의 불행과 재난의 원인은 인간의 한계를 넘어서는 일을 시도하려는 데서 기인한다. 그러므로 자연의 법칙을 거스르는 어리석은 자가 되지 말고

이성의 명령에 복종하여 욕망의 씨앗을 버려야 행복을 얻을 수 있다.[7)]

스토아주의자들에 따르면, 물질적인 자연의 질서와 인간 이성의 질서는 서로 다른 것이 아니다. 이것들 모두가 세계적 이법(logos)의 현현이기 때문에 자연에 순응하는 생활은 곧 이성에 순응하는 생활이 된다. 그러므로 인간이 자유롭기 위해서는 정념과 격정에 대항해야 하며, 이것들을 이겨낼 수 있는 무기가 바로 부동심(apatheia)이다. 이런 부동심은 불감증과 같은 둔한 감각을 의미하지 않으며, 앞뒤를 가리지 않고 날뛰는 정념을 극복하는 이성적인 영혼이 힘을 발휘함으로써 나타나는 것이다. 우리 인간은 이런 부동심을 통하여 자족(autarkeia)을 획득하게 된다.

같은 맥락에서 노예였고 스토아 철학자였던 에픽테투스는 노예제도란 외부의 조건에 불과하다고 여겼으며, 노예도 로고스에 순응하여 아파테이아를 누릴 수 있다면 황제처럼 자유로울 수 있다고 보았다.[8)] 이처럼 스토아주의자들은 우주를 합리적인 질서의 세계로 인식하고 자연의 섭리 혹은 자연의 법칙에 순응하기를 권유하였다. 이런 관점에서 보면 덕이란 자연의 질서에 순응하는 일에서 드러나는 탁월성을 의미한다고 볼 수 있다.

그렇지만 아우구스티누스는 인간의 자유의지 문제를 검토하면

---

7) 스토아 윤리학은 명목상으로는 자연주의이지만, 내용상으로는 이성주의요, 실천적으로는 이상주의이다. 자연은 실로 인간의 본질로서의 이성을 의미하기 때문이다. 최재희, 『서양철학사상』(서울: 박영사, 1980), p. 81.

8) 문시영, 『아우구스티누스와 행복의 윤리학』(서울: 서광사, 1996), p. 47.

서 스토아주의의 행복론을 논박하였다. 스토아 사상에서는 인간이 불행을 피하기 위해서는 체념을 통해 자연의 법칙에 순응해야 한다고 하지만, 아우구스티누스가 보기에 자연법칙은 도덕의 영역에서 언제나 중립적이다. 그는 스토아 윤리학에서 주장하듯이, 운명의 문제에 대해 체념적인 태도를 현자의 특성으로 규정하려는 태도를 반박하였다. 오히려 인간의 불행을 설명하기 위해서는 인간이 자유의지를 올바르게 사용하고 있는지의 여부를 문제 삼아야 한다는 것이 아우구스티누스의 중심 논지였다. 그는 스토아주의자들이 인간의 행복을 행운의 여신이 제공하거나 아니면 빼앗아가는 것으로 본다는 관점을 논박하였다. 말하자면 외적인 조건을 부정하기보다는 내적인 동의를 통해 행복의 상태를 가정하려는 사고는 기만적인 처사라고 주장한 것이었다. 이런 비판을 통하여 아우구스티누스는 인간이 숙명론적 결정론의 틀 안에 있다는 스토아적 전제를 부정하고 운명과 행복의 관계를 절연시키려 하였던 것이다.

아우구스티누스의 두 번째 논박은 스토아주의에서 부동심이라는 무감각의 상태를 행복이라고 상정하는 것과 관련된다. 스토아주의자들은 인간에게 가장 바람직한 삶을 격정에 휩쓸리지 않는 부동심의 상태로 보았다. 하지만 이것은 오히려 허황된 영웅심의 발로이며 기만에 지나지 않는다고 보는 것이 아우구스티누스의 시각이었다. 무감각의 상태를 상정한다는 것 자체가 불가능한 일이며 감각이 없다는 것은 건강하지 못하다는 사실을 반증하는 것일 수 있기 때문이었다.

스토아적 윤리에 있어서 삶의 방식을 구성하는 핵심적인 요소는 격정에 휩쓸려서는 안 된다는 것이다. 즉 부동심(apatheia)이란 운명의 장난에 좌우되지 않는 것이며 운명에 의해 감정이 손상되는 것을 막아 주는 강한 의지이며 이것이 행복의 관건이라는 주장이었다. 그러나 아우구스티누스는 스토아주의자들이 주장하는 무감각의 상태에서 얻는 행복은 허구에 불과한 것이라고 보았다. 스토아주의자인 키케로가 격정을 인간생활의 모든 도덕적 부패의 원인이라고 하였지만, 아우구스티누스가 보기에는 욕망이나 기쁨 등의 정서보다는 오히려 의지(voluntas)가 도덕적으로 더 중요한 것이었다. 의지가 추구하거나 회피하는 것들의 성격에 따라서 감정의 방향도 바뀔 수 있기 때문이다. 예를 들면 욕망이나 기쁨, 공포나 슬픔과 같은 감정은 우리 인간이 원하는 것이거나 원하지 않는 것을 추구함으로써 나타나는 의지의 발동이라는 주장이다.[9] 이러한 논의를 통해 아우구스티누스는 결정적으로 스토아적 행복론을 덕 그 자체를 위한 덕 예찬에 불과한 것이었다고 비판하였다.

에피쿠로스주의나 스토아사상에서 말하는 행복론을 점검하고 논박한 아우구스티누스는 행복의 진정성을 가리기 위해 가상적 행복과 참된 행복이라는 두 가지 개념을 제시하였다. 그는 평정심이나 부동심에 선이 있다고 주장한 에피쿠로스주의자들이나 스토아주의자들을 가상적 행복을 주장한 부류라고 하였으며 육을 따라 사는 자들이라고 하였다. 특히 스토아적 행복론은 인간을 숙명

---

9) 『신국론』, 제14권. 6장.

론이라는 결정론 속에 가두어놓고 욕구할 수 있는 또 다른 세계와 또 다른 행복의 대상에 관한 상상을 억제하고 차단하였다는 점에서 비판의 대상이 된 것이다.

Ⅱ. 행복의 특성

1. 행복의 가능조건

가상적 행복의 대안으로 제시된 참된 행복이란 비영속적이고 부분적이며 그리고 일시적으로만 활용할 수 있는 것에서는 발견될 수 없다. 그러므로 아우구스티누스는 우연한 사고나 운명의 장난에 의해 좌우되지 않는 영구적이고 불변하는 것을 얻기 위해 상실될 염려나 위협을 받지 않고 혹은 운명의 장난에 의해 사라져 버리지 않을 대상을 소유할 수 있어야만 행복을 얻을 수 있다고 강조하였다. 그러므로 행복은 단순히 현세적인 것에서 성취될 수 없다. 아우구스티누스가 제시한 행복은 현세적인 영역에서는 찾아 볼 수 없다. 그는 인간의 영혼이 잡다한 세계에서 일자(一者)에게로, 외적인 세계에서 내면의 세계로, 시간에서 영원으로 초월함으로써 불행에서 벗어날 수 있음을 깨달은 것이었다. 따라서 그는 기존의 행복론이 지니고 있는 한계를 지적하면서 참된 행복의 조건으로 불변성과 영원성을 제시하였다.

> 이제까지 말한 바와 같이, 이성적 존재가 그 합당한 목표로서 갈구하는 행복을 위해서는 두 가지 조건이 구비되어야 한다는 것을 쉽게

알 수 있다. 즉 이성적 존재는 불변하는 선 곧 하나님을 아무 지장 없이 즐기며 동시에 그 행복이 영원하리라는 것을 확신하면서 아무 의심이나 그릇된 판단의 방해를 받지 않아야 한다.[10)]

아우구스티누스에 따르면, 진리는 행복이 무엇인지를 제시해 주는 기능을 수행한다. 말하자면 아우구스티누스가 진리 개념을 논하고 인식의 근거를 취급하는 이유는 무엇보다도 인간이 근원적인 결핍과 빈곤에 대한 이해에서부터 출발하여 영구불변의 확실성을 보장해 줄 수 있는 진리를 추구하는 데 있었던 것이다. 그는 이런 점을 근거로 하여 확실하고 불변하는 존재에게서 진정한 행복의 소유가 가능하다는 것을 입증하려고 하였다.

아우구스티누스의 존재론적 인식론을 통하여 드러나는 확실성은 진리의 내재적 성격을 말하는 것으로서 불변성을 전제하는 것이며 진정한 행복의 첫 번째 조건이다.[11)] 아우구스티누스는 의심하고 있는 인간 존재의 확실성을 논하였던 데카르트의 선구로서, “비록 오류를 범하고 있다고 하더라도 오류를 범하는 자아가 존재한다는 것만은 확실하다”(*Si fallor, sum*)는 확신을 통하여 회의론을 극복하였다. 인간의 지식이 가변적인 대상으로부터 기인하지 않는다는 그의 주장은 분명히 플라톤적 전제를 가지고 있으면서 동시에 플라톤을 넘어서서 자신의 독창성을 발휘하는 부분이기도 하다. 이런 점은 그가 인간의 의식에 대한 철저한 반성을 통해 얻

---

10) 『신국론』 제11권. 13장.
11) 문시영, *op. cit.*, p. 58.

어낸 결과였다.

아우구스티누스는 진리의 인식에 있어서 특히 인간의 내면세계를 주목하였다. 지성이 인간 내면의 빛을 내심의 교사로 삼아서 그 빛의 가르침을 받아야만 진리를 발견하게 된다는 조명설은 아우구스티누스 인식론의 성격을 요약한 것이다. 그러므로 진리인식을 행복 그 자체라고 보는 그는 행복의 조건에 관한 중요한 결론을 말한다. 그는 불변하는 확실성의 최종 근거인 신을 행복의 대상이라고 본 것이다. 그러므로 아우구스티누스에게 있어서 진리는 단순한 학문적인 만족을 위한 것이라기보다는 가변세계에서 부단히 요동하는 피조된 인간이 영원불변의 존재에게서 행복을 얻게 하는 길잡이가 되는 것이다.

아우구스티누스가 말하는 진정한 행복의 두 번째 조건은 영원성이며 그것은 존재론과 연관된다. 그에게 있어서 시간의 개념은 고대인들의 생각처럼 운동량의 측정과 같은 물리적인 개념이 아니라 존재론적인 의미를 지니는 것이다. "시간이란 무엇인가?"라는 질문에서부터 시작된 아우구스티누스의 시간론은 시간을 영혼의 팽창이라고 규정하는데서 그 1차적인 목표를 달성한다.[12] 그는 시간이란 과거, 현재, 그리고 미래라는 세 방향으로 영혼이 분산하여 팽창하는 것이라고 말한다.[13] 우리의 의식이 과거를 기억하고 현재를 직관하며 미래를 기대한다는 점이 그 근거이다. 그러

12) *Ibid.*, p. 60.
13) 『고백록』, 제11권. 14장. 17절 참조.

나 아우구스티누스는 시간의 본질과 개념을 분석하는 소극적인 측면에 머무르지 않고 적극적으로 영원을 지향하여 나아간다.

시간성과 영원성의 구분에서 우리는 아우구스티누스의 행복론이 지향하는 두 번째 특성을 짐작할 수 있다. 시간성이라고 하는 것은 항상 흘러가는 것이며 변화하는 것이어서 우리에게 상실의 위협을 가하며 영속적인 행복을 기약하지 못한다. 반면 우리가 추구해야 할 진정한 행복은 불충분성과 결핍의 존재인 인간이 더 이상의 욕구가 필요 없을 정도로 안정되고 영원한 것에서 찾아야 할 것이다. 말하자면, 아우구스티누스는 시간을 통해 우연성으로 가득 찬 인간의 불충분성 또는 존재적 결핍을 극복하려고 했던 것이다.

따라서 아우구스티누스는 신의 영원성에서 진정한 행복을 성취할 수 있다는 주장을 내세웠다. 왜냐하면, 영원불변의 존재를 대상으로 하는 행복의 추구만이 정당성을 확보할 수 있기 때문이다. 그는 행복의 원천이며 갈망의 대상인 신 안에서 안식하기 위하여 신을 향해 가며 또한 그런 목적을 성취함으로써 우리 인간의 행복이 발견된다고 보았던 것이다.

그런데 영원불변의 존재인 신을 소유하고 행복을 누린다는 것은 현세적인 영역에서 완성되는 것이 아님은 이제 분명해졌다. 그리고 완전한 삶 곧 행복한 삶에 대한 갈망에 있어서 한 인간이 행복한 삶을 살았는지의 여부는 당대의 로마인들의 자랑거리였던 물질적 재화의 소유 여부 혹은 권력과 명예의 소유 여부에 따라 단번에 결정되는 것은 아니다. 그것은 삶 전체를 대상으로 하는 최종적인 평가의 문제로 드러나는 것이다. 이러한 맥락에서 아우구스티누스가 말하는 행복의 성취를 보다 적극적으로 대변해 주는 개념은 신 직관(visio Dei)이었다. 이 개념은 그의 존재론적 인식론의 사유방식을 대변하는 표현이기도 하다. 나아가 신에 대한 직관의 개념은 행복의 영원성과 일치하는 것이다. 행복의 완성은 영원의 영역에서 가능한 것이기 때문이다.

> 왜냐하면 우리는 영원한 행복이라고 말할 때 무한한 행복을 의미하기 때문이다. …영혼은 그 본성상 멸하지 않도록 창조되었으므로 어떤 종류이든지 생명이 없지는 않기 때문에, 영혼에게 있어서 최악의 죽음은 영원한 형벌을 받으면서 하나님의 생명으로부터 분리되어 있는 것이다. 그렇다면 진정한 행복을 부여하는 분만이 영원한 생명, 즉 끝없이 행복한 생명을 줄 수 있다.[14)]

그리고 아우구스티누스의 다음과 같은 주장은 이러한 행복 성취의 초월성을 보다 분명하게 보여준다.

> 모든 사람이 행복하기를 원하므로, 만일 그들이 바르게 원한다면 확실히 영생도 원하는 것이다. 영생 없이는 행복할 수 없기 때문이다. 그뿐 아니라, 행복에 대해서 질문을 받았을 때와 같이, 영생에 대해서 질문을 받는다면 모든 사람이 영생을 원하노라고 대답할 것이다. 그러나 사람들은 행복이 아닌 소위 행복을 찾으며, 심지어 금생에서 행복을 얻었노라고 하면서 진정한 행복의 필수조건인 영생은 단념하고 있다. …사람이 행복하게 살려면 우선 실지로 살아 있어야 한다.

---

14) 『신국론』 제 6권. 12장.

> 만일 그가 죽고 생명이 떠나버리면, 어떻게 행복한 생활이 그에게 남아 있겠는가? …따라서 참으로 행복하거나 행복하기를 원하는 사람은 영생하기를 원한다. 그러나 원하는 것을 현재 가지고 있지 않은 사람은 행복하게 살고 있는 것이 아니다. 그러므로 생명이 영원하지 않으면 그것은 참으로 행복하게 될 방법이 없다.[15]

결국 아우구스티누스가 제시하는 참된 행복의 조건은 '신을 직관하는 것' (visio Dei)이다. 그는 "이는 우리가 당신을 향하여 살도록 당신이 우리를 창조하신 까닭이니, 우리 심령은 당신 안에서 쉼을 얻을 때까지 평안할 수 없나이다."[16]라고 주장하였으며, "우리는 당신의 선물 안에서 안식을 누리니, 그 안에서 당신을 향유하나이다. 우리의 안식, 그것이 우리의 자리니이다."[17]라고 고백하였다.

이처럼 아우구스티누스의 근본 사상은 인간이 최고선인 신을 발견하지 못하는 한 결코 행복할 수 없다는 것이다. 그는 실존적 체험을 바탕으로 인간이 불안정하고 가변적인 방황에서 영속적인 존재에게로, 존재자로부터 존재 자체로, 가상적인 것에서부터 진리에게로 돌아가야 함을 제안하였다.

2. 행복과 자유의지

아우구스티누스의 윤리학은 행복의 추구를 출발점으로 하여 행

---

15) 『삼위일체론』, 제13권. 8장. 11절.
16) 『고백록』, 제1권. 1장. 1절.
17) 『고백록』, 제13권. 9장. 10절.

복에 이르는 방법에 대하여 그리고 행복의 저해요소로서의 악에 관하여 일관되게 고찰하고 있다. 그는 먼저 행복을 성취하기 위한 방법에서 인간이 악을 피하고 행복에 이를 수 있는 구체적인 방법이 무엇인지를 집중적으로 논의하였다. 이런 논의에서 그리스의 고전 윤리학이 그에게 많은 도움을 주었던 것은 사실이다.

고전 윤리학에서는 덕이 인간을 행복으로 이끌어가는 기능을 가지고 있다고 본다. 그리고 인간의 삶에 있어서 반성이 없는 쾌락만의 추구는 미래를 불행하게 만들 뿐이라고 주장한다. 아우구스티누스에게서도 덕을 행복 추구의 필수요건으로 보는 행복론의 입장을 찾아볼 수 있다. 그는 행복 자체인 신을 소유하기 위하여 카리타스(caritas)라고 하는 사랑의 덕을 내세웠다.[18] 아우구스티누스가 제시하는 카리타스는 그리스적인 에로스(eros)와는 다른 사랑의 개념이다.

현대 덕 윤리학자 맥킨타이어(A. MacIntyre)의 해석에 따르면 아우구스티누스의 덕론은 그리스의 덕과는 달리 자유의지의 문제로 환원된다.[19] 요컨대 아우구스티누스의 덕 윤리의 핵심은 의지(voluntas)에 대한 관심이다.

아우구스티누스는 인간이 자기 자신을 행복에로 방향지우는 것은 지식의 문제가 아니라고 하였다. 그에게 있어서 인간의 지성은 의지라고 하는 실행능력을 필수적으로 가지고 있어야 하는 것이

---

18) 문시영. *op. cit.*, p. 70.
19) *Ibid.*, p. 71.

다. 한걸음 더 나아가 그는 신이 인간에게 주목하고 있는 요소는 인간의 지적 능력이 아니라 의지라고 함으로써 의지의 중심적인 역할을 강조하였다. 아우구스티누스에 따르면 의지는 이성보다 앞서는 것이며, 인간 행위의 역동적 본원이다. 의지에 대한 이런 시각이 아우구스티누스에게서 발견되는 독창성이다.

그러므로 아우구스티누스의 덕 윤리는 자유의지에 대한 관심에서부터 시작된다. 이런 관점 때문에 그는 의지가 정신작용의 근저에 있다는 주의주의론(voluntarism)의 선구가 되었다. 아우구스티누스의 윤리학은 의지의 자유에 기초를 두고 있으며, 그의 관심은 인간은 본성적으로 행복을 추구한다는 근본 명제로부터 시작하여 인간이 참된 행복을 의지하고 있는가에 대한 문제로 나아간다. 또한 인간에게 자유의지가 부여되었다는 사실은 도덕적 책임이 어디에 있느냐고 하는 귀속의 준거를 마련해 준다. 특히 도덕적 책임과 관련하여 의지의 움직임이 자연세계에서 나타나는 운동과는 달리 자발적이며 의도적이라고 하는 점을 눈여겨보아야 할 것이다.

아우구스티누스가 내세운 사랑의 덕인 카리타스(caritas)의 특성과 관련된 논의는 니그렌(A. Nygren)의 주장에서 살펴볼 수 있다. 그는 *Agape and Eros*라는 저서를 통해 아우구스티누스의 카리타스 개념을 문제 삼았다.[20] 니그렌은 아우구스티누스의 사랑의 개념(caritas)에는 기독교적인 사랑과 에로스라고 하는 철학적인 모티브가 혼합된 종합개념이라고 보았다.

---

20) 선한용, 『시간과 영원』(서울: 대한기독교서회, 2002), pp. 197-202 참조.

물론 에로스(eros)는 어떤 대상을 향한 욕구라고 할 수 있다. 그리스인들이 에로스를 세속적 에로스와 천상의 에로스라는 두 가지로 나누어 놓았지만, 아우구스티누스의 카리타스를 천상의 에로스와 같은 의미로 보는 것은 상당한 억측이다. 아우구스티누스의 카리타스는 신의 은총에 의해 정화되는 사랑으로 이해되어야 한다. 아우구스티누스는 카리타스를 신에 대한 완전한 사랑을 의미한다고 주장하였으며 또한 그것은 우리를 행복한 삶에로 이끌어가는 덕이라고 생각하였다.

아우구스티누스는 의지의 자유를 다음과 같이 물체의 운동과 비유하기도 하였다.

> 물체는 자기 무게에 따라 자기 자리로 가니, 무게는 아래로만 향하는 것이 아니라 자기 자리로 향하는 것이니이다. 불은 위로 향하고 돌은 아래로 향하나이다. 자기 무게에 따라 움직이며, 자기 자리를 찾아가나이다. 기름은 물속으로 붓더라도 물 위로 떠오르며, 물을 기름 위에 붓더라도 기름 밑으로 가라앉으니, 저마다 자기 무게에 따라 움직이며 자기 자리를 찾아가나이다. 질서가 잡히지 않은 것은 불안정하나, 질서가 잡히면 평온해지니이다. 나의 무게는 나의 사랑, 그것이 나를 어디로 이끌든지 나는 그리고 끌려가니이다. 당신의 선물(행 2:38)이 우리를 불타오르게 하니 우리가 위로 올라가나이다.[21]

아우구스티누스에 따르면, 사랑은 항상 무엇인가에 대한 사랑

21) 『고백록』, 제13권. 9장. 10절.

이요, 지향성을 그 본질로 삼고 있다. 이런 시각에서 본다면, 사랑이 행복을 위한 덕이 될 것인지 혹은 악덕으로 전락할 것인지에 대한 문제는 의지가 지향하고 있는 대상이 무엇이냐에 달려있다고 보아야 할 것이다.

아우구스티누스에게 있어서 세계는 질서가 제대로 잡혀져 있는 것이며 저급한 것과 영원한 것이 위계적으로 구분되어 있다. 이런 전제에서 보면, 질서의 관념은 지고의 것과 저급한 것, 육체적인 것과 영적인 것, 더 사랑해야 할 것과 덜 사랑해야 할 것 등의 구분으로 나타난다. 아우구스티누스는 이를 향유하기 위한 것과 사용하기 위한 것, 그리고 사용하고 향유하기 위한 것으로 구분한다. 이것은 모두 사랑의 양태를 표현하는 용어들이다. 향유와 사용의 관계는 목적과 수단의 관계와 동일한 것이다.

아우구스티누스에 따르면, 질서 있게 사랑할 수 있는 능력은 덕이다. 이런 의미에서 사랑의 질서가 왜곡된다는 말은 향유해야 할 대상을 망각하거나 무시한 채, 사용해야 할 대상을 향유하려는 행위를 뜻한다. 이처럼 그는 향유(frui; to enjoy)와 사용(uti; to use)이라는 개념을 구분하여 표현하였다. 여기서 향유라는 말은 다른 무엇에 대한 수단이 되지 않고 본질적으로 우리에게 기쁨을 주는 것을 가리키며, 사용이라는 말은 어떤 것을 다른 목적을 위한 수단이 된다고 할 때를 가리키는 말이다.[22)] 이에 관하여 아우구스티누스는 『신국론』에서 다음과 같이 언급하고 있다.

---

22) 문시영 역, *op. cit.*, p. 58.

> 원래 라틴어에서 "즐기다"라는 말은 결실과 같은 말이며, 얻는다는 뜻이요, 실용(사용)은 사용한다는 뜻이다. 이 두 말 사이에는 차이가 있다. 우리가 즐긴다는 것은 다른 목적과 관계없이 그 자체만으로서 우리를 기쁘게 하는 것이며 실용(사용)은 어떤 다른 목적을 위해서 우리가 구하는 것이다. 그렇기 때문에 일시적인 것은 이용하되, 즐길 것은 아니다. 그래야만 우리는 영원한 것들을 즐길 자격을 얻는다.[23)]

그러므로 아우구스티누스는 향유해야 할 대상을 향유하고 사용해야 할 대상은 사용하는 것을 가리켜 질서 잡힌 사랑, 혹은 바른 사랑(caritas)이라고 말하고, 그 반대의 경우 즉 사랑의 질서를 망각하고 사용의 대상인 시간적이고 가변적인 것들에 집착함으로써 행복해지려는 의지는 왜곡된 사랑(cupiditas)이라고 말한다. 쿠피디타스가 자아보다도 열등한 것에 관심을 가지게 함으로써 자아를 강등시키고 진리를 식별하지 못하게 하는 것과는 대조적으로, 마땅히 사랑해야만 하는 것에 대한 사랑, 즉 카리타스는 자아의 가치를 실현시키고 인간을 다른 존재와 구분 짓도록 도와주며 인간을 행복에 이르게 한다는 주장이다.[24)] 카리타스와 쿠피디타스는 모두 무엇인가에 대한 사랑을 의미하지만, 그 대상이 다르기 때문에 행위의 결과는 큰 차이를 드러내는 것이다.

따라서 중립적인 의미에서 자연적 경향성을 보여주는 사랑

23) 『신국론』, 제11권. 25장.
24) 문시영 역, *op.cit.*, p.105.

(amor)이 중요한 것이 아니라 오히려 무엇을 사랑하느냐, 혹은 어떠한 가치를 우선시하느냐가 더 중요하게 인식되어야 한다. 말하자면 아우구스티누스의 의도는 영원한 것과 한시적인 것, 상실되지 않는 것과 상실되어지는 것의 차이를 나타내는 것이다.

아우구스티누스는 행복의 추구로부터 출발하여 행복에 이르는 방법 혹은 필수 요건으로서의 사랑의 덕(caritas)을 제시하였다. 그는 선한 삶을 이끌어가기 위한 덕이야말로 사랑의 덕이라고 하면서 그것은 사랑할만한 것을 사랑하는 것이라고 하였다. 그러므로 아우구스티누스에게 있어서 덕이란 마땅히 사랑해야 할 것을 사랑하는 것을 의미하였다. 이처럼 그에 따르면, 덕이란 사랑의 용어로 재해석되는 것이었고 질서의 용어와 연관된 것이었다. 그러므로 덕이란 질서 잡힌 사랑 혹은 사랑의 질서이다.

그는 유덕한 사람을 사물을 진정한 가치에서 평가하는 사람이라고 하였으며, 질서 있는 사랑을 행하는 자라고 하였다. 그러므로 유덕한 자 또는 의로운 자는 사랑하지 말 것을 사랑하는 일이 없고 사랑해야 할 것을 사랑하지 못하게 하지 않으며, 덜 사랑해야 할 것과 더 사랑해야 할 것 그리고 동등하게 사랑해야 할 것을 구분하는 자이다. 이처럼 질서 있는 사랑의 덕을 통해서만 인간은 진정한 행복의 영역으로 나아갈 수 있으며, 향유할 것을 사용한다든지 혹은 무시하는 경우 이는 어리석은 행동인 동시에 참된 행복을 방해하는 저해 요소가 되어 버린다.

이런 맥락에서 고전적 덕의 개념은 바른 사랑(caritas)과 왜곡된 사랑(cupiditas)으로 재해석되었다. 바른 사랑은 신을 향한 사랑

(amor Dei)이며, 자기 사랑(amor sui)과 세상사랑(amor mundi)은 왜곡된 사랑을 의미한다. 아우구스티누스는 자신의 덕론이 지닌 특성을 다음과 같이 요약해서 보여준다.

> 공정하고 거룩한 생활을 하는 사람은 사물을 평가할 때에 사랑해서는 안 될 것을 사랑하지 않으며, 사랑해야 할 것을 반드시 사랑한다. 적게 사랑해야 마땅한 것을 더 사랑하든지, 더 적게 또는 더 많이 사랑해야 할 것을 동등하게 사랑하든지, 동등하게 사랑할 것을 적게 또는 많이 사랑하는 일이 없다.[25)]

아우구스티누스에 따르면 모든 덕은 사랑 안에서 하나가 된다. 모든 덕은 상호의존적이기 때문에 분리될 수 없다. 근본적으로 덕은 사랑이라고 하는 최고의 덕에 종속되며 그 각각은 모두 사랑의 덕(caritas)으로 환원된다.

아우구스티누스는 지금까지 살펴본 바와 같이 그리스-로마를 대변하는 스토아의 자연법사상과 하나님의 법이라는 기독교의 영원법을 종합하였다. 그럼에도 불구하고 그는 바울 사상에서 나타나는 세계주의적 관심과 보편성에 대한 강조를 수용하였으며 인간의 덕과 자유의지에 관한 논의에서는 기독교적 배경에 충실하였다. 무엇보다도 아우구스티누스의 카리타스 개념에는 신에 대한 사랑과 이웃에 대한 사랑으로 요약되는 성경의 의무론적 특성이 내포되어있다는 점이 주목할 만하다.

---

25) 『기독교 교육론』, 제1권. 27장. 28절.

그리고 아우구스티누스는 『자유의지론』에서도 악의 문제를 다루면서 그것이 신에게서 나오는 것도 아니고 자연 속에 잔존해 있는 것도 아니라는 점을 강조하였다. 악은 오히려 의지의 자유로운 선택으로부터 야기된다는 주장이다.[26] 인간이 자유의지를 남용하여 영원한 것에 대한 관심을 버리고 한시적인 것들만을 탐욕스럽게 집착한 것이 악의 원인이라고 설명하고 있다.

여기에서 살펴볼 수 있는 아우구스티누스의 뛰어난 시각은 우리 인간이 향유하는 선의 유일한 기원은 신의 선함이며, 악의 유일한 기준은 불변하는 선으로부터 이탈하여 변하고 쇠퇴하기만 하는 것들에 집착하는 데 있다는 주장이다. 그러므로 인간에게 요구되는 덕은 사랑의 덕에 토대를 둔, 신 앞에서의 겸손(humilitas)이며 자만심은 인간의 근본적인 악덕이 된다. 더구나 기독교의 겸손이란 모든 인간이 자유를 남용한 죄인이기 때문에, 신 앞에서는 아무런 권리도 갖지 못한다는 것을 의미한다. 이런 의미에서 본다면, 겸손은 일반적인 오해처럼 자기 비하나 양보심과 동일한 것이 아니다.

Ⅲ. 행복과 도덕교육

1. 행복의 저해요소

인간은 본성적으로 행복을 추구한다는 점을 전제하고서 아우구

26) 『자유의지론』, p. 7.

스티누스 윤리학의 방향을 점검해 본다면, 그것은 비 쾌락주의 노선이라고 할 수 있다. 그리고 영원불변의 존재에게서 행복을 얻으려는 덕 윤리학의 관점에서 보면, 인간의 가멸성 및 가변적인 사물에 대한 집착은 영원한 행복의 성취를 가로막는 요소가 된다. 이런 저해 요소들을 포괄적으로 지칭하는 개념이 바로 악이다.

아우구스티누스는 같은 맥락에서 인간의 행복추구를 저해하는 요소인 악의 문제가 인간 본성의 또 다른 측면에 자리 잡고 있다는 사실에 주목하였다. 그의 문제의식 속에는 인간이 행복을 추구하는 것 못지않게 또한 본성적으로 악을 즐기고 악에 매여 있다는 사실이 내포되어 있었다. 그러므로 아우구스티누스는 악의 문제를 인간의 행복을 훼방하는 요소라고 하면서 간단하게 극복할 수 없는 근원적 문제로 본 것이다. 다음의 글에서 잘 살펴 볼 수 있다.

> 최고선과 최고악을 금생에서 얻을 수 있다고 생각한 사람들, 그리고 그것을 영혼이나 신체에, 또는 양쪽에 둔 사람들 – 더 분명히 말하면, 쾌감이나 덕성, 또는 그 양쪽에 둔 사람들, 또는 평안이나 덕성의 양쪽에 또는 본성의 기본적 요구나 덕성의 양쪽에 둔 사람들 – 이 사람들은 모두 놀라울 만큼 천박한 생각으로 행복을 금생에서와 자신들 안에서 얻어 보려고 했다. …얼마나 많은 웅변을 토해야만 금생의 불행한 일들을 충분히 열거할 수 있겠는가? …금생의 언제 어디서 또 어떻게 본성의 기본적 요구를 가진 사람이 예상치 않은 사고를 당하지 않을 수 있는가? …영혼의 근본적 축복인 감각과 지성에 대해서는 무엇이라고 할 것인가? …그러나 그것(덕성)이 하는 일은 악습과

끊임없이 싸우는 것, 그것도 우리의 외부에 있는 것이 아니라 우리의 내부에 있는 것, 다른 사람의 악습이 아니라 우리 자신의 악습과 싸우는 것이 아니고 무엇인가? …우리는 여러 가지 악에 둘러싸였기 때문이며, 순수한 선을 형언할 수 없이 즐기게 될 때까지 우리는 악을 참고 견뎌야 한다.[27)]

아우구스티누스가 악의 문제에 대하여 기본적으로 가졌던 시각은 다음과 같다. "인간이라면 어느 누구도 불행하게 살기를 바라지 않는데, 자신의 의지를 어떻게 사용했기에 어떤 사람은 행복한 생활을 하고 다른 사람은 불행한 생활을 하는 것인가?" 여기서 그가 문제 삼은 것은 의지 그 자체보다는 의지의 방향성이었다. 의지가 저급하고 한시적인 것에 집착할 때, 그 의지는 비난의 대상이 되며 악에 물들어 버린다는 주장이다. 아우구스티누스에 따르면, 인간이 자유의지를 선하게 사용하는가 아니면 악하게 사용하는가에 따라 정당하게 평가받을 것이며, 선의 보상은 행복이고 불행은 사악함에 대한 형벌이다.

아우구스티누스의 관점에서 보면 마니교적 사유나 플로티누스(Plotinus)의 형이상학은 모두 악을 물질주의적으로 설명한다는 점에서 극복되어야 할 대상이다. 악을 물질주의적 관점에서 해석한다는 것은 무로부터의 창조(*creatio ex nihilo*)라는 기독교의 이론에 어울리지 않기 때문이다. 이런 까닭에 아우구스티누스는 플로티누스를 연구한 후 마니교의 악론이 전제하고 있는 물질주의적 색채

27) 『신국론』 제19권. 4장.

를 제거하고는 곧 바로 결여(privation)의 개념을 도입하였다. 악은 실체가 아니며, 상대적으로 선의 결여(the comparative absence of good)라고 할 수 있다는 것이다.[28] 그는 플로티누스의 방식을 신이 세계를 질서 있게 존재를 등급화 하여 각각의 존재자들을 그들의 고유한 지위에 있게 하였다는 전제에서 악의 문제를 설명하였다. 그러므로 그는 악이란 단지 선의 결여요 부정일뿐이며, 본체에서 떨어져 나와 무를 향하는 경향성이요, 결여 또는 부패라고 하였다.

아우구스티누스가 사용하는 결여라는 개념은 플로티누스에게서 영향을 받은 것이지만 플로티누스의 그것과는 의미상의 차이가 있다. 플로티누스에 따르면, 선에서 밖으로 나가는 것에 의해, 그것으로부터 하강해 가는 것에 의해 더 이상 아무것도 산출될 수 없는 마지막 단계에 이르게 될 때의 상태가 곧 악이다. 그러므로 악이란 그 안에 선이 더 이상 남아 있지 않은 최종적인 것이며 따라서 질료 그 자체이다.

아우구스티누스는 플로티누스의 악론이 물질주의적 관점의 연장선상에 있다고 논박하면서, 플로티누스의 용어인 결여의 개념을 비판적으로 수용하여 악의 문제를 설명하였다. 그는 결여의 개념을 마땅히 가지고 있어야 하는 선이 결여되었다는 뜻으로 사용하

---

28) John Hospers, *An Introduction to Philosophical Analysis*(London: Routledge & Kegan Paul, 1973), p.462. ; Robert S. Brumbaugh and Nathaniel M. Lawrence, *Philosophical Themes in Modern Education*(Boston: University Press of America, Inc., 1985), p. 40 참조.

였다. 고통이라는 것은 악한 실체가 아니라 그 고통이 정신에 깃든 것이든 육체에 깃든 것이든 간에 어떤 존재에서 선이 소멸되어갈 때 발생하는 것이라고 간주하였다. 그러므로 악이란 그 자체로서는 독립적으로 존재하지 못하면서 선한 것에 기생하는 존재이며, 선한 존재가 지녀야 할 적극적인 실재성을 박탈하고 비존재에로 향하게 하는 파괴적인 것으로 인식되어야 한다. 그것은 질서로부터의 이탈이며 선을 흠집 내고 어그러지게 하는 부패이기도 하다.

이런 뜻에서 질료는 어떤 형상을 통하여 감지되는 것이 아니라 형상이라는 것을 제거함으로써 생각될 수 있는 것이다. 형상이 하나의 선이라고 한다면 형상을 받아들일 가능성 역시 하나의 선이라고 해야만 한다. 보다 직접적으로 규정한다면 악은 실체가 아니다. 그것은 실체라기보다는 오히려 완전함과 순수함의 상실이다. 그리고 여기에 또 다른 차원의 문제가 제기된다. 존재하는 모든 것이 선이라고 한다면 악이란 과연 무엇인가? 아우구스티누스에게 있어서 질료마저도 악의 원인이 아니라면 악의 유래에 대한 질문은 어디에 해소해야 하는가라는 문제가 남는다.

의지가 방향을 바꾸어 저급한 것을 사랑하고 그것에 집착하게 되면 의지의 핵심인 사랑 역시 저급해진다. 사랑이 질서를 어기고 영원불변의 선으로부터 등을 돌렸기 때문이다. 이것을 악덕이라고 하였다. 아우구스티누스에게 있어서 카리타스(caritas)와 쿠피디타스(cupiditas)는 동일한 원천, 즉 자유의지로부터 연유하는 하나의 사랑(amor)이다. 그러나 그 대상에 따라 질적인 차이가 생긴다. 하나는 행복의 필수 요건이 되지만 다른 하나는 악을 산출한다. 이러한 의미에서 자유의지와 책임의 귀속에 관한 논의는 악을 선택하는 무질서의 저급한 사랑이 외적 요인에 의한 것이 아니라 인간 자신의 내부에서 비롯된 것임을 입증하고, 이를 토대로 하여 악의 개념을 형이상학적인 것으로부터 윤리학적 관점에서 재해석하는 것으로 이루어진다. 이런 논의에 따르면, 악의 원인은 물질적인 것도 아니고 우월한 신적 존재에 의해 강요된 것도 아니며 인간 스스로의 타락과 전향에 의한 것이다. 요컨대 악은 인간에게 부여된 자유의지에 의해 나타나는 것이며, 따라서 불행을 야기 시킨 악에 대한 대가로서의 벌로 이해하는 것이 도덕적 관점에서 타당하다는 것이다.

아우구스티누스에 따르면, 의지의 운동이 자발적인 것이 아니라면 영원한 것을 향했다고 해서 칭찬을 받거나 시간적인 것을 향했다고 해서 비난을 받는다는 것은 의미가 없다. 그는 악의 원인을 악신의 강제력에 의한 것이라고 하는 마니교의 대안과 질료를 악의 원인으로 상정하는 플로티누스적 대안을 반박하였다. 이제 그에게 남은 대안은 악이 외적인 것이 아니라 인간 내면의 문제라는 것이었다.

'무엇이 자유의지로 하여금 악을 행하도록 하였는가?' 에 관한 의문은 악론의 기본 주제이다. 아우구스티누스에 따르면, 악한 행동을 하게 하는 것은 의지 자체일 뿐, 선행의 원인을 상정할 필요가 없다. 의지를 악하게 하는 원인은 따로 존재하지 않는다. 악한 행위의 원인은 의지이며 스스로가 악해진 것일 뿐이다. 왜냐하면 그 의지를 악하게 만든 원인이 있다면 그것의 선행 원인이 또 있어야 하기 때문이다. 악은 자유의지의 자발적인 운동 가운데서 결여적 운동의 결과로서 드러나는 것이다.

그러므로 아우구스티누스는, 오히려 악은 인간의 선택의 자유에서 특히 영원한 것을 추구하기보다는 탐욕스럽게 한시적인 것을 추구하려는 자유의지의 남용에서 비롯된다고 하였다.[29] 예를 들면, 금과 은이 비난의 대상이 되는 것이 아니라 탐욕스러운 사람이 문제가 되는 것이며, 음식도 그 자체로 비난의 대상이 되기보다는 식탐 자가, 포도주 그 자체보다는 술 취하기 즐겨하는 사람이, 그리고 여성의 아름다움 그 자체가 악한 것이 아니라 간통과 간음을 행하는 자가 비난을 받아야 한다는 것이다.

따라서 악한 의지의 원인은 아무리 탐구해도 결코 발견될 수 없다. 아우구스티누스는 결여적 원인을 발견하려는 것은 마치 어두움을 보려고 하는 것이나 침묵의 소리를 들으려 하는 것과도 동일하다고 하였다. 어두움이 빛을 볼 수 없음으로서, 침묵이 소리가 들리지 않음으로서 알려지듯이 결여적 원인이란 능동 원인을 알 수 없다는 점에서 인식된다.

아우구스티누스는 인간이 창조자로부터 자유의지를 부여받았음을 전제하고, 자유의지의 남용이 세상에 있는 도덕적 악의 원인이라고 말하였다. 이는 마치 어느 집이 악하다고 하는 것은 벽 때문이 아니라 거주자 때문이듯이 이 세상이 악한 것은 이 세상에

29) 문시영 역, *op. cit.*, p. 35.

사는 사람이 악하기 때문이라고 말해야 하는 것과 동일한 시각이다. 그러나 무에서 창조된 것들은 타락할 수 있다. 그것의 본래 자리는 무에 속했었기 때문이다. 그러므로 의지에 의한 자유로운 선택의 결과, 악을 향하게 되는 것은 용어상으로는 결여적이라고 할 수 있으나, 결여적 원인이라고 하는 것이 별도의 실체로 존재하는 것은 아니며 의지 자신의 운동방향이 결여적이라고 할 뿐이다.

그러므로 아우구스티누스는 "불변하는 공동의 선에서 돌이켜서 자기의 개인적인 선이나 외면적이고 열등한 선으로 향하는 의지는 죄를 범하게 됩니다."[30]라고 주장하였다. 악이란 의지의 하강 운동에 의한 것이며 무질서한 사랑 즉 쿠피디타스에서 비롯되는 것이며, 불변하는 선에서부터 돌이켜 가변적인 선을 좇는 것이다. 일찍이 아우구스티누스는 『자유의지론』에서 선의 등급을 정한 바 있다. 그는 인간이 소유할 수 있는 것들을 세 가지로 분류한다. 물체적인 것의 선은 가장 저급하다. 최상의 것은 신에 대한 사랑으로서의 덕이다. 의지는 이 둘의 중간에 위치한 중간적 선이다.[31] 쿠피디타스라는 것은 이러한 사랑의 마땅한 질서를 어기고 저급한 것을 사랑하고 그것에 집착하는 것을 의미한다. 다시 말해 악은 선한 의지의 결여이며, 또는 왜곡된 사랑이다.

정리해보면, 악은 외부에 있는 것이 아니라 행위 자체에 잠재해 있으며 무질서한 욕망이 그 근원이 된다. 그러므로 악이란 가치의

30) 『자유의지론』, p. 114.
31) *Ibid.*, p. 113 참조.

전도, 즉 신이 지향하지 않은 목적이나 인간이 궁극적으로 행복해질 수 없는 것을 향하는 것이다. 큰 선을 등지고 작은 선을 향하는 것이 악이다.

가령 다음과 같은 예문에서 나타나는 것처럼 도덕적 악은 자유의지를 지니고 있다는 것 때문이 아니라 그 방향이 잘못되었다는데 있다.

> 탐욕은 황금에 대한 죄가 아니라, 황금과 비교될 수 없을 정도로 존중해야만 하는 정의를 무시하고 황금을 편애하는 인간의 죄이다. 사치는 아름답고 매력있는 육체의 허물이 아니라 잘못되어 육체적 쾌락을 사랑하여 정신적 아름다움과 비교될 수 없는 매력의 높은 가치와 일치하는 절제를 가볍게 여기는 마음의 죄이다. 명예욕은 칭찬을 받는다는 것 때문에 허물이 아니라, 양심의 증거를 무시하고 잘못되어 인간의 칭찬을 사랑하는 잘못된 마음의 죄이다. 교만은 권력 자체의 허물이 아니라 최고의 권력자의 정의를 무시하고 자기의 권력을 사랑하는 마음의 죄이다.[32)]

아우구스티누스에 따르면, 의지의 자유에 의한 가치의 전도가 모든 형식의 악행을 형성한다. 그 이유는 가치의 전도가 사람들로 하여금 상실할 것을 두려워하는 것들을 추구하는 데서 기쁨을 얻으며 그러한 기쁨에 대한 협박이나 장애 요소를 제거하려고 하기 때문이다. 이는 최고의 존재를 따르기를 포기하고 그 대신에 열등한 존재를 따르는 것이다.[33)] 이러한 쿠피디타스로서의 악한 의지

32) 문시영, *op. cit.*, pp. 141-42.

의 근원은 교만이라고 본다.

아우구스티누스는 인간이 진정한 행복의 대상인 신을 향유하기보다는 한시적이고 상실하기 쉬운 것들에 집착함으로써 그 사랑을 저급하게 만들어 버렸다고 하였다. 그는 인간의 의지를 원상태와 현 상태로 구분하면서, 원상태의 의지가 인간 행위의 궁극적 결정권을 가지고 있었지만, 인간이 그 결정권을 남용하여 잘못된 방향으로 향하게 하였다고 보았다.[34] 그러므로 인간의 의지는 불행하게도 원상태의 자유로움을 상실하고 은혜에 의해 재 정향되고 치료되어야 할 정도로 체계적으로 오도되고 있다는 주장이다. 아우구스티누스는 인간 의지의 재 정향을 위한 신의 은총과 그리고 신의 은총에 의지가 자유롭게 동의하게 되는 필연성을 동시에 인정하였다.[35]

이제까지 논의해 온 바와 같이 악은 영원한 것을 게을리 하고 일시적인 것들을 사랑하여 그것에 종속되는 것이다. 이런 악은 의지의 자유로운 선택에 따라 행해진다.아우구스티누스에 따르면 모든 악의 원인은 인간의 사악한 의지에서 기인한다. 특히 사악한 사랑 곧 가치관의 전도는 지상의 나라를 특징적으로 설명하는 도

---

33) 『신국론』, 제14권. 13장. 참조.

34) 문시영, *op.cit.*, p.144.

35) *Ibid*. 아우구스티누스에게 있어서 자유 의지의 의미는 대략 세 가지로 나누어 생각할 수 있다. 첫째, 선택의 자유를 뜻하는 고전적 의미로서, 이는 인간이 창조된 후 타락 이전까지만 있었다. 둘째는 자유 의지의 노예상태이다. 타락한 인간은 자유의지는 죄를 짓는 데만 자유롭다는 의미이다. 셋째는 선을 행하는 의지 및 죄를 짓지 않으려는 의지이다. 즉 구속받은 자유이다.

구가 된다.

아우구스티누스의 『신국론』에 나타나 있는 신의 도성과 지상의 도성간의 구분은 이러한 성격을 분명하게 보여준다. 그는 도성이라는 개념을 특정한 국가의 경계선과 동일하게 취급하지 않고, 사회악과 함께 살아가야 하는 인간의 존재론적인 현실을 문제 삼아, 도덕의 방향을 제공하는 것으로 생각하였다. 그러므로 그는 지상의 도성, 즉 세속의 도시(the secular city)를 비난하였지만 포기한 것은 아니었다.[36] 오히려 그의 관심은 사회악의 원인이 인간의 심각한 현세적인 문제에 있음을 고발함으로써 영원한 신의 도성을 향한 관심을 촉구한 것이었다.

그에게 있어서 도덕의 문제는 인간의 지적 인식이나 외적 행위에 있는 것이 아니라 내재적 의지에 있다. 인간이 무엇을 사랑하는가에 따라 사람됨이 결정된다고 주장하였다. 아우구스티누스의 시각에서 보면, 무엇보다도 먼저 의지의 방향을 재조정하는 것이 급선무인 것이다. 그리고 의지를 선으로 향하게 하는 것이 사랑이므로 이런 사랑을 왜곡해서는 안 된다는 주장이었다.

이를 위하여 아우구스티누스는 "인간으로 하여금 활동하게 하는 것은 사랑뿐이다. 그러므로 사랑을 정화해야 한다. …(마음껏) 사랑하라. 그러나 그대가 사랑하는 대상에 주의하라."[37]라고 주장하였다.

---

36) Henry J. Perkinson, *Since Socrates: Studies in the history of Western educational thought*(New York: Longman Inc., 1980), p. 46. "The city of man is the secular world. Augustine denounced, but did not renounce the secular city."

2. 도덕교육의 과제

아우구스티누스는 신플라톤주의를 수용하고 고전적 행복론과 '영원한 행복' 이라는 기독교적 축복의 개념을 종합하였다. 말하자면 자연적인 행복과 초자연적인 행복의 구분이 아우구스티누스의 행복론의 기저에 깔려있다. 물론 여기에서서 말하는 초자연적인 행복이란 신에 대한 직관(visio Dei)이라는 초월적 성격을 지니고 있는 것이다.

나아가 아우구스티누스의 행복론은 행복의 지평을 확대하고 균형잡힌 가치관을 일깨워 주었다는 점에서 중요한 의의를 지니고 있다. 특히 그가 참된 행복의 조건으로 제시한 영원성과 불변성이라는 기준에 대하여 주목해 볼 필요가 있다. 이것은 본질주의적 행복론이나 에피쿠로스주의 혹은 스토아 사상에서 다룰 수 없었던 아우구스티누스 고유의 개념이다. 그는 인간의 참된 행복이 가변적이거나 상실 가능한 것이어서는 안 되며 인간의 존재론적인 결핍을 극복하고 영원한 안식과 참된 안정을 얻을 수 있는 존재를 소유하는 데서 얻을 수 있다고 주장한 것이다.

그리고 아우구스티누스는 향유해야 할 것을 수단시하고 사용해야 할 것을 목적으로 삼는 가치의 전도현상에 주목하였다. 자기사랑과 탐욕이 우세한 자는 수단에 몰입하며 나아가 수단을 목적시 함으로써 세속의 나라에 속하는 것이다. 반면 질서 있는 사랑

---

37) *Ibid.*, p. 148, 재인용.

곧 영원한 존재요, 동시에 가치의 절대 근원인 신에 대한 사랑을 표징으로 하는 무리는 신의 나라에 속한다. 이 두 나라 사이에는 긴장 관계가 존재한다.

아우구스티누스가 이처럼 신국론을 전개하는 이유는 가치의 영원한 기준이 존재한다는 점을 일깨우고, 일시적이며 가변적인 세계의 가치관을 절대시하려는 위험에서 벗어나게 하려는 데 있다. 이것은 영원성을 개입시킴으로써 일시적이거나 순간적인 것의 가치를 격하시킨다기보다는 그것을 가치의 위계에 따라 적절한 관점에서 보게 하려는 것이며 동시에 영원의 세계에서 이루어질 수 있는 가치의 완성을 기대하도록 허용하는 것이다. 그러므로 아우구스티누스는 목적으로서 향유해야 할 것과 수단으로서 사용해야 할 것을 구분해 주었던 것이다. 이런 사고를 균형 잡힌 가치관이라고 할 수 있다.

이런 가치관은 가치관의 전도 혹은 도덕성의 위기라고 할 수 있는 현대의 윤리적 상황에서 바람직한 길잡이가 될 수 있다.[38] 아우구스티누스에 따르면 일시적이고 관능적인 것들은 수단적이며 인간에게 영원한 안식과 불변하는 평화를 제공할 수 없다. 그렇다고 해서 이러한 수단적 가치들을 경멸하거나 무시하려는 것

38) 근대적인 관점에서 보면, 행복의 추구는 그 기초가 인간의 선의지가 아닌 자연적 경향성에 있다는 점에서 비판의 대상이 될 수 있다. 특히 칸트 식으로 말하자면 행복은 행위의 목표가 아니라 행위의 부차적인 결과로서 인식될 수 있으며 그 자체를 위한 도덕적 규범의 지위를 획득하지 못한다. 의무감으로 말미암은 행위만을 선한 행위로 간주하려 하였던 칸트의 도덕철학에서 본다면 아우구스티누스의 행복론은 비판의 대상이 될 수 있다.

은 아니다. 오히려 인간이나 사물이 지니고 있는 고유한 가치에 따라 제대로 평가하며 동시에 영원한 가치에 대한 관심을 망각하지 않는 균형 잡힌 가치관을 권하는 것이다. 이것이 아우구스티누스가 현대인들에게 촉구하는 도덕교육의 새로운 지평이다. 그러므로 아우구스티누스의 행복론은 오늘의 윤리적 상황에서 그 적실성을 평가받을 수 있는 측면이 더 많다.

아우구스티누스의 행복론은 인간이면 누구나 행복을 추구한다는 전제에서 출발하였다. 이처럼 행복에 관한 부정할 수 없는 심리적 사실로부터, 그는 인간의 행복추구를 윤리학의 근본문제로 상정하였다. 그는 먼저 행복론의 역사에서 나타난 특징적인 요소들을 검토하고 그 한계점을 논박해 나갔던 것이다.

에피쿠로스주의와의 대결에서 아우구스티누스는 쾌락주의적 전제를 부정하고 쾌락과 행복이 구분되어야 한다는 점을 강조하였다. 특히 쾌락만이 유일한 선이라는 주장에 반대하여 인간을 영속적인 안정에로 이끌어 주는 본래적 선은 정신적 쾌락의 개념을 넘어서서 행복의 개념으로 대치되어야 한다는 점을 강조하였다. 더구나 에피쿠로스주의가 추구하는 평정심(ataraxia)라는 것이 정신적인 것이면서도 인생 전반을 고려하는 장기적인 쾌락의 개념이라 할지라도 에피쿠로스주의가 전제하는 현세지향적 사고는 영속적인 행복에 대한 관심을 차단한다는 점에서 논박당한 것이었다.

그리고 스토아 사상이 행복의 개념을 상실할 위험이 없는 것이어야 한다는 탁견을 제시하였다는 점에서는 나름대로 의의가 있다. 그러나 내용적인 면에서는 역시 비판의 대상이 되었다. 아우구스티누스는 특히 스토아사상에서 전제하는 스토아적 결정론에 대해 인간의 자유의지가 숙명론적 필연성에 통제되지 않는다는 점을 제시하며 반박한 것이다. 가령 행복의 내용에 관해서 에픽테투스나 키케로가 주장하였듯이 현자는 외적 조건에 좌우되지 않고 '인간에게 속한 것'과 그렇지 못한 것을 구별하여 헛된 시도를 일삼지 않음으로써 격정에 휩쓸리지 않는 부동심(apatheia)을 누려야 한다는 점에 대하여, 아우구스티누스는 이것을 기만적인 것이라고 비판하였다. 그가 보기에는 아파테이아의 상태라고 하는 경지는 놀라울 정도의 자제력과 동일하기 때문이었다.

결국 행복을 위한 도덕교육에 있어서 아우구스티누스는 아리스토텔레스가 지성적인 덕을 강조했던 것과는 달리 인간의 자유의지에 주목하였다. 인간의 삶에 있어서 지성(intelligens)이 제시하는 참된 행복을 인식하는 일은 대단히 중요하지만, 행복을 향하여 인간을 이끌어 주는 힘은 의지(voluntas)라고 보았기 때문에, 지성보다는 의지가 우선적이라는 주장이다. 그리고 사랑이라고 부르는 의지야말로 인간의 행위를 가능하게 하는 힘이기 때문에 행복은 마음의 문제가 아니라 의지의 문제라는 것이다.[39] 그러므로 아우구스티누스는 우리 인간의 삶이 지향해야 할 바를 왜곡된 사랑(cupiditas)에서 질서 잡힌 사랑(caritas)의 방향으로 나아가는 것과 동일하게 생각하였다.

인간은 유한한 존재요 하나님은 무한한 존재이기 때문에, 인간

---

39) Henry J. Perkinson, *op. cit.*, p. 44.

과 하나님 사이의 깊은 골은 은총이라는 하나님의 도움 없이는 연결될 수 없다. 인간은 이런 은총을 통하여 무엇이 이루어지는가를 알게 되고, 사랑으로 참된 지식을 알게 되는 것이다. 그리고 하나님과 하나가 되는 행복을 누리는 것이다. 인간에게는 은총을 받을 만한 어떤 공로도 없으며, 다만 하나님의 은혜로운 선물로 받는 것이다.

아우구스티누스는 올바른 방향으로 나아갈 수 있는 은총을 받기만하면, 그리고 받아야만 인간은 진정한 자유를 누릴 수 있다고 보았다. 그리고 진정한 자유를 누리는 자는 선한 것만 선택하며, 이런 선택조차도 하나님의 은총으로 이루어지는 것이라고 하였다. 아우구스티누스에 따르면 자유의 참된 의미는 다음과 같다.[40] "악한 짓을 할 수 있다는 것은 자유로운 선택이 가능하다는 증거이며 악한 짓을 하지 않을 수 있다는 것 또한 자유로운 선택이 가능하다는 증거이다. 그렇지만 하나님의 은총으로 더 이상 악한 짓을 하지 않을 수 있다고 확증한다면 그것은 최고 수준의 자유를 얻게 되는 것이다."

결국 아우구스티누스의 관점에서 보는 도덕교육의 과제는 인간의 의지가 마땅히 지향해야 할 바를 지향하게 하는 삶의 방향전환이다. 경험적 지식이나 정보의 전달로 채워지는 단순한 욕구보다는 참된 행복인 신을 인식하기 위해 필요한 지혜를 얻을 수 있도록 도와주는 교육적 욕구가 훨씬 중요하다. 아우구스티누스의

---

40) *Ibid.*, p.45.

주장처럼 인간이면 누구나 행복을 바라는 것이지만, 지혜 없이는 어느 누구도 행복해 질 수 없다.[41] 참된 행복이 무엇인가를 충분히 인식 가능하게 하고 선택가능하게 하는 지혜를 사랑하는 일이야말로 교양교육의 숙제가 된다.

41) George Howie(ed., trans.), *St Augustine: On Education*(Indiana: Gateway Editions, 1969), p. 103 참조.

제4부

아우구스티누스 교육의 원리

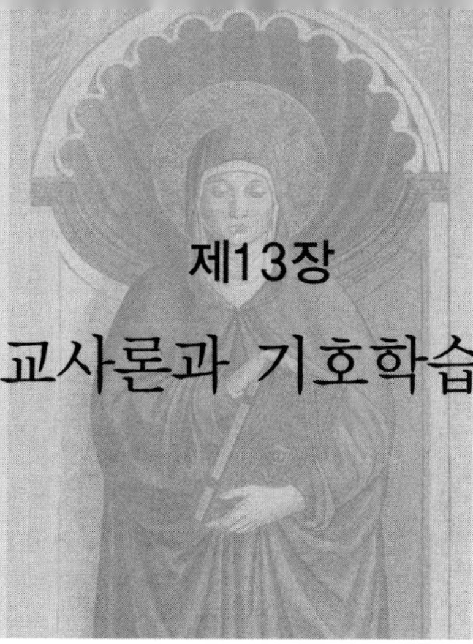

제13장
교사론과 기호학습[1]

Ⅰ. 내심의 교사와 인식행위

교육은 인격이라는 매개를 통하여 교사의 교도훈련성과 학생의 학습가능성이 관계를 형성하면서 성립한다. 교사의 입장에서, 인격적 관계를 통하여 학생을 잘 가르칠 경우 교육은 의미를 가질 수 있으며 학생의 성숙을 기대할 수 있다. 아우구스티누스 역시 하나님과 인간 사이에서 나타나는 인격적 관계에서 교육의 원형을 발견하였다. 하나님사랑과 이웃사랑이라는 삶의 원리에서 드러나는 인격적 관심과 상호관여의 원리가 교육이 발생하는 의사소통의 핵심과 방향을 제공한다고 본 것이다.

---

1) 이 글은 "아우구스티누스의 교사론 연구: 기호학습과 인식의 지향성을 중심으로." 『총신대논총』, 제26집, 2006. 2. 게재논문이며, 이 책의 전체 목차에 맞게 배열하였다.

아우구스티누스는 『교사론』(*De Magistro* ; *The Teacher*)에서, 교사와 학생은 교수-학습의 장면에서 상호 밀접하게 관여하기 때문에 교수행위(teaching)와 학습활동(learning)은 서로 분리될 수 없다고 주장한다. 특히 교수행위는 학습활동이 전제되어야만 성립하기 때문에, 교사는 단순하게 자신의 마음속에 들어 있는 지식을 학생에게 전달하는 방식으로 가르칠 수는 없다.[2] 개별학습자의 인격적 관여와 의지에 근거하여 이루어지는 학습활동이 전제되지 않는다면 교수행위는 효과를 볼 수 없기 때문이다. 아우구스티누스의 시각에서 보면, 교수행위는 학생에게 지식을 넘겨주는 단순한 기술(technique)이 아니라 학생에게 스스로 학습하도록 격려하는 기술(art)이다.

그러므로 아우구스티누스는, 교수행위가 학생의 이해과정에서 한계를 보일 수밖에 없기 때문에, 학습활동을 격려하고 촉진하는 일에 초점을 맞추는 교수행위보다는 진리인식에 스스로 몰두하여 탐구과정을 거치는 학습활동을 선호한다. 이런 관점은 인간의 인식행위에서 드러나는 근본적인 한계성에 기인한 것이다. 교사는 학생의 이해과정을 돕기 위하여 물리적, 심리적 학습 환경을 조성해 주고 방향을 제시해 줄 수는 있다. 하지만 아무리 유능한 교사라고 하더라도 학생을 직접 이해시킬 수는 없으며, 학습과제에 대한 이해는 학생 스스로 해결해야 한다고 본 것이다.

---

2) Simon Harrison, "Augustine on What We Owe to Our Teachers," *Philosophers On Education : Historical Perspective*. Amelie Oksenberg Rorty(ed.)(London: Routledge, 1998), p. 77 참조.

아우구스티누스는 카르타고의 부사제인 Deogratias를 위해 쓴 글에서 교사의 기본적인 역할에 관하여 언급하였다.[3] 무엇보다도 먼저 교사는 하나님의 사랑을 가지고 학생에게 접근하면서 자신의 과업을 충분히 이해해야 한다. 교사가 학생들과 심리적인 유대감(rapport)을 형성하지 못하거나 가르치는 내용과 방법이 학생들의 욕구나 능력에 부응하지 못한다면, 수업은 비효과적일 수밖에 없다. 교사는 교수의 대상이 되는 집단이나 학생의 관심이 무엇인지 그리고 어느 계층에 속한 자인지를 먼저 파악한 후에 수업을 시작해야 한다는 등의 주장이다. 물론 이런 주장은 교수행위를 효과적으로 수행하기 위한 것이지만, 기본적인 시각에서 보면 학생들의 학습활동에 필요한 환경을 조성하려는 노력이다.

그러므로 교사의 임무는 학생들의 학습활동을 지원하기 위하여 교육환경을 조성하고 필요한 학습정보를 제공하는 일이다. 아우구스티누스에 따르면, 교사는 아무리 정교한 기술을 가지고 있더라도 지식을 간접적으로만 전달할 수 있다. 교사가 교수행위에 있어서 기호와 같은 언어적 상징의 매개를 통하여 지식을 가르치지만, 지식을 직접 가르치는 것은 아니다.[4] 교사로부터 기호나 언어적 상징이 학생에게 전달되면, 그것은 학생의 내면에서 이루어지는 이해의 과정을 거쳐야만 완전한 지식이 될 수 있다. 지식을 획득하는 일에 있어서 학생의 내면적 이해과정, 즉 학습활동이 훨씬

---

3) George Howie, *St. Augustine: On Education* (Indiana: Gateway Editions, Ltd., 1969), p. 277.

4) Simon Harrison, *op. cit.*, p. 77.

더 중요하다는 의미이다. 이렇게 본다면, 교사의 교수행위는 근본적으로 한계가 있으며 간접적일 수밖에 없다.

아우구스티누스는, 인간의 인식과정에서 드러나는 교수행위의 한계성 때문에, 우리를 직접 가르칠 수 있는 교사를 요청하게 된다고 하였다. 그가 말하는 교사는 바로 내심의 교사(the internal teacher)이다. 학생은 교사의 말을 통해 배우는 것이 아니라 이런 교사가 그에게 내적으로 명료하게 한 사물 그 자체로부터 배우는 것이다.[5] 그러므로 내심의 교사가 사용하는 말은 언어로 표현되는 지식이나 사상이 아니라 지식이나 사상 그 자체이다. 따라서 우리 인간은 인식과정을 통하여 우리의 내면에서 진리를 직접 전해주시는 내심의 교사, 즉 하나님의 가르침에 자신을 개방해야 한다는 것이 아우구스티누스의 주장이다.

이 연구는 우리의 인식과정에서 요청되는 내심의 교사를 아우구스티누스는 어떻게 논증하고 있는가를 살펴보고자 한다. Ⅱ장에서는 교수행위에서 드러나는 기호해석을 어떤 관점에서 보아야 하는지를 살펴보고 교사역할의 제한점을 논증하고자 한다. 이어서 Ⅲ장에서는 기호학습의 원리를 중심으로 인간존재가 지닌 인식의 한계를 살펴보고, Ⅳ장에서 내면의 교사를 통하여 수행되는 인식의 지향성과 조명의 필연성을 정리해본다. 아우구스티누스의 주장처럼 모든 교수-학습활동은 진리인식의 지향성을 드러내는 행위이며, 진리인식의 가능성은 내심의 교사인 하나님의 은혜임을 그

5) *The Teacher*, 제12장. 40절.

의 교사론을 통하여 조명해보는 것이 이 연구의 목적이다.

Ⅱ.『교사론』에서 교수행위의 의미

1. 기호해석의 문제

아우구스티누스는 주후 389년 카시키아쿰(Cassiciacum)에서 자신의 16세 아들인 Adeodatus와 대화형식으로 쓴『교사론』에서 학생과 교사사이에서 나타나는 사랑과 관심의 구체적인 요소들을 소개하고 있다. 이 책은 자유교양교과 가운데 하나인 문법공부를 위하여 기호이론을 소개하고 있지만, 자유교양교육에서 내세우는 교수·학습모형을 대화형식으로 담아 놓은 것이다. 궁극적으로 아우구스티누스가 내세우는 교수-학습모형은 "우리의 교사인 예수 그리스도가 우리 안에서 가르치신다."이다.[6] 하지만 그의 모형은 기호사용능력이야말로 인간의 독특한 것임을 입증하는 것이다. 우리 인간의 언어사용은 본구적인 인지능력이나 통찰능력의 결과로 이루어지는 것이지만, 이런 능력이야말로 교육을 동물조련이나 자동인형의 기계적인 작동쯤으로 생각해서는 안 된다는 주장을 정당화시켜 줄 수 있다. 아우구스티누스에 따르면, 교사는 영혼을 가진 존재를 다루며, 내면의 자아와 통찰능력을 지닌 존재를 교육

---

6) Robert S. Brumbaugh and Nathaniel M. Lawrence, *Philosophical Themes in Modern Education* (London: Houghton Mifflin Co., 1985), p. 45.

시키는 일을 한다.

아우구스티누스의 『교사론』은 일차적으로 라틴어문법에 초점을 맞추고 있지만, 문화적인 삶에서 그리고 교육의 과정에서 나타나는 언어의 의미와 중요성을 살펴 볼 수 있는 좋은 연구 자료이다. 사실 어린이가 가지고 있는 언어학습능력은 동물이나 기계에서 볼 수 있는 것과는 다른 본구적인 인지능력이다.[7] "인간은 기호를 사용하는 동물"이라는 주장은 인간을 다른 동물과 구별시켜 주는 명제이다. 기호인식에는 기호의 의미를 해석할 수 있는 인지능력이 필수적인데, 그것은 기호를 단지 물리적인 사건이나 사물로 간주하여 지각하는 능력과는 구별되는 것이다. 물리적인 실체와 인간의 해석은 전혀 다르기 때문이다.

그러므로 아우구스티누스는, 모든 의사소통은 지적인 존재의 해석을 전제로 이루어진다고 하면서, 『교사론』에서 기호와 해석의 의미를 다루고 있다. 우리가 쉽게 생각할 수 있는 강의수업은 물론이지만, 심지어 실제 활동을 통하여 교수가 이루어지더라도 학생 스스로 행하는 지적인 해석은 반드시 필요하다. 교실수업에서 '걸음걸이'의 의미가 문제가 될 때, 교사는 걷는 행위를 보여줄 수 있지만, 학생은 그 행위를 보고 그것의 의미를 유사한 여러 가지 행위와 구별하여 파악해야만 한다.[8] 예를 들면, 보통걸음으로 걷는 모습과 어슬렁거리는 모습 그리고 황급히 걷는 모습 등의 행위들이 가지고 있는 유사성과 차이성을 구분할 수 있어야

7) *Ibid.*
8) *The Teacher*, 제10장. 29절.

할 것이다. 그러므로 학습활동은 학생이 내면의 통찰력을 통해 파악한 의미를 상기하는 행위이며, 그런 의미해석이 없다면 특정한 기호는 의미 없는 물리적인 사물이나 사건에 불과할 것이다. 모든 세계가 하나님을 향한 일종의 기호로 가득 차 있으며 그 기호들은 하나님의 창조능력과 섭리를 드러낸다는 것이 아우구스티누스의 기본 시각이다.

2. 기호해석의 함의

사태를 올바르게 파악하기 위해 필요한 설명이나 대화자 상호간의 의견을 나누는 의사소통은 문법적으로 올바르고 논리적으로 정합적인 형식을 요구한다. 문학적인 시나 종교적 교의도 역시 적절한 형식을 바탕으로 삼는다. 특히 논리적인 규칙을 배우는 학생이 어떤 내용을 추론하는 방법을 연습한다면, 그는 다른 내용도 추론할 수 있다. 논리적인 형식은 보편적이며, 미학적인 형식도 역시 그러하다. 문학비평에서 작품의 통일성을 검증하면서 전환과 생략의 힘을 이해하게 되면, 어떤 장르에서도 문학작품의 통일성을 탐색해 낼 수 있을 것이다. 이와 같이 형식의 전이성을 잘 이해하려면, 형식을 특정한 내용과 분리하는 것이 필요하며, 이런 형식은 유추적으로 적용된다는 사실을 인식할 필요가 있다.

아우구스티누스는 이런 인식을 위하여, 『교사론』에서 언어적 기호를 세 가지기능으로 구분하고 있다.[9] 첫째는 '그리고', '또는' 과 같은 예에서 구문론의 기능을 살필 수 있고, 둘째는 구체적이거나 추상적이거나 간에 사물이나 등급을 가리키는 기능으로서 의미론적 측면을 살필 수 있다. 일반명사들은 이런 방식으로 기능하는 경우가 많다. 셋째로, 어떤 기호들은 화자나 작가의 태도, 또는 독자나 청취자의 정서적 반응을 일으키는 행위를 소개하는 것인데, 이런 기호의 기능은 프라그마틱한 측면이다. 예를 들면, '만약' 이라는 단어는 해석자가 공유하기를 기대하면서 사용자의 편에서 마음의 상태나 태도를 소개할 수 있다. 언어적 기호에 관한 아우구스티누스의 분석이 현대기호이론과 같이 정교한 것은 아니지만, 기호의 속성과 문장의 형식을 파악하는 연구에 많은 도움을 준 것은 사실이다.

아우구스티누스는 특히 『교사론』에서 사물을 직접 지시하는 기능을 가진 말과 문맥에서만 기능하는 말을 구분하였다. '무' (nothing)라는 단어가 좋은 예이다. '무' 는 사물을 직접 지시하거나 가리키는 말이 아니라 사용주체의 인식을 드러내는 표현이다.[10] 그러므로 아우구스티누스는 기호의 속성에 관하여 분석하면서, '말' 은 인격을 반영하는 것이며 신의 조명을 전제한다고 보았다. 그에 따르면, 인간의 자의식에서 신의 인식에 이르는 단계는 단순하고 직접적이다. 그리고 세계로부터 신의 인식에 이르는 단계는 창조된 세계를 하나의 기호로 인식하는 경우이다. 이런 까닭에 "언어 뒤에 인격"이라는 표현은 아우구스티누스의 관점을 매우 적절하게

---

9) Robert S. Brumbaugh and Nathaniel M. Lawrence, *op. cit.*, p. 47.
10) *The Teacher,* 제2장. 3절.

나타낸 것이라고 본다.

흔히 인간은 언어를 통해 인간이 되며, 언어는 인간을 사회적으로 묶는다고 한다. 그리고 언어는 인간들에게 사회적으로 통용되는 이해의 원천을 통하여 일반화된 과거를 제공하는 기능을 가진다고 본다. 하지만 언어분석에 있어서 아우구스티누스는, 언어가 인간의 삶을 수동적으로 반영하는 기능뿐만 아니라 인간의 삶을 적극적으로 구성하는 기능도 함께 가지고 있다고 하였다. 물론 이런 적극적인 기능은 자기인식에서 시작하는 것이다.

초기 기독교 사상은 하나님께서 인간과 자연을 분리해서 창조하셨다고 본다. 그렇지만 그리스사상에 있어서 인간은 전적으로 자연 속에 포함되어 있다. 그리고 그리스인들은 언어의 기능을 실체를 비추어보는 거울처럼 생각하였다. 그러나 세계에 대한 기독교의 설명은, 인간은 자연에 속하지 않는다. 기독교의 관점에서 보면, 인간의 언어는 인간 자신의 독립성으로부터 자연적인 장면을 더한 어떤 것으로 이해될 수 있다. 같은 시각에서, 인간의 지성은 실체를 조사하고 반영하는 일에 관여할 뿐만 아니라 인간의 자기이해의 새로운 국면을 잘 표현하는 실체를 구성하고 기여하는 일에도 관여한다. 아우구스티누스에 따르면, 인간은 자연의 질서를 반영하면서도 하나님의 창조능력을 동시에 반영하고 있다. 이런 아우구스티누스의 통찰력은 언어개념이 단순히 초상화를 그리듯 하거나 제시하는 것이 아니라 창조하는 기능을 함께 가지고 있다는 주장 속에서 분명하게 드러난다.

Ⅲ. 기호학습의 원리

1. 기호학습과 두 가지 지식

아우구스티누스는 교육의 과정을 회심(conversion)으로 대치하는 것을 원하지 않았다. 그럼에도 불구하고 그는 그리스?로마인들이 이해한 것과 같은 교육은 존재하지 않는다고 주장한다. 어떤 사람도 다른 사람을 가르칠 수 없다고 하면서 하나님만이 유일한 교사라고 논증한 것이다. 아우구스티누스는 『교사론』에서 "교수(teaching)는 어떻게 발생하는가?"라는 문제를 제기하였다.[11] 단순하게 생각하면, 교수행위는 말이나 문자와 같은 기호를 통해 발생한다. 그리고 교사는 기호를 통해 실체에 관한 지식을 전달하는 것처럼 보인다.

하지만 이 문제를 좀 더 주의 깊게 살펴본다면, 기호를 통해 배우는 것은 아무것도 없다는 점을 발견하게 된다. 이에 관해 아우구스티누스는 다음과 같이 언급하였다. "하나의 기호가 주어졌을 때 내가 그것이 사물에 관한 기호라는 사실을 모른다면, 그것은 아무 것도 나를 가르칠 수 없다. 그렇다고 해서 그것이 사물에 관한 기호라는 사실을 알게 되었다고 하더라도, 나는 기호로부터 무엇을 배우는가?"[12]

---

11) *The Teacher,* 제1장. 1절.

12) Henry J. Perkinson, *Since Socrates: Studies in the history of Western Educational Thought* (New York: Longman), p. 47.

예를 들어 "그리고 그들의 saraballae는 변하지 않는다."라는 문장을 살펴보자.[13] 만약 내가 saraballae라는 단어의 뜻을 모른다면, 나는 이 기호로부터 아무 것도 배우지 못한다. 하지만 saraballae라는 단어의 뜻이 머리덥개 임을 안다고 하더라도 나는 여전히 이 기호로부터 배우는 것은 아무것도 없다. 그러면 어떻게 배우는가? 아우구스티누스는 직접경험을 통해서 배운다고 말한다. 시각을 통해 saraballae라는 단어가 언급하는 사물을 먼저 살펴본 후에 saraballae라는 말을 듣는다면, 우리는 이것이 기호로 사용된다는 사실을 배울 수 있을 것이다. 그리고 다음과 같은 결론이 가능하다. "기호는 사물이 지각된 후에 배워진다."

물론 이 명제가 의미하는 바는, 교사는 언어를 다루고 있지만, 실체에 관한 지식을 전달할 수 없다는 사실이다. 교사는 다만 기호나 부호를 전달할 뿐이다. 실체에 관한 지식은 실체 그 자체와 함께 구성되는 직접 경험으로부터 나온다. 아우구스티누스는 이처럼 감각경험을 통해 얻게 되는 지식을 감각적 지식[14](sensible knowledge)이라고 불렀다.

다른 예를 살펴본다. 만약 교사가 실험을 통하지 않고 "물은 섭씨 100도에서 끓는다."라고 말한다면, "물은 섭씨 100도에서 끓는다."는 사실을 어린학생들은 알게 되는가? 아우구스티누스는 아마도 이 경우, 학생들은 단지 "물은 섭씨 100도에서 끓는다."는 사

13) *The Teacher*, 제10장. 35절.
14) *The Teacher*, 제12장. 39절 참조.

실을 믿을 뿐이라고 말할 것이다. 학생들이 알고 있는 것 전부는 "물이 섭씨 100도에서 끓는다."라고 교사가 말한 것이다.

그러므로 실체에 관한 우리의 지식은 교사로부터 나오는 것이 아니라 실체 그 자체로부터 오는 것이며, 우리의 인식이나 실제 세계를 관찰함으로 얻게 되는 것이다. 이런 이유로, "실체는 하나님이 창조하셨고 또한 그렇게 정하셨기 때문에 실체는 그렇게 되어 있다."라고 아우구스티누스는 주장하였다.

아우구스티누스는 더 나아가 감각적 지식과 다른 통로를 가진 지성적 지식[15](intelligible knowledge)을 구분하고 있다. 예를 들면, "삼각형의 내각의 합은 180도이다."라는 수학적 명제나 "현명한 자는 어리석은 자보다 항상 뛰어나다."라는 논리적 명제는 감각기관을 통한 경험과는 무관하게 성립하는 지식이다. 이런 지식들 가운데 어떤 것도 외부세계나 실체로부터 우리 인간에게 수용되는 것은 없다. 우리의 감각이 아니라 우리의 정신이 이런 지식을 받아들인다. 현실적으로 삼각형의 내각의 합을 반복해서 측정한 값이 178도였다고 하더라도, 우리는 삼각형의 내각의 합이 178도라고 말하지 않는다. 이 도형은 삼각형이 아니라고 결론을 내릴 것이다.

지성적 지식은 "삼각형의 내각의 합은 180도이다." "현명한 자는 어리석은 자보다 항상 뛰어나다."와 같은 명제적 지식처럼 절대적이고 변하지 않는 것이다. 그러므로 아우구스티누스는 "인간

---

15) *The Teacher*, 제12장. 39절 참조.

존재의 유한한 인식능력이 어떻게 하면 지성적 지식의 완전성에 다가갈 수 있을까?" 라는 문제를 해결하기 위해 노력하였다.

그는 유한한 존재가 혼자 힘으로 완전한 지식을 이해하는 것은 불가능하다고 주장한다. 유한한 존재는 필연적으로 신의 도움을 받아야 하며, 이런 도움을 신의 조명(divine illumination)이라고 불렀다. 아우구스티누스에 따르면, 어떤 사람도 다른 사람을 가르칠 수 없다. 왜냐하면, 학생은 교사의 말을 통해서 배우는 것이 아니라 하나님이 영혼 안에서 밝혀주시는 사물 그 자체를 보고 배우기 때문이다.

2. 기호학습의 한계

『교사론』은 주로 학습자의 관점에서 의사소통의 문제를 다루고 있다. 먼저 교사의 마음에서 발생하는 언어를 가지고 이루어지는 의사소통에는 두 단계가 있다.[16] 첫 번째 단계는, 기억 속에 깊숙이 파묻혀있던 지식의 항목들이 내면의 언어나 이성이라는 사고로 되살아난다. 하지만, 이것들은 비물질적이고 일반적이며 특정한 언어로 만들어진 것이 아니다. 두 번째 단계에서, 내면의 말은 물리적인 기호를 통하여 외부로 표현된다. 이런 물리적인 표현 즉 특정한 언어로 표현되는 비물질적 사고를 흔히 말이라고 한다. 보다 더 적절하게 언급한다면 그것은 음성이라는 물리적인 소리이

16) George Howie, *op. cit.*, p. 332.

다. 이런 외부의 소리는 단지 의미나 사고를 상징하고 있을 따름이며 내면의 말이 바로 사고 그 자체이다.

『교사론』에서 설명하는 말의 기능은 의사소통의 당사자인 학생으로 하여금, 교사가 언급한 것을 확인하기 위하여, 자신의 마음속에서 기준이 되는 말을 찾아보도록 자극하는 것이다. 학생은 교사의 말을 자신의 내적 탐색을 통해 검증 기준이 되는 말을 이끌어냄으로서 이런 일을 한다. 그 까닭은, 아우구스티누스에 따르면, 시간의 제약을 받는 모든 사물들이 만들어지는 영원한 진리 속에서 우리는 정신적인 시각을 가지고 사물의 형상을 바라보기 때문이다.[17] 이런 근원에서 파생되는 사물에 관한 참된 진리는 우리 안에서 말로 저장된다. 그리고 우리는 말을 함으로서 우리 안에서 또한 이런 말을 만들어낸다.

우리가 다른 사람에게 말을 할 때, 우리는 음성을 말에 적용하여 사용하며 이 말을 여전히 우리 속에 남겨둔다. 우리는 어떤 물리적인 기호를 사용하여 감각에 나타내는 일종의 표식을 통하여 유사한 사물을 상대방의 마음속으로 옮겨놓을 수 있다. 이런 방식으로 우리는 대화자가 언급하는 사물과 유사한 사물의 의미를 생각하게 된다. 그리고 우리 속에 있는 말을 언급함으로서 우리의 의사를 전달할 수 있지만, 우리는 때때로 타인의 행동을 승인하거나 비난하기 위하여 신체를 통하여 의사표현을 한다. 어떤 사람도 그의 마음속에서 먼저 말하지 않았던 것을 기꺼이 행하지는 않는

17) *Ibid.*

다. 이와 같이 기호는 우리 속에 있는 생각이나 사상을 전달하는 기능을 가지고 있다.

계속해서 아우구스티누스는 언어적 기호의 기능에 관해 논증한다. 우리가 실제적으로 참인 것을 말할 때, 우리는 기억 속에서 그 지식이 유래한 것과 같은 말을 만들어낸다. 실제로 우리가 알고 있는 것으로부터 형성된 사고는 우리가 마음속에서 말하고 있는 말이며, 이런 내면의 말은 그리스어나 라틴어와 같은 언어가 아니다. 그렇지만, 이런 한 조각의 지식을 대화 상대방의 마음속으로 옮겨놓을 필요가 있을 경우, 그런 지식과 유사한 기호를 사용한다. 이런 장면을 보고 우리는 단순하게 "교사가 언어로 학생을 가르친다."라고 한다.

우리 마음속에 있는 말 역시 신체적인 감각으로 표현될 수 있다. 소리나 고개의 끄덕임과 같은 신체적인 기호는 눈이나 귀로 지각된다. 문자는 우리 곁에서 말할 수 없는 자들과 대화하기 위해 만들어진 것이다. 이런 문자는 말의 기호이며, 말은 우리가 생각하고 있는 사물을 기호로 말하는 것이다.

그리고 외부로 소리 나는 말은 우리 안에서 비추어지는 말의 기호이며, 이런 내면의 말이야말로 말이라는 명칭을 더 잘 받을 만하다.[18] 입으로 언급되는 것은 단지 말의 소리일 뿐이며, 내면의 말이 외부로 표현되도록 하기 위해 소리를 이용하는 것이고, 이런 내면의 말은 유추를 통해 말이라고 불리어진다.

---

18) *Ibid.*, p. 333.

따라서 내면의 말이 인간의 감각으로 표출됨으로써 특정한 소리를 채용하게 되며, 내면의 소리는 물리적인 소리로 번역될 뿐이다. 그러므로 우리는 소리를 들음으로써 배우는 것이 아니라 소리가 나타내고 있는 사물을 알게 되었을 때 의미를 배우게 되는 것이다.[19] 그러므로 아우구스티누스에 따르면, 학생이 교사의 말을 들을 때, 학생이 이해하는 것은 사실 그들 내면에서 주어지는 것이며 내면에서 드러나는 것이다.

그렇다면, 교사를 통해 얻을 수 있는 것은 무엇인가! 교사가 말하고 있는 지금 성취할 수 있는 것은 무엇인가! 교사는 단지 학생의 귀에 소리를 밀어 넣고 있을 따름이다. 그러므로 흔히 비판 없이 수용되는 지식전달모형(the knowledge-transfer model of education)은 거부될 수밖에 없다.[20] 아우구스티누스는 하나님께서 교사인 나의 안에서 계시하지 않는다면, 나는 실제로 아무 말도 할 수 없다고 한다. 나무를 재배하는 자는 나무 밖에 있지만, 하나님은 나무 안에 계신다. 나무를 심고 물주는 자는 밖에서 일한다. 이것이 우리 인간이 행하는 일이다. 분명히 교사는 말을 귀로 듣는 자를 가르친다. 내가 내 말을 귀로 듣는 자를 가르친다면, 하나님께서도 역시 그 분의 말씀을 귀로 듣는 자를 가르치신다고 할 수 있다.

언어적 기호는 귀와 연결되어 있는 소리와 정신과 연결되어 있

19) *The Teacher*, 제11권. 36절.

20) Philip L. Quinn, "Augustinian Learning," *Philosophers On Education : Historical Perspective*. Amelie Oksenberg Rorty(ed.)(London: Routledge, 1998), p. 81 참조.

는 의미로 구성되어 있기 때문에, 살아 있는 존재로서의 이름에는 몸과 영혼이 있다. 소리가 몸이라면 의미는 소리의 영혼이다. 기호의 의미는 모른 채 단순히 기호에만 몰두하는 자는 기호의 노예일 뿐이다. 반면에 역으로 유용하고 신성한 기호에 집중한다면 그는 보이지만 사라져버리는 사물에 영광을 돌리는 것이 아니다. 그는 모든 기호가 언급하는 것에 영광을 돌리는 것이다.21)

Ⅳ. 내심의 교사

1. 인식의 지향성

아우구스티누스가 찾는 진리는 플라톤의 상기설이 말하는 단순히 기억에서 드러나는 그림자와 같은 진리가 아니다. 그는 "외부의 온갖 가변적인 것들을 초월하여 안으로 들어가라, 그리고 그대의 본성이 가변적임을 발견해 내거든, 초월하는 자신, 즉 영혼까지도 초월하라."라고 권유한다.22) 인간의 내면은 비록 죄로 인해 어두워진 곳이지만 여전히 남아 있는 신과의 유사성 때문에, 그곳에는 진리 인식의 가능성이 제시된다. 그러므로 우리 인간은 기호 인식의 장소에만 머무르지 말고 내면의 내면으로 나아갈 수 있는

---

21) George Howie, *op. cit.*, pp. 328-29.
22) 송병구, 『하나님을 어떻게 알 수 있는가: St. Augustinus의 존재론적 인식론』(서울: 한들출판사, 2004), pp. 70-71.

인식의 지향성을 활용하여야 한다.

아우구스티누스에 따르면, 우리 인간이 '진리 있음'을 선천적으로 알 수 있는 것은 이성이 사물을 판단하거나 무엇을 인식할 때 사용하는 기준과 척도 때문이다. 이들 기준과 척도는 우리에게 이미 존재론적으로 주어진 진리이다.

> 그러나 무형의 이치에 따라 이런 유형적인 물체들에 대한 판단을 하는 것은 높은 이성의 영역이다. … 다만 우리 자신에 속한 어떤 것이 그 이치들에 첨가되지 않는다면, 우리는 그것들을 표준으로 써서 물체들을 판단할 수 없을 것이다. 우리는 판단을 차원과 도형에 따라 판단하며 이것들이 변하지 않는다는 것을 마음이 알고 있다.[23)]

아우구스티누스의 이런 견해는 특히 예술이나 수학적 세계에서 더욱 분명하게 나타난다. '아름답다'는 것을 느끼기 위해서는 분명 '아름다움'이라는 영원한 기준이 우리 안에 내재되어 있어야 하고, '평화롭다'는 것을 느끼기 위해서는 역시 평화에 대한 영원한 기준이 우리 안에 내재되어 있어야 한다. 이런 기준이 감관이 가져오는 대상과 일치할 때 우리는 아름답다거나 평화롭다고 판단한다. 또한 수학적 공리들에 대한 확신도 역시 우리 안에 내재한 영원한 기준이나 규범이 있기 때문이라고 한다.

이처럼 판단기준에 대한 선험성은 아우구스티누스의 형이상학적 가설에서 비롯된 것이지만, 근대 학습이론의 근거를 제시하였

---

23) 『삼위일체론』, 제12권. 2장. 2절.

다고 볼 수 있다. 그리고 이런 기준과 척도는 기호학습을 가능하게 하는 인식의 기준이 되는 것이다. 아우구스티누스에 따르면, 인식의 구조는 인식의 주체인 이성과 그의 지향성, 그리고 외부 세계의 인식 대상들이 일정한 도식을 형성함으로 성립한다. 그리고 이렇게 성립하는 구조를 통하여 인식의 과정이 설명된다.

결국 인간의 이성이 비록 절대이성은 아니지만 여전히 신적인 영원한 이성과의 유사성 때문에 가변적인 외부 세계를 판단할 수 있는 기준들이 이성 안에 잔재하고 있다는 주장이다. 아우구스티누스는 이런 이성의 존재가 진리에 대한 앎의 욕구를 자극하는 원인이 된다고 해석하고 있다. 인간의 영혼이 비록 타락하여 신적인 진리를 직관할 수는 없을지라도 신의 형상으로서의 이성은 여전히 그 가능성을 유지하고 있다는 입장을 굳게 지키고 있다.

아우구스티누스는 그가 찾고자했던 진리의 확실성을 고전철학에서는 발견하지 못하고 기독교에서 발견하였기 때문에 회심하였다. 그는 기독교인으로서 계시된 진리의 확실성을 증명하기 위해 철학을 활용하였다. 그가 교육으로 관심을 돌렸을 때에도, 같은 가정을 가지고 인간의 개입 가능성을 버리지 않았다. 그에 따르면, 교사의 임무는 자신이 가진 진리를 학생과 함께 공유하는 것이지만, 교육은 불가피하게 권위적인 과정을 거치는 것이다.

하지만 이런 교육적 권위주의(educational authoritarianism)는 아우구스티누스가 말하는 인간한계에 관한 기독교적 개념에 의해 완화되었다.[24] 교사는 학습을 유발하거나 학생들을 직접 이해시킬 수 없다. 교사는 진리를 소유할 수 있지만, 진리 자체를 전달할 수는 없다. 학생들이 직접 경험을 통하거나 지적인 직관을 통하여 진리를 파악한다. 교사의 임무는 학생들로 하여금 스스로 진리를 발견하도록 지도하거나 인도하는 일이다. 물론 여기서 말하는 진리는 교사들이 이미 소유한 진리와 같은 것이며 인식의 지향성을 통해 드러나는 것이다.

따라서 진리 추구는 영혼의 인식 기능을 수행하는 이성에 의해 지향성의 개념으로 확장된 다음 대상에의 사랑에서 구체적으로 수행된다. 아우구스티누스는 인식의 지향성으로 나타나는 사랑을 일종의 존재론적인 원리로 이해하였다. 말하자면, 사랑은 무엇인가를 지향하게 하는 근원이라는 주장이다. 이런 점에서는 자연철학자들의 인식론과 유사하게 사랑(인식)하는 주체와 사랑(인식)받는 객체사이에는 존재론적 유사성이 내재되어 있다.

그러므로 아우구스티누스에 따르면, 모든 인식은 하나님 인식으로 귀결되며, 그런 인식은 인식 주체자의 존재론적 전환으로부터 시작한다. 그리고 이런 존재론적 전환은 다름 아닌 의지의 전환, 곧 쿠피디타스(cupiditas)로부터 카리타스(caritas)로의 전환에서 비롯된다고 하였다.[25] 이에 관하여 아우구스티누스는 『고백록』에

---

24) Henry J. Perkinson, *op. cit.*, p. 48.

25) 하나님과 인간과의 존재론적 이질화의 구체적인 현상을 아우구스티누스는 영혼의 지향성에서 찾는다. 말하자면, 의지의 지향성은 사랑(amor)으로 그 사랑의 대상에 따라 caritas와 cupiditas로 구분하고 있다. caritas가 의지의 당위적인 측면을 제시한다면, cupiditas는 인간의 타락한 현실을 분명하게 드러내는 실존적 측면을 보여 주는 것이다.왜냐하면 의지에 의해 표현된 실천적 양식이 사랑이었고, 사랑은 그 추구하는 대상에 따라 caritas와 cupiditas로, 그리고 사랑의 태도

서 다음과 같이 말하고 있다.

> 그리하여, 나는 그 책들을 통해 나 자신으로 돌아가라는 권면을 받았는데, 당신의 인도하심으로 나는 나의 내면 가장 깊숙한 곳으로 들어갔으며, … 나는 들어가서 미약한 내 영혼의 눈으로나마 바로 내 영혼의 눈보다 높이 있는, 그리고 내 정신보다 높이 있는, 불변의 빛을 보았으니, 이 빛이 나보다 높은 것은 이 빛이 나를 창조했기 때문이요, 내가 이 빛보다 낮은 것은 내가 이 빛에 의하여 창조되었기 때문이니이다. 무릇 진리를 아는 자는 이 빛을 알며, 무릇 이 빛을 아는 자는 영원을 아나이다. 무릇 참된 사랑은 이 빛을 아나이다.[26)]

이것은 인간의 내면에서 시작되는 인식의 지향대상을 통하여 자신의 존재론적 상태가 대변되고 있음을 뜻하는 것이다.

에 따라 uti와 frui로 구분하는 일이 다름 아닌 윤리적 작업이기 때문이다. 인간이 지향하는 대상을 두 부류로 나눈다면 그것은 아마도 인간 이상의 존재 곧 비물질적 존재와 인간이 장악하고 좌우할 수 있는 물질적 존재로 구분될 수 있다. 이러한 의미에서 uti(사용)와 frui(향유)를 신 인식의 문제와 결부시켜 놓는다면, 향유는 더 이상의 목적이 없는 최고선인 신에 대한 사랑이며, 사용은 잠정적인 것에 대한 사랑을 통하여 최고선에 이르려는 수단적 사랑을 의미하는 것이다. 따라서 '사용'으로서의 사랑은 인식에 있어서 그 중심이 여전히 인간(자연이성)으로 남는 오만이다. 이러한 의미에서 사랑의 태도에 따라 사랑의 주체인 존재의 상태가 규정된다고 보면, uti는 아직 타락한 상태에 머물고 있다고 볼 수 있고 frui는 타락의 상태에서 의지의 전환을 겪은 이후라고 볼 수 있다. 전자는 scientia를 추구하게 되고, 후자에게는 진리 인식의 길이 은총으로 제시된다. 송병구, *op. cit.*, p. 184 참조.

26) 『고백록』, 제7권. 10장. 16절. 참고로 아우구스티누스는 모든 감각지각을 마음에서 이루어지는 신체의 애정으로 보았다. 이를테면, 이성이 감관을 통해 외부 대상을 포섭한다는 것은 곧 이성에 의한 이해의 과정이며, 이것을 신체의 애정으로 표현한 것이다.

2. 조명의 필연성

그러므로 아우구스티누스가 추구하는 진리는 인간의 내면 깊숙한 곳에 감추어져있다. 결코 기억에 의해 되돌려질 수 없는 심연 속에 놓여 있는 이런 진리를 현재화하기 위해서는 우선적으로 어두움을 비추는 조명이 필요하며 이런 조명에 의해서만 진리는 자신을 현시한다. 따라서 조명은 우리를 진리로 인도하는 내심의 교사가 된다. 이런 조명 때문에, 우리는 단지 그의 가르침에 주목하기만 하면 진리는 언제나 우리의 인식 대상으로 떠오를 수 있다.

이런 의미에서 볼 때, 진리는 단순히 인간이 찾아야 하는 피동적인 대상이 아니고 일종의 아프리오리(*a priori*)로서 우리에게 이미 주어져 있는 것이며, 우리의 인식과 의지의 활동 전체를 끌어당기는 힘이다. 그러므로 깨달음의 경지는 인간의 노력으로 되는 것이 아니고, 하나님의 예지가 인간을 사물의 법칙으로부터 이탈시켜서, 타고날 적부터 인간을 비추는 내면의 조명으로 성취될 수 있다.

신의 존재가 우리의 사유나 인식을 가능하게 한다는 사실은 태양과 빛의 비유에서 살펴볼 수 있다.[27] 우리는 별을 볼 수 있고 빛도 볼 수 있다. 그러나 빛의 조명이 없다면 별은 볼 수 없다. 모든 사람들은 과학적 증명을 확실하고 의심할 수 없는 진실이라고 수긍하지만, 그런 진실도 태양에 비유되는 무언가에 의해 밝혀지

27) S. J. Curtis and M. E. A. Boultwood, *A Short History of Educational Ideas*(London: University Tutorial Press, 1975), pp. 82-83 참조.

지 않는다면 이해될 수 없다는 사실을 알아야 한다. 확실한 것은 우리의 삶이 존재하고, 빛나고, 조명되고 있다는 사실이다. 마찬가지로 우리가 이해하기를 원하는 가장 초월적인 하나님도 이와 같은 진실이 적용된다. 그는 존재하며 우리의 이해에 열려져 있다. 그는 다른 사물처럼 알려질 수 있다는 사실이다.

그러나 진리 판단의 기준이 하나님의 조명에 의해 이루어진다 할지라도 이성의 활동이 부정되지는 않는다. 오히려 그 반대로 조명에 의해 이성은 진정한 본질능력을 회복하고 실천하게 된다고 주장한다. 이런 까닭에 아우구스티누스는 하나님의 조명이 얼마나 효율적으로 이루어지느냐 하는 문제는 개인의 사유하는 이성능력이나 존재론적 상태와 밀접히 관계된다고 하였다.

> … 우리의 진정한 교사는 사람의 마음속에 자리하고 있어서 자연스럽게 경청이 되는 분으로, 하나님의 변함없는 능력과 영원한 지혜, 즉 그리스도인 것이다. 이 지혜에 모든 이성적인 인간은 주의를 기울이나 각자에게 그의 선의나 악의에 따라 그가 받을 수 있는 만큼만 받게 된다.[28)]

그러므로 앎의 능력을 확장시켜 나가려면 이성의 능동성과 그것의 학습활동이 필요하다고 본다. 아우구스티누스가 당시의 세속학문 즉 자유교양교육을 적극 권유한 것도 바로 이런 이유 때문이었다. 진리의 빛이나 하나님의 가르침, 그리고 인식의 정도가

---

28) *The Teacher*, 제11장. 38절.

각각 다른 것은 인식주체로서 인간의 불완전성에 원인이 있음을 지적한 것이다.

아우구스티누스에 따르면, 하나님의 역할은 볼 수 있도록 조명하실 뿐, 앎을 이루는 것은 인식자의 존재론적인 상태에 따른 주체적인 활동이다. 이런 측면에서 그의 인식론은, 대상의 실재성과 인식 주체의 창조성을 모두 인정하면서도, 동시에 비추어지는 인식의 수동성과 이성의 능동적 개입을 모두 인정하고 있다.[29] 그러나 우리가 진리를 인식할 수 있는 것은 홀로 필연적이고 불변하며 또한 영원한 존재인 하나님의 작용이 있기 때문이라는 점은 아우구스티누스 『교사론』의 결론이다. 하나님은 우리의 마음을 비추어 조명하시는 분이므로 우리를 마음속에서 가르치는 유일한 내심의 교사이다.

V. 기호학습의 올바른 이해

아우구스티누스는 교사가 말과 글을 가지고 지식을 전달하여 가르친다는 지식전달모형을 논박하였다. 교사는 지식을 언어로 기호화하여 적절한 소리로 발음함으로써 지식을 전한다는 것이고, 학습자는 그런 교사의 말을 듣고 인식하며 그렇게 표현된 언어를 사고로 해독해낸다는 지식전달모형이 과연 타당한가라는 문제인

---

29) 아우구스티누스 인식론의 바탕은 인간이성이 "진리를 안다."는 원리이다. 그러나 우리 인간은 진리를 창조하는 것이 아니라 다만 진리를 발견할 따름이라는 주장이다. 이것이 아우구스티누스가 말하는 선행 은총의 핵심이다.

식이었다. 하지만 기호학습 자체가 무익하다는 주장을 한 것은 아니었다. 다만 기호학습에 관한 올바른 이해를 촉구하면서 흔히 교사가 내세우는 인식의 전제성을 정당하게 밝히고자 한 것이다.

이런 이유로 아우구스티누스는 기호를 통하여 우리가 배울 수 있는 것은 아무 것도 없다는 점을 강조하였다. 기호학습은 기본적으로 기호가 가리키는 사물을 먼저 경험하지 않는다면 가능하지 않으며, 학습자의 본구적인 인지능력이나 통찰능력을 전제로 하지 않으면 안 되기 때문이다. 『교사론』에서 설명하는 언어의 기능은 교사가 표현한 것을 학습자가 자신의 마음속에서 기준이 되는 말을 찾아보도록 자극한다는 것이다.

그러므로 아우구스티누스의 관점은, 기호는 우리의 생각이나 사상을 전달하는 기능을 가지고 있지만, 우리의 마음속에는 밖에서 언급되는 기호와 매우 유사한 말이 이미 존재하고 있다는 것이다. 입으로 언급되는 것은 말의 소리일 뿐이며, 내면의 말이 소리를 통하여 외부로 표현되는 것이다. 이런 내면의 말은 유추를 통하여 단순하게 말이라고 불리어질 뿐이다. 그러므로 아우구스티누스는 외부경험과 상관없는 기호만으로도 학습이 가능한 지식의 유형이 존재한다는 사실도 보여주고 있다. 『교사론』에서는 교수행위의 한계성을 지적하면서 이성적인 내면학습의 유효함을 논증하고 있다.

"인간은 진리를 이해하기 위하여 어떻게 배워야하는가?"라는 명제는 아우구스티누스가 보여주는 근본적인 문제의식이다. 그는 아데오다투스와 논의를 거듭하면서 기호학습이 가지고 있는 제한된 속성을 지적하였으며, 인간이 지니고 있는 선험적인 인식의 지향성을 논증하였다. 그러므로 기호학습이 하나님 인식으로 나아간다는 인식의 필연성은 지향성을 드러내는 적절한 논거라고 볼 수 있다.

아우구스티누스에 따르면, 인간의 이성은 절대이성은 아니지만, 영원한 이성과의 유사성 때문에 가변적인 외부세계를 판단할 수 있는 기준들을 가지고 있다. 이런 이성의 존재가 진리 애를 자극하는 원인이 된다는 주장이다. 인간의 내면은 비록 죄로 인하여 어두워진 곳이지만, 여전히 남아있는 하나님과의 유사성 때문에, 진리인식의 가능성이 존재한다. 따라서 우리는 기호인식의 장소에만 머무르지 말고 내면의 내면으로 나아갈 수 있는 인식의 지향성을 활용하여야 한다는 주장이다. 아우구스티누스는 인간의 영혼이 타락하여 하나님의 진리를 직관할 수는 없을지라도 하나님의 형상으로서의 이성은 여전히 그 가능성을 유지하고 있다는 입장을 지키고 있다.

그러므로 진리인식은 영혼의 인식기능을 수행하는 이성을 통하여 지향성의 개념으로 확장된 다음 대상에의 사랑으로 수행된다. 그리고 진리인식은 인식하는 주체와 인식되는 객체 사이에 존재론적 유사성이 내재되어 있기 때문에 가능하다고 본 것이다. 하나님 인식으로 귀결되는 모든 인식은 인식주체자의 존재론적 전환, 즉 쿠피디타스로부터 카리타스로의 전환에서 비로소 가능해진다.

이런 관점에서 진리는 단순히 인간이 찾아야 하는 피동적인 대상이 아니며, 우리에게 이미 주어진 것으로서 우리의 인식과 의지

활동 전체를 끌어당기는 힘이 된다. 그러므로 진리인식은 인간의 노력으로 되는 것이 아니고 하나님의 예지가 인간의 인식행위를 비추는 내면의 조명으로 성취되는 것이다. 아우구스티누스는 인식 대상의 실재성과 인식주체의 창조성을 모두 인정하면서도, 인식주체의 활동이 내면의 조명을 통하여 실제적으로 성립된다는 점을 분명히 하였다. 우리의 지식행위나 진리인식은 홀로 필연적이고 불변하며 영원한 존재이신 하나님께서 우리의 내면에서 빛을 비추어주시기 때문에 가능하다는 것이 아우구스티누스의 결론이다. 우리를 가르치는 유일한 교사는 우리의 마음속에서 조명해주시는 내심의 교사이다.

제14장 교육인식론과 의지의 지향성[1)]

Ⅰ. 존재론적 인식과 교육

이 연구는 중세 초기 교양교육의 성립에 크게 기여하였던 아우구스티누스(Aurelius Augustinus)의 존재론적 인식론이 지니는 교육적 의의를 살피기 위한 것이다. 그 중에서도 인간성의 한 요소가 되는 의지의 지향성이 인식행위에 대단히 중요한 요인임을 밝힘으로써 그의 존재론적 인식론이 교육인식론의 성격을 지니고 있음을 보여주고자 한다. 그러므로 아우구스티누스가 보는 인식행위가 단순히 앎으로만 그치는 것이 아니라 존재의 전환(conversion)에 이르기까지 상관하고 있음을 논증하는 것이다. 이 논문은 아우구스티

1) 이 글은 "아우구스티누스 인식론의 교육적 의의: 의지의 지향성을 중심으로." 『교육문제연구』. 고려대학교교육문제연구소. 2007. 3. 게재논문이며, 이 책의 전체 목차에 맞게 배열하였다.

누스의 인식론에서 드러나는 교육의 궁극성이나 본질을 존재의 전환에 있다고 보고[2], 그의 인식론이 지니고 있는 교육적 의의를 살피고자 한다. 전환의 교육성은 이미 플라톤의 인식론에서 살펴볼 수 있지만, 억견(臆見; doxa)에서 진지(眞知; episteme)로의 인식론적 상승을 전환이라고 하였으며, 이는 이성만이 아닌 전인격의 변화를 전제로 한 것이다.

서구 지성사에서 교부시대의 인식론은 계시를 통한 인식행위를 최고의 가치로 삼았다. 물론 이런 인식이란 인간이 개입할 여지가 적은 행위이므로 인간의 인식능력에 대한 비판적 고찰이나 인식과정에 대한 검증이 상대적으로 소홀할 수밖에 없었다. 그리고 이성의 능력이나 역할을 수동적 기능에 한정시켜 버린다는 비판을 면하기 어려운 것이 사실이다.

하지만 아우구스티누스는 이런 시대적 분위기에도 불구하고, 그의 인식론을 통하여 인간의 이성능력에 대한 비판적 점검을 선행하였으며 인식과 존재의 관계, 이성과 의지의 관계 등을 분석하여 인식의 수동성이나 인식행위의 타율성을 벗어버리려고 하였다. 그도 역시 다른 교부들과 마찬가지로 '신 인식'(*visio Dei*)을 인식론 연구의 정점으로 삼았지만, 경험세계에 대한 확실한 앎의 가능성

---

2) 퍼킨슨은 신국(the City of God)에 입문하는 것을 두고 교육과 회심(conversion)을 구분하고 있지만, 연구자는 인식의 전환이나 존재의 전환으로 표현되는 회심 자체를 교육적 작용의 결과로 보고 교육의 의미영역 안에 둔다. Henry J. Perkinson, *Since Socrates: Studies in the history of Western educational thought* (New York: Longman, 1980), p. 47 참조.

을 먼저 타진한 점은 근대 교육인식론의 선구라고 평가할 수 있다.

아우구스티누스가 교육인식론에 관심을 가지고 연구한 예는 387년 카시키아쿰(Cassiciacum)의 학문공동체에서 자신의 아들 아데오다투스(Adeodatus)와의 대화를 엮은 『교사론』(*De Magistro; The Teacher*)이다. 여기에서 그는 기호인식과 관련하여 '교수(teaching)는 어떻게 발생하는가?' 라는 질문을 던졌다.[3] 이런 문제제기를 통하여 그는 경험세계에서 인간의 주체적 인식의 확실성을 확보하려고 연구한 것이었다.

흔히, 교사들이 말이나 글과 같은 기호(sign)를 통하여 지식을 전달하는 것처럼 보이지만 아우구스티누스에 따르면, 사실은 그렇지 않다. 예를 들면, "그리고 그들의 saraballae는 변하지 않았다."라는 문장에서[4], 만약 내가 saraballae라는 말의 뜻을 모른다면 이 문장에서 배울 수 있는 것은 없다. 그리고 saraballae라는 말이 '모자처럼 머리에 쓰는 어떤 것' 이라는 뜻임을 안다고 하더라도 여전히 이 문장에서 배울 수 있는 것은 없다. saraballae라는 말에 대응하는 사물을 먼저 살핀다면 무언가 배울 수 있을 것이다.

이런 단순한 논의에서 보듯이, 교사가 기호를 능숙하게 다루더라도 실체(reality)에 관한 지식을 직접 가르칠 수는 없으며 단지 기호를 전달할 뿐이라는 주장에 동의할 수 있다. 실체에 관한 지식은 교사로부터 나오는 것이 아니라 실체 그 자체로부터 나오며,

---

3) Henry J. Perkinson, *op. cit.*, p. 47 ; *The Teacher* 제1장. 1절-2절.

4) The Teacher, 제10장. 35절. 인용한 문장은 다음과 같다. 'And their saraballae were not changed.'

실재에 관한 인식이나 관찰로부터 나온다는 주장을 수용할 수 있을 것이다. 그러므로 먼저 직접 경험을 통하여 사물을 인식한 후 기호를 배우는 것이 학습의 올바른 순서라고 말할 수 있다. 언어 학습은 기본적으로 언어가 가리키는 사물을 먼저 경험하지 않는다면 효과적이지 못하며, 학습자의 선험적인 인식능력이나 통찰능력을 전제하지 않는다면 불가능하기 때문이다.

그러므로 아우구스티누스는 교수행위보다는 스스로 탐구과정을 거쳐야 하는 학습활동을 선호하였다. 교사가 기호를 전달하여 가르친다는 지식전달모형을 논박하면서 언어학습에 관한 올바른 이해를 촉구하였고, 교사가 함부로 내세우는 인식의 전제주의가 보여주는 부당함을 입증한 것이다.[5] 그의 의도는 교육의 장면에서 드러나는 인식의 사실들을 바탕으로 종래의 왜곡된 주장들, 즉 경험의 무 효과성이나 인식의 수동성 등을 논박하는 것이었다.

특히 아우구스티누스가 관심을 가지고 주장한 언어의 기능은, 인식행위에서 실체를 거울처럼 반영하는 것이 아니라 자연이라는 장면에다 무언가를 덧붙여서 표현하는 것이다. 이것은 인간 정신이 실체를 단순히 검토하고 반영하기보다는 자기이해를 실체에 부과하여 새롭게 구성한다는 주장과 동일하다.[6] 따라서 인식행위의 주요기관인 감각은 외부 대상들에 의해 수동적으로 포착되기보다

---

5) Phllip L. Quinn, "Augustinian Learning." Amelie Oksenberg Rorty (ed.). *Philosophers On Education: Historical Perspectives* (New York: Routledge, 1998), p. 81.

6) Robert S, Brumbaugh and Nathaniel M. Lawrence, *Philosophical Themes in Modern Education* (London: Houghton Mifflin Company, 1973), p. 47.

는 적극적이고 능동적인 영혼의 활동이 감관을 통해 외부 대상들을 포착함으로써 형성되는 것이다. 아우구스티누스는 이처럼 인식 행위에는 필수적으로 포함되지만, 고대 그리스의 인식론에서는 간과하였던 주체적인 해석에 대하여 새로운 이해의 지평을 열어 놓았다.

그러므로 『교사론』의 언어분석에서 나타나는 아우구스티누스의 업적은, 인간의 정신적 도구를 면밀히 검토한 탁월함과 함께 인식의 주체인 자의식을 향상시킨 점에서 찾아볼 수 있다. 그는 문장에서 사용하는 접속사나 가치를 언급하는 기호에는 인간의 생각이 적극적으로 반영되어 있다고 하였다. '언어의 배후에는 하나의 인격이 도사리고 있다.' (a person behind the word)는 것이 아우구스티누스의 주장이다.[7)] 그러므로 그의 공헌은 인식의 과정에서 자아인식(self-awareness)의 위치를 확보하고 그것의 근거를 확고하게 만들었다는 점이다.

이처럼 아우구스티누스는 지식의 문제를 고대철학이 시도했던 것처럼 초월적인 진리에서 시작하지 않고 근대철학의 선구답게 의식에 주어져 있는 분명한 사실, 즉 자의식의 확실성에서 인식의 체계를 구축해 나갔다. 그는 데카르트(R. Descarte)보다 훨씬 이전에 아르키메데스의 포인트에 서서 의식의 확실성을 논증하였으며, 그것을 가지고 회의주의 철학을 극복하는 계기로 삼았다.[8)] 그리고

---

7) *Ibid.*
8) 아우구스티누스는 회의주의의 주장을 논박하기 위하여 'Sie fallor sum' (Even if

인식행위에 있어서 의지의 문제를 대립적인 구도에서 살피지 않고 이성적인 인식의 전환을 도와주는 기능과 연결시켜 존재론적 인식의 체계를 구축한 것이다.

아우구스티누스의 인식체계는 경험세계에 대한 인식에서부터 인간 자신에 대한 인식을 거쳐 인식의 완성이라고 보는 신 인식에 이르기까지 3단계로 구성되어 있다.[9] 인식행위를 가능하게 하고 이끌어가는 기능을 가진 것은 물론 이성과 함께 의지의 힘이라고 보는 것이 그의 시각이다. 그는 신앙 또는 사랑(amor)이라고 부르는 선한 의지를 인식의 방해요소로 보지 않고 오히려 인식을 올바른 방향으로 나아가게 하는 지향성을 지닌 인간의 능력이라고 하였다. 그는 서로 대립하는 인식의 요소들을 변증법적으로 종합함으로써 사유의 통일성을 이룩하였으며, 인간의 내면에는 사변적이고 이성적인 관심과 함께 의지적이고 정서적인 사랑의 요소가 분리되지 않고 통합되어 있음을 보여주었다. 이런 시도는 물론 인식에 있어서 의지의 지향성에 기초한 것이다.

이 연구는 중세 교양교육의 성립에 기여한 아우구스티누스의

I err, I am)이라는 명제를 내세웠다. 이 명제는 인간이 자기 자신을 인식할 경우, 인식대상과 인식주체가 모두 자기 자신이기 때문에 자기 존재의 확실성이 자명하다고 주장하는 것이다. 그의 논증방식은 데카르트의 *'cogito er go sum'* 의 논증방식과 매우 유사하므로, 그는 데카르트보다 1200년 정도 앞서서 의식의 자명성을 입증한 학문적 선구이다. Sterling P. Lamprecht, *Our Philosophical Tradition: A Brief History of Philosophy in Western Civilization* (New York: Appleton- Century-Crofts, Inc., 1955), p. 134 참조.

9) 송병구, 『하나님을 어떻게 알 수 있는가: St. Augustinus의 존재론적 인식론』(서울: 한들출판사, 2004), p. 50.

인식론체계가, 단순히 앎의 문제를 다루면서 계시에 의한 지식만 강조한다든지 아니면 믿음이라는 타율적 관여를 당연시하기보다는, 내면성에 기초한 자아인식을 기초로 삼았다는 점에 주목한다. 그리고 그의 인식론이 존재의 전환(conversion)과 관련하여 존재론적 인식론이라고 부르는 점에 주목한다. 경험세계에 대한 인식, 내면세계에 대한 인식, 그리고 신 인식으로 나아가는 인식의 체계를 통하여 나타나는 인식의 전환은 고립된 앎의 문제에 국한된 것이라기보다는 존재의 전환이라는 인간교육의 문제가 되어버리기 때문이다.

인간교육은 앎의 현상을 인식의 문제에 국한해서 조망하기 보다는 삶의 문제와 관련하여 살피고 있으며, 앎과 삶의 분리현상을 당연시하기보다는 통합과 조화를 본래적인 것으로 보고 사유와 행위의 통합, 이론과 실제의 조화 등을 추구하고 있다. 그러므로 아우구스티누스의 교육인식론이 의지의 지향성에 기초하여 존재의 문제와 결합하고 있음에 초점을 맞추는 것이다.

따라서 이 연구는 먼저 아우구스티누스의 인식론이 자아인식에 기초해 있음을 탐색하고, 다음은 의지의 지향성에 따라 인식의 전환이 존재의 전환임을 논증하고자 한다. 마지막으로 앎의 문제는 단순히 지식의 획득에만 그치는 것이 아니라 존재의 전환이라는 인간교육의 문제와 상관하고 있음을 밝히고자 하는 것이 연구의 목적이다.

Ⅱ. 앎의 시작으로서 자아인식의 문제

1. 인식주체의 일반적 과제

아우구스티누스가 이성을 언급할 때, 사유자의 존재론적 상태에 따라 이성의 존재론적 상태 역시 다르게 구분하고 있는 사실에 유의해야 한다.[10] 그의 인식체계는 존재론적 지평 위에서 다루어지며. 여기에서 사유자의 존재 상태는 사유자의 윤리 상태를 말하는 것이다. 그러므로 인식주체인 영혼이 지향하는 대상의 가치는 영혼의 상태에 따라 다르며, 그 반대의 경우도 옳다. 이를테면 사유자의 인식행위는 사유자의 존재 상태에 의해 좌우된다는 주장이다. 같은 칼을 가지고 있더라도 요리사를 지망하는 학생과 범죄집단의 행동대원으로 활동하는 문제학생의 존재 가치는 다르며, 그들이 칼을 바라보는 시각도 다를 것이다. 그러므로 아우구스티누스의 인식체계는 존재론적 지평 위에서 구축되었으며, 그의 시간론을 통하여 존재론적 인식론의 입장임을 분명히 하고 있다.

아우구스티누스의 존재는 신의 의지에 의해 무로부터 창조된 것들이다.[11] 그러므로 '무로부터의 창조' 라는 명제에서 '무' 라는 개념을 비시간적이고 비공간적인 개념으로 이해해야만 그의 인식체계를 제대로 조망할 수 있다. 이 명제의 의미는, 이미 있는 무엇

---

10) *Ibid.*, p. 20.
11) *Ibid.*, p. 37.

을 변경하여 만드는 것과는 달리, 창조 이전에는 아무 것도 존재하지 않았다는 말이다.[12] 그러므로 그가 말하는 무는 어떤 형상도 입지 않았다는 점에서 특히 비시간적이다. 형상이 개입하면서 비로소 시공간의 개념이 문제가 되는 것이다. 아우구스티누스는 시간을 창조된 것으로 보았고 영원한 것이 아니라고 하였다.[13] 시간성은 인간의 존재론적 한계가 되며, 인간은 시작과 끝이라고 하는 시간성 안에 머무는 존재로 설명된다.[14] 따라서 아우구스티누스는 시간과 공간 속으로의 창조를 모든 존재의 원리로 삼았다.

그러므로 그가 말하는 존재의 원리에는 모든 피조물이 신에게 절대적으로 의존해야 한다는 의무감이 존재론적으로 부과되어 있다. 만일 피조물이 이런 절대 의존의 의무를 게을리 할 경우, 변화무쌍한 우발 성으로 인해 존재론적 분열을 겪게 된다.[15] 이런 퇴행적 회귀는 시간성의 한계라는 존재론적 한계를 그대로 보여준다.[16] 아우구스티누스는 피조된 존재가 한시도 일정한 형태를 유지할 수 없는 불안한 실존이 되어버리는 원리를 토대로 인식의 문제를 해결해 나갔다.

---

12) Henry J. Perkinson, *op. cit.*, p. 47

13) 『고백록』, 제11권. 14장. 17절.

14) 송병구, *op. cit.*, p. 77.

15) *Ibid.*, p. 46.

16) 시공간과 함께 창조된 인간은 시간을 길이로 느끼는 경우가 많다. 시간을 공간개념으로 느끼면서 삶의 현실을 드러내기 때문이다. 우리가 시간을 공간으로 느낄 수밖에 없는 이유는 분열된 삶 때문이라는 것이 아우구스티누스의 분석이다. 양명수, "어거스틴의 시간론과 리쾨르의 해석학," 『오늘의 어거스틴』(서울: 기독교서회, 1997), p. 47 참조.

기본적으로 이성은 감관이 전달하는 자료를 분석하고 판단함으로써 앎을 형성한다. 하지만 감관이 포착하는 것은 감관의 대상이 되는 피조물의 존재 원리이자 한계인 시간성 때문에 항상 바뀔 수밖에 없다. 뿐만 아니라, 인식주체인 인간도 시간성을 지닌 존재이므로 필연적으로 가변성을 지닐 수밖에 없다. 그러므로 인식의 완성을 위해 시간성, 즉 분산을 극복하는 일은 우선적인 과제가 된다.

그럼에도 불구하고, 아우구스티누스에 따르면, 인간은 무로부터 왔을지라도 신의 형상을 본래적으로 부여받은 존재이므로, 인식의 최종대상인 신의 형상이 선천적으로 우리 인간 안에 내재되어 있다.[17] 따라서 밖으로 향하는 시각을 안으로 돌림으로써 인간의 내면에서 진리를 추구할 수 있는 가능성이 열린다는 것이다. 그리고 인간에게는 신의 형상이 창조와 동시에 부여되었기 때문에 이미 앎[18]이 내재되어 있을 뿐만 아니라, 이미 앎을 현재적인 앎으로 끄집어 낼 수 있는 능력을 가지고 있다는 것이다.[19] 그러므로 아우구스티누스가 보는 인식행위는 내면으로 들어가서 진리를 추구하는 행위이다.

자아에 대한 인식이든, 세계에 대한 인식이든 간에 어떤 방식으로든 대상에 대한 '이미 앎'이 있어야 인식은 시작될 수 있다.

---

17) 송병구, *op. cit.*, p. 47.

18) '이미 앎'이란 인간 일반에게 선험적으로 내재되어 있는 인식능력을 가리키는 것으로서, 백지설(tabula rasa)과는 반대되는 개념이다. 그러므로 아우구스티누스는 사유의 형식과 방법 같은 것들이 하나의 틀처럼 우리 인간에게 선험적으로 주어져 있다고 주장하였다.

19) 양명수, *op. cit.*, p. 29.

'이미 앎'이 비록 내용적으로 상당부분 공허하더라도, 인식은 무로부터 시작될 수 없다. 아우구스티누스가 말하는 '이미 앎'은 질문자가 대상에 대하여 알지 못한다는 사실을 알고 있다는 '무지의 지'와 같은 소크라테스 식의 앎과 같은 것이다. 그러므로 진리추구에 관심을 가진 자는 '이미 앎'을, 그것이 비록 공허하게 여겨지더라도, 복잡한 인식행위를 통해 재충전해야 하는 인식론적 의무감을 지니게 된다.[20]

아우구스티누스는 '이미 앎'을 지식의 정합설(coherence theory)처럼, 인간이 인식의 보편적 원리를 내재하고 있다는 주장을 통하여 다음과 같이 논증하였다.[21]

> 하늘이나 땅처럼 육체적인 감각과 관련된 모든 것 그리고 육체적 감각 안에서 지각되는 모든 것들이 얼마나 오래 지속될 것인지는 아무도 모릅니다. 그러나 3에다 7을 더하면 10이 되는 것은 지금뿐만 아니라 언제든지 한결같습니다. 3에다 7을 더해서 10이 되지 않는 경우는 없으며 앞으로도 없을 것입니다. 따라서 수학의 불변성은 나뿐만 아니라 다른 이성적인 존재들도 똑같이 주장합니다.

이처럼 그는 수학의 근거를 선험적으로 내재된 보편적 원리에 두면서, 모든 사람들에게는 수학적 원리, 존재성, 사고 등과 같은

---

20) 송병구, *op. cit.*, p. 49.
21) 박일민 역, Augustinus의 「자유의지론」 (서울: 반석문화사, 1993), p. 82.
22) Geisler Norman L. *Philosophy of Religion* (Grand Rapids, Michigan:Zondervan Corporation, 1974), p. 168.

불변하는 진리가 일반화되어 있다고 보았다.22) 이런 까닭에 교육받지 않은 자들도 음악이나 미술에서 추구하는 아름다움을 감상할 수 있으며, 균형이나 조화와 같은 덕이 우리의 내면에 선험적으로 주어져 있기 때문에 가치판단이 가능하다고 주장할 수 있는 것이다. 아우구스티누스는 이런 방식으로 신적인 보편 원리가 우리 인간에게 내재되어 있음을 논증하였다. 인간의 내면은 백지상태가 아니라는 말이다.[23] 그는, 칸트처럼 정확하게 표현하지는 않았지만, 무엇인가 정교한 형식과 방법으로 구성되어 있는 사유의 틀이 이미 우리에게 내재되어 있다고 보았다.

감관을 통해 인식되는 모든 것은, 자연적인 것이든지 인공적인 것이든지 간에, 시공간을 통하여 인지된다. 하지만 예를 들면, 균형과 조화 또는 통일성과 같은 개념은 이성적으로만 인식되며, 이런 개념들은 공간 안에서 분산되거나 시간 안에서 변화하지 않는다. 감각경험도 역시 이성의 판단을 통해 인식되기 때문에, 진리추구 자는 선험적으로 먼저 주어져 있는 이성적 앎에 비추어 앎을 구하지 않으면 안 된다. 불가피하게 시공간을 통하여 분열된 인식을 경험하게 되더라도, 진리추구 자들은 자기의 내면에 존재하는 '이미 앎'에 비추어 현재적 앎으로 구현해 나가야 하는 것이다.

언어를 사용하는 교육의 장면에 이것을 비추어보면, 외부로 드러나는 언어는 단지 기호에 불과하다. 그러므로 아우구스티누스의 『교사론』에서 설명하는 말(the external word)의 기능은, 교사가 언급

---

23) 송병구, *op. cit.*, p. 56.

하는 언어의 의미를 확인하기 위하여, 학습자 스스로 자신의 마음 속에서 기준이 되는 말을 찾아보도록 자극하는 것이다. 학생은 자신의 내적 탐색을 통해 기준이 되는 말을 이끌어냄으로써 이런 일을 행한다.24) 이것을 학습이론으로 표현한다면, 잠재적인 진리를 명백하게 만드는 것이 인간의 과제이며, 그런 활동을 학습이라고 한다.25) 그러므로 아우구스티누스에게 있어서 인식의 과제는 학습자가 먼저 존재의 지평 위에서 자신의 내면에서 이루어지는 인식의 과정을 살피는 것이고, 다음은 이성적 앎에 비추어 현재적 앎을 추구해 나가는 것이다.

2. 내면성의 원리

앎이라는 말은 인식하는 행위와 그 결과로서의 지식을 모두 포함하기 때문에, 앎은 기본적으로 인식주체와 대상에 의해 발생한다. 그리고 앎은 이성과 의지의 협력으로 이루어지며 의지가 이성의 위치를 결정한다는 점에서, 이성보다는 의지가 먼저이다. 그리고 앎은 이성의 사유에 의해서만 이루어지지 않고 의지의 개입을 통해 이루어지므로 앎에서 실천이 나오지만, 실천을 통해서도 앎이 나오는 것이다.26) 이것이 중세의 스콜라철학자인 안셀무스(St.

24) George Howie(ed. & tran.), *St. Augustine: On Education* (Indiana: Gateway Edition, Ltd., 1969), p. 332.

25) James Bowen, *A History of Western Education*(Ⅰ)(New York: St. Martin's Press, 1972), p. 279.

26) 양명수, *op. cit.*, p. 15.

Anselmus)가 말하는, "믿기 위해 아는 것이 아니라 알기 위해 믿는다. 그러므로 나는 믿지 못한다면 알 수 없다고 믿는다."라는 명제의 뜻이다.[27] 하지만 이런 입장은 주의주의자인 아우구스티누스의 주장을 재확인한 것에 불과하다. 아우구스티누스에게 있어서 모든 현실의 실체는 의지이므로, 그는 의지의 철학자이다.[28] 말하자면, 그는 의지가 인간 행위의 동력이 된다고 본다는 말이다.

신앙은 의지의 작용이고, 보는 것은 이성의 작용이므로, 추구는 신앙이 하지만 발전은 이성이 한다. 그러므로 인식의 완성은 신앙의 도움을 입은 이성의 산물이다.[29] 아우구스티누스에게 앎의 관심은 이성을 전제한 관심이므로 믿음은 항상 앎을 향하는 것이다. 믿는 것으로 끝난다면 그것은 맹목이 되지만 알기위해 이성으로 분석하고 관조한다면 인식은 완성될 것이다. 인식의 목적은 의지

---

27) 이런 논의는 '*credo ut intelligam*'(알기위해 믿는다.)이라는 하나의 명제로 표현된다. 아우구스티누스가 말하는 신앙이란 자기에 대한 사랑에서 진리에 대한 사랑으로 바꾸어 나가는 의지의 전환이다. 그러므로 인식에 있어서 의지의 우선성은 곧 신앙의 우선성을 의미한다. 이런 관점에서 그는 '알려면 믿어라.' (Crede ut intelligas)라고 말하였다. 진정한 앎(sapientia)을 위해서는 신앙이 선행되어야 한다. 신앙이란 아직 알지 못하는 것을 믿는 것이며, 신앙의 도움을 받아야 이성은 본래의 임무를 수행할 수 있는 것이다. 그러므로 믿음은 언제나 앎의 시작이다. 하지만, 알지 못하면서 어떻게 믿는가? 알기 때문에 믿는 것이 아니라, 알기 위해서 믿는다. 우리는 알기 위해 믿는 것이지, 믿기 위해 아는 것이 아니기 때문이다. 아우구스티누스에게 있어서 신앙은 참된 앎을 위해 반드시 거쳐야 할 조건이 되었다. Lamprecht, *op. cit.*, p. 151.

28) Paul Tillich, *A History of Christian Thought: from Its Judaic and Hellenistic Origins to Existentialism*. Carl E Braaten(ed.)(New York: Harper & Row Publisher, 1968, p. 236.

29) 양명수, *op. cit.*, p. 135.

에 의한 신앙이 아니라 이성에 의한 앎이다. 그러므로 '알기 위해 믿는다.' 는 명제는 인간의 노력이 결코 헛된 것이 아님을 보여주려는 의도가 있으며, 진리는 결국 인간의 이성으로 파악되는 것이라고 함으로써 이성의 무용성을 부인한 것이다.

따라서 아우구스티누스의 신 인식에 있어서 의지의 우위, 신앙의 우위는 그것이 먼저 와야 한다는 우선성의 차원에서 이해되어야 하며, 궁극성의 차원에서 이해되어질 것이 아니다.[30] 그가 행위를 말하면서 관조를 말하고, 노력을 말하면서 정적을 말하는 것이나, 사랑을 말하면서 쉼을 말하지만, 전자는 후자의 전 단계이고 후자는 전자의 목표임을 강조하는 것이다. 그러므로 존재에 대한 의지의 우위는 우선적인 측면에서 그렇고, 궁극성은 언제나 존재에 있음을 알 수 있다.

아우구스티누스의 인식론에는 겉 사람과 속사람, 감각의 세계와 예지의 세계라는 안팎의 구조가 내재되어 있다. 내면성의 원리는 이런 존재구조 속에서 인식의 눈을 밖에서 안으로 돌리는 것이다. 이런 원리가 인간의 정신사에 큰 전환점을 마련한 까닭은 바로 진리인식에는 자아인식이 선행되어야 한다는 주장 때문이다. 그는 다른 곳이 아닌 바로 자기 자신으로부터 진리 추구의 여정이 시작된다고 하였다. 이에 관한 아우구스티누스의 입장은 다음의 글에 잘 나타나 있다.[31]

---

30) *Ibid.*, p. 136.
31) *Ibid.*, p. 25.

> 자기 자신을 들여다보지 않고는 마음의 눈을 높여 하나님을 보려 해도 소용없다. 하나님의 보이지 아니하는 것을 볼 수 있으려면, 먼저 너의 보이지 아니하는 것을 보는 것이 필요하다. 너를 볼 수 없으면 너를 초월한 그것을 잡을 수 없다. 자기 자신을 발견하는 이성의 영혼은 하나님을 보기위한 우선적이고 귀중한 거울이다.

이런 존재론에 기초한 아우구스티누스 인식론의 특징은 역시 자아인식에 있다. 고대의 많은 철학자들이 참이 무엇인가에 관심을 가졌고 신의 존재에 대해서도 많은 사유를 하였지만, 아우구스티누스가 말하는 내면성을 인식의 원리로 내세우지 않았다. 그러므로 그에게 내면성이 없었다면, 그는 그리스사상과 기독교사상을 단순히 종합한 교부에 지나지 않았을 것이다. 내면성이라는 독특한 원리 때문에 그는 서구 인식론의 새로운 전기를 마련하였다고 볼 수 있다.

인식주체의 내면성이라는 아우구스티누스의 관점은 인식 주체와 인식 대상에서 모든 앎이 발생한다고 보는 것이다. 앎은 아는 자와 알려지는 것 이 양자 사이에서 생겨나기 때문에, 모든 인식 대상은 우리의 내면에서 앎을 만든다. 그는 나아가 인식 대상을 감각의 세계와 예지의 세계로 나누었으며, 전자를 느낌의 세계라 하였고 후자를 깊이 아는 세계라고 하였다.[32] 그러므로 깊은 앎의 세계로 나아가려면, 우리는 더욱더 내면으로 들어가야 한다.

이처럼 인식 주체와 대상이 결합하면서 성립하는 인식 행위는

---

32) *Ibid.*, p. 26.

인간의 내면에서 발생하며, 내면으로 파고들수록 인식은 더욱더 분명해지고 밝아진다. 확실한 진리를 추구하는 인식주체는 '내면으로' 라는 방향성을 가지게 되는 것이다. 아우구스티누스는 내면성의 원리에 따라 자기 확실성이라는 사유의 출구를 찾았다. 회심 이후 그는 '진리는 과연 존재하며, 그것을 인식할 수 있는가?' 라는 문제를 놓고 존재론적 측면과 인식론적 측면을 함께 고심하면서 회의주의를 극복해 나갔다. 이 문제는 존재하고 있음의 확실성과 생각하고 있음의 확실성을 동시에 논증하는 것이었다. 따라서 아우구스티누스는 신 존재의 확실함을 입증하기 위해 먼저 자기 존재의 확실함에서부터 논증을 시작하였다.[33)]

> 우리가 살아 있다는 것을 아는 식으로 아는 것들이 얼마나 많이 남는가? 이 살아있다는 점에 관해서는 우리는 진리와의 유사성 때문에 속을 위험성이 절대로 없다. 속은 사람도 살아있다는 것은 확실하기 때문이다.

아우구스티누스의 논증은 계속된다.[34)]

> 네가 틀렸다면 어떻게 할 테냐?' 고 묻지만, 내가 틀렸다고 하더라도, 나는 있기 때문이다. 있지 않은 사람은 물론 틀릴 수도 없다. 만일 내가 틀렸다면 틀렸다는 것이 곧 내가 있다는 표시이다. 내가 틀렸다면 나는 있는 것이니, 내가 있다고 믿는 것이 어떻게 틀린 것이 되겠는가? 내가 틀렸다면, 내가 있다는 것이 확실하기 때문이다.

---

33) 『삼위일체론』, 제15권. 12장. 21절.
34) 『신국론』, 제11권. 26장.

위의 글에서 보듯이 아우구스티누스에게 있어서 자기 존재의 확실함은 즉각 검증되는 것이기 때문에 앎의 확실성을 지지해 주는 튼튼한 기반이 된다.[35] 그러므로 아우구스티누스의 인식론은 자기인식에서 시작하므로 그의 인식론은 흔들리지 않는 기반을 가지는 셈이다.

따라서 그는 내면성의 원리에 따라 영혼의 자기 인식을 사유의 출구로 삼고 다른 곳이 아닌 바로 자기 자신으로부터 진리탐구에 집중함으로써 자기 존재의 확실함이라는 새로운 인식의 기초를 마련하였다. 이런 관점은 인식론의 두 과제, 즉 인식주체와 대상에 대한 존재론적 고찰과 그 결과로 얻어지는 앎의 상태에 대한 엄밀한 분석으로 이어진다. 이것은 감각능력에 대한 비판적 분석을 거쳐 이런 능력에 의한 판단과 그 판단 내용의 비판적 검토라는 일련의 과정으로 이어진다. 인간의 인식행위가 사물의 단순한 수용이 아니라는 뜻이다. 그러므로 이런 아우구스티누스의 인식론은, 비판철학자인 칸트의 선구가 되었다. 왜냐하면 칸트는 우리 인간이 인식의 대상을 파악하는 이성의 선험적 형식, 즉 시간과 공간을 전제로 사물을 직관한다고 주장하였기 때문이다. 여기서 직관한다는 말은 단순히 사물을 외부로부터 수동적으로 수용하는 것이 아니라 이성의 적극적인 간섭이 개입함으로 직관이 이루어진다는 말이다.

---

35) 이런 논의는 '*si fallor, sum*'(만일 내가 의심한다면, 나는 존재한다.)이라는 하나의 명제로 표현된다. 그리고 이 명제는 앞에서도 밝혔지만, 데카르트의 명제인 '*cogito er go sum*'의 선구이다.

이처럼 자아인식에서 출발한 아우구스티누스는 인간의 감각능력을 무엇보다 우선적으로 신뢰하였다. "…지성이 자체의 도움으로 감각을 이용해서 얻는 증거를 신용한다. 결코 감각을 믿지 않겠다고 하는 사람이 도리어 가련하고 속은 사람이기 때문이다."[36] 그에게 있어서 감각자료는 비록 완성된 지식이 아니지만 지식과 모종의 관계가 있다. 영혼의 능동적인 활동에 의해 만들어진 감각인 사물의 영상에 이성이 규칙을 적용하였을 때 지식이 생긴다는 주장이다. 감각은 지식의 재료가 되는 셈이다.

그러므로 아우구스티누스의 관점에서 감각은 진리로 인도하는 진리의 권고자요 영원한 세계 인식을 위한 발판이다. 플라톤과는 달리 육체는 절대 허상이 아니라 세계와 접촉할 수 있는 기관(organ)이다. 아우구스티누스는 감각이나 육체를 정신적인 앎과 분리된 것이 아니라 상관하는 것으로 보았고 영혼에 의해 감각이 작용하는 것으로 보았다. 그는 인식기관으로서 감각과 육체를 무시하지 않고 정당하게 평가하기 시작한 것이다. 이런 까닭에 그는 플라톤철학과는 다른 길을 가게 되었으며, 감각을 내면적인 사고나 깨달음과 함께 인식의 과정 속에 나란히 자리 잡게 하였다.

Ⅲ. 인식의 전환

1. 인식행위에 있어서 주체성의 확보

---

36) 『신국론』, 제19권. 18장.

아우구스티누스의 인식론은 '어떻게 인식하는가?' 보다는 '무엇을 인식해야 하는가?' 라는 관점을 강조하기 때문에, 존재론과 밀접하게 상관하고 있다. 그에게 이성은 기술이성(technical reason)이 아니라 존재론적 이성(ontological reason)이다.[37)] 이런 시각에 한해서, 그는 플라톤과 아리스토텔레스의 전통을 따르고 있다.

코플스톤은, 플라톤에 있어서 인식론과 존재론을 분리하기 어려운 까닭을, 그가 칸트와 같은 비판철학자가 아니라 먼저 지식의 참된 대상에 관심을 가졌기 때문이라고 하였다.[38)] 그리고 렘프레흐트는 아리스토텔레스의 논리학을 논하면서 다음과 같이 정리하고 있다.[39)] "사물에 존재라는 성질이 따르는 것처럼 사물에 관한 명제에는 진리 또는 오류라는 성질이 따르기 마련이다.…어떤 존재와의 관련이 없이는 명제는 참도 거짓도 될 수가 없을 것이다. 아리스토텔레스는 형상을 파악할 때만 인식에 도달할 수 있다는 플라톤의 주장을 시인하였다."

아우구스티누스는 이런 전통을 좀 더 발전시켜, 인식의 문제는 존재의 문제와 분리될 수 없다고 보고, 진리를 추구하는 행위는 곧 존재에의 참여를 의미한다고 하였다. 아우구스티누스의 인식구조에 따르면 우리 인간은 모든 사물을 감각이나 정신으로 감지하므로, 인식의 세계는 감각의 세계와 예지의 세계로 구분된다. 인식대상에

---

37) 양명수, *op. cit.*, p. 48.
38) S. J. Frederick Copleston, *A History of Philosophy(I)* (Westerminster, Md. : The Newman Press, 1962), pp. 166-67.
39) Sterling P. Lamprecht, *op. cit.*, p. 75.

따라 앎도 구분되어, 전자에 대한 인식은 지식(scientia)이라 하였고 후자에 대한 인식은 지혜(sapientia)라고 하였다.[40] 여기에서 지식은 열등한 이성이 감각의 세계를 대상으로 산출하는 추리적 앎이며, 지혜는 우월한 이성이 예지의 세계를 대상으로 산출하는 직관적 앎이다. 이성은 밖으로 시간적이고 가변적인 것과 안으로는 예지적이고 불변하는 것 사이에 위치하고 있다. 여기에서 이성은 두 가지 기능을 수행한다. 밖으로는 시간적인 열등한 것들을 취급하여 삶에 필요한 지식을 산출하고, 안으로는 예지적이고 변치 않는 진리를 추구하여 지혜를 산출한다.

그러므로 아우구스티누스는 다음과 같이 주장한다.[41] "영원한 사물에 대한 정신적 인식은 지혜에 속하며, 무상한(시간적인) 사물에 대한 합리적 인식은 지식에 속한다는 것이 지혜와 지식에 대한 바른 구별이라면, 어느 쪽을 낫다고 판단해야 하는가는 분명하다. … 후자보다 전자가 우수하다는 것도 의심할 여지가 없다." 이처럼 내면성이라는 가치기준에 따라, 밖에 있는 감각의 세계와 접하는 지식은 안에 있는 예지의 세계를 통하여 산출되는 지혜보다 열등하게 된다.

이런 기준에 따르면, 지식은 행위에 속하는 것이고 지혜는 관조[42]

40) 양명수, *op. cit.*, p. 69.
41) 『삼위일체론』, 제12권. 15장. 25절.
42) 서양의 지적 전통에서는 수백 년 동안 관조적 활동에 상응하는 관조의 세계가 인간 경험의 위계에 있어서 가장 높은 위치를 차지해 왔다. 모든 예술 활동에서 찾아볼 수 있는 관조적 활동은 실제적 활동이나 과학적 활동에서 중요시 되는, 사실 여부에 관한 판단에 크게 개의하지 않는다. 관조적 자아는 그 활동의 목적

에 속하는 것이다. 전자는 알기 위해 나아가는 것이고 후자는 아는 것이며, 전자는 신을 보려고 노력하는 것이고 후자는 신을 보는 것이다. 그러므로 지식과 지혜로 구성되는 아우구스티누스의 앎의 체계에서, 진리를 인식할 수 있는 것은 인간의 사유가 영혼을 통해 즉각적으로 예지의 세계를 직관함으로써 산출되는 지혜 때문이다. 그렇다고 해서 지식이 불필요한 것은 아니며, 진리탐구에 있어서 지혜에 도달하기 위한 과정에서 필요한 역할을 수행하는 것이다. 그러므로 지식은 자연 이성에 의한 감각적 앎이며, 경험에 의해 수집된 자료를 이성이 판단함으로써 형성되는 것이다.

그리고 아우구스티누스는 수동적인 신체 감각을 뛰어넘는 정신적인 내면의 감각을 설정하여, 감각이 인식주체의 능동적인 활동에 의한 것임을 밝혀주었다. 이런 시각은 근본적으로 인간을 정신적 실체로 보는데서 기인한다. 감각은 내외의 감각을 통칭하는 개념이며, 육체의 행위를 항상 인식하기 때문에 영혼이 육체 안에서 감각한다고 보는 것이다. 말하자면, 육체에 변화가 있는 것이 감각이 아니라, 육체의 변화를 영혼이 주목하는 것이 감각이라는 뜻이다.

그러므로 아우구스티누스는 감관에 의해 육체의 시각이 생길 때마다 영혼에 의한 영적인 시각이 생기며, 대상이 감관에 접촉할 때마다 영혼은 자신 안에서 대상의 모상을 형성한다고 주장하였

이나 결과의 유용성에 구애되지 않는다는 점에서 실제적 자아에 대비되며, 또한 표상의 창출 그 자체에 만족하는 특별한 활동의 양상이라는 점에서 과학적 자아와도 구별된다. 과학적 활동은 기껏해야 관조를 위한 예비적 단계이며 실제적 활동은 단지 관조의 세계의 왜곡된 반영일 뿐이다. 김성호, 『스콜라주의 교육목적론』(서울: 성경재, 2004), p. 84 참조.

다. 영혼은 육체의 변화를 수동적으로 받아들이는 것이 아니라, 능동적으로 육체의 변화에 작용하는 것이다. 감각은 수동적인 산물이 아니며 인간의 능동적인 활동의 결과라는 말이다(양명수, 1999: 74-75).[43] 이런 아우구스티누스의 시각은 인간이 자연계에 대하여 수동적이 아니라 능동적임을 밝힘으로써 인식의 주체성을 확립하는데 큰 영향을 미쳤다.

아우구스티누스는 더 나아가, 이런 감각을 바탕으로 지식을 생산해 내는 이성의 활동을 생각함(cogitare)이라고 하였다.[44] 이것은 인식의 위계에서 볼 때 감각과 깨달음 사이에 있으면서 양쪽을 매개하는 구실을 한다. 그는 감각에서 생각에 이르는 단계를 다음과 같이 설명하고 있다.[45] "시상(모상)에는 지각된 것과 생각되는 것이 있다. 생각에 있는 시상이 생기기 위해서는, 기억에 그와 비슷한 것이 지각된 시상에서 생겨야 한다. 이 기억에 있는 것을 생각하는 사람의 마음의 눈이 주시하는 것은, 지각하는 사람의 눈이 물체를 향하는 것과 같다." 생각은 감각과 깨달음 사이에 있으면서 우선적으로 감각과 상관하며 또한 깨달음의 세계와도 당연히 관련된다.

그러므로 큰 깨달음은 경험과 상관없이 순수한 이데아의 세계

---

43) 양명수, *op. cit.*, pp. 74-75.

44) 『고백록』, 제10권. 10장. 18절. 아우구스티누스는 생각함(cogitare)을 '흩어져 있던 것을 모으는 일' 이라고 하면서, 오직 영혼 속에 모아진 것, 곧 거두어진 것만을 생각한다.'라고 하였다.

45) 『삼위일체론』, 제11권. 9장. 16절.

를 보는 것이지만, 경험적인 것을 보고 그것을 판단할 규준으로서 예지의 세계를 찾는 행위는 인간의 주체적인 생각이다. 이에 관해 아우구스티누스는 다음과 같이 논하고 있다.[46] "그렇기 때문에 사람들이 어떤 물체를 생각할 때에는 자기가 그 형상을 상상으로 얻든지 다른 사람의 과거에 대한 이야기나 미래에 대한 예언을 읽거나 들어서 얻든지, 어느 경우에도 모두 자기의 기억으로 돌아가서 거기서 자기가 생각하는 모든 형태의 한도와 분량을 얻어 본다." 그러므로 생각은 바깥세계에서 들어온 대상의 모상을 변하지 않는 기준에 따라 판단하는 이성의 활동을 말하는 것이다.

여기에서 변하지 않는 기준은 예를 들면, 수나 척도의 개념을 가리킨다.[47] 감각을 통해 내면으로 들어온 다양성을 판단하여 통일된 지식을 산출하는 판단 기준은 인간 정신에 선험적(*a priori*)으로 주어져 있는 수나 척도의 개념이다.[48] 이런 수나 척도의 개념은 감각을 통해 들어와서 기억 안에 저장된 대상의 모상에 적용됨으로써 경험인식을 산출하는 선험적인 개념체계이며, 칸트가 말하는 범주와 같은 유형의 것이다.[49] 그러므로 아우구스티누스는 사

46) 『삼위일체론』, 제11권. 8장. 14절.

47) 『고백록』, 제10권. 12장. 19절.

48) 아우구스티누스는 또 다른 선험적인 개념으로서 사물을 규정하는 3가지 기본 요소를 '존재하는지', '무엇인지', '어떠한 성질의 것인지' 를 들었다. 이 개념들은 감각처럼 모상으로 기억되는 것이 아니라 그 자체로 기억 안에 들어있다고 하였다. 『고백록』, 제10권. 10장. 17절.

49) 아우구스티누스는, 칸트가 오성(Verstand)과 이성(Vernunft)을 구분하기 훨씬 전에 생각(cogitare)과 깨달음(intelligere)을 구별함으로써 근대 인식론의 선구가 되었다. 칸트는 인간의 자발적인 사유능력으로서의 오성을 이성과 구분하여, 전

물에 대한 인식을 단순히 수용한다는 의미로 보지 않고 내면에서 판단기준을 찾아 사물을 해석하고 이해한다는 의미로 생각하였다. 중세 초기임에도 불구하고 아우구스티누스에게는 인식의 주체성이 확보된다는 주장을 받아들일 수 있다.

2. 의지의 지향성

아우구스티누스는 학습이란 회상이요, 기억에 지나지 않는다는 플라톤의 영혼선재설 주장을 수용하면서도, 그것이 감각세계에 대한 인식에는 타당하지 않다고 보았다. 진, 선, 미나 수학의 원리 등 예지의 세계에 대해서는 얼마든지 적용가능 하지만, 경험인식에 있어서는 그렇지 않다는 말이다. 그러므로 아우구스티누스는, 영혼선재설에 근거하여 앎은 타고 났다고 주장하는 플라톤의 선천주의를 비판하고 새로운 학습이론인 조명설(Illumination Theory)을 확립하였다.[50] 신의 존재가 우리의 사유나 인식을 가능하게 한다는 사

자는 경험인식에 관여하므로 분석론(Analitik)에 속하고 후자는 경험을 넘어서는 영역에 관여하므로 변증론(Dialektik)에 속한다고 하였다. 이렇게 본다면 아우구스티누스의 생각함은 칸트의 오성과, 아우구스티누스의 깨달음은 칸트의 이성과 같은 의미로 사용되었다고 하겠다. 그러나 칸트의 오성 개념은 인간에게 이미 주어져 있는 것이지만 아우구스티누스의 개념은 인간의 내면에 있으면서 동시에 인간을 초월해 있는 것이고 현재적으로 신의 조명으로 비추어지는 것이라는 점에서 다르다.

50) 아우구스티누스가 빛에 착안하여 플라톤의 상기설이 지닌 난점을 극복하고 조명설을 확립한 것은 Plotinus의 一者를 중심으로 한 유출설에 영향을 입은 것이다. 이처럼 신이라는 원 진리의 발광을 통해 사유원칙이 인간 정신에 전달된다는 주장으로 인해 아우구스티누스는 인식주체인 인간 이성을 빛으로 명명하여 물리적

실은 태양과 빛의 비유에서 확인할 수 있다.[51] 만약 빛의 조명이 없다면 사물을 인식할 수 없을 것이다. 과학적 증명을 확실하고 의심할 수 없는 진실이라고 보지만, 그것도 태양처럼 비유되는 어떤 근거에 의해 밝혀지지 않는다면 이해될 수 없다. 조명설은 이런 사실에 기초하여 성립한 것이다.

그러므로 모든 앎에는 기성품과 같은 이데아가 이미 주어져 있는 것이 아니라 신의 조명 가운데서 감각적 앎은 감각을 통해, 예지적 앎은 영혼을 통해 현재적으로 형성된다. 조명설은 영혼선재설과는 달리 이데아를 지금 보는 것이다. 그리고 신은 우리의 이성으로 하여금 이데아를 볼 수 있게 항상 조명해 준다는 주장이다.[52] 따라서 조명설은 객체의 실재성과 인식 주체의 창조성을 함께 인정함으로써 객체 편향적인 실재론과 주체 편향적인 관념론을 모두 극복하는 대안적 인식론이 되었다.

이처럼 조명설을 통해 드러나는 인식은 이성의 독립된 산물이

인 빛과 구분하였다. 그는 태양과 달 그리고 별들의 빛과 감각을 구별하여 영혼의 판단에로 이끄는 빛은 서로 다르다고 하였다. 눈에 의해 감각되는 빛과 눈을 매개로 영혼을 활동하게 하고 감각하게 하는 빛은 다르다는 말이다. 그리고 이런 이성적인 빛은 인간에게만 존재하며 동물처럼 비합리적인 존재는 빛이 없어서 어둡다고 하였다.

51) S. J. Curtis and M. E. A. Boultwood, *A Short History of Educational Ideas*(Foxton: University Tutorial Press, 1975), pp. 82-83.

52) 아우구스티누스는 지식과 지혜를 구분하면서, 지식의 과정에서는 감각이 앎의 자료를 제공하고 신의 조명은 그것을 판단하는 형식만을 제공하지만, 지혜의 과정에서는 앎의 내용이 전적으로 신의 조명에 달려있다고 하였다. 그러므로 신의 조명은 지식에서는 형식을 제공하고 지혜에서는 내용을 제공하는 것이다. 양명수, *op. cit.*, p. 88 참조.

아니라 '언제 어디에서 무엇을 본다.' 라는 의지와 결합하여 산출되는 것이다. 여기에 아우구스티누스가 말하는 의지의 지향성이 있다. 일반적으로 생각하더라도 이성만 가지고 무엇을 안다는 것은 있을 수 없는 일이다. 이성만을 신뢰한 고대 그리스의 인식론에서는 이 점을 간과하였다.[53] 따라서 아우구스티누스는 의지의 역할을 부각시킴으로써, 지식에서 지혜로의 전환을 촉구해 나갔다. 이성은 누구에게나 주어져 있는 자연의 빛이며 중립적인 것이어서, 의지가 인식의 방향을 좌우한다는 점을 강조한 것이다.

그러므로 조명설에서 신은 인식의 빛으로서 그 빛 속에서 인간으로 하여금 진리를 볼 수 있게 도와주는 존재이지만, 내적 인식의 정도는 인간의 수용능력에 달려 있다. 예를 들면, 교실수업에서 학생들이 지식을 파악하는 일은 결국 그들의 내적 조망의 힘에 달려있다는 말과 같은 의미이다. 실제로 아우구스티누스는 이를 위해 자유교양과정(the curriculum of the liberal arts)의 기능을 강조함으로써 앎의 능력을 확장시켜 나가기 위한 이성 훈련을 요구했었다.[54] 이런 훈련은 점차적으로 감각경험에서 벗어나 순수하게 지적 탐구에 몰두하게 하며 학습자의 지성을 자유롭게 만든다고 보았기 때문이다.

---

53) 그럼에도 불구하고 플라톤은 이성적 인식에 의지의 역할을 명시적으로 인정하지는 않았지만, 억견(doxa)으로 부터 지식(episteme)으로의 인식론적 상승을 전환(conversion)이라고 하였다. 여기에서 그는 전환이 이성만이 아닌 전인격의 변화를 전제로 하는 것임을 암시한 것이다. 기독교에서 말하는 회심(conversion)도 전환과 같은 의미이다.

54) Howie, *op. cit.*, p. 197 ; 이석우, 『아우구스티누스』(서울: 민음사, 1995), pp. 108- 109.

그리고 조명설에서도 역시 인식행위를 존재에의 참여를 통해 이루어지는 것으로 본다. 아우구스티누스가 말하는 진리는 플라톤의 이데아와는 달리, 인격적 진리이다. 인격적 대상을 알려면, 그 대상에 참여하지 않고서는 불가능하다. 아우구스티누스는 비록 인격에 관해 구체적이지는 않았지만, 진리인식은 근본적으로 참여하는 것이라는 그리스사상에 고무되어 사유의 문제를 존재에의 참여로 연결시켰다. 그러므로 그가 말하는 조명은 인간에게 빛이 되는 신 인식에의 참여이다. 인간이 존재, 앎, 의지(사랑)로 구성되어 있다면,진리인식은 앎뿐만 아니라 존재와 의지(사랑)의 참여를 말하는 것이다.[55]

그리고 이런 참여에는 근본적으로 전환(conversion)이라는 문제가 내포되어 있다. 그것은 인간 의지의 타락 때문에 요청되는 것으로서 종교적인 삶에 있어서 방향을 신에게로 전환하는 일, 곧 회심(conversion)의 문제로 확대되어진다. 여기에서는 인식의 전환이 존재의 전환이 되는 것이며 동시에 존재에의 참여가 이루어지는 것이다. 플로티누스가 보는 일자(一者)는 인격이전이요 인격이 아니지만, 아우구스티누스가 보는 신은 모든 인격의 존재근거요 원형이 되는 인격이었다.[56] 그러므로 진리는 인격적인 신이 되었으며

---

55) 『고백록』, 제13권. 11장. 12절.아우구스티누스는 인간의 자아를 존재와 지식과 의지라는 분리될 수 없는 요소들로 구성된다고 하였다. 즉, 나는 지식과 의지를 가지고 존재하며, 존재한다는 사실과 의지를 가지고 있다는 사실을 알고, 또한 나는 존재하고 알기 원한다는 것이다. 그러므로 의지는 자아의 필수불가결한 구성요소가 된다. James Bowen, *op. cit.*, p. 277 참조.

56) 진리인식에서 인간과 신의 만남은 두 인격의 관계를 뜻하는 것이지, 신과 인간이

사랑을 통해서만 알게 되는 것이다. 진리인식은 이성과 이데아와의 인식론적 결합을 뛰어넘어 인간과 신의 인격적인 만남을 의미하게 되었다. 진리인식의 주체와 객체가 모두 인격이므로, 인식은 이성만의 작업이 아닌 의지, 즉 사랑이 문제가 되는 것이다.

아우구스티누스는 의지의 전환을 때로는 사랑(amor)이라는 말로 바꾸어서 표현하였다. 그는 의지가 신의 창조의 근거에 있는 이상, 의지를 사랑이라고 불렀다.[57] 영원한 진리를 보는 것은 이성의 역할이지만, 이성이 보려면 사랑, 즉 진리애로 결합되어야 한다. 인식의 완성과 존재의 충만은 모두 의지의 전환 곧 사랑을 통하여 동시에 이루어지는 것이다.

그러므로 아우구스티누스에 따르면, 영혼은 이성으로 하여금 인식만을 위해 의지를 지향하도록 요구하지 않고 존재론적 위계를 따라 지향하도록 요구한다. 여기에서 대상들을 향한 의지의 지향성이 사용(uti)과 즐김(frui)이라는 개념으로 구별되며, 또한 의지의 지향성은 대상에 따라 쿠피디타스(cupiditas)와 카리타스(caritas)로 구분된다.[58] 이렇게 구분되는 까닭은 인간의 본질이 사랑의 대상과 그 지향성에 의해 심각하게 왜곡되었다고 보기 때문이다. 말하자면 의지의 지향성을 사랑이라고 보고, 사랑의 대상에 따라 쿠피

동등함을 말하지는 않는다. 플로티누스가 유출설을 통해 인간의 영혼도 신성을 지니고 있다고 본 데 반하여, 아우구스티누스는 '무로부터의 창조' (*creatio ex nihilo*)를 주장함으로써 인간을 신에 의해 피조된 존재임을 분명히 하였다.

57) Paul Tillich. *op. cit.*, p. 237.

58) 선한용.『시간과 영원: 성 어거스틴에 있어서』(서울: 대한기독교서회, 2002), pp. 108-109.

디타스와 카리타스로 구분하였고, 지향적 측면에서 드러나는 태도를 가지고 사용과 즐김이라는 개념으로 구분한 것이다.

아우구스티누스는 "나의 무게는 나의 사랑, 그것이 나를 어디로 이끌든지 나는 그리로 끌려가나이다."라고 하면서, 마치 무게가 물체를 움직이듯, 인간존재를 움직이는 힘을 사랑으로 보았다.[59] 그러므로 사랑이 대상을 갈망할 때, 그 대상과의 존재론적인 상관성을 지니게 된다는 주장이다. 하지만 사랑이 자신의 존재를 규정한다고 말하기 위해서는 사랑의 의지가 본질적으로 자유롭다는 점이 전제되어야 한다. 이런 의지의 자유로움으로 인간은 영원불변의 대상으로 향할 수도 있고 반대로 가변적이면서도 한시적인 사물에게로 향할 수도 있다. 이런 대상의 질적인 차이가 곧 사랑의 질을 결정하는 잣대가 되는 것이다.

따라서 사용과 즐김을 인식의 문제와 결부시켜 본다면, 전자는 수단적인 사랑을 말하지만 후자는 목적적인 사랑을 의미한다. 이런 사랑의 태도에 따라 사랑의 주체인 존재의 상태가 규정된다고 본다면, 사용은 여전히 타락한 상태에 머무르는 모습이라고 볼 수 있고, 즐김은 의지의 전환을 겪은 이후의 모습이라고 할 수 있다. 아우구스티누스는 사랑을 언어 분석적으로 접근하여 의지의 지향성으로 이해하고, 이런 지향성의 변질이 곧 타락의 원인이라고 하였다. 그러므로 이런 의지의 문제가 인식론의 실마리가 되는 셈이다.

지금까지 살펴보았지만, 아우구스티누스의 존재론적 인식론이

59) 『고백록』, 제13권. 9장. 10절.

취하는 방법은 무엇보다 먼저 인식주체의 존재 상태를 되물어보는 것이다. 인식주체가 올바른 시각을 가지고 있지 못하다면, 아무리 완전한 대상이라고 하더라도 올바르고 완전하게 나타날 수 없을 것이다. 왜곡된 시각을 가지고서는 사실을 사실대로 보지 못한다는 말이다.

그러므로 아우구스티누스는 타락한 영혼에 의해 대상이 감지될 때 이를 쿠피디타스, 즉 왜곡된 사랑으로 정의하고 그것을 지향하는 의지의 태도는 사용이라고 하였다. 하지만 영혼이 회복된 상태에서는 그 대상이 카리타스, 즉 참된 사랑으로 옮겨갈 뿐만 아니라, 그것을 지향하는 의지의 태도도 즐김으로 전환되는 것이다.[60] 어떤 사물을 즐긴다는 것은 그것 자체 때문에 그것에 안주하는 것이다. 이와 반대로 이용한다는 것은, 우리가 가지기를 원해도 합당한 것을 얻기 위해서, 마음대로 처분할 수 있는 것을 사용한다는 뜻이다.[61] 따라서 아우구스티누스가 보는 인식의 전환은 가변적이고 일시적인 것들을 수단으로 삼아서 불변하고 영원한 것들을 파악하는 일이다. 쿠피디타스와 사용이 인간의 현실적 측면을 보여준다면, 카리타스와 즐김은 의지의 당위적인 측면을 보여주는 것이다.

---

60) 원래 라틴어에서 "즐기다"라는 말은 결실과 같은 말이며 얻는다는 뜻이지만, 실용은 사용한다는 뜻이다. 이 두 말 사이에는 차이가 있다. 우리가 즐긴다는 것은 다른 목적과 관계없이 그 자체만으로서 우리를 기쁘게 하는 것이며 실용은 어떤 다른 목적을 위해서 우리가 구하는 것이다. 그렇기 때문에 일시적은 것은 이용(사용)하되, 즐길 것은 아니다. 그래야만 우리는 영원한 것들을 즐길 자격을 얻는다. 『신국론』, 제11권. 25장 참조.

하지만, 의지의 지향성은 신 인식뿐만 아니라, 이성과 경험에 근거한 인간의 모든 인식행위에 관계한다. 이제 의지의 우선이 인식의 전 영역에 해당된다고 함으로써 인식과 존재는 분리될 수 없게 되었다. 앎이 실천에 우위를 차지하고 이성이 의지에 우선하는 고전 철학의 체계에서는 사유와 경험, 목적과 과정, 이론과 실제, 앎과 삶은 분열될 수밖에 없었다. 하지만 이런 고전철학이 득세하는 상황 하에서도 아우구스티누스는 의지에서 인격을 통합할 수 있는 원리를 발견하고 의지의 지향성으로 인격의 분리문제를 해결하려고 하였다.

이런 아우구스티누스의 주장을 종합하면, 교육은 단순하게 정보를 전달하는 일(a matter of information) 보다는 새로운 삶의 자세나 지적인 통찰 또는 우주적인 목적으로 인도하는 전환의 문제(a matter of transformation)에 관심을 두어야 한다.[62] 결국 아우구스티누스의 인식론은 의지의 지향성이라는 근본 성질 때문에 존재론적 인식론이 되었으며, 인식의 전환은 곧 존재의 전환을 의미하였다. 바로 이런 점 때문에 아우구스티누스의 존재론적 인식론은 교육인식론이 되는 것이다. 그가 보는 인식의 과정은 의지의 안내를 받아 존재의 전환을 수반해야만 인식의 목표에 도달한다. 이런 인식행위는 앎과 삶이 일치되는 세계를 만들어나가며 그것이 신 인식에서 완성되는 것이다. 지식에서 지혜로의 전환, 왜곡된 사랑에서 참된 사랑으로의 전향을 가능하게 만드는 것은 의지의 지향성이다.

---

61) 『기독교교육론』, 제1권. 4장. 4절.

62) Robert S, Brumbaugh and Nathaniel M. Lawrence, *op. cit.*, p. 43.

Ⅵ. 인식주체의 존재성과 교육

교사의 교수행위는, 학습자의 인식행위에 주체적으로 참여할 수 없다는 한계성 때문에, 학습활동을 격려하고 촉진하는 일에 집중해야 한다. 교사는 학습활동을 지원하기 위해 물리적이고 심리적인 여건을 조성하고 방향을 제시할 수 있지만, 학습과제에 대한 이해는 학습자의 몫이기 때문에, 학습자를 직접 이해시킬 수는 없다. 그러므로 교사의 임무는 학습 환경을 조성하고 필요한 학습정보를 제공하는 일에 국한된다.

그리고 교수행위에 있어서 교사는 기호와 같은 언어적 상징을 매개로 지식을 전달하지만, 지식을 직접 가르치는 것은 아니다. 교사로부터 말이나 글과 같은 기호가 전달되면, 그것은 학습자의 내면에서 이루어지는 인식의 과정을 거쳐야만 완전한 지식이 될 수 있다. 아우구스티누스에 따르면, 교사는 아무리 정교한 기술을 가지고 있더라도 지식을 간접적으로만 가르칠 수 있다. 실체에 관한 지식은 교사로부터 나오는 것이 아니라 실체 그 자체로부터 드러나는 것이며, 학습자의 내면적 인식이나 외부세계에 관한 직접적인 관찰로부터 얻게 되는 것이다. 따라서 왜곡된 교수행위의 전제주의는 인식의 사실들을 통하여 논박 가능하다.

아우구스티누스는 이처럼, 교양교육 가운데 대단히 중요한 언어교육의 형식주의를 탈피하기 위하여 인식의 과정을 분석하고 그것의 주체성과 지향성을 탐색하기 시작하였다. 그는 『교사론』에서 말의 기능을, 의사소통의 당사자인 학습자로 하여금, 교사가 언급한 것을 확인하기 위하여, 자신의 내면에서 기준이 되는 말을 찾아보도록 자극하는 것이라고 하였다. 물론 여기에는 아우구스티누스의 형이상학적인 주장, 즉 '이미 앎'이 전제되어 있다. 그러므로 학습자는 교사의 말에서 자극을 받아 자신의 내면에서 검증 기준이 되는 말을 이끌어 냄으로써 학습이 가능해지는 것이다. 교사는 결코 진리의 원천이 될 수 없기 때문에, 학습자 자신이 직접 경험이나 지적인 직관을 통하여 지식을 파악해야 한다. 그러므로 아우구스티누스는 학습자가 인식의 주체가 된다는 점에 근거하여 교수행위의 권위주의를 논박하였다. 그의 주장처럼, 언어의 배후에는 인격이 도사리고 있음에도 불구하고 기호의 전달에만 만족하는 잘못된 교육의 언어주의를 비판한 것이다.

따라서 이런 관점에서 보면, 아우구스티누스의 존재론적 인식론은 피상적인 언어주의를 배격하고 인식의 지향성을 통한 존재의 전환을 모색하였다고 볼 수 있다. 그는 의지와 이성의 이분법적인 구도가 존재의 전환에 도움이 되기보다는 오히려 방해요인이 된다고 보고, 인간의 내면에서 이루어지는 인식의 사실들을 바탕으로 인식의 지향성을 밝혀낸 것이다. 인간의 인식행위에서 의지와 이성이 구분될 수 없으며, 다만 기능상의 차이만 있을 뿐이라는 주장이다. 인식을 가능하게 하고 이끌어가는 기능을 가진 것은 물론 이성과 함께 의지의 힘이라고 보는 것이 그의 시각이다. 그러므로 진리인식에 몰두하는 이성의 방향을 잡아주고 전환을 가능하게 하는 것은 바로 의지이며, 그것은 이성과 분리될 수 없다. 그렇다고 해서 아우구스티누스는 의지의 우선성(priority)을 논증한 것이지 우월성(primacy)을 주장한 것이 아니었다.

감각인식에서 시작되는 진리탐구 행위가 자기인식을 경유하여 마침내 신 인식에 이른다는 그의 인식론체계는 인식의 전환이 곧 존재의 전환을 수반한다는 존재론적 인식론의 입장을 분명하게 내세웠다. 의지의 지향성 때문에 가능한 이런 입장이 그의 인식론을 교육인식론으로 볼 수 있게 하는 것이다. 다시 언급하지만, 아우구스티누스의 인식에는 언제나 의지의 지향성이 개입되기 때문에, 인식은 이성의 독자적인 산물이 아니라 의지와의 협력을 통해 얻게 되는 결과물이다. 그러므로 아우구스티누스의 교육인식론은 앎의 문제에만 집중하는 것이 아니라 존재의 문제, 즉 의지의 지향성을 통하여 발생하는 존재의 전환에도 주목하였다.

따라서 아우구스티누스의 존재론적 인식론은 앎의 시작으로서 자아인식의 문제부터 해결해 나갔다. 인식주체와 대상이 결합하면서 성립하는 인식행위는 인간의 내면에서 발생하며, 내면을 더 깊이 파고들수록 인식은 더욱더 분명해진다고 보는 것이다. 그러므로 아우구스티누스는 내면성의 원리에 따라 자기 확실성이라는 사유의 출구를 찾아 나섰다. 데카르트의 선구로서 그는 "우리 인간이 오류를 범한다고 하더라도 존재한다는 사실은 틀림없다. 존재하지 않는다면 오류를 범할 수도 없다."라고 하면서 자기존재의 확실함은 앎의 확실성을 보장해 준다고 주장한 것이다. 따라서 아우구스티누스는 내면성의 원리에 따라 자기인식을 사유의 출구로 삼고 자기 자신으로부터 자기존재의 확실함이라는 새로운 인식의 기초를 마련한 것이다.

결국 아우구스티누스의 인식론이 취하는 방법은 인식주체의 존재 상태를 우선적으로 점검하는 일이다. 시간성 속에서 가변적이고 일시적인 사물에 집착하는 존재는 불변하고 영원한 것을 인식할 수 없다. 비록 아우구스티누스가 말하는 의지의 지향성은 신 인식을 위한 것이었지만, 인간의 모든 인식행위에 적용시킴으로써 인식과 존재는 나누어질 수 없게 된 것이다. 따라서 인간교육에서 문제 삼는 사유와 행위, 즉 앎과 삶의 분리문제는 그의 존재론적 인식론의 관점에서는 무의미한 것으로 환원되어 버린다. 아우구스티누스에게 있어서 인식의 문제는 존재의 문제와 일치하기 때문에, 앎의 문제는 단순히 지식의 문제로만 제한되는 것이 아니라 존재의 전환을 위해 앎의 수준이 문제가 되는 것이다. 그러므로 인식의 전환을 위해 필연적으로 요구되는 것은 의지의 지향성이다.

제15장

아우구스티누스 교수방법의 원리탐색[1)]

카르타고에서 공부하는 아우구스티누스

Ⅰ. 좁은 의미의 언어교육방법을 지양한다.

우리 인간에게 필수적인 언어라는 기호(sign)의 습득은 의사전달과 표현수단을 확보한다는 의미와 함께, 인간됨됨이를 형성하기 위한 것이다. 한 인간의 언어사용이 어떠한가에 따라서 그의 인격을 짐작할 수 있다. 입에서 나오는 말의 가볍고 무거움에 따라 그의 인간됨도 가볍거나 무거운 것이다. 또한 말에 조리가 있고 분명한 자는 일을 체계적이고 명확하게 처리할 것이고, 두서없이 함부로 표현하는 자는 행위의 일관성이 결여되어 있거나 책임감이 없다고 볼 수 있다. 이처럼 언어기호는 사용자의 생각에 맞추어서 무

---

1) 이 글은 "교회교육을 위한 교수방법의 원리탐색: 아우구스티누스의 기호론을 중심으로." 『신학지남』, 제75권 1집 2008.3. 게재논문이며 이 책의 전체 목차에 맞게 배열하였다.

엇인가를 표현하도록 매개하는 기능만 있는 것이 아니라, 인간의 사고와 인격을 드러내는 작용도 하는 것이다.

실제로 언어는 인간의 외부에서 일어나는 현실을 표현하는 도구이지만, 다른 한편으로는 현상을 일정한 시각에서 파악하고 특별하게 해석함으로써 현실을 재창조하는 기능을 가지고 있다. 따라서 우리 인간은 언어기호를 가지고 자기 자신과 세계를 이해하며 또한 자기정체성을 확보해 나가기 때문에, 훌륭한 인격자를 양성하는 교육은 반드시 언어의 기능습득뿐만 아니라 언어를 통한 인격형성 작용을 함께 고려해야 한다.

이런 관점에서 보면, 언어교육의 의미를 너무 좁게 생각해서는 안 된다. 그것은 단순히 지식전달의 수단으로 활용하는 교육에 한정되는 것이 아니고, 나아가 지식과 도덕 그리고 신앙의 세계에 대한 인식을 넓혀나가는 지평의 문제이며 결국은 신앙적인 인격형성과 관련되는 교육의 문제이기 때문이다. 그러므로 교회교육 역시 언어기호의 인식과 활용능력뿐만 아니라 현상을 올바르게 해석하고 이해하는 능력을 길러서 신앙적인 인격형성에 도움을 주는 언어교육의 방식을 모색하고 활용해야 할 것이다.

교부시대의 위대한 교육사상가인 아우구스티누스(Aurelius Augustinus)는 그의 『교사론』(*De Magistro* ; *The Teacher*)에서 언어기호의 중요성을 강조하면서 교수-학습의 원리를 논의하였다.[2] 그는 기호인

---

2) Saint Augustine(1968), *The Teacher*, Robert P. Russell, O.S.A.(trans.), in *The Fathers of the Church*. Washington, D.C. : The Catholic Univ. of America

식론의 관점에서 언어기호들이 가지고 있는 의미연관성을 밝히려고 노력하였으며, 이를 토대로 교수행위(teaching)의 전제성(despotism)을 논박하고 교수방법의 본래적 의미를 밝혀나갔다. 그는 당시의 많은 학교에서 사용하였던 지식전달모형(the knowledge-transfer model of education)이 잘못되었다고 지적하면서 언어기호의 본질에 알맞은 교육의 원리를 내세웠다.[3] 여기에서 말하는 지식전달모형은 교사의 능동성과 학습자의 수동성을 당연하다고 전제하면서, 교사가 언어 기호를 학습자에게 전달함으로써 지식을 가르칠 수 있다는 교수방법이다. "교사는 지식을 언어로 기호화하고 적절한 목소리로 발음하여 지식을 전하면, 학습자는 교사가 전하는 말을 듣고 그 말을 해독하여 사고로 전환함으로써 지식을 얻는다는 교수모형이 과연 타당한가?"[4]라는 문제인식이었다.

그렇다고 해서 아우구스티누스가 언어교육 자체를 부정한 것은 아니었다. 다만 그는 언어기호를 통해 이루어지는 인식의 과정을 올바르게 규명함으로써 흔히 학습자의 내면적 이해과정을 무시하는 교수행위의 전제성이 부당하다고 주장한 것이었다. 말하자면 그는 언어교육방법에 관한 올바른 이해를 촉구한 것이다.

Press, pp. 1-61 참조. 이 책은 아우구스티누스가 회심 직후 카시키아쿰(Cassiciacum)에서 그의 아들 아데오다투스(Adeodatus)와 대화형식으로 연구한 것이며, 고향인 타가스테(Tagaste)로 귀향하여 수도원을 설립한 직후인 389년에 출판한 것이다.

3) Philip L., Quinn,, "Augustinian Learning," *Philosophers on Education: Historical Perspectives* (New York: Routledge, 1998), p. 85.

4) *Ibid.*, p. 81.

우리 인간은 언어기호를 통하여 세계의 존재방식을 이해하고 타인과 의사소통하며, 새로운 문화를 설계하고 미래의 삶을 꿈꾼다. 아우구스티누스는 일찍부터 세계를 하나님에 의해 창조된 것으로 보면서 일종의 기호와 같은 질서 형태로 계획된 것이라고 하였다.[5] 그러므로 그가 보기에 기호 없는 인간의 삶은 존재할 수 없다. 인간의 삶 자체가 해석되고 이해되어야 하는 기호이고 인간의 사고가 미치는 모든 사물과 현상에 기호의 망이 펼쳐져있다고 보는 것이다. 그러므로 그는 교수행위를, 학생들이 언어기호 속에 들어있는 어떤 의미를 내적 통찰을 통해 파악할 수 있도록 도와주는 행위라고 하였다.

이 연구는 기호론의 입장에서 언어의 기능을 규명하고 교수행위의 원리를 밝힌 아우구스티누스의 주장을 탐색하면서 그것을 교회교육방법의 원리로 활용하고자 한다. 교회교육은 본질적으로 신앙적 실천을 위한 것이지만, 그것은 먼저 언어교육의 방법을 택한다. 주일학교에서 실천지향적인 교육프로그램을 내세우더라도 언어기호를 통해 만든 정보를 먼저 전달하고 이해를 촉구해야 한다. 따라서 이 연구는 다음과 같은 내용으로 구성된다.

첫째, '지식전달모형의 한계' 에서는 아우구스티누스 관련문헌과 기호학에서 나타나는 교육의 핵심적인 주장들을 살펴보고, 기호학의 원리적인 측면에서 그가 비판하는 교수행위를 중점적으로 탐색해 본다.

---

5) Robert S. Brumbaugh and Nathaniel M. Lawrence, *Philosophical Themes in Modern Education* (Boston: University Press of America, Inc., 1985), p.46.

둘째, '진리인식과 조명설' 에서는 학습자의 내면에서 이루어지는 진리인식이 이성적인 빛의 조명이라는 하나님의 은혜로 이루어진다는 점을 살피고 그것이 교수방법에 주는 시사점을 정리해 본다.

마지막 결론인, '기호론과 조명설을 활용하는 성경교수방법의 원리' 에서는 기호론과 조명설에서 논증하는 인식론적 원리를 교수방법으로 활용하는 방안을 구체적으로 모색하며, 교회교육에서 활용할 수 있는 성경교수방법의 원리를 제안한다.

이 연구의 목적은 문헌연구를 통하여 아우구스티누스의 교육적 주장들을 체계적으로 묶어서 성경교수방법의 원리를 밝히는 것이다. 고전교육과 중세교육에 다리를 놓았을 뿐만 아니라 근대교육에 상당한 영향을 미친 아우구스티누스의 교육적 아이디어가 교회교육을 위한 교수방법의 원리로 정리된다면, 우리 시대의 교회교육에 활용되는 바가 상당하리라고 본다.

Ⅱ. 지식전달모형의 한계

1. 말보다 의미가 중요하다

아우구스티누스는 지식을 보편적이면서도 비물질적인 것으로 보았기 때문에, 언어를 통하여 모든 것을 가르칠 수 있다는 교수행위에 대해서는 매우 회의적이었다. 그는 "똑같은 말이라도 희랍어로 말할 때와 라틴어로 말할 때 서로 다른 소리가 나지만, 그 말을 통해 표현되는 내용은 희랍어도 아니고 라틴어도 아니다. 사실 그 내용은 언어와는 전혀 별개의 것이다."[6]라고 하였다. 이를테면, 지식은 말로 표현될 수 없기 때문에, 말 그 자체만으로는 지식을 구성할 수 없다는 뜻이다. 그리고 말은 여러 나라말로 언명되지만, 말의 배후에 있는 원리는 언어가 아니라는 주장이다. 그러므로 교수행위를 말이나 글로 지식을 전달하거나 주입하는 행위로 본다면, 그것은 아우구스티누스에 의해 틀림없이 거부될 것이다.

그는 학습자 밖에서 교사가 주도하는 교수행위(teaching)보다는 학습자의 내면에서 학습자 스스로 행하는 학습활동(learning)을 훨씬 더 신뢰하였기 때문에, 학습활동이 수반되지 않는 교수행위에 대해서는 매우 부정적인 입장을 가지고 있었다. 실제로, 수업에 억지로 참여하는 학생보다 자발적으로 수업에 임하는 학생의 학업성취도가 훨씬 높은 경우를 보면 쉽게 알 수 있다. 그러므로 자유의지를 가진 존재인 학생을 강제하기보다는 격려하고 지원함으로써 학습효과를 증진시킬 수 있을 것이다. 아우구스티누스의 관점에서, 교수행위는 학생에게 지식을 넘겨주는 단순한 기술(technique)이 아니라 학생에게 스스로 학습하도록 격려하는 기술(art)이다. 그러므로 교수방법(teaching method)도 이런 관점에서 살펴야 한다.

아우구스티누스의 『교사론』에서는 말의 사용을, 가르치거나 생각나게 하기 위한 것이라고 보고 그것이 교수행위와 어떻게 관련되는가를 분석하고 있다.[7] 그는 교수행위를 살피면서, 교사는 자신

---

6) 『고백록』, 제10권. 12장. 19절.
7) *The Teacher*, 1장. 2절.

의 마음에서 발생한 말을 입으로 표현하여 학생과 의사소통하는데, 여기에는 두 가지 단계가 있다고 하였다.[8] 첫 번째 단계에서는, 교사의 기억 속에 깊숙이 파묻혀있던 지식의 항목들이 내면의 언어나 이성이라는 사고로 되살아난다. 하지만, 이것들은 비물질적이기 때문에 특정한 물리적인 언어로 만들어지지 않는다. 하지만 두 번째 단계에서는, 내면의 말이 물리적인 기호를 통하여 외부로 표현된다. 이런 물리적인 표현, 즉 특정한 언어로 표현되는 비물질적 사고를 흔히 말이라고 한다. 보다 더 적절하게 말하자면 그것은 음성이라는 물리적인 소리이다. 이런 외부의 말은 의미나 사고 자체를 드러내는 것이 아니라 다만 상징하고 있을 뿐이다. 아우구스티누스는 여기에서 매우 특이하게 말을 내면의 말과 외부의 말로 구분해서 사용하고 있다. 그가 표현하는 내면의 말은 생각 그 자체를 가리키는 것이다.

그러므로 교사의 입에서 나오는 말의 기능은, 교수의 대상인 학생이 교사가 언급한 바를 확인하기 위하여, 자신의 마음속에서 기준이 되는 말을 찾아보도록 자극하는 것이다. 학생은 교사의 말을 듣고 자극을 받아, 자신의 내면에서 검증 기준이 되는 말을 이끌어냄으로써 학습활동에 임하는 것이다. 아우구스티누스의 가설에서 보면, 우리는 시간의 제약을 받으면서 모든 사물들이 만들어지는 영원한 진리 속에서 정신적인 시각을 가지고 사물의 형상을 바

---

8) George Howie(ed. & trans.), *St. Augustine: On Education*(South Bend: Gateway Edition, Ltd., 1969), p. 332.

라보기 때문에,[9] 학습자는 자신의 내면에서 학습활동에 임할 수 있다. 근원에서 파생되는 사물에 관한 참된 진리는 우리의 내면에서 말로 저장된다. 그리고 우리는 말을 내면에서 만들어내기 때문에 밖으로 표현할 수 있는 것이다.

계속해서 언어기호의 기능에 관한 아우구스티누스의 논증을 살펴본다. 우리가 실제로 참인 것을 말할 때, 우리는 기억 속에서 그 지식이 유래한 것과 같은 말을 만들어낸다. 실제로 우리가 알고 있는 것으로부터 형성된 사고는 우리가 마음속에서 말하고 있는 말이며, 이런 내면의 말은 한글이나 영어와 같은 언어가 아니다. 그렇지만, 이런 하나의 지식을 대화 상대방의 마음속으로 옮겨놓을 필요가 있을 경우, 우리는 그런 지식과 유사한 기호를 사용한다.[10] 이런 장면을 보고 우리는 단순하게 교사가 학생을 말로 가르친다고 하지만, 원리적으로 보면 교사는 학생의 생각을 환기시키기 위해 말을 하는 것이다.

다시 언급하지만 아우구스티누스는 말을 외부의 말과 내면의 말로 구분하면서 우리 마음속에 있는 말, 즉 내면의 말도 역시 신체감각으로 표현된다고 하였다. 사람들이 서로 자신의 생각을 전달하기 위해서 사용하는 기호 중에 어떤 것은 시각에 관계되고, 어떤 것은 청각에 관계되며, 극소수는 다른 감각에 관계되어 있다.[11] 소리나 고개의 끄덕임과 같은 신체적인 기호는 눈이나 귀로

---

9) *Ibid.*
10) *Ibid.*, p. 333.
11) 김종흡 역, 성 아우구스티누스의『기독교 교육론』(서울: 크리스챤다이제스트,

지각되는 것이므로, 문자는 음성을 통하지 않고 타인과 의사소통하기 위해 만들어진 것이다. 이런 문자도 말의 기호이며, 말도 역시 우리가 생각하고 있는 사물을 기호화 한 것이다. 그리고 외부로 소리 나는 말도 우리 안에서 비추어지는 말의 기호이다. 다만 입으로 표현되는 것은 말의 소리일 뿐이며, 그것은 내면의 말이 외부로 잘 표현되도록 하기 위해 소리를 이용하는 것이다.

따라서 내면의 말이 감각으로 표출되기 위해 특정한 소리를 채용하며, 내면의 소리는 물리적인 소리로 번역될 뿐이다. 그러므로 우리는 교수-학습과정에서 소리를 들음으로써 배우는 것이 아니라 소리가 상징하고 있는 사물을 알게 됨으로써 의미를 배우는 것이다.[12] 아우구스티누스의 관점에서 보면, 학생이 교사의 말을 듣고 이해하는 것은 사실 학생이 자신의 내면에서 이성적인 힘을 발휘하여 스스로 이해한 것이다. 이것을 두고 학생이 이해하였다고 한다. 물론 교사의 말이 학생에게 이해하도록 유익한 정보를 제공한 것이고 자극을 준 것이지만 말이다. 그럼에도 불구하고 학생이 스스로 행하는 내면의 이해과정에는 교사가 관여할 수 없는 분명한 한계가 있다. 따라서 이런 논증을 정당하다고 본다면, 아우구스티누스가 비판하는 지식전달모형은 올바른 교수방법이라고 할 수 없다.

2. 기호학과 교수방법

1994), p. 59.
12) George Howie, *op. cit.*, pp. 333-34.

현대 기호학의 주장도 역시 아우구스티누스의 교수-학습이론이 내세우는 관점을 지지하고 있다. 다르게 표현하자면, 현대 기호학은 아우구스티누스의 뛰어난 통찰을 계승하고 발전시킨 것이다. 기호학자들은 그의 관점과 동일하게 우리 인간이 기호의 울타리를 넘을 수 없다고 본다. 우리의 의식은 기호가 보여주는 표상으로서의 세계에서 시작하며, 우리의 자유로운 상상을 넓혀나간다는 것은 기호의 세계를 넓힌다는 말과 같은 의미이다. 그리고 우리의 의식과 무의식의 경계에는 기호의 울타리가 자리 잡고 있다는 것이다. 우리의 기억 밖으로 사라지는 세계와 우리의 기억 속으로 들어오는 세계 사이에는 기호의 세계가 존재하며, 기호는 우리를 과거와 미래 사이에 걸쳐 놓는다고 본다.13) 기호학자들은 이처럼 인간의 세계와 역사를 기호의 세계와 역사로 보면서 그 의미를 해석하고 있지만, 특히 언어기호에 주목하여 그것의 의미연관성을 밝히고자 하는 것이다.

따라서 기호학에서는 우선 기호를 의미 운반체로서의 기표(記票, signifier)와 정신적 의미로서의 기의(記意, signified)로 구성된다고 한다. 그리고 하나의 기호를 만들기 위해 이루어지는, 기표와 기의를 결합시키는 작용을 의미작용이라고 부른다. 이런 의미작용은 기호를 만들 때와 기호를 해석할 때 일어난다. 따라서 기호가 전달되는 경우, 기표와 기의 그리고 의미작용이 함께 이루어진다.14) 그런

13) 김경용, 『기호학이란 무엇인가』 (서울: 민음사, 2007), p. 16.
14) Ibid., pp. 18-21. 참고로 기호의 조직원리를 code라고 부르고, 코드에 의해 생산된 산물을 일반적인 말로 text라고 부른다.

데 의미작용은 기표에 기의를 더하거나 빼내는 작용이다. 특히 메시지의 수신자 쪽에서 보면 의미작용은 기표를 전해 듣고 의미를 재생산해 내는 작용이다. 이런 맥락에서 특히 주목해야 할 점은, 의미는 전달될 수 없다는 주장이다. 그렇다면, 송신자 쪽에서 일어난 의미작용이 수신자 쪽에서 일어날 의미작용과 같을 수도 있고 다를 수도 있을 것이다.

따라서, 송신자와 수신자의 의미 창출과정은 서로 독립적이라고 볼 수 있다. 양쪽을 연결하는 것은 전달된 기표뿐이고, 전달된 기표는 수신자에게 의미를 재생산할 기회를 제공하는 역할을 수행할 뿐이다.[15] 그러므로 기표는 의미의 세계로 입장하기 위한 수단이 된다. 그것은 마치 달을 가리키는 손가락의 역할과 같은 것이다.[16] 손가락은 달을 가리킬 때만 필요한 것이지 일단 달을 보고나면 더 이상 필요하지 않다. 기표는 손가락과 같은 것이고, 달은 기의와 같은 것이다.

인간을 창조적 동물이라고 한다면, 그것은 여러 가지 언어기호들을 엮어서 의미 있는 상징체계를 만들어내는 능력을 가지고 있기 때문이다. 심지어 유아일지라도 성인의 언어사용을 무조건적으로 답습하는 것은 아니다. 아우구스티누스는 자신의 경우를 예로 들면서, 유아시절에 하나님이 주신 이성의 힘을 사용하여 스스로 말을 배웠다고 다음과 같이 회상하였다.[17] "그리고 나는 사람들이

---

15) *Ibid.*, p. 21.
16) 『기독교 교육론』, p. 24 참조.
17) 김광채 역, 성 어거스틴의 『고백록』 (서울: 기독교문서선교회, 2004), 제1권. 8장.

하는 말을 자꾸 들으면서 어떤 단어가 어떤 문장에서 어떤 위치와 어떤 의미를 취하게 되는지를 알게 되었고, 이를 통해 나의 어휘력을 향상시켜 갔사오며, 나의 입을 이러한 언어적 표상에 적응시킨 다음에는 나의 뜻을 언어를 통해 나타내기 시작하였나이다."

그렇다면, 교사를 통해 얻을 수 있는 것은 무엇인가! 앞에서 살펴 본 기호학의 이론적 주장을 교수행위에 적용시켜 보자. 단순하게 표현하자면, 교사는 단지 학생의 귀에 기표를 들려 줄 따름이다. 교사는 기표 속에 지식이라는 기의를 담아서 학생에게 전하지만, 학생은 기표만 듣는다. 기표 속에 들어있는 기의를 이해하는 과정은 학생의 내면에서 이루어지는 것이다. 이렇게 본다면, 교수행위에 있어서 교사는 학생의 이해수준은 고려하지 않고 지식을 전하는 일에만 적극적인 자세로 임하면 된다는 지식전달모형(the knowledge-transfer model of education)은 거부될 수밖에 없다.[18] 이런 모형에 따르면, 교사는 사물이나 지식을 언어로 기호화하여서 적절하게 음성으로 표현하면, 학습자는 그 음성을 듣고 언어로 인지하면서 그것을 생각으로 해독한다는 것이다.

그러나 모든 사물이 기호 그 자체가 아니기 때문에 교사는 물론이고 학습자도 역시 기호인식에만 머물러서는 안 된다. 기표 속에 담겨있는 기의를 파악하기 위해 노력해야 한다. 따라서 아우구스티누스가 비판하는 지식전달모형을 이겨내기 위해, 학습자는 사물

13절.

18) Philip L. Quinn, *op. cit.*, p. 81 참조.

과 기호를 구별해야 하며 사물을 논할 경우에는 사물 그 자체에 집중해야 한다.[19] 언어교육의 경우, 기호만 논하는 교수행위를 제외하고, 기호에 대응하는 사물이 무엇이며 또한 그것이 무엇을 의미하는가를 항상 생각해야만 유효한 교육이 이루어 질 수 있다.

이제 아우구스티누스 식으로 다시 표현해 보자. 언어기호는 귀로 들을 수 있는 소리와 정신과 연결되어 있는 의미로 구성되어 있다. 살아 있는 존재에게 몸과 영혼이 있듯이, 소리가 몸이라면 의미는 소리의 영혼이다. 그러므로 기호의 의미는 모른 채 단순히 기호에만 몰두하는 자는 기호의 노예일 뿐이다.[20] 반면에 학습자가 기호의 의미에 집중한다면, 그는 보이기는 하지만 사라져버리는 기호에 집착하는 것이 아니다. 그는 기호와 함께 의미에 관심을 가지면서 무언가를 이해하고 깨닫게 될 것이다.

Ⅲ. 진리인식과 조명설

1. 학습자의 내면에서 이루어지는 하나님의 조명

아우구스티누스는 교사의 역할이 학생의 내면에서 이루어지는 이해과정에서 한계를 보일 수밖에 없기 때문에, 학습활동을 격려하고 촉진하는 일에 초점을 맞추는 교수행위보다는 진리인식에 스

19) 『기독교 교육론』, p. 31.
20) George Howie, *op. cit.*, pp. 328-29.

스로 몰두하여 탐구과정을 거치는 학습활동을 선호하였다. 이런 시각은 인간의 인식행위가 가지는 근본적인 한계성에 기인한 것이다. 교사는 학생의 이해를 돕기 위해 물리적이고 심리적인 학습환경을 조성하거나 학습의 방향을 제시해 줄 수는 있다. 하지만 아무리 유능한 교사라고 하더라도 학생을 직접 이해시킬 수는 없다. 궁극적으로 학습과제에 관한 이해는 학생 스스로 해결하는 것이다.

따라서 아우구스티누스가 보는 교사의 역할은 먼저 하나님의 사랑을 가지고 학생에게 접근하면서 교사로서의 과업을 충실하게 이해하는 것이다. 교실수업에서 교사는 우선적으로 학생들의 관심이나 생활환경을 파악한 후 심리적인 유대감(rapport)을 형성해야 한다. 그리고 자신이 가르치는 내용이나 방법이 학생들의 욕구나 능력에 부응하도록 노력해야 한다. 그렇지 않으면, 수업은 비효과적일 수밖에 없다. 물론 이런 주장은 교수행위를 효과적으로 수행하기 위한 것이지만, 기본적으로는 학생들의 학습활동에 필요한 환경을 조성하려는 노력이다.

그러므로 교사의 임무는 학생들의 학습활동을 지원하기 위하여 교육환경을 조성하고 필요한 학습정보를 제공하는 일이다. 교사는 아무리 정교한 기술을 가지고 있더라도 지식을 직접 전달할 수 없다. 교사가 교수행위에 있어서 언어기호와 같은 상징의 매개를 통하여 지식을 가르치지만, 지식을 직접 가르치는 것은 아니다.[21] 교

21) Simon Harrison, "Augustine on what we owe to our teachers," *Philosophers*

사로부터 언어기호가 학생들에게 전달되면, 그것은 학생 개인의 내면에서 이루어지는 이해의 과정을 거쳐야만 완전한 지식이 될 수 있다. 그러므로 지식을 획득하는 일에 있어서 학생의 내면적 이해과정, 즉 학습활동이 교수행위보다 훨씬 더 중요하다고 보는 것이다. 학습자의 입장에서 보면, 교사의 교수행위는 근본적으로 한계가 있으며 간접적일 수밖에 없다.

따라서 이제는 학습자의 내면에서 이루어지는 인식행위를 살펴볼 차례이다. 아우구스티누스의 기호론에 따르면, 인간의 이성은 절대이성이 아니지만, 영원한 이성과의 유사성 때문에 가변적인 외부세계를 판단할 수 있는 기준들을 가지고 있다. 우리 인간은 이런 이성을 소유하고 있으므로 진리를 추구하게 되는 것이다. 인간의 내면은 비록 죄로 인하여 어두워진 곳이지만, 여전히 남아있는 하나님과의 유사성 때문에 진리인식이 가능하다고 본다. 그런데 아우구스티누스는 다른 곳이 아닌 바로 자기 자신으로부터 진리 추구의 여정은 시작된다고 보았다.[22] 그러므로 우리는 기호인지가 가능한 감각의 자리에만 머물지 말고 하나님을 만날 수 있는 자신의 내면 깊숙한 곳으로 나아가야 한다고 주장할 수 있다. 비록 우리 인간의 영혼이 타락하여 진리를 직관할 수 없을지라도 하나님의 형상으로서의 이성은 여전히 그 가능성을 유지하고 있기 때문이다.

On Education: Historical Perspectives (New York: Routledge, 1998), p. 77 참조.

22) 양명수, 『어거스틴의 인식론: 이성과 계시 또는 앎과 믿음』(서울: 한들출판사, 1999), p. 24.

이런 관점에서 본다면 진리는 단순히 우리가 찾아야 하는 피동적인 대상이 아니라 이미 우리에게 주어진 것으로서 우리의 인식과 의지활동 전체를 끌어당기는 힘이 된다. 우리는 진리이신 하나님께서 창조하신 존재이므로 비 진리를 향하기보다는 진리를 향하는 존재의 필연성을 지니고 있기 때문이다. 그러므로 진리인식은 인간의 노력만으로 이루어질 수 없고, 하나님의 예지가 우리의 어두워진 내면에서 밝은 빛을 비추어주시기 때문에 가능한 것이다.

아우구스티누스는 인간의 사고행위(the activity of the mind in thinking)를 눈으로 바라보는 행위(the activity of the eye in vision)와 비교하여 신의 조명(Divine Illumination)이라는 은유적인 표현을 사용하였다.[23] 감각적인 시각에서 보면 태양이 빛의 원천이듯이, 보편적이고 필연적인 진리를 우리가 이해할 수 있도록 정신적인 빛을 비추어주시는 빛의 원천은 하나님이라는 주장이다. 그러므로 내심의 교사(the internal teacher)가 되시는 하나님의 예지가 우리 인간의 내면에서 이성을 통하여 조명한다는 주장이 성립되며, 이것이 바로 아우구스티누스의 조명설(the illumination theory)이다.

아우구스티누스는 진리라는 인식대상의 실재성과 학습자라는 인식주체의 능동성을 모두 인정하면서도, 인식주체의 활동이 실제적으로는 내면의 조명을 통하여 성립된다는 점을 분명히 하였다. 우리의 지식행위나 진리인식은 영원성과 불변성 그리고 필연성을

---

23) S. J. Curtis and M. E. A. Boultwood, *A Short History of Educational Ideas* (London: University Tutorial Press, 1975), p. 82.

속성으로 하는 하나님의 예지가 우리의 내면에서 빛을 비추어주기 때문에 가능하다는 것이 그의 주장이다. 그러므로 우리에게 진리를 가르치는 유일한 교사는 우리의 바깥에 있는 교사가 아니라 우리의 마음속에 있으면서 진리를 조명해주는 내심의 교사이다. 이를 충실하게 반영하는 교수방법이 모색되어야 한다는 당위성은 바로 여기에 있다.

2. 조명이라는 내면의 교수행위

아우구스티누스는 인간의 인식과정에서 드러나는 교수행위의 한계성 때문에, 우리를 직접 가르치는 교사를 상징적인 표현으로 요청하였다. 그가 말하는 교사는 바로 내심의 교사이다. 이제는 학습자가 인간교사의 언어기호를 통하여 배우는 것이 아니라, 내심의 교사가 내면에서 조명을 통하여 명료하게 한 지식 그 자체로부터 배운다.[24] 내심의 교사가 사용하는 말은 언어로 표현되는 지식이 아니라 지식 그 자체이다. 따라서 우리 인간은 학습활동을 통하여 우리의 내면에서 진리를 직접 조명해 주시는 내심의 교사, 즉 하나님의 예지의 가르침에 우리 자신을 항상 개방해야 한다.

아우구스티누스는 인식주체인 인간의 이성을 빛으로 명명하여 태양이나 달과 같은 물리적인 빛과 구별함으로써 감각인식을 통하여 영혼의 판단으로 이끄는 이성의 빛을 물리적인 빛과 다르게 보

---

24) *The Teacher*, 12장. 40절.

았다. 이를테면, 눈을 매개로하여 영혼을 활동하게 하고 감각하게 하는 빛은 영혼 안에 자리 잡고 있지만, 눈에 의해 감각되는 빛은 신체 안에 있기 때문에 서로 다르다는 주장이다.[25] 하지만 이성적 존재인 인간의 내면에는 앞의 두 가지 빛과 전혀 다른 참다운 빛이 존재하고 있으며, 우리는 바로 이 빛을 통하여 진리인식이 가능하다고 본다.[26] 동물과 같은 비합리적인 존재들은 이런 빛이 없어서 진리인식이 불가능한 것이다.

우리의 이성은 참다운 빛과 접촉하여 진리의 세계를 보며 지혜를 이끌어낸다. 우리의 이성은 물리적인 빛을 통해 가시적인 사물들을 감각하지만, 참다운 빛의 조명으로 지식을 직접 산출하기도 한다. 그러므로 앎은 인간의 내면에서 참다운 빛, 즉 신의 조명으로 실현되는 것이다. 여기에서 앎은 인간의 내면에서 이미 형성되어 있는 것이 아니다. 모든 앎은 우리 인간의 내면에 이미 주어져 있는 것이 아니라 하나님의 예지가 비추어주는 조명 가운데서 형성되는 것이다. 조명을 통해 감각적인 앎이 형성되고, 조명을 통해 깨닫는 앎이 형성되는 것이다. 그러므로 조명설은 지금 주어지는 진리를 이성이 봄으로써 앎이 실현된다는 주장을 내세운다. 순간순간마다 지금 봄이 우리의 내면에서 이루어지는 것이다.

여기에서 주목할 점은 우리의 이성이 진리를 직접 본다는 사실이다. 여기서 본다는 말은 인간의 이성이 주체적으로 앎을 이룬다

25) George Howie, *op. cit.*, p. 272 참조.
26) 『고백록』, 제7권. 10장. 16절.

는 뜻이다. 그러므로 우리의 내면에서 이성이 조명을 받으면, 우리는 진리를 보게 되고 영원불변하는 진리에 대한 지식을 얻게 되는 것이다.[27] 진리는 우리에게 이미 주어진 것이 아니라, 이성의 적극적인 행위를 통하여 지금 얻어내는 것이다. 하지만 이런 예지행위가 조명을 통해 이루어진다고 해서 우리의 이성 안에 하나님이 들어서는 것은 아니다. 하나님은 조명을 통하여 우리의 이성에게 지식 자체를 볼 수 있게 해 줄 뿐이므로, 진리를 포착하는 주체는 우리의 이성이 된다.[28] 따라서 우리가 진리를 보려고 노력만하면 언제나 보이는 것이며, 하나님의 조명으로 이루어지기 때문에 은총인 것이다.

그러므로 학습활동에 있어서 학습자는 항상 하나님의 지원을 받는 협력관계에 있다. 학습자의 인식을 통하여 얻게 되는 지식의 개념은 기존의 것을 수용한 것이 아니라 새롭게 만들어지는 것이다. 하나님의 도움은 조명하시는 일이므로 앎을 이루는 것은 인간 이성의 적극적인 활동의 결과이다. 내심의 교사인 하나님의 예지는 깨달음을 얻으려는 학습자의 의지가 보일 때마다 항상 조명해주신다. 하나님의 예지는 인간이성의 깨달음을 위해 내심의 교사로서 우리를 가르치는 것이다. 조명설은 "밝은 빛을 통해 지금 보이는 지식자체를 우리의 이성이 직접 바라본다."는 인식행위를 강

27) Stering P. Lamprecht, *Our Philosophical Traditions: A Brief History of Philosophy in Western Civilization* (New York: Appleton Century Crofts, Inc., 1955), p. 135.

28) 송병구, 『하나님을 어떻게 알 수 있는가: St. Augustinus의 존재론적 인식론』(서울: 한들출판사, 2004), p. 167.

조하고 있다.

따라서 아우구스티누스의 조명설은 인식대상의 실재성과 인식주체의 창조성을 모두 인정하며, 인식행위의 능동성과 수동성을 모두 수용한다. 하지만 진리인식은 보는 행위와 보여짐을 모두 포섭해야 하기 때문에, 하나님과 인식주체의 인격적인 만남이라는 의미를 함께 지니고 있다. 조명설은 학습자가 하나님의 예지와 계속적으로 만남으로써 앎이 이루어진다고 보는 것이다. 그러므로 두 인격의 만남으로 진리인식이 성립된다. 결국 아우구스티누스 교육방법의 핵심은 "내 영혼 안에서 주님이 직접 가르치신다."이다. 이것은 그의 조명설을 하나의 명제로 간결하게 표현한 것이다. 내 안에서 주님이 직접 가르치시는 것이 주가 되는 언어교수방법을 찾는 일은 우리의 몫이다.

Ⅳ. 기호론과 조명설을 활용하는 성경교수방법의 원리

이제는 "언어의 배후에는 인격이 존재한다."(a person behind a word)[29] 라는 명제를 수용할 수 있다. 이것은 아우구스티누스의 주장으로, 인간이 사용하는 말 속에는 죽은 생각이 아니라 살아있는 생각이 들어있다는 뜻이다. 생각하는 존재인 인간이 언어를 사용하기 때

29) Robert S. Brumbaugh and Nathaniel M. Lawrence, *op. cit.*, p. 47.

문에, 언어는 자연세계를 거울에 비추듯이 단순히 반영하지 않고 언어사용자의 관점을 함께 반영하고 있다. 기의 없이 기표로만 구성되는 언어는 껍데기에 불과하며, 그런 말을 사용하는 자는 빈말을 주고받는 것이다.

그러므로 교육의 장면에서 사용되는 말과 글에는 항상 교사나 학생과 같은 사용자의 의도, 즉 의미가 담겨져 있다. 특히 교수행위에 임하는 교사는, 기호학에서도 강조하지만, 기표에서 기의를 더하거나 빼내는 의미작용에 주목해야 한다. 말에는 의미가 담기지만, 더 나아가 사용자의 인격이 함께 담긴다는 사실을 염두에 두는 것이 현명한 교사의 자세이다. 이제는 앞에서 탐색한 바를 기초로 교회교육에서 활용 가능한 성경교수방법의 원리를 정리해 본다. 물론 성경은 계시된 말씀으로 살았고 운동력이 있어 좌우에 날선 어떤 검보다 예리하여 혼과 영과 관절과 골수를 찔러 쪼개기까지 하며 또 마음의 생각과 뜻을 감찰하지만(히 4:12), 이 연구는 교회교육에서 성경을 잘 가르치기 위해 필요한 효과적인 교수방법의 원리를 정리해 보는 것이다.

첫째, 성경교사는 언어기호만으로는 성경적 지식을 구성할 수 없음을 인식해야 한다. 그리고 성경교사는 자신이 깨달은 성경적 지식을 학생에게 전달할 수 있다고 주장해서는 안 된다. 성경교사는 자신이 구성한 성경적 지식을 말에 담아 전달해야 하지만, 자신의 이해처럼 학생도 똑 같이 이해한다고 생각해서는 안 될 것이다. 주일학교에서 성경교사는 이 점에 유의하여, 의미를 전달받을 수 없는 학생이 혼자서 의미를 이해할 수 있도록 옆에서 도와주어야 한다. 성경을 가르치는 교수행위(teaching)는 학생에게 성경적 지식을 넘겨주는 단순한 기술(technique)이 아니라, 학생에게 스스로 이해하도록 동기를 부여하거나 격려하는 고차원의 기술(art)임을 성경교사는 명심해야 한다.

둘째, 현대기호학은 기호가 기표와 기의로 구성되며, 기표와 기의를 결합시키는 의미작용에 의해 활성화된다고 하였다. 그러므로 성경교사는 학생에게 기표만 들려줄 수 있으며 기의를 전달할 수는 없다. 학생은 기표를 듣고 자신의 마음속에서 기의를 재생산해 내어야 한다. 학생이 기의를 다시 만들어내는 일은 의미작용을 통해 스스로 행할 수밖에 없다. 따라서 성경교사는 이런 방식으로 학습하는 학생을 돕기 위해 언어기호에 대응하는 사물을 보여주는 교수행위를 진행시키는 것이 좋다. 아우구스티누스는, 말에만 얽매여 있는 자는 말의 노예가 된다고 하였다. 그러므로 성경교사는 되도록이면 성경의 언어적 표현들을 사물에 대응시켜 주일학교 학생들에게 제시하는 방법을 활용하는 것이 좋다. 이런 방법은 학생들이 스스로 행하는 의미작용을 도와줄 수 있다.

셋째, 성경교사는 성경적 지식을 직접 전달할 수 없기 때문에, 학생의 마음에서 이루어지는 이해활동에 관여할 수 없다는 점을 잘 인식해야 한다. 성경교사는, 학생 스스로 학습과제를 이해해야 함을 명심하고, 물리적으로나 심리적으로 바람직한 학습 환경을 조성해 주면서, 필요한 성경공부 자료들을 제공해야 한다. 그러므로 성경교사들이 학생들의 지적인 호기심을 자극하는 자료들을 만들어서 제시하는 일은 대단히 중요한 교육의 임무이다.

넷째, 우리가 생각하는 방식을 '눈으로 사물을 바라보는 방식'으로 비유해서 표현할 수 있다. 조명이론에 대한 설명이다. 시각능력을 가진 자가 어둠 속에서 길을 찾으려고 시도할 경우, 빛이 비춰진다면 그는 쉽게 길을 찾을 수 있다. 이처럼 어두워진 우리의 내면에서 참된 지식을 찾으려고 할 경우, 빛의 조명이 있으면 참된 지식을 잘 찾을 수 있다. 어둠 속에서는 길을 볼 수 없는 것과 마찬가지로, 우리의 내면에 빛이 없다면 우리는 참된 지식을 바라볼 수 없다. 그렇지만 주님의 은혜로 우리 인간의 어두워진 내면에는 하나님의 예지라는 참다운 빛이 항상 조명해 주고 있다. 이런 이유로 시각과 같은 역할을 하는 우리의 이성은 지식 그 자체를 볼 수 있다. 우리가 참다운 빛을 외면하지 않는다면 우리의 이성적인 눈은 진리 가운데서 드러나는 성경적 지식 그 자체를 직접 바라볼 수 있다.

다섯째, 학생의 내면에서 이성적인 눈이 조명을 받으면, 학생은 언어적 기호로 포장되어 있는 성경적 지식이 아닌 성경적 지식 그 자체를 깨닫기 때문에 참된 앎을 획득할 수 있다. 바로 이런 과정에서 하나님의 예지라는 내심의 교사가 우리의 이성적인 바라봄을 위해 조명해 주신다. 이것을 두고 아우구스티누스는 "주님이 내 영혼 안에서 가르치신다."라고 하였다. 따라서 주일학교 학생은, 성경교사를 통하여 격려되고 자극을 받지만, 스스로 참된 앎을 깨닫기 위해 이성적인 눈으로 조명 가운데서 드러나는 참된 성경적 지식을 바라보아야 한다. 이런 바라봄이 대단히 중요하다. 그러므로 성경을 배우는 학생은 반드시 앎에의 의지, 즉 진리애를 가지고 성경공부에 임해야 하는 것이다.

결국 아우구스티누스의 기호론과 조명설을 활용하는 성경교수 방법의 원리는, 주일학교 학생이 스스로 내심의 교사가 행하는 가르침을 받도록 격려하고 도와주는 일이다. 성경교사는 교수행위를 통하여 물리적이고 심리적인 학습 환경을 조성해야 하며, 성경공부에 필요한 성경지식정보를 체계적이고 조직적으로 학생에게 전해 주어야 한다. 그렇지만 이것으로 교수행위가 끝난 것이 아니다. 성경공부에 임하는 학생이 스스로 내심의 교사를 찾고 만날 수 있도록 기원하는 일이 남아 있다. 이런 성경교사의 기원을 통하여, 학생은 자신의 이성을 내심의 교사인 하나님의 예지가 조명해 주시는 곳으로 지향하게 할 것이다. 내심의 교사는 우리의 마음속에서, 깨닫기를 원하는 우리를 항상 기다리고 계신다.

따라서 성경교사는 학생의 성경공부를 격려하고 지원하기 위해 조직적이고 체계적인 노력을 기울여야 하지만, 가장 중요한 것은 학생 스스로 성경적 지식을 이해하는 일이므로, 이런 깨달음의 과정을 학생에게 알리고 설득해야 할 것이다. 결국 성경교사의 바람직한 자세는, 성경적 지식의 이해가 학생의 마음속에서 내심의 교사가 비추어주는 조명, 즉 가르침을 통해 이루어지기 때문에, 이런 가르침을 지원하기 위해 학생을 격려하고 준비시킨다는 보조교사의 자세이다. 교사는 성경적 지식을 언어기호로 전하지만, 그 지식을 깨닫도록 직접 가르치는 분은 내심의 교사이다.

제5부

논의의 마무리

제5부

제16장

아우구스티누스 교육사상 정리

모니카(Monica)

Ⅰ. 아우구스티누스 교육사상의 기초

아우구스티누스는 어머니 모니카의 영향으로 기독교신앙의 경건성을 체득하였고, 이를 통하여 기독교의 전통 속으로 뛰어들었다. 그는 철학의 도움으로 신앙의 원류를 추적해 나갔으며, 마침내 그리스철학의 한계를 딛고 중세와 근대사상에 큰 영향을 미친 기독교사상의 체계를 구축하였다.

그는 수사학교 재학시절인 19세에 절충주의 철학(eclectic philosophy)의 방식으로 진리의 문제에 대응한 키케로의 『호르텐시우스』를 읽고 철학에 입문하였다. 순수철학자가 아닌 키케로는 실용주의 관점에서, 로마시민의 자질을 향상시키려면 철학적 가치를 가르쳐야 한다고 주장하였다. 아우구스티누스는 키케로의 절충주의와 실용주의의 영향으로 예루살렘의 기독교와 아테네의 철학을 결합시키고 종합하였다고 볼 수 있다.

선악의 문제를 해결하기 위해 고심하던 청년 아우구스티누스는 10년 동안 마니교의 주장에 매료되어 악의 문제를 해결할 수 있다고 자만하였다. 당시 마니교는 기독교에 대항할 정도로 대단한 세력을 지니고 있었으며, 이원론적 세계관을 통하여 악의 기원을 합리적으로 설명할 수 있다고 주장하였다. 하지만 아우구스티누스는 자유교양교과인 천문학을 공부함으로써 마니교를 이겨낼 수 있었다. 천문학은 그에게 수많은 천체들이 우주를 구성하는 주요 요소임을 설명해주었고 천체들의 움직임을 확실하게 보여주었지만, 그는 점성술 수준에서 헬리혜성의 존재를 왜곡해서 설명하는 마니교지도자들의 자질 때문에 크게 실망시켰다. 아우구스티누스의 주장은, 우주가 예측가능한 수학적인 형태로 조화를 이루면서 구성되어있다면, 악마의 창조물이 될 수 없다는 것이었다. 창조된 세계는 기본적인 구조에 있어서 선하다는 것이 그의 견해이다. 그는 그리스철학에 정통하였으며 피타고라스의 철학에도 탁월하여, 수학에서 사용하는 형태와 조화의 원리를 자주 활용하였다. 이런 아우구스티누스의 전통은 중세와 근대 철학자들에게도 전해졌으며, 특히 아우구스티누스학파에 속한 중세철학자들은 천문학과 수학을 빼놓지 않고 연구하였다.

회의론(skepticism)은 아우구스티누스의 학문적 여정에서 빼놓을 수 없는 것이 다. 그는 후기 플라톤학파의 주장인 개연론(probabilism)의 영향으로 회의론에 빠졌지만, 진리탐구의 문제에 있어서는 이를 극복하고 곧바로 확실성의 문제를 추구해 나갔다. 아우구스티누스는 특별히 논리자체에 관해서는 관심을 두지 않았다. 그는 직관적이고 주의주의적인 성향이 강했기 때문에 순수논리에는 관심이 적었다고 볼 수 있다. 아리스토텔레스가 시공간 속에서 주어진 사물의 실체로부터 시작해서 가장 높은 추상의 실체로 올라가는 귀납적이고 경험적인 성향이 강한 인물이라면, 아우구스티누스는 반대로 위에 있는 추상으로부터 시작해서 경험적 실체의 세계로 내려오는 사유방식을 가졌다.

하지만 그는 회의론의 논리적인 사유방식을 통하여 새로운 인식의 근거를 이끌어내었다. "내가 오류를 범한다고 하더라도, 나는 존재한다."(*Si fallor sum*; Even if I err, I am)라는 명제이다. 말하자면, 인식의 오류가 발생하더라도 인간의 존재성만큼은 확실함을 밝혀낸 것이다. 이 명제는 데카르트의 명제 "나는 생각한다. 그러므로 나는 존재한다."(*cogito er go sum*; I think therefore I am)의 선구이다. 아우구스티누스는 외부의 경험 대신에 내면의 존재로부터 사유를 출발시켰고, 회의론과 계시를 연결시켰으며, 인간의 내면 깊숙한 곳을 살피는 주의주의철학자가 되었다. 그는 진리인식을 방해하는 외부의 현상을 물리치고 확실성의 기초가 되는 내면의 세계로 들어가서 진리탐구의 길을 밝혀낸 것이다.

이처럼 아우구스티누스는 신플라톤주의의 도움을 받아 확실성의 근거를 밝혔으며, 신과 영혼의 존재를 분명하게 인식하였다. 그리고 그는 신플라톤주의를 통하여 신과 인간의 관계를 해석할 수 있는 기초를 쌓아 나갔다. 신은 사랑을 통하여 세계를 창조하였으며, 영혼은 지금의 경험세계로부터 근본이 되는 이상세계로 고양해 나간다는 것이 신플라톤주의의 주장이다. 그러므로 아우구스티누스는 신플라톤주의와 기독교신앙의 도움으로 회의론을 극복하였고, 계시의 문제를 타율성으로 해석하지 않고 신의 통치, 즉 신율로 해석하면서 회의론을 이겨내었다.

이제는 아우구스티누스의 고유한 사상이 전개된다. 그의 인식론은 다음과 같은 명제를 통하여 탐구의 목적을 분명히 하였다. "나는 하나님과 영혼을 알기 원한다. 그 밖의 것은? 그 밖의 것은 아무 것도 없다." 이 명제는 영혼이야말로 신이 인간에게 자신을 나타내는 장소라는 의미이다. 신인식이 이루어지는 장소가 바로 영혼이기 때문에, 그는 영혼을 알기 원하였다.

그렇지만 신은 인간의 주관성과 객관성 사이에 있는 틈새가 벌어지기 전에 이미 인간의 중심에 존재하기 때문에, 신은 존재와 비존재 여부를 논의해야 하는 낯선 존재가 아니다. 오히려 신은 인간의 존엄성과 실체 그리고 논리적 타당성에 앞서는 존재로서 우리 인간에게는 선험적 존재이다. 그러므로 하나님 안에서는 주관과 객관의 틈, 객관을 알고 싶어 하는 주관의 욕망 등이 극복된다.

이런 신관을 가지고 있는 아우구스티누스는 우리 인간이 무조건적이고 궁극적인 관심에 의해 무조건적이고 궁극적인 경험을 하게 된다고 주장한다. 이런 주장은 신을 포함하여 어떤 사물이 존재하는지 또는 존재하지 않는지의 여부를 논의하는 문제에는 관심이 없다. 오히려 아우구스티누스는 이런 주장을 확실성의 문제와 연결시켜서 신인식의 방법론을 구축해 나갔다. 그에 따르면, 우리 인간에게는 논리적인 형태를 전제로 하는 직접적인 증거와 감각경험을 전제로 하는 즉각적인 증거라는 두 개의 인식증거를 가지고 있다. 근대철학에서 내세우는 지식의 정합이론(coherence theory)과 대응이론(correspondence theory)을 말하는 것이다. 하지만 이 두 가지 증거를 가지고서도 회의론을 극복하지 못한 그는 내면의 자의식을 통하여 문제를 해결하였다.

아우구스티누스는 진리탐구를 위해 밖으로 나가지 말고 사유하고 있는 너 자신 속으로 들어가라고 안내한다. 정신은 정신에게 제시하는 것 이외에는 알지 못하기 때문에 진리는 인간의 내면에 존재한다는 주장이다. 따라서 회의론이 지배하는 외부세계에서 잃어버린 진리는 내면세계에서 다시 발견된다. 내면에 있는 영혼의 발견은 기독교의 가장 중요한 성과 가운데 하나이다.

따라서 아우구스티누스는 "너의 영혼으로 들어가라, 그리고 너 자신을 초월하라."라고 권유하였다. 이 말은 너의 영혼 속에는 너의 영혼을 초월하며, 불변하는 신성의 근거가 되는 어떤 것이 존재한다는 의미이다. 여기에서 그는 무조건적이고 직접적인 인식에 관해 언급하였다. 아우구스티누스가 내세우는 무조건적이고 직접적인 인식은 신의 존재여부에 관한 논의가 아니라, 의심의 상황에서 하나님이 확실하게 전제됨을 보여주는 방식이다. "우리가 믿는 것을 보지 못하지만, 우리는 우리 자신 안에 있는 믿음을 본다." 말하자면, 우리 인간은 무조건적인 어떤 존재에 의해 통제된 존재의 상황을 본다는 말이다. 그러므로 아우구스티누스에 따르면, 우리 인간에게 무조건적이거나 궁극적인 것이 없다면, 진리인식을 위한 예비적인 의미는 중요성을 잃어버린다. 인간의 상황은 진리를 소유하고 있는 것이 아니라 진리를 탐색하고 있는 것이다.

그리고 아우구스티누스 교육사상의 기초에 있어서 대단히 중요한 것은 그의 주의주의적 관점이다. 그는 진리인식의 동력을 인간의 의지로 보았다. 의지는 기억이나 지성 속에서 제시되며, 재결합의 욕구인 사랑의 성질을 가지고 있다. 여기에서 아우구스티누스의 주의주의적인 면모가 여실히 드러난다. 진리인식으로 나아가는 지향성은 인간의 의지 속에 내재되어 있으며 때로는 지식행위를 통하여 때로는 사랑의 행위를 통하여 표현된다. 아우구스티누스는 사랑을 앎을 향하는 것이라고 하면서 의지의 행위라고 하였다. 여하튼 지식이나 사랑으로 드러나는 의지의 지향성은 한편으로는 자기 자신을 향하지만, 다른 한편으로는 자기 자신을 넘어선다. 우리 인간은 의지의 지향성이 개입하는 자기지식과 자기사랑을 통하여 자기존재감을 확인한다. 우리는 지식과 사랑이라는 의지행위를 통하여 우리 자신을 긍정한다.

이 뿐만 아니라 지식과 사랑은 의지의 지향성을 통하여 우리 자신을 초월하며, 다른 존재에게로 나아간다. 지식과 사랑은 자체의 영원성 때문에 영원에 참여하는 것이다. 이런 지식과 사랑의 참여는 신성한 삶에 참여하는 것이며, 존재의 근거가 되는 신성한 사랑에 참여하는 것이다. 그러므로 재결합의 속성을 가진 사랑은 의지의 지향성의 또 다른 표현이다. 우리 인간은 이런 사랑, 즉 진리 애를 통하여 진리탐구에 임하는 것이다.

결국 아우구스티누스는 플라톤의 주장과 같이, 참된 지식을 밖에서 주입되는 것으로 보지 않았다. 참된 지식은 인간의 내면에서 지식행위의 주체가 발견하는 것이다. 그러므로 교육의 상황에서 교사가 할 일은, 진리지향적인 학생이 이미 알고는 있지만 의식하지 못하는 것을 스스로 인식할 수 있도록 돕는 데 있다. 이런 의미에서 아우구스티누스는 학습활동을 교수행위보다 우위에 두었다.

아우구스티누스가 본구적이면서 직관적인 지식의 예로 든 것은, 수학의 명제와 보편적인 도덕적 가치이다. 이것들은 어느 한 개인에 의해 만들어지는 것이 아니라 이미 선험적으로 존재하는 것이므로 학습자의 내면을 통하여 발견되는 것이다. 그러므로 아우구스티누스에 따르면, 우리가 진리를 발견한다는 것은 계시하시는 하나님의 말씀인 그리스도가 내면의 스승이 되어서 그에게 귀 기울이는 자마다 진리를 스스로 볼 수 있게 된다는 말이다. 아우구스티누스를 계승한 칼빈은 『기독교강요』에서 아우구스티누스의 『교사론』을 인용하였다. "내면의 교사인 예수 그리스도가 우리를 가르친다. 그는 우리가 내면적으로 그에게 돌아서도록 하기 위해 인간이 우리에게 외적인 기호를 제공하도록 야기하기 때문에 우리는 그의 교훈을 받는다."

Ⅱ. 아우구스티누스와 자유교양교육

아우구스티누스는 학생시절부터 자유교양교과(the classic liberal arts)의 도움을 많이 받았다. 교사로서도 그는 자유교양교육의 중요성과 의미를 살피면서 7자유과의 성립에 많은 기여를 하였다. 말하자면 그는 자유교양교과를 모든 지식의 불가분의 기초로 간주하였으며, 기독교의 지식과 자유교양교과를 결합시켜 나갔다. 신체에 음식이 필요하듯 영혼에 적절한 영양분이 바로 자유교양교과라는 것이다.

자유교양교육이라는 샘에서 물을 마시지 않는 자의 영혼은 굶주리는 상태에 있는 것이며, 영적인 기아상태와 마찬가지라고 하였다. 이런 상태의 영혼은 질병에 걸린 것처럼 영양결핍을 드러낸다. 자유교양교과는 진리에 기초하고 있으며 하나님의 뜻인 영원한 이성에 근거하는 원리이기 때문에 학문의 기본이라고 할 수 있다. 우리는 3학(문법, 수사학, 변증논리학)의 첫째가는 원리인 효과적인 의사소통을 위해 공부해야 하며, 영원한 진리를 파악하기 위해 탐구해야 한다. 그리고 4과(산술, 기하학, 음악, 천문학)는 우주의 운행을 통제하기 위해 하나님이 수립한 수의 원리에 기초하고 있다. 만약 신의 섭리를 알기 원한다면, 이런 교과들을 이해할 수 있어야 한다. 그러므로 자유교양교과의 교육적 기능은, 학습자를 점진적으로 변화하는 세계의 사물에만 몰입하는 선입견으로부터 영원한 실체에 관한 이해로 인도하는 것이다.

초기 기독교도들은 세속문화와 어울리지 못하여서 많은 갈등과 논쟁을 벌였다. 터틀리안(Tertullian)과 같은 교부는 "기독교와 아테네는 무슨 관계가 있는가?"라고 반문하면서 세속의 지식이나 문화를 의혹의 눈으로 바라보았다. 그리고 만약 기독교도들이 이교문화를 즐기거나 교회로 끌어들인다면, 기독교는 반드시 오염될 것이라고 주장하였다. 따라서 그리스와 로마의 사상에 기반을 둔 이교문화와 성경에 기초한 기독교는 양립 불가능한 것으로 보였다. 물론 로마시대에 살았던 기독교도들은 세속문화를 완전히 거부하지는 않았다.

그러므로 그리스와 로마의 고전문화는 알렉산드리아의 교부인 클레멘트(Clement of Alexandria, 160-215 A.D.)에 의해 마침내 수용되었다. "진리의 강은 하나이지만, 많은 시내들이 이 강으로 흘러들어온다."라고 주장한 그는 플라톤이나 키케로와 같은 철학자들도 진리를 바라보는 통찰을 가지고 있다고 하였다. 그리고 이런 주장을 용인한다면, 기독교도들은 신앙을 보호하기 위해 이런 학자들이 보여주는 통찰력을 사용해야 한다고 주장하였다.

아우구스티누스는 이교문화의 수용에 보다 더 적극적인 자세를 보였다. 그는 386년 카씨키아쿰의 대화에서 세속문화에 대한 논의를 거부하지 않았으며, 그런 논의에 관해 죄의식도 가지지 않았다. 그리스, 로마의 문화에서 유래한 자유교양교육이 아우구스티누스의 기독교사상에 많은 영향을 미쳤으며, 히포의 감독이 된 아우구스티누스는 성직자나 평신도의 교육에 자유교양교과가 반드시 필요하다는 점을 강조하였다.

『출애굽기』에는 이스라엘인들이 하나님의 명령으로 이집트인들의 재산을 약탈하였으며 귀중품을 빼앗아 자기 것으로 사용하였다는 사실이 기록되어 있다. 이교문화의 수용에 있어서 기독교도들은 이런 예를 따라야 한다고 보았다. 기독교도가 자유교양교육의 기회를 얻지 못한다면 교양인의 삶을 살 수 없을 것이며, 신앙의 지지자를 얻은 일에도 실패할 것이다. 그러므로 기독교도는 자유교양교육을 통하여 기독교사상이나 기독교문학에 정통해야 하며, 이교도의 의구심이나 회의를 분쇄할 수 있어야 한다. 특히 그리스와 로마의 전통에 따르는 자유교양교육의 수용은 적극적이어야 한다는 것이 아우구스티누스의 주장이었다.

다른 교사들과 마찬가지로, 기독교도인 교사도 학생들과 공통의 관심사를 가져야만 의사소통이 가능하다. 아우구스티누스는 성경을 해석하기 위해 자유교양교과에 포함된 지식이 필요하다고 보았다. 예를 들면, 음악과 기하학은 성경 인용의 열쇠를 제공하며, 문법은 기독교도 학생들에게 보다 더 큰 인식능력을 가지고 문헌을 읽을 수 있게 한다. 그리고 수사학과 변증법은 기독교 진리를 전달하기 위한 불가피한 도구이다. 『기독교교육론』과 같은 아우구스티누스의 문헌에서도 문법학자, 수사학자, 변증철학자 등의 논증을 발견할 수 있다. 그리고 도나티스파와의 논쟁에서 그는 회의론자들을 설득하고 이단을 논박하기 위해 수사학과 변증법을 사용하였다. 자유교양교과는 도덕적으로 중립이지만, 그것의 유용성은 활용하는 교사의 의도에 달려있다고 보는 것이 아우구스티누스의 관점이다.

기독교 교육과정에 대한 아우구스티누스의 태도는 젊은이의 가치판단에 대한 그의 확신으로 나타난다. 예를 들면, 그는 카씨키아쿰의 대화에서 운문에 관심을 가지는 리센티우스(Licentius)에게 그만두라고 말하지 않았다. 카씨키아쿰의 분위기는 자유로웠으며, 리센티우스의 열정은 허용되고 존중되었다. 주변에서 인내심을 가지고 지켜본 결과 리센티우스는 시에 대한 열정을 곧 거두어들이고 철학공부에 더 열심히 임하는 모습을 보여주었다. 아우구스티누스는 카씨키아쿰의 학도들에게 철학연구를 강요하지 않았지만, 자발적으로 배우고자하는 욕구를 가지게 되었을 때, 비로소 학도들의 철학공부는 시작되었다.

아우구스티누스의 메시지는, 만약 교사와 학교가 안정된 가치체계를 반영한다면, 교육은 문화에 대한 정신의 성숙을 통하여 발전해 나간다는 점이다. 이런 관점은 『신국론』의 중심주제와 연관된다. 일시적인 세계와 함께 영원한 세계의 시민이 되는 우리는 두 세계에 대한 충성심을 모두 인식해야 하며, 이런 입장을 이해하고 수용하게 될 때, 우리는 두 세계에 대한 책임이 전적으로 양립 불가능한 것이 아니라는 점을 알게 된다. 우리는 두 세계에 대해 충실해야 하지만, 영원한 세계에 대한 보다 더 높고 궁극적인 충성심을 실현하기 위해 이웃을 도울 수 있다. 만약 기독교도가 이런 영향력을 가진다면, 그는 세속문화를 공유해야 하며, 세속문화를 거부해서는 안 된다. 이런 까닭에 아우구스티누스는 『기독교교육론』에서 기독교 교육과정을 개관하였고, 이웃에 대한 사랑뿐만 아니라 자신의 운명을 이해하는 등의 인간의 성숙을 지원하기 위해 신성한 요소와 세속적 요소를 구분하지 않고 함께 다루었다.

기독교 교육과정에 대한 아우구스티누스의 설명은 카시오도루스(Cassiodorus)와 이시도르(Isidore of Seville), 알퀸(Alcuin)과 안셀무스(Anselm) 등에게 영향을 미쳐서 중세 기독교 교육과정을 성립시켰다. 『기독교교육론』은 특별히 수도원학교와 본산학교에서 중세 교육과정의 내용을 결정하는 일에 많은 영향을 미쳤다. 예를 들면, 프랑스 카롤링 왕조의 교육개혁을 주도한 알퀸은 아우구스티누스가 정리해 놓은 7자유과의 개념을 활용하였으며, 기억, 의지, 이해의 삼위일체로 표현되는 아우구스티누스의 심리학적 분석을 교수행위에 적용하였다. 그리고 안셀무스는 '알기위해 믿는다.' 라는 명제에서 이해를 추구하는 신앙의 개념이 보여주는 학습의 동기화를 위해 아우구스티누스의 견해를 차용하였다.

아우구스티누스는 현대 사상가들에게도 많은 영향을 미쳤다. 특히 자아에 관한 내면의 탐색은 키에르케고어(Soren Kierkegaard), 마르셀(Gabriel Marcel), 부버(Martin Buber)와 같은 기독교 실존주의 사상가들에게 계승되었다. 이들은 지식에 이르는 길은 과학의 객관적 방법 이외에도 개인의 주체성을 통하여 얻을 수 있다고 주장하였으며, 오히려 이런 길이 더 중요하다고 하였다. 특히 부버는 학습의 개념을 아우구스티누스의 주장과 같이 영혼의 소리 없는 대화라고 하였다.

아우구스티누스의 내면세계는 현대사회에 대응할 수 있는 회의와 절규로 이루어졌다. 따라서 교육에 관한 그의 아이디어는 물질세계를 초월하는 정신적인 실체에 관심을 두는 현대인들을 위하여 많은 시사점을 제공한다. 그는 인간의 내면세계에 과학적 실재론자들이 주장하는 것보다 훨씬 많은 것들이 존재하고 있다고 보았으며, 특히 교육의 영역에서는 더더욱 그렇다고 하였다.

아우구스티누스는 과학의 상대주의에는 반대하였지만, 과학의 방법을 도덕의 영역이나 예술의 문제에까지 확장시켰다. 그는, 예를 들면, 예술은 경험을 통해 관찰되는 것이 아니라 이성에 의해 발견되는 것이라고 하였다. 따라서 음악은 순수하게 수의 관계에 관한 이론적 연구이며 모방이지만, 기계적인 동작을 반복하는 낮은 수준의 활동인 음악연주와는 관계하지 않는다고 하였다. 또한 아우구스티누스는 실제적인 수준에서 이루어지는 학습에 관한 원리에도 관심이 많았다. 예를 들면, 우리가 걷고 말하는 것은 교사의 말을 듣고 배우기보다는 관찰과 모방으로 배운다는 사실에 주목하였다. 관념에 머물기보다는 실행하는 학습의 원리는 『교사론』에서 제시된 아우구스티누스 언어교수방법의 핵심이다. 그는 『고백록』에서 유아기에 모국어를 배웠던 자연스러운 방법을 설명하고 있다. "그리고 나는 사람들이 하는 말을 자꾸 들으면서 어떤 단어가 어떤 문장에서 어떤 위치와 어떤 의미를 취하게 되는지를 알게 되었고, 이를 통해 나의 어휘력을 향상시켜 갔사오며, 나의 입을 이러한 언어적 표상에 적응시킨 다음에 나의 뜻을 언어를 통해 나타내기 시작하였나이다."

Ⅲ. 교육의 원리는 사랑에 있다.

아우구스티누스는 기독교 플라톤주의를 통하여 그의 교육사상을 체계화하였다. 플라톤주의자들은 교육을 영혼이 선(the Good)이나 일자(the One)와 같은 지식의 원천을 향해 나아가는 것이라고 주장하였다. 하지만 아우구스티누스는 이를 더 분명히 하면서, 교육을 진리인 신과 그의 창조물인 인간과의 인격적 관계라는 맥락에서 살폈다. 따라서 아우구스티누스는 플라톤주의자들보다 더 확실하고 더 매력적인 교육목적을 내세웠으며, 또한 학습을 가능하게 만드는 내면의 힘이 가지는 성질인 의지의 지향성을 설득력 있게 설명하였다.

따라서 아우구스티누스가 내세우는 교육목적은 신의 본질을 이해하는 일이며, 학습의 동기는 의지의 지향성으로 표현되는 사랑이다. 신은 사랑을 통하여 인간과 세계를 창조하였으므로 인간이 신에 관한 지식을 원할 경우 인간을 움직이는 힘, 즉 동기화는 사랑을 통하여 이루어진다. 그러므로 우리는 학습을 원하는 경우에 한해서 학습활동에 성공할 수 있다. 아우구스티누스에 따르면, 사랑은 물체의 무게와 같아서 학습활동을 가능하게 만든다. 돌은 아래로 떨어지고 연기는 위로 올라간다. 비 생명체인 이런 물체도 목적에 따라 잘 움직이지만 비자발적이다. 인간만이 자신의 방향을 결정할 수 있는 자유를 가지고 있다. 아우구스티누스는 "나의 사랑이 나의 무게이며, 내가 어디를 가더라도 나를 그리로 데려가는 것은 나의 사랑이다."라고 증언하고 있다.

아우구스티누스는 선한 의지로 작용하는 사랑을 영혼의 내적인 동력이라고 하였다. 그러므로 사랑이 올바르게 방향을 잡기만 한다면, 사랑은 진리를 이해하는 일을 주된 업무로 하는 지혜에로 우리를 조금씩 인도한다고 하였다. 이와는 대조적으로 일시적인 사물에 관한 합리적 지식 또는 과학이라고 부르는 낮은 수준의 지식이 있다. 지혜는 순수하게 지적인 탐구를 통하여 획득될 수 있지만, 지식은 감각인식을 통하여 획득된다. 그리고 지혜는 본래적으로 창조자의 사유이기 때문에 사물에 관한 영원한 이성과 관련되어 있으며, 그 안에는 불완전함이나 변화가 발생할 수 없다.

하지만 과학적 지식은 필연적으로 일시적인 세계 속에 있는 인간에 의해 무시되지는 않지만, 물리적인 세계의 변화 뒤에 놓여있는 불변의 실체에 관한 지식을 추구하지는 않는다. 그러므로 인간의 행복한 삶의 열쇠는 지혜에 놓여 있다. 인간의 행복은 영원한 실체에 관한 이해를 측정함으로써 가늠할 수 있다.

결국 아우구스티누스가 보는 지혜는 사물이나 현상의 배후에 놓여있는 불변하는 본질을 파악하지만, 지식은 변화하는 사물이나 현상 그 자체를 지각할 뿐이다. 그러므로 우리 인간의 지성은 지식을 통하여 지혜로 나아가는 의지의 지향성을 활용함으로써 학습활동을 성공적으로 이끌어 갈 수 있다.

이런 맥락에서 아우구스티누스는 학습의 동기에 관한 자신의 견해를 발전시켰다. 무엇보다도 먼저 지적할 것은, 학습활동은 분명한 목적을 가지고 있다는 점이다. 학습은 알기 원하는 특정한 주제를 통하여 자극을 받는 활동이다. 만약 알기 원하는 대상이 있다면, 학습자는 먼저 그 대상이 실재하고 있으며 또한 인식가능하다는 점을 믿어야 한다. 아우구스티누스의 주장은, 학습의 대상은 이미 부분적으로 알려져 있기 때문에, 학습자는 이해의 선행조건이 되는 믿음을 먼저 보여야 한다는 것이다. 이와 관련하여 그는 『삼위일체론』에서 다음과 같이 표현하고 있다. “그러므로 어떤 경우든지, 연구심이 강렬한 사람의 사랑은, 즉 모르는 것을 알고자 하는 사람의 사랑은 모르는 것에 대한 사랑이 아니라 아는 것에 대한 사랑이다. 그 아는 것 때문에 그는 그 모르는 것을 알고자 하는 것이다.” 또한 “당신이 이해할 수 없다면, 이해하기 위해 먼저 믿어야 한다. 믿음이 먼저 오고 이해는 그 뒤를 따른다. 믿기 위해 이해하려고 하지마라. 이해하기 위해 믿어야 한다. 왜냐하면, 믿지 않는다면 이해하지 못하기 때문이다." 주의주의자인 아우구스티누스의 논증이다.

이런 아우구스티누스의 논리는 새로운 학습이 현존하는 경험위에서 이루어지며 그것은 기지의 것에서 미지의 것으로 움직인다는 사실을 보여주고 있다. 그리고 학습활동은 확실하게 정의된 목표를 가지고 있는 흥미에 기초할 때 가장 생산적이라는 점에서 아우구스티누스도 역시 의도적인 학습의 본질을 강조하며 충분한 목적의식이 생성될 수 있는 조건을 선호한다. 하지만 가장 중요한 것은 교수행위의 목적이 학습자에 의해 분명하게 이해되어야 하는 것이고 이런 목적은 학습자가 자발적으로 설정하는 것이어야 한다는 점이다. 말하자면, 학습활동에서 교수행위의 목적이 우러나와야 한다는 주장이다.

학습활동은 학습자가 어떤 지식을 얻기 원할 경우에 한해서 유발될 수 있으므로, 교사는 학생에게 학습을 강요할 수 없다. 교사가 할 수 있는 일은 학생들에게 목적의식을 가지고 학습에 임하도록 격려하는 일이며, 학습을 가로막는 장애물을 극복하도록 지원하는 일이다. 그러므로 학습에의 열망은 학생을 지원하는 교사의 태도가 인간에 대한 하나님의 사랑을 반영할 때 빛날 수 있다. 아우구스티누스는 교사가 학생을 만날 때 형제사랑, 부모의 사랑을 가지고 만나야 한다고 강조하면서, 교사와 학생의 관계가 상호호혜 적이지 못하거나 긴밀한 관계가 되지 못하면 학습활동을 격려할 수 없다고 하였다. 아우구스티누스의 관점에 따르면, 교사는 이런 인격적인 관계 속에서 학생들의 반응을 불러냄과 동시에 교과와 친숙해지는 새로운 통찰력을 가져야 한다. 특히 교사는 학생과의 의사소통을 발달시키기 위하여, 학생의 마음을 이해하기 위한 고통을 감수할 수 있어야 한다.

Ⅳ. 아우구스티누스가 밝힌 교수-학습의 원리

아우구스티누스는 학습활동을 조심스럽게 분석하고 교수행위를 비판적으로 설명하였다. 그는 특별히 사고하지 않고 반복해서 단어들을 암기하는 기계적인 학습을 무의미한 것으로 간주하였으며, 의미파악에 도움이 되지 않는 단순한 지껄임일 뿐이라고 하였다. 그는 자신의 초등학교시절, 체벌로 위협하며 단어암기를 닦달하는 교수방법 때문에, 수업시간을 그리스신화의 달콤한 맛에다 쓸개를 끼얹어 마시는 시간 같았다고 회상하였다.

그는 단어와 관념을 구분하면서, 단어와 그것의 의미는 유기적으로 연결되지 않는다고 보았다. 단어와 의미의 연합은 학습자의 동의에 의해 수립되며 그럼으로써 학습된다. 원래 단어는 의미가 공허한 것이며 학습자가 이전에 경험한 것을 회상함으로써 의미를 되새길 수 있을 뿐이다. 그러므로 교사가 단어를 말하는 것으로 한정해서 가르친다면 대단히 비효과적일 것이다. 그리고 보상이나 체벌을 이용하여 가르치더라도 학생들은 교사의 입에서 나오는 말을 기억하려고 하겠지만, 기껏해야 단어나 공식을 암기하는 수준에서 머물 것이며 의미는 고려하지 않을 것이다. 기계적인 암기는 이해력을 증진시키는 교육을 조롱거리로 만들어버릴 것이다.

이런 논의는 그의 『교사론』에서 철저하게 탐구하고 있으며, 아우구스티누스가 생각하는 학습은 아이디어의 분명한 이해이다. 말하자면 학습은 기호(sign)보다는 사물(thing)에 집중해서 그 의미를 파악해야 한다는 것이다. 단어는 이미 알려진 의미를 소환하는 일에 기여할 뿐이며, 단어를 통하여 상징으로 나타나는 사고는 한 마음에서 다른 마음으로 직접 전달될 수 없다. 화자의 언어는 자신의 생각을 습관적으로 표현하는 것에 불과하기 때문에, 말할 때마다 그의 생각이 아니라 그의 말이 상대방에게 전달될 뿐이다. 따라서 교사가 말만 강조한다면 자신의 사고와 유사한 과정을 따르도록 학생들을 더 이상 자극할 수 없다. 학습은 학습자 스스로 내면의 물음이라는 자기학습의 방법을 통하여 성취된다.

따라서 아우구스티누스는 실질적으로 학습활동의 원천이 교사라는 주장을 거부한다. 학습은 학습자의 자유의지에 의해 이루어지는 활동이라고 보는 것이 오히려 더 타당할 것이다. 학습활동을 가능하게 하는 세 가지 요소, 즉 교사, 학생, 교육내용 가운데 일반적으로는 교사가 가장 중요한 요소라고 보고 있다. 하지만 아우구스티누스는 교사가 아무리 도움을 많이 주는 경우라고 하더라도 학습활동의 필수적인 요소는 아니라고 하였다. 학습자가 스스로 교육내용을 가지고 학습활동에 적극적으로 관여한다면, 교사의 지원에 상관없이 학습은 발생하고 유지될 것이다. 사실상 학습자가 자기 자신의 교사이다. 교사는 교실에서 질문이나 교수자료를 제공함으로써 학습자의 흥미를 유발할 수 있지만, 결국은 학습자가 내면의 사유과정에서 스스로 질문하고 스스로 해답을 찾아야 한다. 이것이 아우구스티누스가 보는 학습의 원리이다.

학습에 관한 아우구스티누스의 관점은 실체의 본질에 관한 그의 신념에서 나온 것이다. 물질과 정신이라는 실체의 두 영역에 대응하여 교수-학습방법을 서로 다르게 본 것이다. 낮은 수준의 물질계에서 사물은 학습자의 정신을 감각자료에 자발적으로 적용함으로써 이해된다. 교사는 이해의 대상이 되는 사물을 학생들의 감각에 드러내어 놓는다. 그럼에도 불구하고 학생들이 그런 사물을 자신의 마음속에 조회하지 않는다면, 교사는 그런 사물에 관한 지식을 결코 학생들의 마음속으로 옮겨놓을 수 없다. 학습자의 경우, 이런 개인적인 노력이 없으면 사물을 보기는 하지만 인식할 수는 없다.

그리고 높은 수준에서 이해는 학습자가 자신의 내면적 탐구와 반성행위의 과정에 자기 자신을 몰입할 경우 성취될 수 있다. 하지만 이런 수준에서 교사는 학생들에게 지식의 대상을 보여줄 수는 없다. 다만 학생들의 사고를 자극하고 격려하기 위해 자기 자신이 생각하는 바를 표현할 수 있을 따름이다.

『교사론』에서는 교사를 외부의 교사와 내면의 교사로 나누어서 살피고 있다. 전자는 교실에서의 교사이고, 후자는 조명의 순간에 비물질적 실체, 즉 영원한 진리를 추구하는 학습자에게 그것을 보여주는 신(the Word of God)이다. 두 교사의 역할과 방법을 비교해 볼 수 있다. 이를테면, 외부의 교사는 교실에서 자유의지를 부여받은 존재인 학생들에게 학습하도록 강요할 수는 없고 단지 격려할 뿐이다. 내면의 교사인 신도 역시 학습자가 학습에 대한 의지를 가지고 노력하는 것을 보여줄 때까지 기다린다. 학습에의 의지가 드러난다면 신의 조명(divine illumination)이 기능하며 동시에 진리가 드러난다. 이것은 은혜이다.

인간은 이런 방식으로 영원한 진리에 접근할 수 있다. 아우구스티누스는 플라톤의 비인격적인 학습이론인 상기설을 신의 조명이라는 인격적인 학습이론으로 대치하였다. 아우구스티누스의 학습이론은 신의 가르침을 추구하는 자들의 살아 있는 욕구와 관련되는 인격적인 교사의 개념에 기초하고 있다. 인간교사나 내면의 교사역시 모두 사랑으로 학습을 동기화하기 때문에, 비록 불완전하지만 인간교사의 역할이나 직무를 내면의 교사의 것에 비추어볼 수 있다. 교수행위는 진리에의 의지로 표현되는 사랑으로 완성되기 때문에 낮은 수준의 과학적 학습이든지 높은 수준의 정신적 이해이든지 모두 동일하게 적용된다.

지혜가 완성되는 높은 수준의 학습에서 외부의 교사는 힘을 잃고 물러나지만, 학습자는 내면의 교사에 의해 내면에서 드러나는 실체가 분명하게 만들어짐으로써 자유롭게 인식하게 된다. 학습의 직접적인 원인은 학습자와 신, 즉 학습자와 로고스와의 의사소통으로 이루어지는 인격적인 상호작용이다. 외부교사의 말은 물질적이고 상징적이지만, 내면의 교사가 표현하는 말은 비물질적이고 직접적이다. 내면의 교사와 그의 말은 하나이고 같은 것이며, 학습자의 마음속에서 실체와 직접 의사소통을 가능하게 만든다. 따라서 내면의 교사는 어떤 물리적인 사물의 중재도 없이 인간의 마음을 주재하는 유일한 교사이다. 인간교사는 단지 그가 생각하는 사물의 상징만 보여줄 수 있지만, 내면의 교사는 학습자의 지속적인 지성적 노력의 대가로 학습자의 마음에 그의 생각을 직접 보여준다.

아우구스티누스의 『교사론』은 교수행위의 본질과 기능에 대한 비판적 평가를 위해 집필되었다. 교사는 학습자의 내면과 직접 의사소통을 할 수 없다는 점을 강조하고 있으며, 기계적인 암기와 실제적인 이해를 혼동해서는 안 된다고 주장한다.학교교육의 목적은 학습자가 스스로 사고하도록 촉구하는 것이며, 이것은 교사가 학습자의 사고력을 사려 깊게 격려함으로써 성취될 수 있다. 교사가 학습자에게 지식을 주입시킬 수는 없지만, 교사의 태도나 사고방식은 학습자에게 직접 그리고 분명하게 전달된다. 교수행위보다 학습활동을 중시하는 아우구스티누스의 유명한 격언이 있다.

"Intellectum valde ama" (이해를 정열적으로 사랑하라.)

아우구스티누스가 교수-학습 이론을 위해 제안한 점을 정리하면 다음과 같다.

첫째, 지혜 즉 절대 진리를 이해할 수 있는 지혜의 성취가 교육의 궁극적인 목적이다. 영원한 것을 지성적으로 이해할 수 있는 지혜가 일시적인 것을 과학적으로 이해할 수 있는 지식보다 더 높은 가치를 지니고 있다.

둘째, 인간의 내면이 가지는 모든 것을 과학적인 연구가 검증하기 힘들기 때문에, 이해 불가능한 것은 신앙으로 받아들여야 한다. 그러므로 교사는 조심스럽게 학생들의 외경심을 길러주어야 한다.

셋째, 지적인 탐구의 중요성을 강조한다. 이성적 사고를 통하여 학습하는 것이 중요하기 때문에, 이성에 반하는 것은 수용하지 말아야 한다. 아우구스티누스는 이해하기 위해 먼저 믿고 정직하게 탐구한다면 아무 것도 잃을 것이 없다고 하였다.

넷째, 교육은 교사와 학생의 인격적인 관계에 기초하기 때문에, 교수행위는 살아있는 사고에 불을 지피는 행위로서 영혼의 신비스러운 접촉과 같다.

다섯째, 인간사회에서 교사의 지위는 기여도에 비해 항상 낮게 평가되고 있다. 진리탐구를 위한 교육은 선한 일이지만 그와 반대되는 무지는 악한 것이다. 그러므로 교사는 진리로 나아가는 의지 지향성이 강한 자이며 인격적인 자질을 갖추고서 책임을 다하는 자이다. 만약 지혜가 부족한 교사가 있다면, 그는 단지 학생들을 인생에 관하여 피상적이고 거짓된 견해로 이끌어 갈 것이다. 그러므로 인간사회가 교수행위의 중요성을 과소평가한다면 그것은 대단히 위험한 일이며, 동시에 교사의 위대한 책무를 최소화하는 경향을 보여주는 것이 된다.

참고문헌

1. 아우구스티누스의 원전

Answer to Skeptics. D. J. Kavanagh(trans.), in *The Fathers of the Church*. Washington, D.C. : The Catholic Univ. of America Press, 1948.

On Music. D. J. Kavanagh(trans.), in *The Fathers of the Church*. Washington, D.C. : The Catholic Univ. of America Press, 1948.

St. *Augustine's Confessions*. William Watts(trans.), Cambridge: Harvard University Press, 1968.

The City of God. Gerald G. Walsh and Daniel J. Honan(trans.), in *The Fathers of the Church*. vol. 24., Washington, D.C. : The Catholic Univ. of America Press, 1968.

The Free Choice of the Will. Robert P. Russell(trans.), in *The Fathers of the Church*. vol. 59., Washington, D.C. : The Catholic Univ. of America Press, 1968.

The Happy Life. Ludwig Schopp(trans.), in *The Fathers of the Church*. vol. 5. Washington, D.C. : The Catholic Univ. of America Press, 1948.

The Soliloquies. T. F. Gilligan(trans.), in *the Fathers of the Church*. Washington, D.C. : The Catholic Univ. of America Press, 1948.

The Teacher. Robert P. Russell(trans.), in *The Fathers of the Church*. vol. 59., Washington, D.C. : The Catholic Univ. of America Press, 1968.

김광채 역. Augustinus의 『고백록』. 고양시: 크리스챤다이제스트, 2004.

김종흡 역. Augustinus의 『기독교교육론』. 고양시: 크리스챤다이제스트, 1994

김종흡 역. Augustinus의 『삼위일체론』. 고양시: 크리스챤다이제스트, 2004.

박일민 역. Augustinus의 『자유의지론』. 서울: 반석문화사, 1993.

성 염 역. 『아우구스띠누스 그리스도교 교양』. 왜관: 분도출판사, 1989.

조호연、김종흡 공역. Augustinus의 『신국론』. 고양시: 크리스찬다이제스트, 2002.

2. 단행본

Barrow, Robin. *Plato, utilitarianism and education*. London: Routledge & Kegan Paul, 1975.

Beardsley, Monroe C. *Aesthetics from Classical Greece to the Present*. The University of Alabama Press, 1982.

Bowen, James. *A History of Western Education*. New York: St. Martin's Press, 1972.

Boyd, William and Edmund J. King. *The History of Western Education*. London: Adams & Charles Black Ltd., 1975.

Brown, James. *A History of Western Education*. vol. 1, New York: St. Martin's Press, 1972.

Brown, Peter. *Augustine of Hippo*. London: Faber and Faber, 1967.

Brubacher, John S. *A History of the Problems of Education*. New; McGraw-Hill, 1966.

Brumbaugh, Robert S, and Nathaniel M. Lawrence. *Philosophical Themes in Modern Education*. London: Houghton Mifflin Company, 1973.

Butts, R. Freeman. *A Cultural History of Education*. New York: McGraw-Hill Book Co., 1947.

Butts, R. Freeman. *A Cultural History of Western Education: Its Social and Intellectual Foundation*. New York: McGraw-HillBook Co., 1955.

Caputo, John D., Michael J. Scanlon(ed.). *Augustine and Postmodernism*. Indiana University Press, 2005.

Cole, P.R. *A History of Educational Thought*. Conneticut: Greenwood Press, 1972.

Copleston. S. J. Frederick. *A History of Philosophy(I)*. Westerminster, Md. : The Newman Press, 1962.

Cornford F. M. *Plator's Theory of Knowledge*. London: Routledge & Kegan Paul, 1979.

Curtis, S. J. and M. E. A. Boultwood. *A Short History of Educational Ideas*. Foxton: University Tutorial Press, 1975.

Ditmanson, Harold H, Howard V. Hong, Warren A. Quanbeck(ed.). *Christian Faith and the Liberal Arts*. Minneapolis: Augsburg Pub., House, 1960.

Eby, Prederick and C.E. Arrowood. *The History and Philisophy of Education, Ancient and Medieval*. New York: Prentice-Hall, 1940.

Geisler Norman L. *Philosophy of Religion*. Grand Rapids, Michigan: Zondervan Corporation, 1974.

Good, Harry G. and James D. Teller. *A History of Western Education*. London: Macmillan Co., 1969.

Gutek, Gerald L. *A History of the Western Educational Experience*. New York: Random House, 1972.

Hall, Robert T. and John U. Davis. *Moral Education in Theory and Practice*. Buffalo: Prometheus Books, 1975.

Hamilton, Edith and Huntington Cairns (ed.). *The Collected Dialogues of Plato*. Princeton University Press, 1973.

Hospers, John. *An Introduction to Philosophical Analysis*. London: Routledge and Kegan Paul, 1973.

Howie, George(ed. & tran.). *St. Augustine: On Education*. Indiana: Gateway Edition, Ltd., 1969.

Knight, G.R. *Philosophy and Education in Christian Perspectives*. Michigan: Andrews University Press, 1980.

Kerner, George C. *The Revolution in Ethical Theory*. Oxford University Press, 1966.

Lamprecht, Sterling P. *Our Philosophical Traditions: A Brief History of Philosophy in Western Civilization*. New York: Appleton Century Crofts, Inc., 1955.

Lodge, R.G. *Plato's Theory of Education*. New York: Russell & Russell, 1970.

Lloyd, D. I. *Philosophy and the Teacher*. London: Routledge & Kegan Paul, 1976.

Lucas, Christopher J. *Our Educational Heritage*. New York: Macmillan Pub. Co., 1972.

Marples, Roger. *The Aims of Education*. London: Routledge, 1999.

Marrou, H. I. *A History of Education in Antiquity*. George Lamb (trans.), Madison: The University of Wisconsin Press, 1982.

Monroe, Paul. *A Text-Book in the History of Education*. New York: The Macmillan Company, 1930.

Mulhern, James. *A History of Education: A Social Interpretation*. New York: The Ronald Press Co., 1959.

Nakosteen, Medi. *The History and Philosophy of Education*. New York: The Ronald Press, 1965.

Nash, Paul, Andreas M. Kazamias, and Henry J. Perkinson. *The Educated Man: Studies in the History of Educational Thought*. New York: John Wiley & Sons, 1965.

Paffenroth, Kim and Kevin L. Hughes. *Augustine and Liberal Education*. New York: Lexington Books, 2008.

Perkinson, Henry J. *Since Socrates: Studies in the History of Western Educational Thought*. New York: Longman Inc., 1980.

Piltz, Anders. *The World of Medieval Learning*. Oxford: Basil Blackwell, 1981.

Ryan, Patrick J. *Historical Foundations of Public Education*. Iowa: W. M. C. Brown Co., 1968.

Tillich, Paul. *A History of Christian Thought: From Its Judaic and Hellenistic Origins to Existentialism*. Carl E. Braaten(ed.). New York: Harper & Row Publishers, 1968.

Ulich, Robert. *History of Educational Thought*. New York: American Book Co., 1950.

Wagner, David L.(ed.). *The Seven Liberal Arts in the Middle Ages*. Bloomington: Indiana University Press, 1983.

Watson, Philip S. (trans.). *Agape and Eros. Anders Nygren*. Philadelphia: The Westerminster Press, 1953.

Wild, E. H. *Foundations of Modern Education*. Washington D.C.: Farrar & Rinehart, 1944.

Wynne, John P. *Theories of Education*. New York: Harper & Row, 1963.

김경용. 『기호학이란 무엇인가』. 서울: 민음사, 1995.

김광민. 『칸트 미학의 이해』. 서울: 철학과 현실사, 2004.

김규영. 『아우구스띠누스의 생애와 사상』. 서울: 형설출판사, 1980.

김기찬 역. 『중세 기독교철학사』(상). Etienne Gilson 서울: 크리스챤 다이제스트, 1995.

김동구 역. 『교육미학』. Malcolm Ross. 서울: 문음사, 1990.

김문환 역. 『칸트미학이론』. D. W. Crawford. 서울: 서광사, 1995.

김재만. 『교육사조사』. 서울: 교육과학사, 1983.

김정환. 『교육철학』. 서울: 박영사, 1989.

김한식, 이경래 역. Paul Ricoeur저. 『시간과 이야기』. 서울: 문학과 지성사, 1999.

김희보. 『기독교사상사개설』. 서울: 대한기독교서회, 1992.

김승호. 『스콜라주의 교육목적론』. 서울: 성경재, 2004.

문시영. 『아우구스티누스와 행복의 윤리학』. 서울: 서광사, 1997.

문시영 역. 『아우구스티누스의 윤리학』. W.S. Bacock(ed.). 서울: 서광사, 1998.

박경숙. 『아우구스티누스 기독교의 가장 위대한 사상가』. 파주: 살림출판사, 2006.

박숙희, 염명숙. 『교수 학습과 교육공학』. 서울: 학지사, 2002.

박희석 역. 『어거스틴의 생애와 사상』, Warren Thomas Smith. 서울: 아카페문화사, 1994.

박희영 외. 『플라톤 철학과 그 영향』. 서울: 서광사, 2001.
선한용. 『시간과 영원: 성 어거스틴에 있어서』. 서울: 대한기독교서회, 2002.
성 염 역. 『성아우구스티누스전』. Carlo Cremona. 서울: 성바오로출판사, 1993.
송병구. 『하나님을 어떻게 알 수 있는가: St. Augustinus의 존재론적 인식론』. 서울: 한들 출판사, 2004.
안인희 역. 『성 아우구스티누스』. Garry Wills. 파주: 도서출판 푸른숲, 2005.
양명수. 『어거스틴의 인식론: 이성과 계시 또는 앎과 믿음』. 서울: 한들출판사, 1999.
오인탁. 『파이데이아: 고대 그리스의 교육사상』. 서울: 학지사, 2003.
이기숙 역. 『기호와 해석』. Rudi Keller 저. 고양시: 인간사랑, 2000.
이규철. 『어둠에서 빛으로: 하나님을 향한 어거스틴의 회심』. 서울: 쿰란출판사, 2001.
이규호. 『앎과 삶, 해석학적 지식론』. 연세대학교출판부, 1972.
이규호. 『교육과 사상』. 서울: 배영사, 1979.
이규호. 『말의 힘, 언어철학』. 서울: 제일출판사, 1983.
이돈희. 『교육정의론』. 서울: 고려원, 1992.
이석우. 『아우구스티누스』. 서울: 민음사, 1995.
이성호. 『교수방법론』. 서울: 학지사, 1999.
이재룡 역. 『인식론의 역사』. Sofia Vanni Rovighi. 가톨릭대학교출판부, 2004.
이지헌 、김희봉 공역. 『교육목적론』. 서울: 학지사, 2004.
이홍우, 박재문, 유한구 공역. 『윌리암 보이드 서양교육사』. 서울: 교육과학사, 1994.
이홍우 역. 『윤리학과 교육』. 서울: 교육과학사, 1981.
임태평. 『플라톤철학과 교육』. 서울: 교육과학사, 1997.
전성연 편. 『교수-학습의 이론적 탐색』. 서울: 원미사, 2001.
정정숙 역. 『어머니 모니카와 아들 어거스틴』. 서울: 베다니, 1995.
정진 역. 『세계의 사상가』. Edward de Bono. 삼성문화문고 190. 서울: 삼성미술문화재단, 1984.

조요한. 『예술철학』. 서울: 경문사, 1979.
주영흠. 『서양교육사상사』. 서울: 양서원, 2001.
_____. 『아우구스티누스 교육사상』. 서울: 학지사, 2007.
차종순 역. 『어거스틴 생애와 사상』. Peter Brown. 서울: 한국장로교출판사, 1998.
채은수. 『신, 역사 그리고 문화: Augustinus의 사상에서』. 서울: 총신대학교출판부, 1992.
한국칼빈주의연구원 편역. 『칼빈, 루터, 어거스틴』. 서울: 기독교문화협회, 1986.
황경식. 『사회정의의 철학적 기초』. 서울: 문학과 지성사, 1987.

3. 논 문

Babcock, William S. "Cupiditas and Caritas: The Early Augustine on Love and Fulfillment," *Augustine Today*. Grand Rapids: Williams B. Eerdmans Pub. Co., 1993.
Cary, Philip. "United Inwardly by Love: Augustine's Social Ontology," *Augustine and Politics*. New York: Lexington Books, 2005.
______. "Study as Love: Augustinian Vision and Catholic Education," *Augustine and Liberal Education*. New York: Lexington Books, 2008.
Fortin, Ernest L. "Augustine and Hermeneutics of Love: Some Preliminary Considerations," *Augustine Today*. Grand Rapids: William B. Eerdmans Pub. Co., 1993.
Garcia, J. L. A. "Love and Absolutes in Christian Ethics," *Christian Philosophy*. Notre Dame: University of Notre Dame Press, 1990.
Harrison, Simon. "Augustine on what we owe to our teachers," Rorty, Amelie Oksenberg(ed.). *Philosophers on Education: Historical Perspectives*. New York: Routledge, 1998.

Hirst, Paul H. "Liberal Education and the Nature of Knowledge," *Philosophy of Education(I)*. London: Routledge, 1998.

Kavanagh, Danis J. "St. Augustine and Education," *Augustinian Studies*. New York: Books for Libraries Press, Inc., 1967.

Kibre, Pearl. "The Christian: Augustine," *The Educated Man: Studies in the History of Educational Thoughts*. New York: John Wiley & Sons, 1965.

Kretzmann, Norman. "Faith Seeks, Understanding Finds: Augustine's Charter for Christian Philosophy," *Christian Philosophy*. Notre Dame: University of Notre Dame Press, 1990

Narum, William H. K. "The Role of the Liberal Arts in Christian Higher Education," *Christian Faith and the Liberal Arts*. Minneapolis: Ausburg Publishing House, 1960.

Quinn, Philip L. "Augustinian Learning." Amelie Oksenberg Rorty (ed.). *Philosophers On Education: Historical Perspectives*. New York:Routledge, 1998.

Yeong-heum, Ju. "A Study of the Function and Nature of Teaching in the light of Augustine's Divine Illumination," *Chongshin Review*, vol., 3. Chongshin University, 1998.

강영혜. "낭만적 교육관과 주지적 교육관에 있어서의 자유의 의미," 교육학연구. 1982.

_____. "공교육제도에 있어서의 자유교육의 의미," 서울대학교 대학원 박사학위논문, 1990.

강희정. "아우구스티누스의 신적 조명; 교사의 역할에 주는 시사." 서울대학교대학원 석사학위논문, 1992.

김경희. "아우구스티누스의 언어-기호이론 연구." 서울대학교대학원 박사학위논문, 2002.

박일민. "Augustinus의 인간이해에 관한 연구," 중앙대학교대학원 박사학위논문, 1987.

방진하. "아우구스티누스 신적 조명론의 교육학적 해석," 서울대학교대학원 석사학위논문, 2003.
백영제. "아우구스티누스의 미론연구," 서강대학교대학원 박사학위논문, 2000.
송병구. "St. Augustinus의 신인식," 중앙대학교대학원 박사학위논문, 2002.
양명수. "어거스틴의 시간론과 리쾨르의 해석학,"『오늘의 어거스틴』. 서울: 대한기독교서회, 1997.
유성근. "아우구스티누스의 자유론에 대한 존재론적 해명." 서강대학교대학원 박사학위논문, 1993.
윤병운. "아우구스티누스에 있어서 도덕적 의지와 평화," 중앙대학교대학원 철학박사학위논문, 1997.
이상언. "자유교양교육 이념의 변천과정 연구," 고려대학교대학원 석사학위논문, 1992.
이석우. "어거스틴의 교육사상,"『서양고대사연구』. 한국서양고대사연구진흥회, 1985.
주영흠. "어거스틴의 교양교육론 연구: 자유교양교과의 형성과정을 중심으로,"『총신대논총』제17집, 총신대학교, 1999.
_____. "Augustinus의 교사론 연구: 기호학습과 인식의 지향성을 중심으로,"『총신대논총』제25집, 총신대학교, 2005.
_____. "아우구스티누스 인식론의 교육적 의의: 의지의 지향성을 중심으로,"『교육문제연구』제27집, 고려대학교 교육문제연구소, 2007.
최선영. "자유교양교육의 철학적 고찰," 고려대학교 대학원 박사학위논문, 1983.
황경식. "덕의 윤리에 대한 찬반 논변,"『현대사회와 윤리』. 서울: 서광사, 1989.

색인(주제 · 인명)

[주제]

[인명]

[책]